「十二五」国家重点图书出版规划项目

中國散文通史

郭预衡 郭英德 总主编

魏晋南北朝卷

李山 著

时代出版传媒股份有限公司
安徽教育出版社

图书在版编目（CIP）数据

中国散文通史. 魏晋南北朝卷 / 李山著.
—合肥：安徽教育出版社，2012.12
ISBN 978-7-5336-7188-4

Ⅰ.①中… Ⅱ.①李… Ⅲ.①古典散文—文学史—中国—魏晋南北朝时代 Ⅳ.①I207.6

中国版本图书馆 CIP 数据核字（2012）第 283896 号

书名：中国散文通史·魏晋南北朝卷		作者：李 山
出 版 人：朱智润　　策划统筹：张丹飞　张 利		责任编辑：谢明礼
版式设计：朱 锦　　装帧设计：张鑫坤		技术编辑：王 琳

出版发行　时代出版传媒股份有限公司　http://www.press-mart.com
　　　　　安徽教育出版社　http://www.ahep.com.cn
　　　　　（合肥市繁华大道西路 398 号，邮编：230601）
　　　　　营销部电话：(0551)63683010,63683011,63683015
排　　版：安徽创艺彩色制版有限责任公司
印　　刷：安徽新华印刷股份有限公司　电话：(0551)65859480
（如发现印装质量问题，影响阅读，请与印刷厂商联系调换）

开本：720×1010　1/16　　　　印张：29.5　　　　字数：425 千字
版次：2013 年 1 月第 1 版　　　2013 年 1 月第 1 次印刷

ISBN 978-7-5336-7188-4　　　本卷定价：128.00 元（全套定价：1490.00 元）

版权所有，侵权必究

目　录

绪论　魏晋士人文化的"展现形态" ……………………… 001
- 第一节　士人精神的"展现形态" …………………………… 004
- 第二节　"展现形态"的三大面相 …………………………… 007
- 第三节　新选举法则："展现形态"的社会磁力 …………… 018
- 第四节　文体与语体 ………………………………………… 026

第一章　魏晋南北朝赋体之文 ………………………………… 032
- 第一节　魏晋赋体文概说 …………………………………… 032
- 第二节　曹魏主要赋作 ……………………………………… 041
- 第三节　两晋赋作 …………………………………………… 057
- 第四节　南朝赋作 …………………………………………… 075
- 第五节　庾信等离乱作家的赋 ……………………………… 097

第二章　魏晋南北朝论说文 …………………………………… 107
- 第一节　魏晋论说文概说 …………………………………… 107
- 第二节　曹魏论说文 ………………………………………… 111
- 第三节　两晋论说文 ………………………………………… 136
- 第四节　南北朝论说文 ……………………………………… 158

第三章　魏晋南北朝章表奏疏类文 …………………………… 169
- 第一节　文体概说 …………………………………………… 169
- 第二节　魏晋章表奏疏 ……………………………………… 173
- 第三节　南北朝章表奏疏 …………………………………… 195
- 第四节　魏晋南北朝诏策等下行公文 ……………………… 205

第四章　魏晋南北朝书信文 ······ 215
第一节　书信文概说 ······ 215
第二节　三国曹魏书信 ······ 220
第三节　两晋书信 ······ 243
第四节　南朝书信 ······ 259
第五节　北朝书信 ······ 285

第五章　魏晋南北朝序文 ······ 292
第一节　序体文概说 ······ 292
第二节　魏晋序文 ······ 294
第三节　南朝序文 ······ 307
第四节　北朝序文 ······ 323

第六章　魏晋南北朝箴铭颂赞 ······ 329
第一节　文体概说 ······ 329
第二节　魏晋南北朝箴铭 ······ 335
第三节　魏晋南北朝颂赞 ······ 344

第七章　魏晋南北朝诔碑哀祭 ······ 356
第一节　文体概说 ······ 356
第二节　魏晋诔碑哀祭文 ······ 360
第三节　南朝诔碑哀祭文 ······ 386
第四节　北朝碑祭文 ······ 400

第八章　魏晋南北朝山水游记 ······ 406
第一节　山水文概述 ······ 406
第二节　序、书信等文体中的山水 ······ 412

第三节　行记、游记和地记 ································ 424

第九章　魏晋南北朝人物传记 ································ 439
　　第一节　三国曹魏人物传 ································ 441
　　第二节　两晋人物传 ···································· 446
　　第三节　南朝人物传 ···································· 457

主要参考文献 ·· 462

后记 ·· 465

绪论　魏晋士人文化的"展现形态"

　　叙述这一时期的散文发展历程,有一个问题必须先进入写作者的头脑里:你所讨论的究竟是谁的文学?

　　这还用问吗?当然要问。因为在先秦可以不问而自明,在两汉也可以不问自明。但是到了魏晋南北朝,不问就不可以。许多问题会因没有这一问而被忽略。那么,魏晋南北朝的文学是谁的文学?回答:士大夫的文学。之所以这样说,是因为司马相如写汉大赋的时候,他所作的是汉帝国的文学,贾谊(前200—前168)、晁错(前200—前154),乃至刘向(前77—前6)上书,也都是思汉王朝之应思,急汉帝国之所急。文章的立意、体式、趣味并不属于士大夫自己,虽然他们是士大夫阶层,虽然士大夫这个阶层业已存在。贾谊写文章可想到这主要表现他自己的个性和才华吗?司马相如(前179?—前118)等人的汉大赋,有人就称之为"骋才"大赋。但是他们必须在帝国的、王朝的磁场下"骋才"。试问石崇(249—300)作《金谷诗序》的时候,王羲之(321—379)作《兰亭集序》的时候,他们也"骋才",可是还有任何的皇家"场力"在那里吗?这大致就是笔者所说的"魏晋南北朝文章是士大夫文学"的意思。

　　而这个"士大夫文学",又属于"士大夫"精神现象的一部分。

　　士大夫这个古代社会的特殊阶层,自从汉帝国"独尊儒术"起,就确立了一种法权,那就是儒生治国。就是这样一个结果,学问与权力的合一,就出现了士大夫"地主化"的情况。这个情况在西汉后期已经露头,到东汉,从一开始就相当明显。简单地说,士大夫开始有了"身家"以后,他们想问题的方式,自然也就不同了。何以这样说?有两点可以证明:一是士大夫"好黄老"的日渐增多,请注意,是好黄老,而不是好老庄;二是"诫子书"之类的文字日渐增多,最后终于演化成《颜氏家训》那样的鸿篇。好黄老,从先秦、从西汉窦太后那时起,就是保身,这一点,两汉以下并未改变,新变在于它成了儒家出身的士大夫颇为普遍的嗜好。"诫子书"教育子弟,那就是要保家。保身而保家,就使士大夫开始有了属于他们阶层自己的社会意识或曰意志的明显征兆。何以如此?原因很简单,因为他们有了家业,他们是地主兼官僚兼文化人士的三位一体。这样就造成了世代大家族,形成中国古代史上第二个"贵族时代"。第一个是"两周贵族"时代,第二个就是六朝的世家贵族。周贵族靠的是宗族血缘,这第二个贵族时代的贵族门第靠的是世代在朝的官员身份。有此身份,就有了连着皇朝的脐带,就可以源源不断获得维系家世不坠的资源。这个阶层在东汉时期就有大庄园经济,经过汉末三国的动荡也未曾伤及其根本,至东晋(317—420)其势力达到顶峰。

如此,他们必然要建构属于自己的文化。玄学、清谈、山水诗文以及书法、绘画,都是表达士大夫的意趣,而非皇家帝国的精神。西汉有今文经学,东汉有古文经学,都是表现国家意识形态。这些,魏晋六朝固然不能说是无,但殃殃然无大生机,不也是一个明显特点吗?玄学升起来了,玄学的一个重要特征,就是以道家的观念解释经典;其中一个重要的问题就是协调孔老,换句话说,就是如何解决老子和孔子谁更圣明。最著名的是王弼(226—249)的解决办法,就是把孔子老子化,然后加以推崇。以后还有协调孔佛的问题,等等。总之,儒家真正的道理,特别是关于治国平天下,他们讲得少,就是讲,也不过么么回事。可是关于如何服丧穿孝、关于家族的礼义之文,却充斥于各朝文集。三国王昶(?~259)的《家诫》,教育子弟"遵儒者之教,履道家之言";说来说去,就知道说孝悌,"忠"之一道,始终晦焉;说来说去,只有"履道家之言",只有"保世持家,永全福禄"。其他如山水诗文、清谈风度、书法绘画,也都是士大夫的趣味,与治国平天下水米无交。

问题在于,与士大夫社会势力从汉末开始的蒸蒸日上相伴的,是士大夫文化的横扫一切。曹操(155—220)、曹丕(187—226)父子开其端,或曰他们是第一批被士大夫文化"收拾掉"的君主。曹孟德情况复杂,一方面喜欢招揽士大夫有文采者,建安七子是也;可是另一方面,这些人又不能碰他父辈"乞丐携养"(陈琳《为袁绍檄豫州》)的心理自卑敏感区。然而至邺下时的曹丕,则完全把自己变成一个文采之士。所以,他在对待文人才子方面是那样宽宏大量,与建安七子交往几乎见不到他任何王子的尊贵,与他作为皇帝对待兄弟时的狭隘判若两人。之后,西晋(265—317)的皇帝虽然在文才上没有天分,但士大夫的浮华气息,在司马昭(211—265)和司马炎(236—290)身上都是彰彰可见。就是到了南朝,寒门出身的皇帝及王子无一例外地喜欢文学,甚至喜欢到心理变态。士大夫文化,仍然据有顺之者昌、逆之者亡的强势。在梁朝(502—557),王子们和宫廷作家在很大程度上左右了当时的文风,可是他们仍然搬演着士大夫趣味的文学,只是变了味道而已。

从曹丕经梁简文帝(萧纲,503—551)、梁元帝(萧绎,508—554)到陈后主(陈叔宝,553—604),都是被士大夫文化所俘获者。在魏晋南北朝时期,帝王与文学的关系是曲线形的。开始帝王热切地参与文学,开一代风尚,这就是曹氏父子;之后,在两晋,帝王与文学无关,风流才子独占风骚,风流自赏;至南北朝,曹氏父子特别是曹丕与文学之士的关系模式又得到恢复,一直到陈朝(557—589)灭亡。与此相伴,曹魏时期(220—265)最显著的士大夫文学是诗赋,两晋特别是东晋的诗文成就,与玄学的清谈、书法(如王羲之、王献之)、绘画(如顾恺之)相比,明显声势不足。至南朝,寒门显贵热衷和擅长的又是诗文,清谈、书法、绘画他们也喜欢,但声势明显弱些。这是颇耐人寻味的。总之,这个时代的文学是属于士大夫阶层的,所表达的趣味归属于士大夫的文化意识。

那么,这个时代士大夫的精神状态又如何呢?

第一节 士人精神的"展现形态"

近来有学者著文对魏晋文学"自觉说"提出质疑。这本该是好事,细看却不然。该文不质疑"自觉"这一概念本身,而质疑文学"自觉"的时间,弄出的结果竟然是"文学自觉"不在魏晋,而在汉朝!本来,以"自觉"概括一个时代,本是一个"概念的误用"。若将文学的本质视为审美追求,以此来论自觉与否,那么就是最原始的文章,也有这样的追求,就已经开始"自觉"了。当《诗经》古老的篇章追求着韵律和谐,一些篇章如《秦风·蒹葭》甚至营造出高妙的境界时,当《尚书》中某些文章追求着语句的表达效果时,试问这是不是一种审美追求?有这样的追求,就是自觉,就是自觉的开端。若将古人以非文学的态度(当然是在今人看来的非文学态度)对待文学作品——如《诗三百》在汉代的经学化——视为文学"不自觉"的表现,那么,就是在魏晋以至更晚的时间,也可以说不自觉。不论人们是否以文学的态度对待文学创作,实际的文学创作都产生过精美的文学作品,就是在经学大盛的时候,也还是有着文章、诗篇的审美追求。在魏晋所谓"自觉"时代,甚至在此后很长的时期,同样有着"不自觉"的作品。这说明什么呢?说明当初本就不应该用"自觉"这样的概念来概括魏晋时期的文学变化。将一个属于哲学性质的概念,用于对属于历史范畴的某一时代文学现象的概括,本来就是一个文不对题的做法。

然而,前人用"自觉"来表述魏晋文学不同于以往的变化,固属用语不当,但这个"误用的"概念难道就一无所指吗?魏晋文学有明显不同于以往的时代特征,是一个铁打的现实。可以说"自觉"的概念不恰当,却不能说它一无所指。于是问题就变成如何界说魏晋文学的巨大变化。前人对这变化已有所见,只是他们的概括有问题,今人当思有所改正才是恰当的做法,不应该仍然沿着承认文学在时间上应该有一个"自觉"的旧思路,到更早的时间上寻找"自觉"的开端。出主而入奴,从坑里爬出,又掉进井里。这样一来,魏晋之际文学深刻变化的实事,反而被囫囵带过了。

上述做法是一种"戏论"。在魏晋南北朝文学史研究中这还只是一种样态而已。常见魏晋文学史的著作在讨论此期文学的总体背景的章节里,总要谈汉帝国崩溃的影响。汉帝国崩溃,说它在十数年内对士人的心态有影响是可以的,说它关系到整个魏晋南北朝几百年,就难免诗张为幻。汉帝国解体最得益者是世家大族,而魏晋以下的文学主流又是世家大族的,这又何说?再如,与文学相关的是魏晋清谈,包括许多老师巨子的前辈学者都说清谈源于汉代的品题,"党祸"后士人压抑,所以变为清谈玄远。可是,压抑士人的帝国崩溃了,打击清流的党祸也过去了,清谈之风在魏晋非但不减,反而更盛,这又怎么解?与此同时,一些迥异前代的现象不入文学史家之眼。例如,从篇幅上说,《诗经》重章叠调,结构多重,楚辞如《离骚》则尤其长;可是,大体从魏晋以后,文人诗篇的创作呈现追求短章的格局,以至五言绝句在唐代的成型。文人诗的尚短章,又因何而起?还有,我们从未听说屈原的文思是快是慢,司马相如倒是出了名的慢,可是到了魏晋,"倚马露布"、"七步成诗"等却成了才子们艳羡并竭力表现的事,成为文学家是否高才的一个标准。没人去关心《离骚》作者的文思快慢,是因为那个时代,文思的速度还没有成为衡量才子的标准。同样,汉武帝若真像传说的那样要身边文人"柏梁联句",司马相如也就根本无从成其大名。但是,到魏晋以后,翻然大变。文人作诗,常在酒席宴间,做诗要限时(如以燃香为限)、限韵、限句和限内容等。文思慢,如何应付得了!即兴的诗篇,体制如何能长?诸如此类现象,究竟意味着什么?我想,我们的文学史家若能在此等事情上深入其背后的原因,对此期文学特征的把握就会相应改观。

当然,重新调适魏晋南北朝文学研究的理路,是一项极其复杂和繁重的工作。拙文下面所说,只可视为尝试性的想法。

让我们先从这样的事实说起:在精神上,魏晋南北朝士大夫先是皈依道家,继而在道家之外又崇尚佛教。但是这些道家、佛教的信徒在文化生活上的表现,就其大多数而言,并没有真正地按照道家的"无"、"无为",或者佛家"空"、"涅槃"的教义去履行自己的人生实践;充其量,他们只是这些教义文字的"知解宗徒";而且,在"知解"教义的各种方式中,固然有人在那里做着潜心的注解工作,但更多、更突出的方式则是"谈"、"清谈"。

谈玄、谈佛不正是当时士大夫最喜爱的交往方式吗？以篇章方式"谈"对玄理佛义的理解，不也是当时显著的现象吗？如果是真正的皈依，道家、佛教的生活该是清寂的；然而，魏晋南北朝士大夫的重要倾向，毋宁说是采取了与清寂相反的方式，把他们信道、信佛的生活搞得颇为热闹，而且颇具文采。一言以蔽之，他们的宗教生活是文学性的。

  这一点，据笔者所见，是由日本学者塚本隆善首先揭出的。塚本隆善在其《魏晋佛教的展开》一文中指出：虽然魏晋是一个玄学的时代，即以形而上学问题为学界中心的、罕有的哲学时代，士大夫对道家的"无"和佛教的"空"盛加讨论，但是江南那些赫赫有名的玄学、佛理的大清谈家，未必就是大哲学家，也未必是大宗教家，"毋宁说他们是从众多的内外典中创造形而上学见解的文学家。……自由奔放的魏晋时代，乍看是打破古典教条的学者思辨的理性时代，其实极端地说，不过是巧妙地运用渊博的知识结合空想、润饰言论与文章、令人耳目愉悦的文学游戏时代"。① 就这一时代士大夫总体文化品格而言，大清谈家、大文章家的姿态的确是压过了他们哲学家、宗教徒的身段。这里有一个反差，颇能对那个时代总体特征有所表明：人们选择的信念、观念系统要求的是清静、寂寞，但皈依者的实际生活却是"游戏"的和充满色彩的。因此，他们未能造就一个真正的宗教时代，却成就了一个色彩飞扬的名士文学时代。

  以"大清谈家"、"大文章家"的姿态去开展玄、佛义理的研讨，发而为言语的清谈，著而为文字的议论，这是何等的形态呢？一言以蔽之，是一个"展现的形态"。这个展现的形态的基本特征是：对玄、佛之义的皈依，不是实践的行动，而是一种对义理理解或曰了悟的展示。对宗教特别是就佛教而言，这实在是"戏论"，塚本隆善用"文学游戏"相称是很有道理的。

  那么，究竟是什么导致了这样的情形呢？在回答这个问题之前，首先应提出这样一个问题：这个"展现的形态"是一个普遍而具有决定性意义的现象吗？

---

① 塚本隆善：《魏晋佛教的展开》，《日本学者研究中国史论著选译》（第7卷），中华书局，1993年版，第242～243页。

第二节 "展现形态"的三大面相

回答当然是肯定的。"展现的形态"在魏晋南北朝表现为多方面,然其中名士做派、名士的清谈及不以"立意为宗"的文章,是魏晋以来的新现象,也最具代表性,是魏晋以下士大夫"展现形态"的三大面相。

就让我们从名士清谈说起。

一、"名士"的展现形态

首先是"名士"一格人物的出世,最能代表从东汉末年到隋唐之前士人的时代特点。

《世说新语·文学第四》"袁彦伯作名士传成"注曰,东晋袁宏(328—376)作《名士传》,"以夏侯太初(玄)、何平叔(晏)、王辅嗣(弼)为正始名士,阮嗣宗(籍)、嵇叔夜(康)、山巨源(涛)、向子期(秀)、刘伯伦(伶)、阮仲容(咸)、王濬冲(戎)为竹林名士,裴叔则(楷)、乐彦辅(广)、王夷甫(衍)、庾子嵩(敳)、王安期(承)、阮千里(瞻)、卫叔宝(玠)、谢幼舆(鲲)为中朝名士"。自魏至晋,代有名士。袁宏受时代限制,其传只限于西晋,然而在东晋还有所谓"江左名士";在南北朝,仍有相当多名士派的人物。而且名士的出现,也不自正始起,最早的大名士出现于汉末,有李膺(110—169)、陈蕃(?—168)等为代表的汉末名士。要探讨士大夫生活的"展现形态"的开端,必得加上一个汉末阶段。

什么是名士?以袁宏的标准,首先是谈玄,就是清谈《老子》、《庄子》和《周易》,名士必须是出名的清谈家,实际这一点从汉末就开始了。其次是要有好风度。好风度有修养成分,也有天然成分。天然成分便是长得好。以相貌论人在我国先秦时期即有,不过从荀子的《非相》看,先秦时人更相信圣贤皆有奇怪的长相,到汉代就偏于长相漂亮了。发展到汉魏之际,大名士一定都是"长八尺,美须眉"(《三国志》卷十一《管宁传》)之类的了。此等记载在《后汉书》和《三国志》各传记中甚多,无须多举。

更重要的是名士还要有脱俗相。裴启(生卒年不详)《语林》载:"诸葛亮与司马懿治军渭滨,克日交战,懿戎服莅事。使人视亮,独乘素车,葛巾羽扇,指挥三军,随其进止。司马叹曰:诸葛君可谓名士矣。"诸葛亮自非名士,也没有做名士的闲情逸致。与诸葛亮相比,司马懿是文有文套,武有武套,只会照着惯例行事,陷在套子里,就是不脱俗,气局风度上先输了一筹。诸葛亮的素车羽扇,显示出的是他在重大局面之前的轻松自如、举重若轻,是他才智、性情等主体素质绰有余裕的表征,而且还是轻松能作轻松相。诸葛亮即使是胸有成竹,也可以戎装,可那样就不是诸葛亮了。司马懿说诸葛亮是真名士,是因为名士的派头都将保持自我看做是第一位的。夏侯玄(209—254)、嵇康(223—262)临刑时的意气自若,谢安(320—385)在淝水之战捷报前的故作镇静,都是不失故我的名士气派。脱俗,就是清逸之气,便是有"风神",有"神韵"。① 诸葛亮的"真名士也"背后,有一层对国家社稷"鞠躬尽瘁,死而后已"的担当,以此,他不是魏晋以下名士大流中人。大流的名士也"清逸",或更准确地说尽力追求这样的"清逸",却往往是一种政治上不负责任的放逸。魏晋名士要有官位的,他们的家族势力也能保证他们有官位,这使得他们对手上的官位显得不在意。有官位而不做在官位的事,即裴𬱟(267—300)《崇有论》所谓"处官不亲所司谓之雅远"(《晋书》卷三十五),亦即干宝(? —336)《晋论》所谓"当官者以望空为高而笑勤恪"(《晋书》卷五),这才是魏晋士大夫"清逸"的特征。有官位而不知"清逸",就不是魏晋名士;无官位而"清逸"也不是名士,而是隐士、穷士。有官位的名士是从所谓俗套子里脱出来了,实际也就是放弃了应有的职责。放弃职责地追求"雅远",是一种风尚,这风尚中含有的是士大夫生活价值取向的转换。魏晋士大夫家族,不少可以追溯到汉代,然而两汉却是儒生讲究"兴教化"的时代,讲究做"循吏"的时代。学而优则仕,不论在朝为官还是治理一方,使"王道"落实在自己的政治实践中,才是儒生主要追求的荣誉。到魏晋则不然。从大流上说,士大夫新的追求就是做名士。因此"名士"是一个价值意味的称谓,它表明士大夫新式的人生指归。在成为一个"名士"的追求之下,人们崇尚的是风度、神采、

---

① 牟宗三:《才性与玄理》,(台北)学生书局,1985版,第68页。

高雅之类的空灵之物。而王朝时代里需要士大夫,是因为他们有文韬武略,能治国安邦。为此,国家给予这个阶层以权位利禄,使这个享有权位并进而把持了国家权位利禄的阶层开始变得逍遥放逸,纷纷从自己的实际责任中"脱俗"出来,追求着名士的"雅远"了。① 这对文学艺术是大幸事,对国家政治则大不然。所以这个时代,从文学艺术看,甚美;从政治看,很糟。以此而言,名士的出现是士大夫的"异化",而名士风范则属于"士大夫文化"。

何以说名士是一种"展现的形态"呢?答曰:正因其追求的是"雅远"之类。"雅远"与被耻笑的"勤恪"相比,是一种纯主观之物,对应的是一个人的风度、神采等,它不能"及于物"而只对个体的主观气质有所显现。而"勤恪"所应对的则是"及于物"的,是对外在的世界有所承担的。以往的儒生本着一点儒家的道理,在朝堂做个忠谏,在地方做个循吏,那也都是展现,但这种展现是将某种价值显示于对外在现实的改善中,展现而无展现相,与名士的立意显示一己风范的做派根本异趣。众所周知,魏晋士大夫代表性的学问是玄学及后来的佛学。我们已经说过,在此一期谈玄论佛的大流的士大夫都不是想过清寂的日子,于是他们对玄、佛的参修,便别有姿态。

什么姿态呢?答曰:"主观境界形态下的姿态。"这个概念是牟宗三先生在其大作《才性与玄理》中提出的,对魏晋南北朝文学研究极有用处。他说:"大体言之,中国名家传统所开之玄理哲学,其形态是'境界形态'。"这种形态的特征是重"主观的神会、妙用,重主观性",因而与西方"实有形态"讲究"系统整然……显露原则、原理之'实有'"大相径庭。主观的境界形态重的是"主观性之花烂映发",即主体自身所获得的精神改造、提高的效果。魏晋玄学之理大体分为两类,一是才性论,一是玄理(以《老子》、《庄子》和《周易》为主)。就"才性论"而言,关乎的是"才性主体"。牟宗三说:"环绕此'才性主体'而有之才情、才气、气质、资质、性情、神韵、容止、

---

① 这样的变化严格说从后汉就开始了,对此笔者有专文论述,参拙作《汉魏士大夫的异化及其文化的建构》,见《聂石樵教授八十寿辰纪念集》,中华书局,2006年版,第72~92页。

风姿、骨格、器宇等,皆是此'才性主体'之主观性之'花烂映发',而关于这一切之'花烂映发'之内容的体会皆是美的欣趣判断,故其为内容真理皆是属于美学,而表现人格上之美的原理或艺术境界者。"关于"玄理",牟先生说,关乎的则是"心性主体","环绕此'心性主体'而有之道心、天心、菩提心、自然、无为、虚、空、寂、照、一、天、化、神、几、应等,皆是此'心性主体'之主观性之花烂映发……一切皆从人证圣证之'主观性'上说,不自存有之'客观性'上说,自'我'这里发,不自'它'那里发"。① 谈"玄"论"无",说"空"道"有",其指向全不关乎外在世界的改造,只指向主体的精神品格之高妙的自我显示,这便是"主观的境界形态"。主观的境界形态直接根植于道家的"无为"。本来道家讲"无为"也讲"无为而无不为",如按照以"无为"而达致"无不为"逻辑讲,最终还是讲"有为","无为"只是手段,如此当然也就无所谓主观的境界形态。如脱掉了"无不为"目标性的牵挂,而只讲一个"无为",就只能是"主观境界"了。魏晋人欣赏道家哲学,恰好只是就其"无为"一面而言,不关乎外在目标,因此就只有一个"主观的花烂映发"。它可以带来主体人格美学,可以带来名士的风度,总之魏晋南北朝士大夫文化的极盛处,都是这主体上的主观"花烂映发"的结果。"主观境界形态"的提出,可以切实地将玄学与文学两者关联起来。本文"展现形态"之说,就是从牟先生的概念中生发而来。

真名士自风流。魏晋南北朝有那么多的名士,都是真的吗? 大风尚如此,媚俗的就会如过江之鲫。就是那些真名士也不能完全免俗。阮籍(210—263)是正始大名士,他也难免作态。《晋书·阮籍传》载:"性至孝,母终,正与人围棋,对者求止,籍留与决赌。既而饮酒二斗,举声一号,吐血数升。"母亲去世,吐血数升,不可谓不心痛,不可谓不孝,可消息传来时还要"留与决赌",就是要故意做个与众不同的姿态了。据《世说新语》所载,王戎死了儿子,哭得一塌糊涂(《世说新语·伤逝第十七》);顾雍丧了子却不哭,忍而掐手掌以至于滴血(《世说新语·雅量第六》)。这里的要点不在哭不哭,而在哭能哭出个道理,忍能忍出个格局来。人问王戎何以

---

① 牟宗三:《才性与玄理》,(台北)学生书局,1985年版,第263~264页。

那样哭,他不是说出一个"情之所钟"的道理吗？这才非同一般,这才显示名士姿态。这些,都可说是真假参半,然而正是从这些作态之中,可以窥测其"展现"的质性。

那么,士大夫的"展现"现象,从什么时候显著的呢？就其大较而言,从东汉末年起,其基本的契机是儒生与宦官、外戚势力,特别是与前者的生死对决。东汉建国不多久,就出现了外戚和宦官轮流掌权的乱局,到后来则是宦官闹得很凶。不论是宦官还是外戚,他们的专权,便是儒生、士大夫权力的失落。自汉武帝罢百家尊儒术起,儒生作为圣贤的门徒,就被确定为治国安邦的合法力量,到东汉,这样的合法性早就深入人心。现在却突然冒出一些不三不四的家伙,窃弄皇权,扰乱国政,清流与阉宦的对立、冲突必然爆发。士大夫的"清流"意识,就是士大夫的自我意识——与外戚、阉宦相对峙之下而有的自我意识——变得更加明显。这样的自我意识是带有强烈优越感的。优越感来自两方面：一是来自传统养育的清高意识。尚德治、重文士是固有的传统,特别是独尊儒术以来的社会风尚,都可使清流自视甚高。二是来自社会,来自当时广大民众对清流斗争的支持与喝彩。《后汉书·党锢列传》载张俭"困迫遁走,望门投止"(《后汉书》卷六十七);《李固传》载李固因反梁氏而入狱,"及出狱,京师市里皆称万岁"(《后汉书》卷六十三);《陈寔传》所谓"阉竖擅恣……士有不谈此者,则芸夫牧竖已叫呼之矣"等(《后汉书》卷六十二),都是广大民众支持、喝彩的表现。

支持、喝彩给这些大名士们提供了一种舞台感和表现欲,激发出的是名士的展现形态。甚至可以说,名士现象在东汉末的兴起,就是被支持、喝彩出来的结果：没有被看、被瞩目的意识,就没有名士的各种做派。《世说新语·德行第一》载李膺:"李元礼风格秀整,高自标持,欲以天下名教是非为己任。"又记陈蕃:"陈仲举言为士则,行为世范,登车揽辔,有澄清天下之志。"《后汉书·党锢列传》又载范滂:"乃以滂为清诏使……登车揽辔,慨然有澄清天下之志。"这里说到的"高自标持"和"澄清天下之志"是可以理解的。但是,"澄清天下"而表现在"登车揽辔"之际,就颇为费解了。究竟是何等的表现才能如此明确地给人以"澄清天下"的观感呢？那一定是有一副"高自标持"的做派和极具表现力的身段,有一股望之可识的"气象"的。这便是最初的名士展现。在汉末是"登车揽辔"的做派,在后来的魏晋以至南北朝,则是各种各样的名士体段。党祸和汉的崩溃对一部分士人及其家族有摧毁作用,但就整体的士人阶层而言,东汉和后来西晋的崩溃,都是士大夫扩大家族政治势力的机会。于是,汉末浮出水面的士人展现身段的风尚便以此为根基,跨汉越晋,不断变化姿态地延续下去了。

二、清谈的展现形态

清谈是名士的重要标志之一。清谈涉及一代士大夫的学问、光彩,甚至比那些"名士"做派,更能代表"展现型"的士大夫文化所达到的雅致和高度。

塚本隆善说,玄学家是乐于"从众多的内外典中创造形而上学见解的文学家",还不仅如此,魏晋的玄学家更乐意将自己对玄学根本的见解,以"清谈"方式展示出来。这可以举王弼为例。王弼是当时几个真有哲学资质者之一,二十几岁的生命中,注释《老子》、《周易》和《论语》,卓然一家。然而他的玄学最高妙的了悟,恰是在清谈中表达的。何劭《王弼传》记载,王弼见裴徽,徽一见而异之,问王弼曰:"夫无者,诚万物之所资也。然圣人莫肯致言,而老子申之无已者何?"王弼答:"圣人体无,无又不可以训,故不说也。老子是有者也,故恒言无所不足。"(《三国志》卷二十八《魏书·钟会传》注引)这便是王弼的高致。魏晋之际,玄学有一个重大问题,就是圣人境界究竟为何。[①] 换言之,就是孔子和老子谁更高明、更具有圣人体统。那时的士大夫,大多骨子里爱老子却不愿或不敢明着蔑弃孔子。这就难了。王弼的意思,孔子不谈"无",是因为已经"体无",即与道合一了,而老子整天谈"无",那是因为在"无"的境界上还有亏欠,是缺什么喊什么。这便是玄学家的沟通孔、老,一种将孔子老庄化、道家化的新颖之说。此说又称"冥迹论",或曰"迹本论",或曰"言意之辨"。自王弼提出

---

① 汤用彤:《魏晋玄学论稿》,上海古籍出版社,2001年版,第29页。

后,士大夫不仅用它来调和孔、老,而且用它来会通儒、佛,以至为佛经判教,成为那个时代解决繁难思想问题的一大法宝。这便是王弼的聪明,三言二语之间不仅解决了玄学难题,而且开启了一条思想的线路。有趣的是,这样的会通孔、老,在他的注《周易》、注《老子》和注《论语》中意思是有了,也是清楚的,就是没有他与裴徽的清谈说得这样简明扼要,这样的出人意表,这样的爽利可人。同样的事例尚有支道林白马寺清谈《庄子·逍遥游》篇时的"立异议于众贤之外"(《世说新语·文学第四》)等,也是在清谈的灵感下激发出来的。清谈对玄理高致的激发作用,岂云小哉!

这是一种常态。玄学家的玄理是清谈中的话题,不是一个人独坐书斋守着一个哲学命题冥思苦想。冥思苦想固然对任何一个善清谈的人必不可少,但清谈家更重要的是将自己对玄理的体悟,用巧妙的言语说出来,以获取清谈场合中的优胜。在颜延之(384—456)的《庭诰》中,他嘱告儿子精熟义理之后,要参加清谈以实践之;梁简文帝更在《劝医论》中明确地说:"专经之后,犹须剧谈。""岂有……塞兑不谈而能善义?"清谈被视为有深化对义理理解的功能。不论如何,机智的应答能力,就是玄学家必有的资具。玄学的精神特征,如前所说,是一"主观的境界形态"。这一形态在当时士大夫最大的"实践",就是付诸清谈。清谈的显著特征,如王弼的例子,就是将高明的玄理领悟在"谈"中生发和展开。"谈"或"清谈",绝不能是一个人的事,起码发生在两个人之间,如王弼与裴徽,以及那个著名的"三语掾"故事所显示的(《世说新语·文学第四》)那样。又《世说新语·文学》:"傅嘏善言虚胜,荀粲谈尚玄远。每至共语,有争而不相喻。裴冀州(徽)释二家之义,通彼我之怀,常使两情皆得,彼此俱畅。"此清谈又不止两人。《世说新语·文学第四》又载:"裴散骑(遐)娶王太尉(衍)女。婚后三日,诸婿大会,当时名士、王、裴子弟悉集。郭子玄(象)在坐,挑与裴谈。"这又不止两三人之事,而是在众多人面前展现高论了。

清谈作为一种名士活动的含义,又绝非仅限于"理"的发挥。"清谈"听众不仅"听",还要"观"。裴遐的"理致甚微"固然会获得激赏,然而"谈"中可以观看、赞叹和钦羡的绝非仅限于此。《世说新语·容止第十四》:"王夷甫(衍)容貌整丽,妙于谈玄,恒捉白玉柄麈尾,与手都无分别。"手臂与麈尾玉柄的玉色浑然,也是清谈中的一大看点。王衍(256—311)谈了些什么可以忘掉,他的手臂,他的好皮肤,却令人念念不忘。在郭象(252—312)与裴遐的玄谈挑战中,人们同样欣赏的是郭象的"陈张甚盛",与裴遐的"徐理前语",即两种谈风间形成的对比,这便是作为展现的清谈要加以表演化的内容。《世说新语·文学第四》:"支道林、许掾(洵)诸人共在会稽王(简文帝)斋头,支为法师,许为都讲。支通一义,四坐莫不厌心。许送一难,众人莫不抃舞。但共嗟咏二家之美,不辩其理之所在。"人们可以不管"理"之所在,而陶醉于"谈"者的"通"和"难"。很明显,对清谈者表现的观看,远重于对清谈之理的关注。因此,当天才的王弼与人谈理无对手时,他就可以"自为客主数番",以畅发其玄理的高致并因此获得"一坐所不及"(《世说新语·文学第四》)的评价。

清谈可以展现、评判一个人的高下,就得起争胜之心。《世说新语·文学第四》载,世人将许洵比作王修,"许大不平。时诸人士及於法师并在会稽西寺讲,王亦在焉。许意甚忿,便往西寺与王论理,共决优劣,苦相折挫,王遂大屈。……许谓支法师曰:'弟子向语何似?'支从容曰:'君语佳则佳矣,何至相苦邪?岂是求理中之谈哉!'"许洵的做法是想在清谈中反驳人们将其比作王修,因此,他必定要在清谈中显示一番见解,但是求胜心切却使他失掉了风度,这就落于第二义了。清谈不仅有"理"上的胜负,还有一个"谈者"的风范尺度。清谈所及之理本是以玄虚为主的道理,因而展现一个人气度上的修养程度同样重要。许洵只关注理的胜负,却丢了清谈家应有的雅致。

归结说,清谈固然是求得理上的"畅彼我之怀",但清谈中有主客,有观众,于是它就越发像是比赛;而清谈中观众观看的焦点,又往往不在"理"上的是非,而在谈者的风采;这都决定"清谈"是一种展现活动,或者更准确地说是一种表演;因此,也可以说清谈是一种流行于士大夫之间的"游艺"。玄学中固然包含着哲学含义,但清谈活动很明显更像是一种生活的雅兴,因而是一种特殊形态的文学。

三、文学的展现形态

汉魏之际文化呈展现之态是多方面的,其中就包括文章(诗文)的写作。要注意的是,不能将文章的展现形态与上述名士清谈的展现形态视为因果关系,即名士、清谈是文章展现形态之因。文章与清谈、名士不存在这样的关系。应该说,文章、名士、清谈,三者都是汉魏士大夫文化的形态转变的表现。因为在当时,成就一个大名士,必须有善清谈或有其他特异的表现,可以是兼擅文章的,也可以不是文章的高手,如《世说新语·文学第四》记载的乐广(？—304)、王衍,为大清谈家,却不善手笔。当时致力于文学创作的是另一批人,如潘岳(247—300)、陆机(261—303)等。

说文学是展现形态,首先在于文学创作往往是士人集体活动的一个重要节目。我们不知道屈原具体在哪里写作《离骚》,但那样长的诗篇,一定要经过漫长的酝酿才能完成;张衡作《二京赋》,精思傅会,十年乃成,一定是翻阅了大量资料慢慢构思、慎重下笔的结果。这样他就得一个人老实待在一个地方用功,这是可想而知的。但是,到了邺下风流,却是诗酒风流,诗篇形成于酒席之间,而且曹丕出个题目,大家一起作的情形,成了篇章写作的重要生态。西晋的金谷园聚会是诗歌不成"罚酒三斗";到东晋王羲之等主持的兰亭集会,更是把士人早有的玄理清谈,改变为士人聚会以作诗来清谈,把清谈与集会赋诗合并成一体。如上所说,在西晋,善清谈者未必能文,反之亦然;到兰亭雅集,清谈与诗文的聚会就合二为一了。到南朝,诗酒风流聚会更加盛行,规定时间内要求作出的诗文的限定更为繁难,简直就是智力竞赛。文学在这样的生态下被创作,必定会产生巨大变化,是自然而又必然的!

与创作生态变化相应,文章也由重在客观形态的表达,而变为重主观才情的展现。这样的变化的事实,就笔者所知,近代最早是由刘师培发现的。刘师培在《中国中古文学史讲义》之"论汉魏之际文学变迁"一节里,曾以"文而无实,始于斯时"来指陈此期文学所发生的转折。刘师培多方举证,以明确这一时期文章体式忽然间发生的显著变化:其举祢衡(173—198)《吊张衡文》,以证"东汉之文,均尚和缓。其奋笔直书,以气运词,实自衡始";再举陈琳(？—217)《为曹洪与魏文帝书》,以证"文之由简趋烦,盖自此始";又举吴质(177—230)《答东阿王书》、应璩(190—252)《与曹长思书》及陶丘一(生卒年不详)《荐管宁表》,以证"词浮于意"、"文体恢张"和"徒事翰藻",为汉魏之际文体发展大趋势等,凡十二证,可谓充分。据此,在该节文字之末,刘师培对汉魏文章差异作如下的综括:

> 魏文与汉不同者,盖有四焉:书檄之文,骋词以张势,一也;论说之文,渐事校练名理,二也;奏疏之文,质直而屏华,三也;诗赋之文,益事华靡,多慷慨之音,四也。凡此四者,概与建安以前有异,此则研究者所当知也。①

其中"论说之文"的"校练",是说自魏以降的理论思考,能够从事理和逻辑自身著思,不再像汉儒那样引经据典,文气和缓,因而文风文体都显得干练明切。这与名士人格的出现应为同一原理。摆落经术的装饰,突出的同样是士大夫的自我意识。奏疏之文的"质直而屏华",实与曹魏的尚刑名有关,一切奏疏,都应简明扼要,"词浮于意"的东西,不能在这里耍弄。但这只是就魏文而言,到南北朝,朝廷之文也渐事辞藻,则又别有其故。文章作法的改弦更张,上述两点之外,则是书檄的"骋词"和"诗赋"的"华靡"了。论理、奏议因有其实用的要求,不能全然地顺着作家的才气走,私人的书信及容许夸饰甚至诈言的檄文,则与偏重性情抒发的诗赋一起,向"骋词"和"华靡"的方向大步迈进了。

这样的变化,又是在一个很短的时期里发生的。刘师培将这突变的发生,认定以祢衡《吊张衡文》为始。他说:"汉魏文士,多尚骋辞,或慷慨高厉,或溢气坌涌,此皆衡文开之先也。"不过,一个时代的文风,是否由一个人一两篇文章开始,殊可商榷。即以孔融(153—208),其"杂以嘲戏"的文章,如《难曹公表制酒禁书》,或抗言高论的《汝颍优劣论》,都是骋辞快

---

① 刘师培:《中国中古文学史讲义》,上海古籍出版社,2000年版,第20～32页。

意、"溢气坌涌"的文字。① 要之,将一代文风的转变,视为共通现象,要比视作某个人的引发更稳妥些。但刘师培敏锐的观察,还是十分重要的,它指出了突变的事实。

突变意味着什么呢？意味着为文心态的变化。大体而言,魏晋以前人之为文,恰如萧统《文选序》所说"以立意为宗,不以能文为本",写文章意在宣示观点、情感、见解等,总之是要有所表达,这一点即在喜爱铺张的汉大赋也仍然如此。魏晋南北朝则不同。固然每一篇都要有所表达,但是作者们对表达的形式的关注,远远超过对表达内容的用心;文人们更关心的是文章的形式和辞藻,内容方面反在其次。这说明什么呢？只说明文章写作的用心,不在或主要不在内容的表达,而在作者的文采风流的展现。因此,可以用"才性的展现"来含概这一时期文章写作的基本特征。魏晋以前的文章在达意,是表达型的,而魏晋南北朝的文章,则一变而为表现型。注重隶事、用典和对仗的形式大于内容的骈体文章的盛行,即是最明显的表征。骈体文的成立,首先是借助于汉语的特点。骈体文有三大特征:句法上的齐整和讲究对偶;音律上的讲究平仄和押韵;行文上的讲究用典和隶事。作家们利用汉字的单音节特征和词汇的丰富,经营着句法的整齐和语词的对偶;利用汉字的单音节,织练着语句的抑扬和韵律。这些还不是最难的,最难的是将属于历史的掌故和前人文章的成句,以压缩的"集成电路"似的语词,制造出新的言约意丰甚至晦涩难解的新语句。所有这一切的用心,都是显示一种难度,不是"立意为宗"层面上的难度,而是表现层次的不易。文章的追求,以造句手法的高超和学问的宏富为归趣。一切都在完成一种装饰,一种以主观才华的显现为标的的装饰。扬雄(前53—18)说"羊质虎皮"(《法言·吾子》),魏晋而下的骈文家在相当大程度上重的就是那张"虎皮",因此他们也创造了一种特殊的文学。

---

① 熊礼汇:《先唐散文艺术论》,学苑出版社,1999年版,第449~457页。

第三节　新选举法则："展现形态"的社会磁力

前面说过，东汉末期名士的展现形态背后，鼓荡的是一股士大夫阶层自高自大的优越感。优越感的形成，有其恒常的原因，也有其特殊的原因，前文所说即其特殊原因。汉末李膺等大名士的展现形态，是英雄救世型的。但是，并非每一时期的名士都一样。稍后的孔融、祢衡（173—198）是兀傲自喜型，再后来的阮籍、嵇康是个性嶙峋型，更后来西晋至南朝，则有放浪形骸型、"散怀丘壑"型和才子秀士型等。这只是就其大较而言。名士的通性是都有逸兴，都有强烈的优越感，至于具体表现则多种多样。因此，名士的成因，不能因为李膺、陈蕃的表现，就一股脑地视为产生于清流与阉宦势力的对峙。对峙可以强化士大夫优越的自我意识，若说它就是名士一流产生的根源，则未免轻飘。名士现象延续那么长的时间，岂能简单归因于几个人物的榜样作用？名士一流在特定历史时段盛行，还应有其更广泛、更深入、更持久的原因。

那么，这更深入持久的原因是什么呢？回答是：人性论的新变，亦即新才性论的出世。而新才性论出现的背景，是士大夫这个社会阶层掌握了社会政治经济乃至文化大权的必然结果。这一结果，表现在对士人的评价体系和选拔尺度上，就是新的人性论亦即才性论的形成，是它在社会人生舞台的幕后，操纵这些士人的舞动。这要从头说起。

两汉选举，不外察举、征辟、任子、纳赀等几大项。其中察举是自下而上的推举；征辟为自上而下的提拔；任子则是古代世袭制遗习，不过汉代任子要先做郎官，即在朝廷观摩、学习；纳赀就是花钱买出身，也是先为郎，与任子同。几大项的选举中，以察举、征辟为主重，也最为人尊崇。征辟有数种，一是皇帝征辟，征辟的对象可以想见，非一般人员，次数也极少。另外两种是公府征辟和州郡征辟，两者级别不同，但都是自辟僚属。受辟者在经过一段时间的试用或积累一定资历后，再由公府或州郡推荐参加察举如举孝廉，成为正式的朝廷或地方官员。不难看出，察举是以上诸途中最重要的。察举的内容有孝廉（即孝子廉吏）、茂才（即秀才）。举茂才的出路是做地方县令、县长,选举的人数比孝廉少。此外还有贤良方正、文学,不是常科,主要是在灾异或国家有大政方针争议时,如汉昭帝时召集贤良文学讨论"盐铁专卖"政策。另外还有一些特科,如明经、明法等。《后汉书·蔡邕传》中有一段文字总结汉代选人制度说:"孝武之世,郡举孝廉,又有贤良、文学之选,于是名臣辈出,文武并兴。"(《后汉书》卷六十下)两汉政治之盛,实与其选举得法相关,而孝廉之科尤重,也可以从蔡邕的言语中看出。

总结汉代的选举,人才选拔主要标准是道德、学问、才能三大项。贯穿于三大标准的精神,是道德实践,是真才实学。如其中才能标准,茂才及尤异、治剧的选拔,无不与实际的政治才干相关。国家有大事,有大的灾异,召贤良、文学对策,能不能将平时所学运用于现实,是对一个儒生有无真才实学的考验。这与后代的考试辞章亦有很大不同。至于道德的考验,就体现在对孝子、廉吏的选拔中。一个人孝不孝,不是看他说,而是看他做;一个人廉不廉,也是要看他取与之际的表现如何。孝不孝,廉不廉,谁来看,谁来评?当然是乡党和同事最有发言权。孝子之举,在当初是注重乡里清议的,公府州郡的廉吏辟举,也是先试用一段时间,然后才行举荐的。在汉代最为常科的孝廉选举制度中,最集中地体现着它的道德原则和实践精神。真正的孝廉之选举,就必是既重乡里清议又重同僚、上级的意见;以此,大致可以说,孝廉之选是官方路线和民间路线双轨并行。《后汉书·百官志》注引应劭《汉官仪》谈到"四科取士"的标准:"一曰德行高妙,志节清白。二曰学通行修,经中博士。三曰明达法令,足以决疑,能案章覆问,文中御史。四曰刚毅多略,遭事不惑,明足以决,才任三辅令。皆有孝悌廉公之行。"(《后汉书》卷一百四十四注)一、二两项即我们所说的道德、学问,第三项的"明达法令"涉及国家政令,也可以将其归为实际学问一类,第三项中的"决疑"、"案章覆问"和第四项中的"多略"、"才任三辅令"等,则属于才干。结尾一句"皆有孝悌廉公"之语,更将才干学问,包含在道德的大前提之下。汉代特别是西汉的选举,被后来的古代政论家们视为模范,称许其"最为得人",就在于当时对这道德的、实践的法则特别是后者的遵循,还有一定的真实性。以道德的、实践的法则选人,毫无疑问,是属于儒家精神的,其价值不仅在于贤人政治,而且还在于以这样的一种从民间垂直选拔贤人的方式,为社会树立良好的风气,激励世人修身正德,正是儒家"教化"治国理念的体现。

但是,这样的"良法美意"能走多远呢?起码到东汉章帝时,选举不实的情况已经相当突出。章帝为此下诏说:"夫乡举里选,必累功劳。今刺史守相不明真伪,茂才、孝廉岁以百数,既非能著,而当授之政事,甚无谓也。"时任大鸿胪的韦彪(?—89?)也说:"夫国以简贤为务,贤以孝行为首……士宜以才行为先,不可纯以阀阅。然其要在于选二千石,二千石贤,则贡举皆得其人矣。"(马端临《文献通考》卷二十八《选举考一》)章帝和韦彪一样,都将选举不实在的原因归咎于二千石一级的国家大僚,也就是地方的最高行政官员,很值得注意——看来选举不实是先从官僚阶层方面出的问题。什么问题呢?如上所说,汉代选举,是乡里清议与官方选拔相结合的合作制。韦彪"阀阅"云云的话表明,官方察人开始讲出身、论资排辈,这就意味着乡里清议的参照实际遭到了排斥。当时"举秀才,不知书;举孝廉,父异居"的民谣,映现的是选举严重脱离乡里路线的结果。选举既然越来越操弄于官员之手,越来越走的是公卿路线,一个人是否有德有才,就全然无客观的凭据。对此,虽有顺帝时期左雄(?—138)的选举改革,如察举加考试内容、限定入仕年龄等,也只能收一时之效,无法从根本上改变选举上"公正性无能"的状态。

与此相伴,是进至东汉后期士风的越来越"浮华"。这士风的浮华,正与一些名士化的公卿级人物密切相关。这里可以举一个赵壹(生卒年不详)的例子。赵壹是后汉的文学家,有著名的《刺世疾邪赋》。《后汉书·文苑列传》说他"恃才倨傲,为乡党所摈","后屡抵罪,几至死,友人救,得免"(《后汉书》卷八十下)。据此可知此公为人绝非儒家所要求的"庸言庸行"者,其为乡里清议所不容是自然的。但是,赵壹天生条件好,"身长九尺,美须豪眉,望之甚伟"。有这等自然条件,再加显示他性格突兀的一两个动作和几句耸动的言语,就可以打动公卿了。《后汉书》本传载:"光和元年,举郡上计到京师。是时司徒袁逢受计,计吏数百人皆拜伏庭中,莫敢仰视,壹独长揖而已。逢望而异之,令左右往让之……对曰:'昔郦食其长揖汉王,今揖三公,何遽怪哉!'逢则敛衽下堂,执其手,延置上坐,因问西方事,大悦,顾谓坐中曰:'此人汉阳赵元叔也。朝臣莫有过之者,吾请为诸君分坐。'"(《后汉书》卷八十下)一面之下,就有如此的评价和待遇,我们不禁要问:这是负责任的态度吗?袁逢究竟看到了什么,就让他如此高看赵壹!在乡里是被摈斥,在京师则是受激赏,赵壹的不同遭遇,就等于选举标准在汉代前后发生的变异。这又不是偶然现象。《后汉书·郭太传》所载郭林宗(128—169)"知人"的那一套,不也是或依一时的奇特行动,或依只言片语的精彩吗?完全是一套名士选人的格式。这套格式果能鉴别"有道"与否吗?《后汉书·郭太传》所记黄允:"黄允字子艾,济阴人也,以俊才知名……后司徒袁隗欲为从女求姻,见允而叹曰:'得婿如是足矣!'"这位黄允究竟是什么货色呢?黄允要休妻,同书载其妻"攘袂数允隐匿秽恶十五事……允以此见废于时"(《后汉书》卷六十八)。虽然据说郭太(128—169)、符融(生卒年不详)等已看出黄允不行,可是袁隗(?—190)的走眼,仍可证明选举"公卿路线"的靠不住。与郭林宗同时还有汝南许劭(150—195)的"月旦评",一见曹操就能说出"治世之能臣,乱世之奸雄"的话头,都是士大夫趣味左右选举、选举之权归于大名士的表现。士子们在汉末的不敦学,不修身,游走公卿之门,汲汲然"浮华交会"(《后汉书》卷七十),其风气之起,也就不难找到真正的根源了。①

那么,这些公卿大臣和大名士选举所持的标准又是什么呢?从袁逢的赏识赵壹看,肯定不是乡里清议,他们中意的是赵壹的好相貌和机敏的言辞。在乡里赵壹的表现如何,修身立世如何,究竟有无实际的干才则非所关心。这大体已可以领略当时大人物的选人意趣。恰好还有《人物志》一书,全面系统记载着士大夫化了的选举法则。

《人物志》问世于曹魏时期,作者刘劭(约生于东汉建宁年间,卒于魏正始年间)。都说这本书是两汉以来选拔人物的经验总结,可是,两汉四百年,它到底是哪个时段的"人物选拔经验的总结"还是个问题呢!可以

---

① 近来一些文章讨论魏晋士风的转变,将"浮华交会"的根源追溯到东汉后期太学,实在是浮泛之见。当时的太学充其量只是"浮华交会"的盛行之地,而不是形成的原因。太学风气的表现,同如赵壹的遭际一样,只能是选举路线转变的一种结果。

说,若选举还尊重乡里路线,就根本用不着刘劭《人物志》这一套。因为《人物志》的义理规模,与袁逢的欣赏赵壹一样,与道德实践的原则水米无干。刘劭的《人物志》论人性,其义理格局,可从其第一篇《九征》的以"五材"讲人之"质量"得其大概。所谓"五材"就是金、木、水、火、土,人的生命气质中"五材"搭配中和,就是"中庸之质"。能有"中庸之质"很难,因为那是"圣德之量"。汉晋之际论圣人,强调圣人天纵,圣人之才常人不可学。以自然的材质论人,当然圣人就是不可学的——又岂止圣人,照此推论,一切人为材质所限,都是难以改变自己的品行的。圣人以下,或偏于金,或偏于木,等等,则都是偏至之才;如偏于金,则为勇之才;偏于木,则为弘毅之才;偏于水,则通微之才等;总之各有所偏之才,金、木、水、火、土对应仁、义、礼、智、信。很明显,是相信人的德性,取决于自然的生命材质,是一种材质主义的命定人性观。

说到观人,先秦时期就有所谓"文王官人"之法,分别记载在《逸周书》和《大戴礼记》里。这个古老的官人系统是由"六微"或曰"六征",即观诚、考志、视中、观色、观隐、揆德等六大标准构成的。其观人特征,可从下面的文句得其大要:"富贵者,观其礼施也;贫穷者,观其有德守也;嬖宠者,观其不骄奢也;隐约者,观其不慑惧也。"(《大戴礼记》卷十《文王官人》)大致是以德行的实践原则为判定人之优劣的尺码,与孔子"视其所以,观其所由,察其所安,人焉廋哉"(《论语·为政》)颇为接近。《人物志》的观人术虽多少也承继《文王官人》及孔子之说的内容,总体上却是另有一套。从学理上说,它基本上不强调从一个人的取与出处上观人,而是讲究从资质构成上作玄妙把握。《人物志》将古代的人性论与观人术加以结合,形成的是新的才性观,也就是玄学的才性论,又称才性名理。在先秦时期,观人是为选贤,而先秦人性论之起因,是讨论"民性",以便合理治世。据牟宗三先生分析,到晚周诸子,人性论便有以孟子为代表的性善论与以告子、世硕为代表的"人之谓性"的材质人性论。前者重视人所以高出动物的道德心,后者则以自然材质言人性,所谓"生之谓性"、"食色性也",都是。① 告子、世硕的人性论,虽经孟子批驳,但在荀子以至后来的儒家如董仲舒(前179—前104)、王充(27—97?)等,都是大体承袭的。到刘劭作《人物志》,更是将材质的人性论与儒家的仁义礼智信结合起来,但在人性观上,明显走的是告子、世硕一路,与孟子的"性善说"相去甚远。同时,在先秦,如上所说,观人是观人,人性是人性,两者间各有论域,本不相干。但是,以刘劭为代表的魏晋玄学士人,则将两者合在一起,专门从自然生命材质论人的社会品行,实际是将人在社会生活中主体性表现如何,归因为由自然气质决定。这样的哲理,虽非一无是处,却失落了一个最重要的事实,那就是从一个人在生活中的表现观察其人格人品,用诸选举,也就是忽略了先秦两汉以来的实践原则。

这便是文化法则的转移。随着士大夫阶层势力的强盛,选举渐渐由道德的、实践的法则转变为才性的、风度的和外观的。顺孟子式的道德人性论,便有仁、义、良知、恻隐、羞恶等内容,这些都是要在生活的实践和具体环境下显现的,不能单从主观上说。一个人是否为"仁",是要看其与他人如何相处的,如何做官,如何对待小民的。后来汉代"最为得人"的选举,很大程度上就遵循了这样的原则。但是,像《人物志》这样以人的材质来论人性,不能说它一定不能选出真正的才干之士,但若说《人物志》这一套,就是选拔治国干才的圭臬,那就荒唐了。因为《人物志》这一套,只是一种"鉴赏"的才性论,只是顺着一个人纯主观方面去观察人,在废弃了实践的标准后,就只剩下才情、才气、气质、资质、性情、神韵、容止、风姿、骨格、器宇等纯主体主观之物。真正的政治家,上面这些东西多数没用,但是在成全文艺、名士风度上,这新的才性论却是本色当行,大有裨益。它可以激发出行为方式以及诗文写作上的独特的东西。魏晋南北朝名士辈出,魏晋南北朝重主观才性展现的文学,也达到了自己的极致。名士风度固然可以效法,但魏晋人的看风度,先得要身架好,面貌好。一个人要有

---

① 牟宗三:《才性与玄理》,(台北)学生书局,1985年版,第25~28页。这个问题可能远不像牟先生说得那么简单,但此处不能深究。

一副好身架,所谓身高八尺,眉清目秀及"美音制"等,这些如何由后天学习来获得呢?所以,像嵇康的"萧萧肃肃,爽朗清举"、"肃肃如松下风"(《世说新语·容止第十四》),人见人爱,是天生的神采,造化独钟,就连他的儿子也不得其传;像阮籍、刘伶那样的大名士,则须有天生好酒量与青白眼,青白眼和好酒量是谁都能学的吗?真名士好酒量,真名士自风流,可是天生就办不了这些事情的,也要当名士,怎么办?放浪形骸,发发狂态甚至"脱衣露丑"之类惊世骇俗举动,就是找补不足的无法之法了。还有,也是更重要的,嵇康、阮籍的好风度、青白眼难学,可他们的善谈名理且一手好文章,肯下功夫,就能"像不像三分样"了。于是,清谈、文采,也就都是获得声望的手法。《人物志·接识第七》说:"欲观其一隅,则终朝足以识之;将究其详,则三日而后足。何谓三日而后足?夫国体之人,兼有三材,故谈不三日,不足以尽之。"考察"国体之人"既然要"三日谈",那么士人好"清谈"的盛行不正是应运而生吗?① "三日谈"的内容《人物志》也说得清楚:谈"四理",即《人物志·材理第四》所说"夫建事立义,莫不须理而定"的"理"。其具体内容是:"若夫天地气化,盈虚损益,道之理也。法制正事,事之理也。礼教宜适,义之理也。人情枢机,情之理也。四理不同,其于才也,须明而章,明待质而行。""四理"之第一理,就是"道家之理"。谈"四理"可以见出材质上的"四明"。由此,玄学家好《易》,好《老子》《庄子》,及后来好佛理,不都可以找到具体的原因吗?就文采而言,一开始我们就说,才思快是那个时代衡量文人高下的重要标准。与此相关,是人们喜欢聚集在一起吟诗作赋,因为唯有这集群性的文辞活动,才可以显示出谁是才思的骄子。于是文学就活动于一个"才性展现"的磁场之中。这正是魏晋南北朝文学的显著特征。

以上所述,不过是想说明下面的拙见:魏晋文学的丕变,来自于士大夫阶层的精神变化。两汉四百年的帝国政治,造就了一个文化的特权阶层。帝国的衰落,在总体上非但没有给这个阶层带来灾害,反而强化了它

---

① 笔者曾指导学生作《清谈之风的"才性论"成因》一文,发表在《吉林工程技术师范学院学报》2005年第11期,可参考。

的势力。他们本来就是以文化起家,学而优则仕,时间久了,他们因做官而有了身家,有了门第,有了世代显赫的家族,他们高度贵族化了。于是属于这个阶层自己的文化趣味出现了,文学创作,就是这趣味的一部分。他们既然在政治经济各方面已经把持了社会大权,文化、文学的新趣味自然也随之主宰风尚,蔚然一片。其间,最关键的一点是符合贵族门阀化了的士大夫利益的新选举法则的流行,而选举法则的抽象形式则是新才性理论。选举上的新的才性观念,正是使得魏晋南北朝文学与前代——也与后代——产生深刻而鲜明分别的深层文化原因。

以上所谈,是关于这个时期士大夫的精神状态,是理解这一时期文学创作的基础。下面要谈谈本书对于魏晋南北朝文体的看法。

第四节　文体与语体

本书以文体为线索讨论叙述魏晋南北朝各类文章。然据实而言，这一时期真正新的文体的出现不多。随佛教东传，固然出现一些新文章体式，但其文学价值一般。就文学性质较强的诸文体看，大致是延续先秦两汉的既有样式而加以新变。例如赋，魏晋以下的士人仍然很爱作赋，但远不是两汉的赋体文学模样了。前面说过，汉大赋代表的是汉帝国国家声音，进入魏晋，赋的题材大部分变为士人主观性的抒发了，而且从篇幅体制上看，越来越短，词采、韵律越来越讲究。章表奏疏的文字，像汉代贾谊、晁错所作的那种经国大文明显少了。一些关系现实的篇章，如西晋刘颂（？—300）在任淮南相位上的上疏，艺术上的成色先不说，所提出的一些"封建"之类建议，实与国家安危南辕北辙，显示着该时期士大夫学问水准的局限。论说性的文字，与玄风的盛行有关，谈玄理、佛理的文字很多；还有就是随着用人制度越来越看门第，谈"天"说"命"、抒发人生不平以及对世道人心的讽刺之类的"论"较多。魏晋南北朝最有特点的文章是书信写作，而书信文字早就有，但是在曹魏时期发生那样明显的变化，却是颇为特殊的。序体的文字，也有很明显变化，那就是一种用于新场合——诗文雅集场合的序的出现，使序文写作带有强烈的时代特点。其他如碑铭、哀诔、颂赞之类的文体，在当时如《文心雕龙》是把它们和诗赋一样视为"有韵为文"之"文"的。此类作品很多，其中碑文的写作，因为很长时期国家有限制，所以导致墓志铭出现。山水文学写诗之外的文章，数量上不是很多，但一些模山范水的小品，最能代表南北朝文学的风神。此外就是这一时期为数不多的一些传记文章，也写得形神兼备，风采秀逸。

以上基本上就是本书写魏晋南北朝散文史所涉及的文体范围。古人关于文体的分类要复杂得多，限于篇幅，基于今人的习惯，本书主要讨论如下的文体：赋、论说、章表奏疏、信笺、序、箴铭、碑诔、山水记和人物传，九类十余种。虽不能周全赅备当时文体，也大致可以得其要领了。

下面谈谈语体，也就是骈体的文体。

常见一些文学史,把骈体文单列,好像有一个独立的骈体文似的。其实骈体与"赋"、"论"、"记"等不同,赋等都可以单列,唯"骈体"不可以。因为它只是"语言体式",它是一个时代各种文体使用的"建筑材料",单列,岂不概念混淆?魏晋南北朝诸多文体,显著而重要的变化就是在语体上向骈体化迈进,到庾信(513—581)文章出来,就达到了该时期的顶点。广义的"文体"本就包含"语体",但这一时期,论文体,若不谈语体,则不得其通道。骈俪化的语体倾向,贯穿魏晋南北朝文章写作,越到后来,特征越明显。

前面说过,所谓骈体,有以下特点:(1)句子对仗、用词对偶;(2)讲求句子音韵和谐,包括韵脚、字词平仄的规则变化,要点是平仄,特别讲究押韵的只是诗赋,其他骈俪化的文字则不必如此;(3)用典和隶事,就是讲究语词来历、典故贴切。就(1)、(2)两点而言,是努力调动汉语自身所具有的特点,如单音节、有声调变化等。单音节如同形状齐整的马赛克,易组织出齐整的句子,这是汉语单音节可资调动的优势。汉魏至晋、宋,一篇文章中出现频率高的多是齐整的四字句或六字句,到庾信的写作,就开始形成四字句、六字句交错使用的"四六"骈体。生活中人们很少四句一顿、六字一顿地讲话,这是书面语;南北朝大大发展这一点,有意无意地将书面语提纯为一种彻底脱离日常用语形态的新语言——文学语言。这方面的追求,此期的文章写作是十分强烈的。但是,仅仅是句式的打造,在魏晋南北朝文士心中还远远不够理想。句子齐整之外,还需加入三要素:对偶、平仄抑扬和隶事用典。

讲究对偶,是与句子的四字、六字齐整化的相伴现象。上句与下句之间,若只有齐整,就会呆板,相反,若形成对偶关系,则可以使得齐整由呆板变成灵活。而且这种灵活,是在齐整、句型一致等各种限定中的灵活,于是对偶所显出的强烈表现力,就会给人以十分突出的印象。举个例子说,一个没有受过传统诗文写作教育的人,读清代李渔的《笠翁对韵》,也可以为各种工巧的对偶所打动,尽管这些"对语"是套路化的,文本也没有内容,但随着语句的延续,那些轻巧的对偶,上下句之间所形成的特有的呼应,还是能让你感到新奇,感到一种山重水复的愉悦。这样的有套路的

"偶语",也在轻轻地拨弄着我们的智力,考验着读者的思维能力。语言在无所表现中也可以形成对思维的一种考验,形成智力游戏。这说明什么?这说明,利用汉语符号自身的特点,也可以塑造一种"无内容而有所表现"的形式,其实就是汉语自身所具有的特点的展现。这就是魏晋南北朝文人所追求的"文学语言",在"所指"意义上"无所表达"时,作为"能指"的语言,也可以自我起舞,意影婆娑!读那些好的骈体文,读过上句,心里不自觉就会产生等待下句的期待,而精妙的对偶句子的随之而来,是释然,是惊奇,或者还有点佩服,就像看体操运动员完成一个惊险动作的感受,其间真有点"惊心动魄"的感觉!在使用语言上,魏晋南北朝人实际做到了充分利用汉语自身特点,深度开掘了汉语作为一套能指符号系统之外所蕴含的文学表现力。这是魏晋南北朝文章的一大特点。

讲究平仄抑扬,也还是变齐整的死局为灵活的手段。据启功先生《汉语现象论丛》讲,在贾谊那里就开始对此注意了;①在"永明声律说"出现之前,也有一些诗,就出现了一半以上句子合乎后来律句要求的现象。②但这些都是"暗合于道",作为诗赋写作的规矩,是南齐(479—502)时期的沈约(441—513)、谢朓(464—499)、王融(468—494)等提出来的。沈约《宋书·谢灵运传》后的"史臣曰"谓:

> 夫五色相宣,八音协畅,由乎玄黄律吕,各适物宜。欲使宫羽相变,低昂互节,若前有浮声,则后须切响。一简之内,音韵尽殊;两句之中,轻重悉异。妙达此旨,始可言文。(《宋书》卷六十七)

意思很明确,一篇文章的押韵要有变化,平仄要互相交错,具体说,就是两个句子,亦即上下相连的两个句子,平仄高低(就是所谓"轻重")要形成相对的应和关系。又《南史·陆厥传》说:

> 约等文皆用宫商,将平上去入四声,以此制韵,有平头、上尾、蜂

---

①② 启功:《汉语现象论丛》,(香港)中华书局,1991年版,第224、30~31页。

腰、鹤膝。五字之中,音韵悉异,两句之内,角徵不同,不可增减。世呼为"永明体"。(《南史》卷四十八)

据此可知违背声律规矩,就有所谓"平头"、"上尾"、"蜂腰"、"鹤膝"等毛病,都是要力戒的。上述各种病,在日本人遍照金刚著的《文镜秘府论》中有举例说明。有学者据此一家家衡量从"永明"沈约到梁朝萧纲、庾信等的赋作,发现有些毛病大家都难以避免,有些就是连庾信这样的大家,也难杜绝。① 这表明声律要求的提出大大增加了文章写作的难度。然而也正在这大难度的讲求韵律和谐中,汉语自身的音乐性,也得到了大大的显示。对偶的效果是惊奇,声律的效果是悦耳上口,铿锵朗朗。两者出现在一组上下连接的句子中,是这里所谓"文学语言"的两个内涵。

骈体语言的另一个重要特征是隶事和用典。这也是对汉语作为"能指"系统自身表达潜力的开发,汉语承载着太多的历史文化信息。利用这一点表现内容,既可以使文章语言古色古香,变得丰厚,充满雕饰的色彩,也可显示作者的书卷修养。这就是所谓隶事和用典。隶事,是指前代文献中的人和事即所谓典故。用典,则指前代文献中的语言。讲究用古代的文献和人事来印证自己的论点,可追溯到《尚书》时代,那时候就引用一些古人古语来印证自己的说法,到儒家文献出现的时候更甚,例如《大学》说到"知止",居然可以引用《诗经·小雅》的"绵蛮黄鸟,止于丘阿"来印证道理,用典虽有点匪夷所思,但"宗经征圣"的心态宛然。之后用典,在一段时期,还多是用古人的语言故事缘饰文章中的说法,但是从魏晋开始,就逐渐朝"义归于翰藻"的"翰藻"方向大步前行了。钟嵘(468?—518)《诗品序》说:

> 颜延、谢庄,尤为繁密,于时化之。故大明、泰始中,文章殆同书抄。近任昉、王元长等,辞不贵奇,竞须新事,尔来作者,浸以成俗。遂乃句无虚语,语无虚字,拘挛补衲,蠹文已甚。

---

① 廖志强:《南朝赋阐微》,(台北)天工书局,1997年版,第189页。

钟嵘虽对用典、隶事持批评态度,也道出了用典、隶事之风自刘宋(420－479)时大兴,至他那个时代依然流行不已的实事。当然,若细论用典隶事之风尚,远可以追溯到潘岳《西征赋》的无一字无来历;而再早一点的曹丕主编《皇览》,似乎也带有易于作文獭祭的意思。但是,总体上看,两晋用典隶事之风尚,尚不那样浓郁,到颜延之那里才猛地一下子雕绘满眼。其中原因尚需详探,但是就"骈体"这个作为语体现象的变化而言,却是产生了一新的含义,那就是"文学语言"的"士大夫化"特点。写文章以用典隶事来强化观点内容,属于"修辞立其诚"(《易传·文言》);归于"翰藻"的用典,可以称之为"修辞立其文"。这个"文"就是上面所说的"文学语言"的"文"。隶事和用典本不属于汉语自身的东西,却属于或只属于士大夫所有。士大夫是读书读经典文献的阶层,他们的文章这样使用语言,是因为可以标识作者的学养,显示其学问的博雅。在传递信息上,隶事用典实际是提高了文章阅读接受的门槛——这正与当时的"门第意识"有着某种程度的应和关系。用典和隶事的骈体文,从它"接受美学"的社会意义看,是先证明作者自己才学高华,然后再以此考验读者。用典和隶事,实际总是在向读者发出这样的考问:看得明白么?是个读书人吗?无形中,骈体写作带有了强烈的时代的"贵族"气息。骈体的"贵族气息"就在于它的故意艰难其辞,以此来作为阅读人群的区隔:不具有相等文化修养,就不要读骈体的文章。所以,社会有门阀的倨傲,文学就有骈体的高华自赏。

这造就了魏晋南北朝特别是南朝文章强烈的装饰性特征,这也是贵族文学特有的品质。实际上这也包括对韵律、对偶的追求,若从二者也是增强文章写作难度、显示写作者才华非同一般而言,它们也是贵族文学装饰的一部分。它们共同构成魏晋南北朝文学日益强化的特征:精巧、灵动、精雕细琢、雕绘满眼。这就是骈体的基本特征,一个关乎汉语自身特点、关乎当时社会意识形态的文章特征。

对这些形式的东西,与其把它看作华而不实,不如将其视为特殊的重才学自我表现时代的对汉语自身所潜含特有表现能量的发掘和实验。人们常说,写骈体,可以漂亮地说空话。日常通信、应酬的文字,古人所以爱以骈体为之,就是可以没话找话。这些对骈体糟糕的说法中隐含着这样的实情:无所表达时,用典和隶事,也可以作出词采漂亮的文字。因为在恰当地用典隶事以表达一番闲意的时候,"文学语言"自身的丰富含义,却可以充分表现出来。在韵律和对偶的讲究之上,将文献的古语,历史传说中的人物、掌故,恰当地征用,嵌之于流丽的句子之中,也可以营造风轻云淡的境地、似有若无的隽永。南朝这样的文字,还是颇有一些的。而且,汉语是古老的,负载着很多的历史文化信息;骈体的用典和隶事,则是反向地将汉语所托载的文化信息,转还一部分给语言自身,使其形成一种新的语言体式,使得语言自身就有强烈的文化信息。

那么,这一独特的文学语言体式在修饰、表达的作用上又如何呢?关于隶事用典的修辞作用,前人多有总结,如所谓明用、暗用、活用、借用等等。一般来说,用典隶事,特别是运用一些掌故、人物,都有比喻以强化所表达内容的作用。但是有些活用的典故,其表现力量是无可替代的。如庾信在《哀江南赋》序中的例子:"将军一去,大树飘零。"明显是用东汉冯异常坐大树之下人称"大树将军"的故事。但是,"大树将军"只是独坐大树之下,何尝有将军去后大树飘零的含义?但是,就庾信此文的内涵讲,庾信所"哀"的"江南"之梁,不正是一个朝廷无人,大树颠踣的局面吗?还有比这样将一个典故砸开揉碎使其另出味道的"活用"更贴切绝妙的吗?说读骈体有"惊心动魄"之感,往往不是生于它所表述的对象,而是骈体特殊的用以表述的语言。成功的骈体文章"惊现"了汉语自身的文学魅力,表达中"能指"的美好大过了"所指"的吸引力,正是魏晋南北朝文章的一个重要方面。以此,以后的唐宋等文学的"文质兼备"才有了基础,因为在"文质兼备"的"文"上,魏晋南北朝的文章确有重要的开掘和实验。

第一章 魏晋南北朝赋体之文

第一节 魏晋赋体文概说

有一个沿袭既久的说法说,从东汉张衡(78—139)《归田赋》起,润色鸿业的大赋创作就始向抒情转变,到汉末建安之际有王粲(177—217)《登楼赋》出现,就标志抒情小赋的成熟。无形中,这个说法向人们传达的是这样的概念:"抒情小赋"代表着赋体文学这一时期的创作方向,是魏晋赋体与前代相区别的质变点。

然而,这个说法经不起推敲。

首先在于找不出构成一个传承必需的足够数量的好作品。就算张衡《归田赋》是抒情赋,那么在它之后,又有几篇抒情之作呢?人们会举赵壹(生卒年不详,活动于168—189年间)的《刺世疾邪赋》,那么除此之外呢?除此之外,张衡之后东汉那么长的时间还能举出几篇像样点的抒情赋呢?于是就等王粲《登楼赋》出来了。可是,王粲《登楼赋》以后,整个的魏晋时期够水准的抒情的作品还有哪个?曹魏时期公认的好赋作是曹植(192—232)的《洛神赋》,它也有抒情,而且比当时所有那些"柳赋"、"槐赋"之类摆明了要生发人生感慨的哼哼唧唧的赋作都强得多。可是"抒情小赋"论者又不认为它在此类之列。总之,人们说从张衡之后有那样一个新传统的出现,可检视东汉魏晋这样长时间中的典型作品,却实在稀罕,难以构成一个传统的系列。

其次,《登楼赋》等几篇抒情之作与当时创作的大流相比,根本不能说它是主导之势,甚至连对峙也说不上。这里需要辨体。张衡这篇被说成是开抒情小赋先河的《归田赋》,已有学者指出它的结构其实是大赋的缩略体式;①而王粲的《登楼赋》在《文选》则归为"游览"一类。当然,也可以不遵循古人选文归类的旧辙,用抒情、叙事等来为作品"判教",也不失为一个方法。仍以王粲《登楼赋》而言,《文选》说他是"游览",是从作品与作者的某一次特定活动关系着眼,而今人也有以"骚体"目之者,主要是因为《登楼赋》的语言体制更接近《楚辞》风范。就作品本身而言,人们的确看到久违了的嗟世伤生主体情绪的感人抒发,确实是屈原文学精神一个遥远的回响。也正因此,有学者据此声称《登楼赋》代表了"楚骚"传统在当时的回归。粗看上去,在西晋的一些作家,如潘岳、陆机,他们的作品中也确实有一些偏于主题"抒情"赋作,如陆机的《叹逝赋》、《愍思赋》,潘岳的《秋兴赋》、《悼亡赋》,等等。然而,如果将这样的赋作与潘、陆集子中所有赋作加以对照,就实在是少数;如果将两个一流作家——或再加上西晋的几位入流作家——真正抒发主体真挚情感的赋作,与其他流行的赋作相比,就更显得是汪洋中的孤岛,大河中的一两点沙洲。历史地观察一个文体,是研究它的全部生产线,而不是到商场买东西,任自己喜欢而挑选。当人们把"抒情小赋"作为一段时期的一个文学主流来看待时,就非常容易视己喜爱而以偏概全了。当时作家实在无意沿着什么抒情小赋的新道路走,他们另有所爱。

那么,从王粲到两晋的大流赋体作家,他们都爱写些什么呢?回答:是"体物"之赋。文学的要点,大家都知道,不在于写什么,而在于怎么写。因此,从道理上说"体物"的赋作也可以抒发感情。实则不然。魏从曹丕、曹植及其他诸大作家开始,写了大量代表时代的"体物"之作,柳赋、槐赋、迷迭赋、安石榴赋、车渠碗赋、玛瑙勒赋、大暑赋、秋霖赋、狗赋、蝉赋、蚊赋,当然也写寡妇赋、神女赋之类的赋,还有一些传统题材等。而且,这些赋,还是集群性地就同一题材进行创作。有的赋史之类的著作,对此想出了许多的理由来给高分评价,实则这些体物的众作,把王粲的作品放到曹

---

① 朱晓海:《汉赋史略新证》,陕西人民出版社,2004年版,第367~400页。

丕的集子里不分真假,把曹植的放到王粲集子里也难辨彼此。固然不是一无可读,清词丽句也往往沙中见金,可就是难见个性,所以它们也就难入选家法眼,只能截长取短地被抄在类书里以供獭祭。才华横溢的作家所谓的"体物抒情"之作尚且如此,其他则更属部下之调了。这样的情形进至晋代,更是变本加厉。体物的范围更加多样,三国时既有的题材之外,他们赋投壶,赋占蓍,赋钓鱼,赋射雉;赋谈,赋读书,赋人性恶;赋纸,赋笔,赋砚,赋镜子、蜡烛、羽扇、相风;赋豆羹,赋面饼;赋火、雷、天地;赋宜男花,赋桃、李、瓜、枣,赋朝菌;赋萤火虫以至于赋蜘蛛、螳螂等,不一而足。

胪列它们,很容易让人想起司马相如那句名言:"赋家之心,包揽宇宙。"魏晋的赋作者们不也是想包揽宇宙吗？当然是,但与汉大赋的包揽不同,汉大赋的包揽是力图在一篇之内,而魏晋赋的包揽则是零敲碎打、零存整取;汉大赋的包揽是一个作家一篇作品中的事,魏晋则是大家一起上的总量包揽。总之,魏晋赋是摔碎了的汉大赋。这倒与历史的态势恰好相应,魏晋南北朝不就是一个汉帝国摔碎后的漫衍吗？碎片时代的赋作也有上佳的,陆机的《文赋》就是。可是,表达对文章创作的心得,非要出之一体物之"赋",联系上面所说,也许会得到一个新的理解:《文赋》之出,正是当时赋作"包揽"意态下的结果,就像有这赋"谈"、赋"读书"一样。给"文"来他一个赋,就是很自然的了。

汉大赋是体物,以帝国园林、宫殿、游猎等为对象的体物,而魏晋赋以天地万物为对象。同时,在一个时代的作家都在追求这外物的多样性写赋的时候,它们还在大量地重复,一个"相风赋"就有众多的作者写,不厌其烦,也让读者不胜其烦。三国前后形成的同题而作的习惯,仍在漫衍。因此,只能说魏晋的赋作仍是汉赋的延续,一种改头换面的延续。当然这也是变化,但研究者应该深究其变化,而非一厢情愿地说他们树立了一个与大赋全然相异的抒情风范。王粲《登楼赋》固然特别符合今天抒情观,可是,就在王粲自己集子里,《登楼赋》也难说不是一个例外。而且,曹丕说"诗赋欲丽",陆机说"赋体物而浏亮",都是强调漂亮好看,理论家这样提倡,虽与当时创作实际有些差距,也颇能说明问题了。这当然就是魏晋赋体文学的基本样态,也可说是该时期的赋的文学史特征。总而言之,在这样一种汉赋的独特的承递的形态下,还原不出那时人们所说的抒情传统。

在"大赋的碎片"化赋作世界里,实际还有一些对汉大赋做"完形练习"的作品,其代表就是那个"洛阳"为之"纸贵"的左思(约250—305)的《三都赋》。也恰好是这一篇,呈现出赋作家在关于什么是文学真实上的观念的不健全。在《三都赋》序中左思本着"采诗观风"的先王宗旨,指责前代《上林赋》、《甘泉赋》、《二京赋》、《两都赋》诸大赋在叙写内容上的失真及不良影响:

> 盖诗有六义焉,其二曰赋。扬雄曰:"诗人之赋丽以则。"班固曰:"赋者,古诗之流也。"先王采焉,以观土风。见"绿竹猗猗",则知卫地淇澳之产;见"在其版屋",则知秦野西戎之宅。故能居然而辨八方。然相如赋《上林》,而引"卢橘夏熟",扬雄赋《甘泉》,而陈"玉树青葱",班固赋《西都》,而叹"以出比目",张衡赋《西京》,而述以游海若。假称珍怪,以为润色,若斯之类,匪啻于兹。考之果木,则生非其壤;校之神物,则出非其所。于辞则易为藻饰,于义则虚而无征。且夫玉卮无当,虽宝非用;侈言无验,虽丽非经。而论者莫不诋讦其研精,作者大氐举为宪章。积习生常,有自来矣。

而后亮明自己的写作宗旨说:

> 余既思摹《二京》而赋《三都》,其山川城邑则稽之地图,其鸟兽草木则验之方志。风谣歌舞,各附其俗;魁梧长者,莫非其旧。何则?发言为诗者,咏其所志也;升高能赋者,颂其所见也。美物者贵依其本,赞事者宜本其实。匪本匪实,览者奚信?且夫任土作贡,《虞书》所著;辩物居方,《周易》所慎。聊举其一隅,摄其体统,归诸诂训焉。

这实在表露出大赋"摔碎"时代的赋家心态!《上林赋》、《甘泉赋》好歹都有一个"曲终奏雅"的大旨趣,《二京赋》《两都赋》也还是关于帝国都城是否西迁争议的文学回响,到左思则只有一个叙写真实给他自夸自信,于是他的写作就只有"稽之地图"、"验之方志"做学问了。讽刺的是,大才左思的"学问",应得的评价是"画地为牢",实受的待遇是"请君入瓮"。①序言说得明白,作者写《三都赋》内心的创作动力,一是来自"先王采诗,以观土风"的"诗可以观"的大原则,一是来自士大夫"发言为诗"、"升高能赋"的老本分。这实在是非常明切道出了大赋这样一种体式一经出现就会与士大夫这个特定阶层相伴相随、不弃不离的原理了。赋体文章不是一直沿袭到近代士大夫这个特殊阶层的解体吗?到唐宋以后编辑作家文集,一般不是还把赋放在首位吗?近人在研究赋这一文体时,有两句话经常因被视为不真实、没意味而"弃置复何道"。一句是出自班固《两都赋》序的"赋者,古诗之流也",一是出自《毛诗·卫风·定之方中》序的作为"士大夫九能"之一的"登高而赋,可以为大夫"。实则两句话大有用处,也大有意味。即以前一句,也是最遭非议的"古诗之流"而言,它道出的赋体文学的神圣根源,是"诗",也就是"诗三百"的那个"诗"。后一句,则更关乎一个人是不是有士大夫资格的大事体,士大夫不会作赋,还称其为士大夫?用一种文采风流考验一个人是否有资格享有某种身份,这样的事在春秋时"赋诗言志"就有了,"登高而赋"恰好就是赋诗言志的后继。魏晋并未走出"古诗之流"这一赋体神圣的观念,而碎片的赋体多如过江之鲫,也可以从"登高赋诗"以确证其"能"方面获得相当的理解。这两句话是赋体文学"形而上"的理据,是该体式福寿长绵的根本原因,赋体是士大夫阶层的文学。今人研究这一阶段的文学好谈自觉不自觉,实际上应该把视角转换一下,关注一些赋体文学的作者士大夫群体的由汉而晋的精神体制的变迁,及其与文学创作的关联,这样的研究才更健全得多。

汉大赋时代已经过去,但士大夫的时代方兴未艾。于是这种特殊的文学体制就不能过去,就是狗尾续貂也还得续,于是病态的表现就有左思

---

① 钱钟书:《管锥编》,中华书局,1979年版,第1150页。

在文学观念上的拿着不是当理说。① 这是魏晋赋体文学的病态之一。还有其二。

三国杨泉(生卒年不详)写《蚕赋》，作序说："古人作赋者多矣，而独不赋蚕，乃为蚕赋。"这样说，除了数典忘祖之外，还流露出"填补空白"的创作意识。到晋的成公绥作《天地赋》，其序则明说："历观古人，未之有赋。岂独以至丽无文、难以辞赞？不然，何其阙哉？遂为《天地赋》……"这也是一种病态。文学追求题材新鲜多样不是病，以此为得计，以此为能事，视为赋的主要事，则是病。整个的魏晋赋体之作在对外物做着他们"包揽"的追逐时，总体上浮面东西太多，为文造情的太多。汉大赋的包揽，如上所说，有一个帝国强盛的概念含在其中，所以还有某些属于欲加表达的观念内涵。笔者不是内容决定论者，笔者是说，当一个时代把填补空白当作创作的一个目标来逞能时，容易使得他们把精力用错了地方。就是落实那个"诗赋欲丽"的主张，也得在遣词造句上多用心思。南朝作家赋作读来好得多，就是因为他们把更多的精力用在语言的锻造上。风华绝代的语言，也能提供满足部分审美需求的东西。

还有一种更为隐含的"填补"愿望，需要抉发。因为它甚至涉及的不仅是赋的问题。曹魏时期的卞兰(生卒年不详)有一篇《赞述太子赋》，请看其序文中的文字：

> 伏惟太子研精典籍，留意篇章，览照幽微，才不世出，禀聪睿之绝性……是以武夫怀恩，文士归德。窃见所作《典论》，及诸赋颂，逸句烂然，沉思泉涌，华藻云浮，听之忘味，奉读无倦。正使圣人复存，犹称善不暇，所不能间也。昔舜以蒸蒸显其德，周旦不骄成其名，岂因南面之尊以发称，假鼎足之盛以取誉哉？夫至尊至贵，能令人畏，不能令人誉，故桀不能变龙逢之心，纣不能易三仁之意，怀近服远，非德无施。今太子博纳多容，海渟岳峙，学无常师，惟德所在……

---

① 其实就是在当时，也有些人似乎感觉到了左思标准的问题，如皇甫谧在为《三都赋》所作序言中就在承认左思赋内容的可以"披图而校"、"按记而验"的同时，还标一个"文必极美"和"美丽之文，赋之作也"的说法，似乎是有意对左思之说的纠正和圆场。

用"逸句烂然,沉思泉涌"的文采来称颂一个帝王,是此段文字一个殊堪注意的特点。虽然作者拉了舜和周公来陪衬,然而"蒸蒸"之舜,"不骄"之周公,历史称扬他们,都不是指其文章文采。又有哪位圣贤"称善"帝王的文章?但是,这里却暗示得很清楚,缺少文采就像缺少德施一样,都难以既"令人畏",又"令人誉"。卞兰此处所说都是围绕他读《典论》等文章的感受而发,因此"非德无施"之类,不过是话头,是为文谨慎的周全策略而已。他最想要表达的其实只是这样一点:单有"南面之尊"还不够,加上烂然华藻的文采,才是"令人誉",最为荣耀的事情!

　　卞兰一段马屁文字,却着实道出了一个时代上流社会最引以为荣耀的一项事业,那就是文章、文学。缺了它,就是身为帝王,也犹有所憾,需要文采来填补。这是当时社会上流风尚之一态,犹如李世民以未中进士为憾一样,是文学史研究必须注意而未加注意的奇特事。这也才是窥见曹丕"经国之大业,不朽之盛事"之实意的奥窍。文章经国无甚新意,文章"不朽"才是曹丕的热衷。这是一种新的风潮汹涌的时尚,关系到文人乃至帝王尊贵与否的"令誉"。秦皇汉武不存在这样的令誉问题,汉武帝也不时舞文弄墨,可文学毕竟是他的业余,偶尔兴到而已;东汉的皇帝光武帝、明帝、章帝,则是爱呈现他们对经学的擅美,降至汉灵帝,也只爱辞章雕虫,瘾头远不如扮商贩大;身为帝王而以文章为尊荣者,当自曹丕始,而且是始作俑者大有后,南朝宋明帝、梁简文帝、陈后主等人皆其后也。这也正是历史的发展。如上所说,前代王者喜爱文学大多业余,他们独有的荣耀可用孟子见齐宣王所说"王之大欲"来概括,辟土地、朝诸侯、临万民。但到曹丕时代,虽然在那几件"大欲"的作为上稀松,可是,分明"老三样"已不足以满足一个身为王者的尊荣欲了。帝王还得追求另一种尊荣,那就是文学艺术的身手不凡。

　　在这里人们看到,一种文化的力量把帝王俘获了。这种文化力量,就是文学或许还加上书法等艺术创作的风骚。文学、诗篇不是文士的特权,雄武如项羽、刘邦不是也有《垓下歌》、《大风歌》?但是,文学的抒写终于形成一种鼓荡于上流社会的恒久风尚,擅长者尊,不擅者辱,这样的局面形成无疑是士大夫阶层在"独尊儒术"之后数百年间建立起来的。文学家特别是其中的赋作家,也由"主上俳优视之"因而"壮夫不为"的弄臣地位,渐渐变得连帝王也以在吟诗作赋中求得"令誉"了。说到曹丕的"始作俑"地位,或许还与他们曹家特殊的阉宦背景有关。东汉后期士大夫清流与阉宦之间的殊死搏斗这里不用多说,曹孟德为此还挨过陈琳挖苦,但是士大夫的身份不可选,士大夫的文化则可以经努力获得,曹孟德好读书善属文,他要教育太子、诸位王子,更是把当时天下文思最快、声望最著的士人文学家聚在一起,陪伴自己的儿子。曹操平定北方,须与士大夫的大族合作,而他那在邺下的风雅儿子,则不仅在文学上与那些士人大文豪打成一片,甚至可以忘掉自己的尊贵,俯身为士人。曹丕书信中显示的情形不正是绝好的写照么?正因如此,曹丕、曹植与其邺下文人之间融洽的关系,就绝不是南朝那些王公们能有的了。

说到这里,又涉及那个"文学自觉"的老话题。卞兰告诉人们的那个连帝王也为之神魂颠倒的"令誉"大欲,到底是应该说它是文学的"自觉",还是应视为士大夫文化的风潮激荡一切?同时,当曹丕那样的帝王也热衷于文学写作时,会带来何等的文学创作生态?此等的文学生态又会带来怎样的作品品质?前一个问题不难回答,当曹丕、曹植等王储、贵公子热衷于诗文的时候,大批一流的诗文家都成了邺下豢养的文人。至于对作品的影响,有学者认为,他们组织的那些"命题作文比赛"——所谓"同体赋"——之类的活动,就不是尊重文学创作自身规则该有的生态相。①同题而作,就是命题作文,其实是把文学创作当作智力才情的竞赛,文思快慢成为唯一重要的标准。文思快固然不坏,但文学作品的高下又怎么能以这样的标准来衡量?可是自从邺下之后,一直到南朝,用焚香之类的"秒表"来规定写诗的时间,不是一个常有的现象么?这样的情况能用"自觉"来说吗?更严重的问题还在于将作家豢养起来所造成的结果。就说王粲,其《登楼赋》这篇震烁千古的赋作,写作时间在他入邺下之前;他的《七哀诗》也是如此。进入邺下后,王粲还有哪篇赋能和《登楼赋》相比?差得太远了。无独有偶,就是曹植的《洛神赋》,曹丕的书信,也都是邺下

---

① 朱晓海:《汉赋史略新证》,陕西人民出版社,2004年版,第405页。

文人群体风消云散之后才有的大手笔。这问题还不严重么？这里也不是要全然否定邺下文人集群性的活动,如在诗歌方面,邺下诗篇在表现上颇能承《古诗十九首》而有所推进,但是,邺下对大部分文体而言就不那么正面了,赋就是其中之一。或干脆就可以说,王粲后期的赋作总体上乏善可陈,正是因为他进入邺下之后缺少了写《登楼赋》、《七哀诗》时期的境遇。顺此也可以说,为后来开风气之先的邺下赋体创作,之所以在题材的范围上用力,正是因为他们缺少带来好作品的境遇。

同时,还可以得到一层了悟:王粲的《登楼赋》本可以开辟一个赋作的新传统,但遗憾的是,后来的赋作并不是遵循《登楼赋》,其有意递接的反而是邺下赋体之文;是邺下的"同题"碎片成了新风,而不是王粲的《登楼赋》。实际上,就连王粲自己在进入邺下获得优雅生活后,也不再"登楼"了。

第二节　曹魏主要赋作

这里所说的"魏晋"只是个时间概念,就是说包括三国时期的蜀、吴。而魏的开始,本书从曹丕、曹植主导邺下文人群体活动开始。从邺下时期到两晋结束,可以划分为曹魏、西晋和东晋三个时期。三个时期之下还可再细分。

一、"邺下风流"与赋体之庸常

所谓的邺下时期,其时间大致从建安十年曹操平定冀州到建安二十二年这段时间。平定冀州之后,曹操在冀州的邺(今河北省临漳县西)修建玄武池、铜雀台,将此地作为老巢来经营。曹丕、曹植及周围文人就常在这里雅集。至建安二十二年,《三国志·魏书·王粲传》说:"幹、琳、玚、桢二十二年卒。"同年,曹丕被立为太子,邺下贵公子与诸多才华之士的风流际会也就盛期不再了。《王粲传》又说:

> 始文帝为五官将,及平原侯植皆好文学。粲与北海徐幹字伟长、广陵陈琳字孔璋、陈留阮瑀字元瑜、汝南应玚字德琏、东平刘桢字公幹并见友善。

观此,似乎曹丕、曹植与"建安七子"等文士交际,始于建安十六年曹丕为太子后,实则此处并非严谨说法,应妥善理解。即如为曹丕念念不忘的"南皮之游",据学者考订,就发生在建安十年。① 而建安十年至二十二年十余年的邺下风流,对于赋体乃至其他诗文的影响,都是深远的。曹丕、曹植特别是前者,以世子、公子之贵而与诸文士关系融洽地"以文会友",实开立了此后很长一段时间内文学写作的一个新方式:作家的写作在一种才华竞争的"文学场力"中进行。在此之前,一批学者、文士聚集在

---

① 曹道衡、沈玉成:《中古文学史料丛考》,中华书局,2003年版,第38页。

帝王身边从事著述或写文的事情也有,但是像邺下这样人数众多、关系平等融洽——亦即非侍从俳优之臣——却没有;像这样进行了大量同题写作——建安18位作家126篇作品属于同题而作——也没有。关于邺下时期"同题作"的现象,已颇有些学者进行过论述,①这里要关心的是这样一种作品制作方式所具有的特定含义。就那些同题而作的作品来说,没有一个是文士们出的题目,大多是两位公子提出的,而曹丕最多。② 前面说过,这样的命题作文的方式,实在难以见出作者的个性。虽然难见个性,却可以见出作者的才思。我想,这应该就是建安时期的邺下同题而作如此盛行的重要原由。曹操率群臣登高,就有命赋之事;曹丕、曹植对诸文士虽然态度平易,但毕竟是主人,一篇题目派下来,在一定的时间内完成是应有之义。于是,篇章的创作,就很像是一种考试了。考试能考出来的是什么呢? 是一个人的才思。在这样的命题方式下,文学创作的兴味,就很难在反映生活、思考生活及展示生活理解的深广度等向度上进行了,然而它也接受一种挑战,那就是有关个人才思反应机敏与否。文学的写作不在作品本身内涵的深度与广度,而在"制作"作品速度。所以,可以用一个"文学场力"的新词来概括同题而作的现象,这个文学场的"场力"考验的是作家个人的才性、才华。在古代文学史上这完全是一个新现象。其起源可追溯到前不久的《古诗十九首》的创作,因为"十九首"中就有些篇章显示,诗篇是在宴会场合下临场吟咏而出的。再往大处找原因,东汉中后期士人之间的所谓"浮华交会"应是"文学场"形成的正因。曹孟德延揽文人,就是要他们"陪太子读书"。可是稍微细致地观察邺下六位大文士,王粲、陈琳、刘桢等,哪一个不是文思敏捷之人? 这只消看看《魏书·王粲传》及裴松之的注就够了。毫无疑问,他们都是文思敏捷、倚马可待的才子。再加上曹操两个儿子也都在这方面特有天赋——曹植还是这样的一代奇才,这群文人聚集在一起,将为中国文学酝酿出一个什么局面,是文学史的研究者们应该好好对待的大问题。文学的写作变成一种才华

---

① 马积高:《赋史》,上海古籍出版社,1987年版,第145页。程章灿:《魏晋南北朝赋史》,南京:江苏古籍出版社,1992年版,第44~47页。
② 应该指出,同题作也有是曹操主持完成的,但这里的要点不在谁主持,而在其方式的相同。

的竞赛,就是这些文思快手们带给文学史的一个将被后来许多王朝贵公子们效法复制的新局面。

面对这样前所未有的新局面,首先应该衡定的是在这样"文学场力"的作用下,什么样的文体最为得宜,什么样的文体则不宜。对此的回答是,诗篇的创作可以产生新风范的作品,而赋体(乃至散文等其他非诗歌类的作品)则不甚适宜。这是由文学体裁的特征决定的。例如赋,它的"赋者铺也"的基本特点,就决定了"文学场力"下的创作对它的不合适。短短四句,即可成诗,可谁见过几句就可以成就一篇赋的?邺下文人聚会的创作,对于诗歌,若果才思敏捷则是可以写出有风格的作品的,下面就是文思神速的陈琳(?—217)的一首聚会诗:

> 高会时不娱,羁客难为心。殷怀从中发,悲感激清音。投觞罢欢坐,逍遥步长林。萧萧出谷风,黯黯天路阴。惆怅忘旋反,歔欷涕沾襟。

古代诗歌发展到魏晋之际,已经很擅长以较短的篇幅表达作者一时间产生的兴致。这首短诗就写的是宴会之间作者忽然而来的心绪,作为诗,作者只消把"投觞罢欢坐"之后出门所见之"萧萧"的"谷风","黯黯"的"天路"加以简单的勾勒,其"羁客"的伤感之情,就可以被渲染得有声有色了。可是赋这种文学,从诞生起就不是兴到之际抓一两个景物就可以成功的文体,它需有一定的格局。诗篇可以让文思快的人占尽风头,如曹植"七步成诗",可是屈原赋的美,与文思快有什么关系?而司马相如却是一个出名的文思慢的作者。就是在今天,即使听说有人即席赋诗,可有谁听说过即席赋小说或散文的?但是,"文学场力"下的创作,是需要文思快的。以此曹植能七步成诗变成魏晋的偶像,以此古代的诗歌在魏晋之际可以沿着"文学场力"的作用长足发展。但是,赋则不能。没了生活,没了真情实感,甚至是没了充裕的创作时间——张衡一篇赋要花十年时间——邺下的风云际会之时,实在不适合以铺陈漫衍为特征的赋体,所以文人写不出个性鲜明的好作品。

二、曹植的《洛神赋》

曹植(192—232)的《洛神赋》不仅在魏首屈一指,就是在整个魏晋南北朝时期也堪称翘楚。此赋虽写洛神,其实它所承袭沿用的母题是汉水之神的传说。虽然《洛神赋》的序言说是有感于"宋玉对楚王神女之事遂作斯赋",但是宋玉之后的两汉时期,基本没有承袭宋玉《神女赋》而作的赋,[①]直到汉末建安时期曹操的南征。陈琳《神女赋》说:"汉三七之建安,荆野蠢而作仇。赞皇师以南假,济汉川之清流。感诗人之攸叹,想神女之来游。"《神女赋》作于陈琳随曹操南征"荆野""济汉川"之时。同时期文人王粲、应玚亦有同名赋作,应属同时的同题而作。[②]就是说,赋汉水神女的兴趣正是由于几位大文士南至汉水而生。关于汉水女神的传说,见《韩诗内外传》及刘向《列仙传》等文献,言郑交甫南游至于汉皋,遇二女,以物与之定约,不想几步之后回头一看,二女不知去向。古代也有人认为郑交甫是遇到女鬼了。《诗经·汉广》一篇按今文家的说法,即因此而作。可是就王粲、陈琳的赋作而言,他们却没有这样看,如陈琳的赋虽也说"感诗人之攸叹",可是他的"想神女之来游"无疑是遵循了宋玉《神女赋》的途辙,"托嘉梦以通精"。王粲对神女"朱颜熙曜,晔若春华。口譬含丹,目若澜波。美姿巧笑,靥辅奇葩"的描述,也是宋玉之类。曹植的《洛神赋》也同样模仿的是宋玉《神女赋》。描述神女的美丽,从骨法、体貌到眸子、丹唇,赋中的男性总会进入梦境,以与神女交流,神女则是欲迎还拒,最后以神女拒绝、男性惆怅收束。从大的格局乃至一些句子,都有模仿宋玉的痕迹。然而这正是赋这个文体的特点,它总是在"复"中求"变"。而曹植的《洛神赋》,不仅王粲、陈琳《神女赋》难以望其项背,就是与宋玉之赋相比,也是有过之而无不及的。

《洛神赋》的成功首先在其意味。在屈原的赋作中,《湘君》、《湘夫人》都是写赋中主人等待各自的佳人前来相会而不果,因而作品都结束于一

[①] 傅毅《舞赋》对《高唐赋》、《神女赋》有所借鉴,但主题不同。
[②] 除王粲、陈琳两篇《神女赋》保存较为完整之外,其他或剩几句,或残留赋序几句。

片难以摆脱的怅惘愁烦之中。宋玉继承了这一点,但似乎不怎么成功。因为高唐神女本是襄王的"先王"自荐枕席的尤物,在宋玉的一番美妙描绘之下,襄王虽也做起了"与神女遇"的美梦,但终于被拒绝。可是,这并不给作品增加什么,要是襄王的大梦得逞,那才陷入乱伦常的难堪呢!在陈琳和王粲的两篇赋作中,陈琳的《神女赋》仅存篇章的结尾处是"既叹尔以艳采,又说我之长期。顺乾坤以成性,夫何若而有辞",似乎各遂所愿了。王粲的结尾倒是"心交战而贞胜,乃回意而自绝",可是这一篇与陈琳的那篇一样,没头没尾的(也许是残篇),见不出好来。这就不能与曹植的《洛神赋》相比拟了。曹植赋作中"神女"与"我"梦中隔河相望,互通情款,没有伦理的障碍,人神之间的不相遇,就可以成为曹植现实生活中难以逾越困境的绝好象征。梦中与美妙的美女相遇,是神女题材的一个共同点。有学者将此视为对理解压抑的偷渡,实则不然。梦中的异性相遇,《聊斋志异》式的遂意才是常态,才符合心理学原理。因此,女神的拒绝,必是有所寄托。宋玉想表达这样的主题,不成功,王粲、陈琳也不成功。曹植的成功,首先是他现实的境遇,使他有了主观的情感条件。黄初年间,被曹丕打压以至于有性命之忧的曹植,不正处在最绝望、最苦闷的生活中吗?赋的序言说:"黄初三年,余朝京师。"可是"黄初三年"并无此事。这或许是传写的错误,也有这样的可能:曹植故意把一个人神之隔的梦境放到这一年。曹植一切的理想,一切的美好,都随着曹丕的得势、继位而遭到重创,这一切在曹植心里造成的打击有多严重,也许只有阅读《洛神赋》才可以有较为具体的感受。梦境不是白天得不到的在夜晚实现,而是现实的灾难性遭遇在梦中以幻象形式重演。女神越是无以复加的美丽,越是无以复加的令人神往,作者心理创伤的表露就越严重,失落、绝望、郁闷的情绪就越难以化除。在赋中,一句"恨人神之道殊兮,怨盛年之莫当"就将他的一切热情无可商量地抵挡了回来。隔绝表面上看是因为对方是神,人神永隔,而实质上,是有黑暗中难以抗拒的力量冰冷无情地阻拦。而结尾处:

悼良会之永绝兮,哀一逝而异乡。无微情以效爱兮,献江南之明珰。虽潜处于太阴,长寄心于君王。忽不悟其所舍,怅神宵而蔽光。于是背下陵高,足往神留。遗情想像,顾望怀愁。冀灵体之复形,御轻舟而上溯。浮长川而忘反,思绵绵而增慕。夜耿耿而不寐,沾繁霜而至曙。命仆夫而就驾,吾将归乎东路。揽騑辔以抗策,怅盘桓而不能去。

流丽的文字,道出的是无尽的凄绝惆怅。于是,《洛神赋》推陈出新,把一个自宋玉以来就想在赋中表现的人生悲凉主题圆成了:只要是美好的理想,在人生中就永远难以企及。曹植能如此,与他的天才有关,更与他的遭遇不可分离。人生的悲凉,是一种哲学,肤浅的华贵生活,离它最远,只有在困苦的经历中,天才的敏感才有可能捕捉到它。

此赋的成功,还在曹植的善于利用题材。对话,是赋的另一个文体特点。宋玉赋是宋玉与襄王对话,特别绕手之处在于做梦的是襄王,而对梦中神女作出描述的却是宋玉。这无异于两个人要做同一场梦。而曹植的赋虽也保留了对话,但对话的是车夫,无关紧要,甚至对话都没有做一个收束。另外,在对女神形象美好的描写上,曹植也青出于蓝胜于蓝。宋玉对女神之美的刻画固然不遗余力,但手法与曹植比明显简单了些。曹植描摹女神,除了她的形貌之美外,还有更多的内容。请看下面的段落:

于是洛灵感焉,徙倚彷徨。神光离合,乍阴乍阳。竦轻躯以鹤立,若将飞而未翔。践椒涂之郁烈,步蘅薄而流芳。超长吟以永慕兮,声哀厉而弥长。尔乃众灵杂遝,命俦啸侣。或戏清流,或翔神渚。或采明珠,或拾翠羽。从南湘之二妃,携汉滨之游女。叹匏瓜之无匹兮,咏牵牛之独处。扬轻袿之猗靡兮,翳修袖以延伫。体迅飞凫,飘忽若神。陵波微步,罗袜生尘。动无常则,若危若安。进止难期,若往若还。转眄流精,光润玉颜。含辞未吐,气若幽兰。华容婀娜,令我忘餐。于是屏翳收风,川后静波。冯夷鸣鼓,女娲清歌。腾文鱼以警乘,鸣玉鸾以偕逝。六龙俨其齐首,载云车之容裔。鲸鲵踊而夹毂,水禽翔而为卫。

对女神动作仪态仪容的描绘,特别是"体迅飞凫,飘忽若神。陵波微步,罗袜生尘"数句,真是天才的文字。同时,还用了其他众多女神作为烘托,使得女神有了自己的世界,也使得作品所涉境地宽阔深邃了许多。

在语言的使用上,宋玉赋描述女神"其始来也,耀乎若白日初出照屋梁;其少进也,皎若日月舒其光",较诸曹植"远而望之,皎若太阳升朝霞;迫而察之,灼若芙蕖出渌波"的灿烂相比,就颇觉黯然了。这就是后出转精。在音节韵律上,曹植也明显胜一筹。

曹植其他赋还有许多篇,最值得称道的是《鹞雀赋》。赋曰:

> 鹞欲取雀,雀自言:"微贱,身体些小。肌肉瘠瘦,所得盖少。君欲相啖,实不足饱。"鹞得雀,初不敢语。"顷来轗轲,资粮乏旅。三日不食,略思死鼠。今日相得,宁复置汝?"雀得鹞言,意甚怔营。"性命至重,雀鼠贪生。君得一食,我命陨倾。皇天降鉴,贤者是听。"鹞得雀言,意甚沮惋。"当死弊雀,头如果蒜。不早首服,掖颈大唤。"行人闻之,莫不往观。雀得鹞言,意甚不移。依一枣树,藂茇多刺。目如擘椒,跳跃二翅。"我虽当死,略无可避。"鹞乃置雀,良久方去。二雀相逢,似是公妪。相将入草,共上一树。仍共木末,辛苦相语:"向者近出,为鹞所捕。赖我翻捷,体素便附。说我辨语,千条万句。欺恐舍长,令儿大怖。我之得免,复胜于兔。自今徙意,莫复相妒。"

禽语人言,可追溯到《诗经·豳风·鸱鸮》。至汉代蔚然为诗文一大题材,乐府诗中《艳歌何尝行·飞来双白鹄》写两只恩爱夫妻鸟,一只"忽然卒被病,不能飞相随",另一只"五里一反顾,六里一徘徊。吾欲衔汝去,口噤不能开。吾欲负汝去,羽毛日摧颓",十分悲苦,应为东汉之作。新近在尹湾出土被定名为《神乌赋》[①]的作品,大约六百字,写一对"好仁"、"义行"的雌雄双乌,躲避不祥来到"仁恩孔隆,泽及昆虫"的"府君"所治之境

---

① 这个名称实在糟糕,一对命运悲苦的鸟,被冠之以"神"实在不伦不类。

安窝做巢。不想他们筑窝的材料被强盗之乌盗取,雄乌与之搏斗而受伤,"贼曹"官吏不拿盗乌反而将雄乌抓住。雌乌情急之下,自投污厕而死。最后侥幸活下来的雄乌"虽弃故处,高翔而去"。赋的主题很明显是控诉社会的暴虐特别是官府黑暗。善用对话是其特色之一,如雄乌与盗乌、雌乌与雄乌对话,其中雌乌还引用了《诗经·小雅·青蝇》段落。回到曹植《鹞雀赋》,其主题在于庆幸弱小者善于逃脱灾难,所以,作品虽也属于控诉强暴,但走的不是悲苦的一路,而是"游戏"、"调侃"一格。这表现为对话,雀和鹞的对话,还有雀逃生后对母雀所言。这是曹植对此类题材"开生面而破余地"的一个发展。① 后来在敦煌卷子中人们还发现了初唐《燕子赋》,故事情节与《神乌赋》前半部分很像,所不同的是出现了一个主持正义的凤凰,其现实精神就比《神乌赋》和《鹞雀赋》都减退了。

三、何晏的《景福殿赋》

曹植之后曹魏中期的赋作,值得一谈的只有何晏(?—249)的《景福殿赋》。此赋作于魏明帝时期。明帝其人好大喜功,天下尚未统一,就喜欢大兴土木,在洛阳、许昌有不少兴作。又似其祖父和父亲,喜欢对文士命题作文,自己也好舞文弄墨。《三国志·魏书·明帝纪》载明帝太和六年九月,行幸摩陂,治许昌宫,起景福、承光殿。又据《文选》李善注引《典略》,景福殿成,"命人赋之"。何晏的《景福殿赋》之外,夏侯惠、韦诞都有应诏的同名赋作,缪袭、卞兰又各有《许昌宫赋》,也当系同时之作。赋体这种文学,一方面属于士大夫,另一方面也属于王朝。魏明帝时期照一般士大夫的感觉,还没有资格接受"雅颂之亚"的"润色",但若遇上明帝这类君主,也可以人为地将大赋文学复兴一下。既然有诏命题,那就得写,可是怎么写,却不全是君主说了算。"谲谏"的原则,②正是文人的擅长。何晏的《景福殿赋》之所以值得一谈,就在他此赋中的皮里阳秋。

---

① 钱钟书:《管锥编》,中华书局,1979年版,第1059~1060页。
② 关于"谲谏"的手段对于大赋文体的关联,笔者曾撰文讨论,以司马相如等汉大赋的文体生成,依据的是儒家"主文而谲谏"的法则。参见拙文《经学观念与汉乐府、大赋文学之生成》,载《河北学刊》2003年第4期。

何晏之前赋体的宫殿题材，司马相如、扬雄的作品都涉及，但不是主要对象，如扬雄的《甘泉赋》固然写了甘泉宫，但主题是"郊祀"。以宫殿描述为主题的是东汉王延寿《鲁灵光殿赋》。汉以来的许多宫殿都隳坏荒坏了，王延寿观艺至鲁，汉景帝之子刘余所建鲁灵光殿岿然独存，使王延寿有了"意者岂非神明依凭支持以保汉室者也"的感动，于是就仿"奚斯颂僖"作了这篇赋。其主题不过如此。何晏的《景福殿赋》写法上是沿袭王延寿的做法的。先从正殿写起，再次是端门，再次是西序，最后是其他闱房、配殿等。前面说过，此文内容上的可取之处在于它的皮里阳秋。如这样的段落：

  命共工使作缋，明五采之彰施。图象古昔，以当箴规。椒房之列，是准是仪。观虞姬之容止，知治国之佞臣。见姜后之解珮，寤前世之所遵。贤钟离之谠言，懿楚樊之退身。嘉班妾之辞辇，伟孟母之择邻。

据《鲁灵光殿赋》，宫殿闱闼之内画有古代贤人之图。可是画归画，在王延寿的赋中，对此只是点到有画图而已，何晏的赋对画的内容进行一番述说，则就颇含提示的意味了。再如：

  于是碣以高昌崇观，表以建城峻庐。岹峣岑立，崔嵬峦居。飞阁干云，浮阶乘虚。遥目九野，远览长图。俯眺三市，孰有谁无？睹农人之耘耔，亮稼穑之艰难。惟飨年之丰寡，思无逸之所叹。感物众而思深，因居高而虑危。惟天德之不易，惧世俗之难知。观器械之良窳，察俗化之诚伪。瞻贵贱之所在，悟政刑之夷陂。亦所以省风助教，岂惟盘乐而崇侈靡？

台观是宫殿群落的组成部分。赋对于帝王登台所见的描述，完全属于作家的寓意。这就是典型的"谲谏"之一态。在汉大赋如司马相如《上林赋》、《子虚赋》中，在帝王进行过游历狩猎之后，作品是让帝王自己醒悟应该游于六艺之囿。此篇赋则是把自己认为登台应当看到想到的,直接写成是帝王实际能看到想到的。这也属"谲谏"的一种。明帝的大事兴建,在当时就有不少的批评,何晏的《景福殿赋》也是这样的立场,如文章开始,说了一大套明帝治天下的好处后,忽然夹一句"惟岷越之不静,寤征行之未宁",然后再用荀子、萧何的说法遮挡回来,其实是在曲折表达宫殿之不当建。这都是值得肯定的。

何晏是当时玄学的发起人,其思想强调"贵无"。玄学当然是哲学,也是政治之学。当天下分崩离析之际,思考以何等的政治治乱,也是玄学致思对象之一。这在《景福殿赋》中也是有反映的,如"钦先王之允塞,悦重华之无为",又如"故将广智,必先多闻。多闻多杂,多杂眩真。不眩焉在,在乎择人",就表达的是"无为"的观念。不过这两处"无为说"是属于儒家的。《论语》中就说,能无为而治的只有舜(即重华),而儒家的"无为说"与道家的根本差别就在"任贤"一义,舜无为是因为他任用了禹、稷等大贤。何晏本文的"无为"思想正与儒家之说相吻合。这对理解何晏"贵无"内涵是有帮助的。①

艺术上有人说《景福殿赋》没有东汉的气势,这是自然的。作家所处的时代,所持的态度,都不会使作品有汉代的气势。在语言上,骈俪的特点很明显。最值得肯定的是赋中汉大赋那样的怪癖之字很少。这两点都符合当时整个风尚。

四、嵇康、阮籍的赋作

何晏的时代,魏还是曹魏,到他死时,曹魏就成了司马氏的魏。历史也就进入新一波的篡权时代。名不正言不顺,政坛充满了伪诈、势利和杀戮。这样横暴的时代,对任何内心有所坚持的人士都是良心的煎熬。阮籍(210—263)、嵇康(224—263)就是在这样时代下生活并深受煎熬的人。但两个人毕竟性情不同,应世的方式也自不同。粗略地说,嵇康率真,阮

---

① 关于何晏的"贵无"思想,可参见余敦康《魏晋玄学史》,北京大学出版社,2000年版,第98页。

籍世故。嵇康可以明确硬朗地表示他与司马氏及其势力小人的不苟同，而阮籍则虚与委蛇，得过且过，可能还有暗地里不得已之下的沟通谅解。嵇康的结局是上刑场，奏《广陵散》，痛快以终。阮籍则是大醉，苟延残喘。死了的痛快，活着的则是无尽的苦恼、绝望。这只要看阮籍《大人先生传》和其他赋作，就可以知道。《大人先生传》和其他赋，有哪篇不是写世界的龌龊肮脏的？读这些作品，不得不说，阮籍活得比嵇康还苦，他是活受罪。嵇康是个哲人气质的作家，善持论，能立说；诗篇呈现的世界一片葱茏俊逸，表明诗人的内心世界干净、不染俗尘。这与阮籍八十余首"咏怀诗"苍凉萧索，恰成鲜明对比。嵇康被杀，阮籍活着，不能因此就像有些学者那样，对于阮籍就深文周纳，几乎把它视作司马氏的同路、帮凶。实在不能因为一个人在死于非命面前软弱，就苛责他。阮籍的文学清楚地表明，他对当时身处的世界实在是只有无尽的厌倦。下面具体看一看阮籍赋作。

阮籍的几篇赋作很奇特，任何作家都可能因主观情绪的变化而感觉天不是天地不是地，但是，像阮籍这样专门从丑陋龌龊的方面描述地域风土人情，在他之前无人，在他之后似乎也极少。早年阮籍曾经游历东平，"乐其风土"，他向司马昭要求去东平，于是被拜为东平相，可是《东平赋》对当地的描写，则充满了厌恶。赋说这个地方因西连"阿甄，傍通戚蒲，桑间濮上，淫荒（一作"风"）所庐。三晋纵横，郑卫纷敷，豪俊凌属，徒属留居。是以强御横于户牖，怨毒奋于床隅，仍乡（一作"渺"）饮（一作"欲"）而作愿，岂待久而发诸"，再因刘邦的后人封此为王（东平汉代属梁国），"叔氏婚族，实在其湄"，所以导致时俗的"背险向水，垢污多私"。至于其现状，则更是"其土田则原壤芜荒，树艺失时，畴亩不辟，荆棘不治。流潢余溏，洋溢靡之"。社会现状则是"骄仆纤邑，于焉斯处……由而绍俗，靡则靡观。非夷冈式，导斯作残。是以其唱和矜势，背理向奸，向气逐利……其居处壅翳蔽塞，窕邃弗章。倚以陵墓，带以曲房。是故居之则心昏，言之则志哀"。全然要不得。由早年对东平的"乐其风土"，到此赋的满眼肮脏，赋有明说的，也有未明说的。未明说的，其实就是对当时政治现实的厌恶。赋中下面的几句值得注意："《北门》悲于殷忧兮，《小弁》哀于独诚。"《诗·邶风·北门》写的是小官员不堪重负所发的牢骚，在阮籍应是感慨自己在现实面前的无能为力;《诗经·小雅·小弁》有一章为:"踧踧周道,鞫为茂草。我心忧伤,惄焉如捣。假寐永叹,维忧用老。心之忧矣,疢如疾首。"可能与阮籍作赋时心情相应,"鞫为茂草"不正与阮籍所见东平现状贴合吗?阮籍的求做相东平,也许像某些学者所说,是躲避司马氏,但是,赋作的内容显示,东平所见告诉作者,到处都是肮脏龌龊的,这就是现实本身,实在是靠着改换生活地点难以躲避的。如此,赋一开始的一段议论就好理解了:"乃有遍游之士,浩养之雅,凌惊飙,蹑浮霄,清浊俱逝,吉凶相招。是以伶伦游凤于昆仑之阳,邹子噙温于黍谷之阴,伯高登降于尚季之上,羡门逍遥于三山之岑;上敖玄圃,下游邓林。凤鸟自歌,翔鸾自舞,嘉谷蕃殖,匪我稷黍。"既然整个现实的样子就是眼中的东平这样,那么,伶伦、邹子、伯高和羡门的昆仑玄圃的神仙超世之游,就是最后的出路了。赋作的价值就在其"未说明"的部分,含蓄透露出当时社会广大基层的世俗风貌。明末张溥《汉魏六朝百三名家集》评价阮籍此赋说:"清遥古雅,有楚骚之遗则。凡赋中杂沓、铺张、熏蒸、蹇涩诸病,皆洗涤尽去。"这个评价是正确的。同类作品,阮籍还有《亢父赋》。

《猕猴赋》也很奇特。赋说大禹治水,重整天地秩序,命伯益"驱禽",并且铸鼎像物,像丰狐、文豹、青马之类,都"以其壮而残其生"了,像熊、狙、夔等,或因其能或因其皮毛,也都没有善终,归结原因,皆在有贪欲。猕猴就是因此而见擒者之一。赋对猕猴的"体物"多讥讽,如说它"察慧"而"内无度"、人面兽心等,妙的是赋将猕猴与韩非、项羽、司马相如等联系,似乎各类人物的缺点都可以在猴子身上找到影像,或者干脆就可以说,贪欲的各类人等,都不过是一只只的猴子。若将猕猴对人生的刻画与《东平赋》等联系起来看,可知这也是阮籍对于当时生活状态的一个勾画:风衰俗恶的时代,人人都沦落成猕猴了。《阮籍集校注》的作者陈伯君先生以为此赋是讽刺或悼叹曹爽的。① 证据不足,可备一说而已。

在阮籍诸赋作中《首阳山赋》颇可注意。赋首阳山,顾名思义,是关涉伯夷、叔齐的。阮籍诗中也有同一题材。值得注意的,一是此赋写作时

---

① 陈伯君:《阮籍集校注》,中华书局,1987年版,第46页。

间,一是赋中的说法。赋的序说赋作于正元元年秋,称"正元"是高贵乡公的年号,本来是齐王曹芳嘉平九年,但这一年的九月,齐王曹芳被废,高贵乡公立,于是改元正元,改元是这年秋天的事。赋的序说:"正元元年秋,余尚为中郎,在大将军府,独往南墙下,北首阳山……"序说"正元元年秋",齐王曹芳的被废是在同年九月,也是秋天。赋之作离废立之事很近,或在其前或在其后。不论如何,在这样的关节,阮籍一个人跑到大将军府的"南墙下北望",不是一件不同寻常而又怪诞的事情吗?尽人皆知,伯夷、叔齐互相让位而逃至首阳。在司马氏争夺权势替换君主的时候,阮籍独自一人"南墙下北望",不是很耐人寻味的吗?再看赋的内容,先是对秋天岁末一段风狂雨大的阴惨描述,接着说孤独的自己"振沙衣而出门兮,缨委绝而靡寻",冠戴委绝而不顾,是何等仪态!而赋中之"我"所看到的首阳山又是这样的情景:

> 树丛茂以倾倚兮,纷萧爽而扬音。下崎岖而无薄兮,上洞彻而无依。凤翔过而不集兮,鸣枭群而并栖。飑遥逝而远去兮,二老穷而来归。实囚轧而处斯兮,焉暇豫而敢诽。嘉粟屏而不存兮,故甘死而采薇。彼背殷而从昌兮,投危败而弗迟;此进而不合兮,又何称乎仁义?肆寿夭而弗豫兮,竞毁誉以为度。察前载之是云兮,何美论之足慕?

赋说首阳山本来就是凤凰不栖、鸣枭盘踞的险恶之地,二老即伯夷、叔齐的来到此地,只是"穷而来归",而非自愿的选择。更进一步说,他们是"囚轧斯处"亦即被关押。他们的饿死,也不是不食周粟,而是食粮被"屏而不存"。就是说,他们是被迫害致死的。之所以如此,就是因他们不能见风使舵地投奔于姬昌,他们的坚持早就使得他们成为囚徒,又哪有机会像传说的那样,拦住周武王的马头称说什么"仁义"?后来人关于二老的传说都是造谣。

这完全是一段翻案之词!耐人寻味的是这篇赋作正值"正元元年秋"这个特殊日子。因此,有理由相信,给一段古老传说作截然相反的新解,一定是在影射什么。齐王曹芳下台、高贵乡公上台,理由是冠冕堂皇的。

然而，正如曹丕登上皇位时的"禹舜之事吾知之矣"，眼见的王位轮替，阮籍也一定有"吾知之矣"的感受。不能直说，就对伯夷、叔齐的传说作"吾知之矣"的翻案。有理由相信，赋作是在影射，一种近乎揭发的影射。评论家说"阮旨遥深"，观此赋不其然欤？

下面看嵇康的赋作。

嵇康也有相当成功的赋作。嵇康之赋有《琴赋》、《酒赋》、《蚕赋》和《卜疑》。其中《蚕赋》、《酒赋》残缺，《卜疑》模仿楚辞之《渔父》，值得重视的是《琴赋》，此赋入《文选》"音乐"部。嵇康在音乐上有一个哲理意味十分浓厚的玄学命题：声无哀乐，见于他《声无哀乐论》这一名文。"声无哀乐"观点，摆明了是要和儒家的"乐教"作对的。儒家的乐论以为声音是可以表达情感的，所以也可以感人，所谓感人深者莫过于乐。但是嵇康则认为声是声，情是情，哀乐属于情，两个各有分界，不可一并而谈。具体来说，可摘举如下句子以明之：声"以单复、高埤、善恶为体，而人情以躁静专散为应"；"声音自当以善恶为主，则无关于哀乐。哀乐自当以情感而发，则无系于声音"等。所谓声之"善恶"，就是声音"和"与"不和"，"和"则善，否则不善。这个命题提出后，在魏晋时代成为玄学的一个著名问题。史载王导过江，就常以此一命题为玄谈内容。

至于《琴赋》，也是隐约表达"声无哀乐"道理的。看此赋序可知。序曰：

> 余少好音声，长而玩之。以为物有盛衰，而此无变；滋味有厌，而此不倦。可以导养神气，宣和情志，处穷独而不闷者，莫近于音声也！是故复之而不足，则吟咏以肆志；吟咏之不足，则寄言以广意。然八音之器，歌舞之象，历世才士并为之赋颂，其体制风流，莫不相袭。称其材干，则以危苦为上；赋其声音，则以悲哀为主；美其感化，则以垂涕为贵。丽则丽矣，然未尽其理也。推其所由，似元不解音声；览其旨趣，亦未达礼乐之情也。

这很像一篇简短的音乐赋作的写作小史。以音乐为题论其大较滥觞于西汉枚乘《七发》，以后有王褒《洞箫赋》、马融《长笛赋》。这些赋作，诚如嵇康所说"称其材干，则以危苦为上；赋其声音，则以悲哀为主；美其感化，则以垂涕为贵"。所谓"危苦"是说描写乐器的材料及其背景，总是要从其生长的山川之险要、波浪之冲击、猿禽之悲鸣等环境来横竖烘托。这也有其文化观念的背景。原来古人讲音乐，总是认为音声可知天道、明鬼神，而且度量衡也是根据吹管来定律。因此，从材料环境入笔，也不外是突出其"含天地之醇和兮，吸日月之休光"。嵇康写《琴赋》，序中虽对此心有不惬，可《琴赋》居然也是这样开始的，颇有点说嘴打嘴。但此赋大套路遵循前人，小地方的改正倒也颇有可观，例如像这样的句子：

> 若乃春兰被其东，沙棠殖其西，涓子宅其阳，玉醴涌其前，玄云荫其上，翔鸾集其巅，清露润其肤，惠风流其间，竦肃肃以静谧，密微微其清闲。夫所以经营其左右者，固以自然神丽，而足思愿爱乐矣。

"春兰"、"清露"和"惠风"之类的出现，就是作家有意要不同于以往的思致了。赋体文学的写作，如前所说有一个普遍的习惯，就是复、变相依。复就是因循，变则是在传统的大路数中加入新内容。明确这样的特点，可以更准确地论赋。此赋就是如此。按照赋的一般习惯，接下去就是写大匠名师的乐器制作，此赋这一方面的内容也不缺。这是此赋的"复"。然而，在"变"的方面，此赋步子也颇大，主要体现在对"以悲哀为主"和"美其感化"两方面。与一般写法一样，写完制作之后就是写乐器演奏的声音效果。音乐赋这方面的描绘从来都让人有隔靴搔痒之感，此赋也不例外。但是，闻乐而"悲哀"的描述没有了，如下的描述则显出此赋的新意：

> 若夫三春之初，丽服以时，乃携友生，以遨以嬉。涉兰圃，登重基。背长林，翳华芝。临清流，赋新诗。嘉鱼龙之逸豫，乐百卉之荣滋。理重华之遗操，慨远慕而长思。

这样一幅"俯仰自得"的画面，不仅使此赋免于窠臼，而且使其含义由教化的铺陈转而为对文人的雅趣宣示。这应该是此赋最为明显的"变"。当然，此赋也不忘记论说"声无哀乐"的主张：

> 然非夫旷远者，不能与之嬉游；非夫渊静者，不能与之闲止；非夫放达者，不能与之无吝；非夫至精者，不能与之析理也。若论其体势，详其风声，器和故响逸，张急故声清，间辽故音庳，弦长故徽鸣。性洁静以端理，含至德之和平。诚可以感荡心志，而发泄幽情矣。是故怀戚者闻之，莫不憯懍惨凄，愀怆伤心，含哀懊咿，不能自禁；其康乐者闻之，则欤愉欢释，抃舞踊溢，留连澜漫，嗢噱终日；若和平者听之，则怡养悦愉，淑穆玄真，恬虚乐古，弃事遗身。是以伯夷以之廉，颜回以之仁，比干以之忠，尾生以之信，惠施以之辩给，万石以之讷慎。其余触类而长，所致非一。同归殊途，或文或质。总中和以统物，咸日用而不失。其感人动物，盖亦弘矣。

赋也说"是以伯夷以之廉，颜回以之仁，比干以之忠，尾生以之信，惠施以之辩给，万石以之讷慎"，却不是传统意义上音乐教化论，而是说音乐本身固有"张急"、"间辽"之不同，而听者也会因"怀戚"或"康乐"的差别而有各自的感受。无疑这是《声无哀乐论》的观点。赋对此只是简单宣明一下而已，深切的析理就谈不上了。这也是由赋这种文体特殊性所限制的。

总之，阮籍、嵇康的赋作都个性鲜明。与此相伴，就是两家赋作都或深或浅地表达了他们对生活的情感，对世界的态度和判断，以及理想等。这一点是远胜曹魏邺下时期诸赋作的，就是在整个赋体文学发展的历史长河中，也是相当独特的。

第三节　两晋赋作

两晋赋创作数量和规模上颇为繁荣,特别是西晋,作家众多,如过江之鲫。据学者统计,两晋赋家150人,赋作500篇。其中西晋90人,作品400篇。① 从中也可以看出,东晋赋家人数和作品少,与西晋不成比例。不过。东晋因后期陶渊明出现,其数量不多的几篇赋体力作,也可成为两晋赋体创作的大轴了。

前人用政无准的、士无特操来概括西晋风尚。从汉末开始,先是曹家的篡汉,接着是司马氏的篡曹,都是假公济私,冠冕堂皇。特别是后者,对异见之士的残害,连他们的子孙多少年后听人讲起都羞愧难当。老传统是打天下坐天下,现在是很短的时期内你篡我、我篡你。太败坏风俗和心术了!结果就是人们嘴里的是非与心中的是非不一致,说一套做一套。生活在这样的大氛围中的士人,如何有"特操"?嵇康无端被杀,连向秀也不敢不跟司马氏合作了。这是世故,但不世故就活不下去。士人的世界就整个变得世故了,不能照着心里的是非,而是照流行的是非行事了。那就必然是士风萎靡,趋炎附势,热衷功名,甚至助纣为虐,如潘岳受贾后之命构陷太子,至于奢靡腐朽更是其中应有之义了。西晋两大文人,陆机和潘岳,都是放到任何时代都不输人的大才子,可他们都是那样的热衷趋附。权贵贾谧身边趋附的"二十四友",几乎囊括了当时的所有大文士。这样的集体性堕落,正是西晋士无特操的生动表现。文学是人学。西晋包括赋在内的个体文学,除了"永嘉之乱"发生后不久一段特殊时期的篇章外,颇缺少内涵方面的魅力。② 除了前面所说的追逐题材的多样外,几位大才的作品,内容上多是个人化的东西,如怀念家乡、嗟老伤贫等"我与我周旋"的东西。但是,在追求文字表现上,却颇能给后继者启发。这也有其必然性。前面说过,吟诗作赋以表现自己的特殊能力,这样的追求,

---

① 程章灿:《魏晋南北朝赋史》,江苏古籍出版社,1992年版,第117页。
② 人们也许要举《陈情表》来反驳这里的说法,可是严格地说,《陈情表》还不属于西晋文学。

既然有俘获帝王的大诱惑力,必然是每位士人都得写。若论数量,500篇绝不会是两晋的实际数量,实际的数量应该大得多。风气既然如此,那些擅长文章的大才子就更会矜奇炫博,用超奇的文字博取荣耀。文章会因此而大变,其突出的表现就是骈俪化的突飞猛进。大约从西晋的潘岳、陆机开始,赋及其他诸多文体开始了一种转变,那就是从追逐题材,向开掘语言表现力的方向转进。既然在内涵上不能开出什么真正具有美学价值的东西,在语言上的追求也是好的。正是在南北朝骈体文章的写作中,汉语自身所具有的表现功能,得到了颇为充分的表现。

东晋的赋作,如上所说,与西晋相比很少。不少人认为,是因为两晋之际的剧烈的社会动荡,很多作家死于非命。实则这样的说法未必合理。果真如此,清谈之风也会有所消歇,可为什么东晋清谈之风反而更盛呢?东晋赋作——当然也包括其他文体——数量少的原因,恐怕还得从士人精神状态方面来找。东晋与西晋的士大夫有诸多的不同,有一点差别很明显,也很能说明问题,那就是像潘岳那样的望尘而拜的干没之风稀薄了。为什么?用不着。西晋皇权固然有众多大家族势力支持,但还没有发展到皇权在世家大族面前低声下气的地步,东晋则不同。东晋是"王与马,共天下",其实就是与诸多过江来的大家族"共天下"。东晋的政权若没有南渡的王、谢、袁、萧和南方本地的顾、陆、朱、张诸多大家族支持,就一天也存在不下去。始于西晋的世家大族的门阀达到顶峰。王、谢等诸大家族的士大夫,政治上把握权力,文化上也引领着士风。从西晋以来的好清谈、好散怀丘壑的文雅,及望空属白、"笑勤恪"、懒散不负责的政风,同样更盛更浓。这些都是所谓"名士气派",其实很大程度上就是艺术化的生活样态。名士艺术气质都很浓。这样的艺术气质,说来奇怪,反而不适于文章的写作。桓温修建荆州城,率领一些文士登高观览,桓温提出谁能恰到好处地给新城予以品题,便有厚赏。在场的顾长康脱口而出:"遥望层城,丹楼如霞。"在场者莫不激赏。这便是登高俯临之际的文学活动,将大家登临的感受一语道破,就把一次士大夫群体的登临"艺术化"了。此时此景,片言居要,本身就是文章,还能指望他们有谁把这次的登临一句一行地记录下来?那就绝不是名士的做派了。王子猷雪夜访戴安道半路而归,也是名士的做派。他们不是不懂得光景的美好,相反,他们可以为此而神魂颠倒,但是,兴起兴尽,倏忽可变。可以想象王子猷把他对雪夜光景内心感受记录下来吗?清谈、书法、弹棋、游山历水都可以归在他们艺术化人生的大名目下。他们可以汇集在一起,茂林修竹、惠风和畅可以使他们即兴赋诗,但是,坐在家里熬油点灯写文章,离他们的风云际会的雅趣就太遥远了。东晋文章少,原因不一。名士做派,应该是不可忽视的一条。

下面来看各家的赋作。

一、张华等赋作家

西晋因政权一时统一,天下有几十年的太平,所以作家众多。西晋作家有所谓"三张二陆,两潘一左"(语出钟嵘《诗品》)。但论赋作,除潘岳、陆机和左思之外,其他人让人称道的作品极少,有的甚至连一篇赋作都没有留下来,如三张中的张载、张亢。西晋还有一位作家,就是张华(232—300)。张华,字茂先,范阳(今河北固安县)人,有《博物志》等著作。张华少年时曾得阮籍赏识。晋平定孙吴,张华有功封侯,惠帝时曾一度秉政,为人颇方正,后被赵王伦害死。张华不论在政治上还是文学上,当时资望都很高,能提携作家,所以在西晋文坛上有重要地位。张华赋作仅存六篇,多为模拟前人之作,其《相风赋》开晋人赋"相风"之先。其值得称道的作品《鹪鹩赋》,是张华早年作品。据《晋书》记载,当年阮籍读罢此赋说:"王佐之才也。"阮籍这一评价应当是从赋的内涵上讲的。首先是"鹪鹩,小鸟也","毛弗施于器用,肉弗登于俎味",此是小鸟的"无用之用",本的是《庄子》之意;其次是鹪鹩的自处之道,"飞不飘飏,翔不翕习。其居易容,其求易给。巢林不过一枝,每食不过数粒。栖无所滞,游无所盘。匪陋荆棘,匪荣苣兰。动翼而逸,投足而安。委命顺理,与物无患。伊兹禽之无知,何处身之似智?不怀宝以贾害,不饰表以招累。静守约而不矜,动因循以简易。任自然以为资,无诱慕于世伪",又深合《老子》韬光之智。两者都与阮籍的人生哲理同。还有一点也许才是阮籍赞叹的主要原因,那就是属于作家的胸臆的齐同大小:"夫唯体大妨物,而形瑰足玮也。阴阳陶蒸,万品一区。巨细舛错,种繁类殊。鹪螟巢于蚊睫,大鹏弥乎天隅。将以上方不足,而下比有余。普天壤以遐观,吾又安知大小之所如。"包括阮籍在内的道家多认为,天地生万物养万物,是无所是非无所大小的,《大人先生传》貌似躲避,其实深藏一种再造天地的英雄气。而且《老子》也说:"贵以身为天下,若可以寄天下;爱以身为天下,若可托天下。"张华的能齐同大小且自居于小,该是被阮籍叹为"王佐之才"的理由吧。

  在内容上,这篇赋作表达的意思还与郭象解释《庄子》"逍遥"义思颇为一致。原庄子在《逍遥游》讲大讲小,意在突出大有大的所待,小有小的所待,都不逍遥,都不自在。但在郭象以"独化"论"逍遥",则变成大可以甘于大的自足,小可甘于小的自足,就都逍遥了。《鹪鹩赋》虽只是讲小的自足,却也同郭象之说相同。如此,《鹪鹩赋》就有学术上开立之功。不过,有一种说法是郭象窃取了向秀的说法。如此,则《鹪鹩赋》就可能是有所借取了。张华在文坛上的影响,可从《鹪鹩赋》引起的争辩看出。《鹪鹩赋》问世,傅咸写了《仪凤赋》,贾彪写了《鹏赋》来跟张华争论。《仪凤赋》说真有智慧的是仪凤,《鹏赋》说真有智慧的是大鹏。没多大意思。

  再看向秀,生卒年不详,与嵇康是论理之友。嵇康作《养生论》,向秀就作一篇表达时俗常见的《难养生论》,不是要争辩,而是以此"发嵇康高致"(《晋书·向秀传》语),可知向秀与嵇康关系不一般。嵇康被杀,向秀不得已跟司马氏合作,向秀"逝将西迈,经其旧庐",于是作《思旧赋》。此赋后入《文选》;鲁迅先生的一句话,使得这篇赋在今天广为人知。此赋虽短,但善于造境,讲思念故人旧庐的空荡,与故人的笛声放在一起,哀婉凄凉的氛围十分浓郁。不过,赋以李斯"叹黄犬而长吟"比喻嵇康的"顾日影而弹琴",颇有不类之感,也许是有所顾忌的比喻吧。

  西晋还有不少作家好作赋,留下来大量赋,如前面说到的傅咸(239—294),还有其父傅玄(217—278)都有三四十篇之多,但其内容风调,都是些沿着曹魏早期追逐题材广度路数的制品,不见个性与灵性。这样的作家中有成公绥(231—273),写过《天地赋》,是看当时大家写世间万物不过瘾,所以要来一个总的。不过,他的另一篇赋《啸赋》,虽也是追逐题材之新的作品,但其题材涉及当时士大夫的一种特殊爱好,故"可以观"。"啸"

最早见于《诗经·江有汜》"其啸也歌"之句,其"啸"究竟如何不得而知。到魏晋时期,就如同士人"好驴鸣"一样,不少人也喜欢"啸"。如《晋书·阮籍传》载:"籍尝于苏门山遇孙登,与商略终古及栖神导气之术,登皆不应,籍因长啸而退。至半岭,闻有声若鸾凤之音,响乎岩谷,乃登之啸也。遂归著《大人先生传》。"所以阮籍、孙登都好"啸"。《啸赋》中不但写了文士的"啸",还写到古人"口技"之类的啸声,但真正有些意味的是如下的段落:

> 若乃游崇岗,陵景山,临岩侧,望流川,坐盘石,漱清泉,藉皋兰之猗靡,荫修竹之蝉蜎。乃吟咏而发散,声骆驿而响连,舒蓄思之悱愤,奋久结之缠绵。心涤荡而无累,志离俗而飘然。

其风调颇与嵇康《琴赋》中的某些光景一致。嵇康是留恋风景时抚琴,成公绥则是啸歌,然其表现当时士大夫特殊趣味则同。而且,啸的被喜爱,还有一层哲理上的根据,就是赋中说的"良自然之至音,非丝竹之所拟"。这层道理在陶渊明为外舅孟嘉写的传记中交代得更清楚:"听妓,丝不如竹,竹不如肉。"原因是"肉"声亦即人的嗓音"渐近自然"。① 这就是当时本着"自然"观念对音乐的评价。

另外还有一位作家作品很值得注意,就是仲长敖和他的《核性赋》。仲长敖(生卒不详)爵里不详,因《隋书·经籍志》把他和他的集子列在刘弘、山简之前,据知他是西晋人。仅存的这篇赋是谈人性,而且是沿着荀子"性恶论"而来的。赋不长,录于下:

> 赵荀卿著书,言人性之恶,弟子李斯、韩非顾而相谓曰:"夫子之言性恶,当矣。未详才之善否何如,愿闻其说。"荀卿曰:"天地之间,兆族罗列。同禀气质,无有区别。裸虫三百,人最为劣。爪牙皮毛,不足自卫。唯赖诈伪,迭相嚼啮。总而言之,少尧多桀。但见商鞅,

---

① 钱钟书:《管锥编》,中华书局,1979年版,第1142页。

不闻稷契。父子兄弟，殊情异计。君臣朋友，志乖怨结。邻国乡党，务相吞噬。台隶僮竖，唯盗唯窃。面从背违，意与口戾。言如饴蜜，心如蛮厉。未知胜负，便相陵蔑。正路莫践，竞赴邪辙。利害交争，岂顾宪制？怀仁抱义，只受其毙。周孔徒劳，名教虚设。蠢尔一概，智不相绝。推此而谈，孰痴孰黠。法术之士，能不嚄唶？仰则扼腕，俯则攘袂。"荀卿之言未终，韩非越席起舞，李斯击节长歌。其辞曰："形生有极，嗜欲莫限。达鼻耳，开口眼。纳众恶，距群善。方寸地，九折坂。为人作崄易，俄顷成此蹇。多谢悠悠子，悟之亦不晚。"

赋的特点一在其愤激的态度，一在其见地。这两点都是钱钟书《管锥编》中的看法。关于前一点，钱先生说："仲氏托为荀子与其弟子问答，盖以《荀子·性恶》篇反复申明：'然则人之性恶明矣，其善者伪也。'然愤世嫉俗，大乖荀子本旨，即韩非亦无此激厉。"①考我国文学，讥责抗议的文字早在西周后期"雅颂"中已颇有其作，至屈原时代的作品如《卜居》、《渔父》之类，更是在对政治的黑暗之外，愤激于世道昏暗。不过这些作品大体而言激愤却不绝望，更没有流于偏激。约在后汉中后期赵壹一反温柔敦厚的《刺世疾邪赋》出现，偏激之文始见锋头；至仲长统《昌言》中如《理乱》等文字而大彰其光焰，此后偏激而痛切者有之，偏激而戏谑者有之。嵇康、阮籍都是其中嶙峋者。在西晋，这样的文风并未中断，鲁褒《钱神论》和仲长敖《核性赋》都是此类之作，也是这个时代最富思想光芒的作品。至于仲氏的见地，钱钟书说："取《性恶》而充极至尽其说，复示法家主张如《商君书·说民》、《开塞》所谓'法胜民'、'以刑治'者，实本于性恶之论；推因得果，对病下药。要言不烦，于学派之脉络渊源，如指诸掌。仲氏声尘寂寞，词赋雕虫小技，本篇又小技中之小者，而发覆破的；考镜学术，具此识力，正复不多。"②意思是说，法家主张用刑法来治理民众，其哲学的基础就在于"人性恶"的判断。总之这样的赋，虽然艺术上不是很精，但

---

① 钱钟书：《管锥编》，中华书局，1979年版，第1165页。
② 钱钟书：《管锥编》，中华书局，1979年版，第1165～1166页。

偏激往往深刻,因而文章读来也令人惊悚,故可以占据一定地位。

仲长敖以一篇《核性赋》占据赋史一席之地,西晋还有一位木华(生卒年不详),曾为太尉杨骏府主簿,也是以一篇《海赋》名世。此赋的写法是汉大赋的体势,将大海写得非常壮阔神奇。后来南朝张融也作《海赋》,就有与木华一较高低之意,但学者称其实张融之作未能后来居上。

前面说过,魏晋人写赋,追逐题材,无所不写。束皙(约264—约303)的《饼赋》就是这样的艺术上略有可道之处的赋作。早在西周时期,先民们就知道种植麦类作物,西汉董仲舒还专门写过奏疏提倡种麦。一开始吃小麦如同大米、小米一样粥而食之,汉魏之际开始知道磨成面粉食用,小麦的价值大增。束皙的一生官运不通,基本过着穷学者的生活,参与过《汲冢书》的整理,写过《贫家赋》。或许正因为穷,才懂得麦粉的香。赋中写了一些饼食的名称如"豚耳"、"曼头"之类,也写了饼食不同时令的不同吃法以及该和着什么吃,如面食和羊肉的搭配等,颇诱人;其"柔如春绵,白若秋练"的句子,更是绝美,历来为人称道。

著名的左思除了《三都赋》之外,更为人称道的是他的《白发赋》。赋的大意是有了白发,影响官运,就得拔掉。于是白发说了话:

> 何我之冤!何子之误!甘罗自以辩惠见称,不以发黑而名著;贾生自以良才见异,不以乌鬓而后举。闻之先民,国用老成。二老归周,周道肃清。四皓佐汉,汉德光明。何必去我,然后要荣。

观此可知赋是以戏谑的文字抒发仕途蹭蹬的牢骚不平。这样的文字在西晋还有张敏的《头责子羽文》等,只不过非纯正赋作而已。

二、潘岳、陆机的赋作

潘岳(247—300)历仕晋武帝、惠帝两朝,曾任河阳令、著作郎、给事黄门侍郎等职,死于"八王之乱"。其赋今存24篇,其中8篇入《文选》。各赋水准不一。钱钟书认为潘岳诸赋以《秋兴赋》、《射雉赋》为优,其次则为

《闲居赋》等。① 此外,像《西征赋》、《藉田赋》、《悼亡赋》、《寡妇赋》等,放在西晋赋作中,都还是不错的作品。秀丽,有文士气,是潘岳赋作的主要特征。

《秋兴赋》写于晋武帝时,赋的主题无甚紧要,不外乎感时伤生,嗟叹自己仕宦不达。赋的价值在艺术方面。虽有借于宋玉《九辩》"悲哉秋之为气也",却能自开境地。如赋中下面的一段:

> 嗟秋日之可哀兮,谅无愁而不尽。野有归燕,隰有翔隼。游氛朝兴,槁叶夕殒……庭树槭以洒落兮,劲风戾而吹帷。蝉嘒嘒而寒吟兮,雁飘飘而南飞。天晃朗以弥高兮,日悠阳而浸微。何微阳之短晷,觉凉夜之方永。月朣胧以含光兮,露凄清以凝冷。熠耀粲于阶闼兮,蟋蟀鸣乎轩屏。听离鸿之晨吟兮,望流火之余景。宵耿介而不寐兮,独辗转于华省。

首先能抓住秋天景物特点如秋风、落叶、秋阳、秋月,不仅特征明显,而且意象明晰,且铺叙有序;不仅有象,而且有声,如蝉之嘒嘒,蟋蟀之鸣。其次是主观行为和情感与景物的互相渗透,如"觉凉夜"之"觉","以凝冷"之"冷";又如"听离鸿"之"听","望流火"之"望",大体做到了情景的交融,因而见出某些诗情画意,如此"秋兴"的"兴"字也有着落,总之作品是见了些性情的。这在魏晋赋中是较为突出的,对后来者的启发也是较大的。

《射雉赋》写的是流行于当时琅琊一带的猎雉风俗。内涵上无甚可取,可取处也是在写法上。汉以来大赋写田猎内容的不少,《上林赋》、《长杨赋》都有这方面的内容。但潘岳此赋,却另辟蹊径。大赋勾勒大场面,渲染猎杀虎豹熊罴众多。《射雉赋》则突出射雉时猎者主观紧张的心理感受,如"恐吾游之晏起,虑原禽之罕至,甘疲心于企想,分倦目以寓视","屏发布而累息,徒心烦而技懑","瞻挺毵之倾掉,意沧跃以振踊"等。更精彩的是对野雉的刻画。如"野闻声而应媒,褰微罻以长眺,已踉蹡而徐来

---

① 钱钟书:《管锥编》,中华书局,1979年版,第1170页。

……或蹶或啄,时行时止,班尾扬翘,双角特起,良游呃喔,引之规里,应叱愕立,擢身竦峙",野雉行为狐疑的品性十分鲜明;又如"若夫多疑少决,胆劣心狷,内无固守,出不交战,来若处子,去如激电,阒闾蘙叶,幎历乍见",则突出了猎物的狡黠。而突出猎物的特性,反过来正表现了狩猎的动人心魄。善于捕捉细节,突出特点从而营造特殊的气氛,是此赋成功之处。

《闲居赋》抒发仕途不顺的牢骚之情。仕进不通,就退隐。往哪里退呢?赋交代得清楚:"退而闲居,于洛之涘。身齐逸民,名缀下士。陪京溯伊,面郊后市……其西则有元戎禁营,玄幕绿徽。溪子巨黍,异絭同机……其东则明堂辟雍,清穆敞闲。环林萦映,圆海回渊……"这是往闹市里退,所谓大隐隐于市,潘岳似乎是这个意思。可是看下文:"天子有事于柴燎,以郊祖而展义。张钧天之广乐,备千乘之万骑。服振振以齐玄,管啾啾而并吹。煌煌乎,隐隐乎,兹礼容之壮观,而王制之巨丽也。"天子的动静全都在潘岳的眼观耳听之中。此赋的主题就绝对不是道家的避世,只是"不用则藏"罢了。难以掩抑的还是对权位的热衷。这总会伤读者胃口。不过文字确有其可读之处,如"爰定我居,筑室穿池。长杨映沼,芳枳树篱。游鳞瀺灂,菡萏敷披。竹木蓊蔼,灵果参差。张公大谷之梨,梁侯乌椑之柿。周文弱枝之枣,房陵朱仲之李,靡不毕殖",造语十分工新,是骈体的先导。而下面的句子:"于是凛秋暑退,熙春寒往。微雨新晴,六合清朗。太夫人乃御版舆,升轻轩。远览王畿,近周家园。体以行和,药以劳宣。常膳载加,旧痾有痊。席长筵,列孙子。柳垂阴,车结轨。陆摘紫房,水挂赪鲤。或宴于林,或禊于汜。昆弟班白,儿童稚齿。称万寿以献觞,或一惧而一喜。寿觞举,慈颜和。浮杯乐饮,丝竹骈罗。顿足起舞,抗音高歌。人生安乐,孰知其佗?"秀丽的文字表达的是生活的温情适意,是很动人的。

《西征赋》是写潘岳赴长安任县令时的纪行之作。此一题材的赋前人也写过一些,如刘歆的《遂初赋》、班彪《北征赋》、曹大家《东征赋》和蔡邕《述行赋》等。纪行赋的特点是把历史、地理和抒情融合在一起,途中所见多不是现实之事,而是历史上发生于某地的事和人,在追忆过去中带出作家的现实感受。潘岳的这篇赋与前人同类赋相比,内容要丰富,组织也更严密,气势上也更宏大。其中一些地方的描写颇成功,如写到新丰说"浑鸡犬而乱放,各识家而竞入",语句的表现力就很强。此赋的用典隶事也很繁复。其他如《笙赋》,也是前有所依的作品。此类赋作前面说过,总要从乐器的材料产地的奇险起笔,但潘岳却有意改变这样的写法,显示出作家明确的出新意识。潘岳是善于悼亡的作家,这方面的诗歌写得很成功,赋也有这样的题材,思虑与诗相差不多,兹不赘述。总之潘岳是位有个人风格的作家,其赋作也是如此。清新的语言,生动的意象,疏朗清畅,跌宕多姿,懂得意境的营造,都是他的长处。

陆机(261—303),出身吴国大族,祖父陆逊为吴国丞相,父陆抗为吴国大司马,二十岁时吴国灭亡,晋武帝太康末年与弟陆云一起入洛,受张华赏识,名动一时。任官平原内史,故称陆平原,后任将军、大都督,死于"八王之乱"。陆机赋今存三十篇。文学上陆机与潘岳并称"潘陆"。在文字风格上,《晋书》载张华评曰:"人之为文,常恨才少,而子更患其多。"后来孙绰亦言:"潘(岳)烂若披锦,无处不善;陆(机)文如排沙简金,往往见宝。"(《世说新语·文学》篇注引)。为了对偶,把一句可以说清的话分成两句说,张华、孙绰应指此而言。

陆机和潘岳一样,在赋乃至其他文章的抒情上,都代表了当时普遍的个人化、主观化的最高水平。如感时伤逝、嗟老伤贫、牢骚失意等情绪被当代的文学史家和评论家给予很高评价。其实这只是文学退回个人小天地的表现。表现在赋中,陆机与潘岳的一个显著不同,就是他的乡愁情结。《思亲赋》、《述思赋》、《遂志赋》、《怀土赋》、《行思赋》、《思归赋》和《感丘赋》等,都或多或少表达了这方面的情怀。不但如此,在他的赋中,还可以很清晰地感到一股强烈的南方意识。陆机兄弟到洛阳,虽享大名,也遭受北方高门的轻视。文献载范阳卢志当众问陆机,陆逊、陆抗与陆机的关系一事,还有他与王济"羊酪"、"莼羹"对答,皆可为证。陆机对这样的遭遇耿耿于怀,表现在他的赋里就是《羽扇赋》这样的作品。本来陆机对自己的祖德家风念念不忘,如《祖德赋》、《述先赋》就是怀念先辈之功德的。不过两篇赋作作于何时不清楚。但无论如何,陆机有着强烈的故国情感是可以肯定的。所以,他的《羽扇赋》就未尝没有"莼羹"胜"羊酪"的意思了。赋托名宋玉、唐勒,说楚襄王在章华台上与中原诸侯聚会,宋玉、唐勒皆操"白鹤之羽以为扇",这引起了手持"麈尾"的诸侯们掩口而笑。于是宋玉上前对于羽扇如何好,如何后出转精颂道一番,继而是唐勒作歌以和。西晋不少作家写了关于扇子的赋,但像此篇这样立意的,却只此一家。

陆机的《叹逝赋》是很受推崇的。该赋主题无甚特别之处,无非感叹生命短暂而已。当一个作家沉浸在自己的主观世界中时,他的思想格局就只有"生死事大"了,而死亡之事又天然地是一个感动自己、感动别人的话题,而陆机的"叹逝"还有其具体的情境,那就是赋序所说:"余年方四十,而懿亲戚属亡多存寡,昵交密友亦不半在。或所曾共游一途,同宴一室,十年之外,索然已尽。以是思哀,哀可知矣。"此赋的动人之处首先是这样的句子:

> 悲夫!川阅水以成川,水滔滔而日度。世阅人而为世,人冉冉而行暮。人何世而弗新,世何人之能故?野每春其必华,草无朝而遗露……

赋表达的情感是谁都可以有的,但是这种融议论与抒情为一体,句法又回环往复,读之使人且惊且喜的笔致,确实才华不凡。再看如下的段落:

> 寻平生于响像,览前物而怀之。步寒林以凄恻,玩春翘而有思。触万类以生悲,叹同节而异时。年弥往而念广,途薄暮而意迮。亲落落而日稀,友靡靡而愈索。顾旧要于遗存,得十一于千百。乐隤心其如忘,哀缘情而来宅。托末契于后生,余将老而为客。

浓郁的伤感充斥于字里行间,难以掩抑。高度主观化、我与我周旋的生命状态,其实是极为脆弱的。陆机的赋实际很好地展现了这样的生命状态下的士人的精神状况。他的赋和其他作品在魏晋南北朝享有很高的地位,就在于他的作品可以引起和他处境相似的士人的共鸣。陆机的《豪士赋》是讽谏齐王司马囧的。赋很短,但赋之前的序很长,且语体骈俪,更为人重视。

陆机赋中最重要的作品当推《文赋》。此赋创作缘起并不一定像后来的批评史家所一厢情愿认为的那样是为了总结创作规律。回到那个时代的风气,它该和《意赋》差不多,也是追逐题材意识下的产物。然而,黄河携带泥沙虽不是为了淤积华北平原,可确实填平了东方一片浅海,《文赋》也是,它必然要涉及一些创作心理和写作的一些规矩。而且,此赋的成功还在于作者是一位老于文章的高手,对于文章写作这件事本身的甘苦得失体味得深细,确有他人难到之处。如下面的一段:

其始也,皆收视反听,耽思傍讯,精骛八极,心游万仞;其致也,情瞳昽而弥鲜,物昭晰而互进。倾群言之沥液,漱六艺之芳润。浮天渊以安流,濯下泉而潜浸。于是沉辞怫悦,若游鱼衔钩而出重渊之深;浮藻联翩,若翰鸟缨缴而坠曾云之峻。收百世之阙文,采千载之遗韵。谢朝华于已披,启夕秀于未振。观古今于须臾,抚四海于一瞬。

"其始"、"其致"所领起的几句就涉及创作心理的想象问题,"倾群言"以下四句涉及汲取前人语言问题,而"于是"以下五句则表述灵感到来时的顺畅,与后文"及其六情底滞,志往神留。兀若枯木,豁若涸流"的文思枯竭相映成趣。"收百世"以下,谈的仍是吸收前人美言妙句之事,讲的是无一字无来历,其实是后来骈体文用典隶事的理论先声。

此外,该赋对于诗、赋、碑、铭等文体要领进行了简要概括。其"虽杼轴于予怀,怵他人之我先,苟伤廉而愆义,亦虽爱而必捐",也是韩愈"陈言务去"的孤明先发。总之此篇赋的内容诚如钱钟书先生所言:"《文赋》非赋文也,乃赋作文也……于'作'之'用心','属文'之'情',其惨淡经营,心手乖合之况,言之亲切微至,不愧先觉,后来亦无以远过。"[1]在艺术上,此赋在语言上也十分讲究,清词丽句迭出。如"遵四时以叹逝,瞻万物而思

---

[1] 钱钟书:《管锥编》,中华书局,1979年版,第1206页。

纷。悲落叶于劲秋，喜柔条于芳春。心懔懔以怀霜，志眇眇而临云。咏世德之骏烈，诵先人之清芬"就十分清丽可喜。

潘岳、陆机对后来的赋体创作影响很大。即以《文选》而言，所选赋作两晋数量甚至超过两汉，而两晋作家中又以潘岳、陆机为多，潘岳、陆机中赋作又以潘岳最多。① 潘岳作品入选最多，一方面是因为他的赋作题材广阔，另一方面，他的浅净秀丽的文风总体上与后来南朝的欣赏习惯更加贴合。实际上，潘岳、陆机的影响不仅在文风上，更在于语体的变化上。南朝的文学语言最大的特点是骈体化。潘岳、陆机在这方面所起的导夫先路作用，是要比东晋作家还要大的。例如潘岳《笙赋》中如下的句子：

凄戾辛酸，嘤嘤关关，若离鸿之鸣子也；
含哺啴谐，雍雍喈喈，若群雏之从母也。

以上就是很工丽的隔句长对句。左思《三都赋》中也有，但比潘岳的句子在精工上就差一些。而陆机文字的骈俪，在上引各段文字中是少有的典范。骈体是语言追求表现力的表现，在南朝这方面有极其大的作为，但沿波讨源，潘岳、陆机是有大的影响的前辈。关于潘岳、陆机的影响，前人早有成说，南朝沈约在《宋书·谢灵运传》之"史臣曰"中就说："降及元康，潘、陆特秀，律异班、贾，体变曹、王，缛旨星稠，繁文绮合。缀平台之逸响，采南皮之高韵，遗风余烈，事极江右。"潘岳、陆机在元康时期造成新变主要表现在"缛旨星稠，繁文绮合"，这与陆机在《文赋》中提出的"其会意也尚巧，其遣言也贵妍"相应。也因此，潘岳、陆机与建安、邺下时期的作品有别而自具特征。潘岳、陆机两人作品的共同特征，都是在文学内容的主观化那点情感上转，而在表现上，又都追求妍美流丽，虽互有差异，但大的方向上是一致的。南朝士大夫的精神取向没有发生大的变化，因而他们的前辈潘岳、陆机所做出的新变，就特别容易为他们所接受了。

---

① 傅刚：《〈昭明文选〉研究》，中国社会科学出版社，2000年版，第231页。

三、陶渊明等东晋赋家赋作

较诸西晋,东晋的作品少,赋作也是如此。较早时期的赋作家主要有郭璞、庾阐、孙绰及湛方生等。郭璞(276—324)博学多才,著述很多,是避乱江东的作家,后死于王敦之手。他的赋如《登百尺楼赋》、《盐池赋》都写到了"盐池",应为西晋时作品。他还有《流寓赋》残篇,写的是作者从故乡南迁的经历,从仅存的内容看,构思与刘歆《遂初赋》、潘岳《西征赋》大致相同。其中"观屋落之隳残,顾徂见乎丘枣。嗟城池之不固,何人物之稀少"表现了西晋末年的城野荒凉。两晋之际那样大的动荡,赋作中对此表现奇缺,相较之下,此篇越发显得可贵。郭璞最出名的赋为《江赋》,此赋曾受到东晋元帝的赏识,后选入《文选》。此篇赋的写作也是大赋体制,瑰字甚多。所以用大赋体,应该有其张扬帝国威势的用意。李善注《文选》引《晋中兴书》:"璞以中兴,王宅外江,乃著《江赋》,以述川渎之美。"这样的说法与赋中"滀汗六州之域,经营炎景之外。所以作限于华裔,壮天地之险介"相合,可见赋是有政治上的用意的。既然是大赋体,也就有着大赋一样的夸诞,把一些不属于江中所有的事物也写进江中。不过,毕竟是有所谓的撰构,而且条理明畅,一些语句如"晨霞孤征"形象颇分明,总体气势也还宏壮,有一定意义。庾阐(生卒年不详)也是南渡的作家,年龄比郭璞小,《晋书·文苑传》称他为"中兴之时秀"。他的《扬都赋》在当时有较大影响,其立意当与郭璞《江赋》相同。只是在写作上模拟痕迹较重,所以被谢安讥为"屋上架屋"。他还有《吊贾谊文》虽名为"文",笔致为赋。他的《涉江赋》,马积高《赋史》评价:"于山水之中,寄寓理意,与汉魏游览之作相比,可谓又拓一境。"①

另一位南渡而年辈稍晚的作家是孙绰(314—371)。他是当时著名的玄学诗人,其诗被钟嵘《诗品》讥为"平典似道德论"。他的赋则以《游天台山赋》为代表。玄学的题目在曹魏西晋时期是会通孔老,至东晋则玄学又加上了佛家的内容。这篇赋就有这方面的显示,如赋的结尾:

---

① 马积高:《赋史》,上海古籍出版社,1987年版,第189页。

于是游览既周,体静心闲。害马已去,世事都捐。投刃皆虚,目牛无全。凝思幽岩,朗咏长川。尔乃羲和亭午,游气高褰。法鼓琅以振响,众香馥以扬烟,肆觐天宗,爰集通仙。挹以玄玉之膏,嗽以华池之泉,散以象外之说,畅以无生之篇。悟遣有之不尽,觉涉无之有闲。泯色空以合迹,忽即有而得玄,释二名之同出,消一无于三幡。恣语乐以终日,等寂默于不言,浑万象以冥观,兀同体于自然。

这里主要讲的是游览之后的体会,不外是"浑万象以冥观,兀同体于自然"之类,有老,也有佛。因此,这篇赋就是一首玄言赋。天台山被神仙家认为是不死之山,此赋在这方面也有相当描述,而且是赋的主体内容。同时赋还为天台山鸣不平,认为前人没有认识到它是令人遗憾的。总之这篇赋内容有其新颖之处,也有其特别之处。其文字也不是一无可读。在东晋鲜有成功赋作的情况下,也还是有其地位的。

在东晋后期还有一篇与众不同的赋作,就是凉武昭王李暠的《述志赋》。李暠(351—417)的这篇赋从作者小的时候立志说起,说他少年时"希颜子曲肱之荣,游心上典,玩礼敦经。蔑玄冕于朱门,羡漆园之傲生",不仅英雄大言,且受了东晋时风熏染。赋也表达了尊东晋为皇统的心志,如"资神兆于皇极"和"洒游尘于当阳"等语即是此意。赋的特殊之处在其英雄气概的表露,赋中大谈张良、诸葛亮和关羽、张飞,赞美周瑜、鲁肃的"建策乌林"等,虽也是在表尊晋之意,但赋的气势也因此而壮,见出些阳刚之气。这在当时是罕有能与其相比的。

现在来说陶渊明。

陶渊明(367—425)是东晋最了不起的赋家。其《归去来兮辞》的高标特举,在整个古代文学史上都是很耀眼的。陶渊明的赋作除上一篇外还有《感士不遇赋》、《闲情赋》两篇。赋作所存数量不多,但篇篇精彩。《感士不遇赋》如赋序文所说是因读董仲舒《士不遇赋》和司马迁《悲士不遇赋》有感而作。序言说:"自真风告逝,大伪斯兴,闾阎懈廉退之节,市朝驱易进之心。怀正志道之士,或潜玉于当年;洁己清操之人,或没世以徒勤。

故夷皓有安归之叹,三闾发已矣之哀。"观后面两句,赋作也是为自己的归隐说明理由。赋的正文涉及许多有为而不得好报的历史人物,内容含量和深广度超过董仲舒和司马迁的赋作。《闲情赋》也是承着汉代的老题材而来,如张衡有《定情赋》、蔡邕有《静情赋》、王粲有《闲邪赋》等。陶渊明赋最动人的部分是"十愿":

> 愿在衣而为领,承华首之余芳;悲罗襟之宵离,怨秋夜之未央。愿在裳而为带,束窈窕之纤身;嗟温凉之异气,或脱故而服新。愿在发而为泽,刷玄鬓髻于颓肩;悲佳人之屡沐,从白水以枯煎。愿在眉而为黛,随瞻视以闲扬;悲脂粉之尚鲜,或取毁于华妆。愿在莞而为席,安弱体于三秋;悲文茵之代御,方经年而见求。愿在丝而为履,附素足以周旋;悲行止之有节,空委弃于床前。愿在昼而为影,常依形而西东;悲高树之多荫,慨有时而不同。愿在夜而为烛,照玉容于两楹;悲扶桑之舒光,奄灭景而藏明。愿在竹而为扇,含凄飙于柔握;悲白露之晨零,顾襟袖以绵邈。愿在木而为桐,作膝上之鸣琴;悲乐极以哀来,终推我而辍音。

前人曾指出"十愿"是有所借鉴的。如张衡的《定情赋》就有"思在面而为铅华兮,患离尘而无光"等想象。但像该赋这样连发"十愿"的,以前没有。"张蔡之作,仅具端倪,潜乃笔墨酣饱矣。"①不过细看赋文,其实是"十一愿"。在"十愿"之前还有一愿:"愿接膝以交言。"与后面"十愿"相比,也就这一"愿"还实在,还有实现的可能性,其他"十愿"都是想象。钱钟书说:"实事不遂,发无聊之极思,而虚想生焉,然即虚想果遂,仍难长好常圆,世界终归阙陷,十'愿'适成十'悲';更透一层,禅家所谓'下转语'也。"②这句话道出了此赋所含的悲剧意味。

《归去来兮辞》是陶渊明的代表作,前人对它推崇备至。据载,欧阳修

---

① 钱钟书:《管锥编》,中华书局,1979年版,第1223页。
② 钱钟书:《管锥编》,中华书局,1979年版,第1222~1223页。

尝言："晋无文章,惟陶渊明《归去来兮辞》而已。"①这样的说法是不过分的。此赋据赋序交代,是从彭泽令"自免去职"归家之际所作。序交代得清楚,他的出任彭泽是因为"家贫……生生所资,未见其术",所以尽管就任后马上生"深愧平生之志"之感,但他的离任,也是在得到"一稔"之后。所以此次任官总的来说还是"因事顺心"的。这样的情况在当时的官场,不是个别现象。任期不满就擅自拿了官田的收入跑回家,称"小满",颇为普遍。陶渊明和其他人"小满"的分别在于一般人如此,多出于懒惰、不负责,而陶渊明的"归去来"则是出于对自我"质性自然"的成全。他写作此赋时是"因事顺心"的,所以赋的总体情调是和畅的。"舟遥遥以轻飏,风飘飘而吹衣。问征夫以前路,恨晨光之熹微",多么的写心适意!

"归去来"对于陶渊明有两样满足。一是亲情:"乃瞻衡宇,载欣载奔。僮仆欢迎,稚子候门。三径就荒,松菊犹存。携幼入室,有酒盈樽……""悦亲戚之情话,乐琴书以消忧。"爱孩子,爱亲人,是陶渊明的真性情。另一样满足是回归自然的怡然自得:

策扶老以流憩,时矫首而遐观。云无心以出岫,鸟倦飞而知还。景翳翳以将入,抚孤松而盘桓。

或命巾车,或棹孤舟。既窈窕以寻壑,亦崎岖而经丘。木欣欣以向荣,泉涓涓而始流。善万物之得时,感吾生之行休。

怀良辰以孤往,或植杖而耘耔。登东皋以舒啸,临清流而赋诗。聊乘化以归尽,乐夫天命复奚疑。

这些真挚感人的文字,表露的是作家回到跟他血脉相连、气息相通的"家"的世界后,从骨子里透露出来的无限欣喜。他感受着自然的山水草木,也乐得把生命交付给它们。他要在这个世界里耕种,在这样的世界作诗,他也时常对着这个"家"的世界凝望出神。"景翳翳以将入,抚孤松而

---

① 对此赋指摘吹求者亦有之,参见钱钟书《管锥编》,中华书局,1979年版,第1225~1227页,以及马积高《赋史》,上海古籍出版社,1987年版,第192页的相关论述。

盘桓",在生物各自归家的黄昏时节,一个人还在那里凝望,抚摸着孤松而盘桓,这样的情景,让人真切感到作家与这个自然的"家",有着深深的恋爱关联!对,也只有用"恋爱"这一字眼,才可以形容陶渊明对这个家的世界的深沉的迷恋。这个"家"既是属于物质的现实的家,也是他生死相倚的精神的家。《归去来兮辞》就是以陶渊明独有的如椽大笔,把诗人回归双重家园之后的称心如意的无限欣喜,十分动人地表现了出来!

情感深沉无比,是这篇赋作成功的关键,但还不是全部的成因。天才的语言风范也是作品赖以成功的重要方面。陶渊明的赋也讲究句式、骈俪,甚至也用典,但宛转如意,仿佛全不费力,天成自然,一派温婉、醇厚,一派圆融无碍,与赋作内容的热爱自然互为表里、浑然一气。

第四节　南朝赋作

宋、齐、梁、陈四朝共持续 170 年。古代诗文在这段时期经历了显著的变化。刘宋有"元嘉体",南齐有"永明体",到梁朝又有"宫体"等,指的是诗,也包括赋,乃至其他文章。"元嘉体"作家讲究雕绘,讲究发言惊挺,到"永明体"则提出讲究诗句平仄变化的"声律说"。这些诗歌创作的主要诉求,也大多体现在赋和其他文章上。不过,诗与文出现了明显的分张,在齐、梁讲究诗歌的"直寻"、"三易"("易见事"、"易识字"、"易读诵"),追求"圆美流转如弹丸"的时候,包括赋在内的文章写作,却日益追求隶事、用典、对偶和声律。一篇文章既求文字优美,又要尽量用典,以避免有话直说。这就是骈体文,语言的华丽主要表现在隶事的得当、用典的丰富和妥帖。既要表现"才",又要显示"学",是这个时期作文的主要追求。因此南方四朝的文学家,在对汉语自身中所具有的表现力开掘——主要表现为对汉字的声调利用、对语言所潜藏的文化信息的调动、对汉语词汇所具特点的巧妙驱遣等等——上,是有其特殊贡献的。形式追求本不算错,过分追求则失之于矫造,深层的问题,正如前代学者早就曾指出的,是南朝士大夫大多缺少成为伟大作家的人格和情操。

南朝作家,多是从北方南渡的豪门的后裔。齐梁以后则南方士族文人(如沈约等)的上升趋势颇为明显。就出身而言,门阀出身的文士占据明显的优势,真正寒门出身而有名的作家(如鲍照、吴均等)很少。① 这里有一种与文学创作相关的特殊情势:南北朝的皇帝大多为寒门出身,东晋门阀全盛的时期已为明日黄花。但是门阀势力还很大,因为它们还有很大的社会实力,任何王朝都不能从根本上扭转这样的态势。特别是在文化上,汉代以来经学的衰微其实就是帝国文化声音的衰弱,而清谈、诗文乃至书法等现象勃兴,盛况不衰,就是"士大夫文化"的得势。问题是,在南朝——准确地说是从曹操、曹丕开始——士大夫文化就俘虏了身份至

---

① 曹道衡、沈玉成:《南北朝文学史》,人民文学出版社,1998 年版,第 8 页。

高无上的人物,让他们时常屈尊于舞文弄墨。南朝的文化俘获比诸曹魏有过之而无不及。南朝的帝王,不论其实际的文化素养如何都热衷文学,有的时常组织风雅集会,有的除此之外还自居为文天下第一。无奈他们在文学上的才干,不像曹氏父子,多是文才远不如其文学之瘾大。才不如人,又以天下第一自居,嫉妒、报复,甚至因嫉妒而杀文士的现象就不罕见了。他们的爱好,造成了对文学的伤害。与帝王的如此"爱好"相应的,是那些有更多闲工夫的诸王把曹丕建立的没有被两晋诸王很好接续的邺下聚集文人的传统又接了起来。刘宋的刘义庆,南齐的文惠太子萧长懋、竟陵王萧子良,梁昭明太子萧统、简文帝萧纲、元帝萧绎,陈后主陈叔宝等,都是这样的显贵。这样的情况对文学只有一个好处,那就是会更引得全社会关注文学,至于文学在多大程度上关注社会,大抵而言,则乏善可陈。

文人的雅集影响了赋体文学,例如同题赋作的现象在这一时期就很突出。一些主张如永明声律最易在集群的文学活动中传播;一些新体,如梁代"宫体"在当时的同题赋中就有明显表现;南朝后期赋的明显"诗化"倾向,又与当时文坛盟主"情灵摇荡"主张呼应密切。南方四朝的赋体作家,刘宋时的鲍照,宋齐之际的江淹,梁的萧纲、萧绎等,是诸多赋作家中能代表时代的人物。

一、"三谢"的赋作

这里所说"三谢"指的是谢灵运、谢惠连和谢庄。①

谢灵运(385—433),出身门第显赫的陈郡谢氏家族,祖父谢玄。谢玄又为谢安亲侄,东晋时统领北府兵。谢安和谢玄在淝水之战中为捍卫东晋的生存立下盖世奇功。显赫的门第和勋绩,与谢灵运最终被杀的命运有莫大关系。刘宋的建立者是刘裕,而刘裕在东晋又是谢氏门下的"老兵"、"劲卒"。他当上皇帝,谢家的人就难处,要活命就得会明哲保身。谢灵运文人无行,恰在这方面智术短浅。记载说他"博而无检"(《南史》本传),"多愆礼法"(《南史·谢弘微传》),就"难免乎"当时之世了。虽然在

---

① 前人把谢灵运、谢惠连和谢朓合成"三谢"。此处只是一个简称,没有其他意思。

刘裕势力上升时,谢灵运等就站错了队,可是碍于门阀势力之大,寒门的朝廷还得与之虚与委蛇,于是谢灵运还能走上仕途。只是仕途不顺,总是任官旋又被免。先是被外派任永嘉太守,才满一年就称病去职,回始宁的庄园隐居两年。之后,又被派任更远地方的临川任太守。本来,让他离开朝廷任为外职,就是皇家不喜欢他的表现,可是谢灵运并不因此而收敛形迹,反而招摇横肆,耍他名士文人的脾气。最后,皇家就只好给他捏造一个"谋反"罪名,杀之而后快了。谢氏家族在刘宋时期命运多舛,但谢灵运毕竟不是谢晦,一介文士手中没有兵权。这里的问题是,寒门势力掌握皇权后,门阀文人们就面临了一个如何在新皇权屋檐下生存的新难题。谢灵运的被杀,实际显露的是两晋以来势力浩大的门阀士人,在新的皇权手下的艰难境况。而且,就谢灵运而言,他的境遇所激发的情感,在他的诗文中都有表现。

谢灵运的赋作今存十余篇,《山居赋》最能代表谢灵运的力作。谢灵运之包括赋在内的文,不如他的诗。就以他最有代表性的《山居赋》而言,历来评价不高。钱钟书在他的《管锥编》里,有长篇文字评析这篇作品自注,多讥刺之言。亦有学者以为此赋有了解南朝"封建大庄园"之史料价值。实则,此赋对于了解谢灵运之性情和精神状态最有帮助。有人说此赋追摹潘岳的《闲居赋》,二者实则精神上相差甚远。潘岳的赋,在内涵上没有谢灵运赋这样的张狂。《山居赋》作于谢灵运从永嘉太守退归始宁的两年中,采用了汉大赋的体式,只是避免了汉大赋满纸的僻字和满篇的名物堆垛。所以采取这样的形式,相信谢灵运不是无意的,汉大赋前后左右层层不断地包揽一切,证明有一个涵盖天地的"皇家意志"的影子。谢灵运采取与汉大赋一样的规模手法来表现他私家的山庄园林,正可以看作他唯我独尊睥睨一切的门阀傲慢意识或下意识的表现。所以说,这篇赋最能表现谢灵运的精神。

另外,从文学史上说,从后汉末期的仲长统写《乐志论》,就开启了中古文学表现山庄园林的新题材。仲长统不学孔颜疏食饮水之乐处,而奢望园林之美,实际是汉代以来地主大庄园之发展在文人意识中的影响。自仲长统之后,园林这个意象,反复出现在诗文之中。邺下诗文有这个意象,西晋石崇的《金谷园序》更是如此,迤逦至于《山居赋》,蔚然成一大观。庄园是现实的财富,但文学描述的园林,则是有意要向世人显示他精神上的高雅和自我圆满。论自我意识之膨胀,南朝的文人是无出谢灵运之右的。然而时代毕竟变了。谢灵运的自我膨胀所得到的下场,对其他门阀士大夫是个警告。以后像他这样不知收敛的人就少了。文学如此显露自己的内容也少了。即如他的同族谢惠连、谢庄,其文学就不是他那样的。

据记载,琅琊王氏有人自夸本家"七叶之中……人人有集"(《梁书·王筠传》),实则不然。王氏家族的特长在书法,诗文成就是远不能与之比肩的。就刘宋赋体写作而言,谢灵运之外,谢惠连《雪赋》、谢庄《月赋》都是很成功的赋作。

谢惠连(407—433),谢灵运族弟,性格与谢灵运相近。谢惠连有赋数篇,其中以《雪赋》最为著名。此赋沿用汉代主客问答体式,假托梁王在兔园召集邹阳、司马相如、枚乘等雅集,俄而雪降,于是梁王命司马相如作赋,继而邹阳续作《白雪之歌》,最后梁王亲自为全篇赋"乱曰"结束。赋的开头:"岁将暮,时既昏,寒风积,愁云繁。梁王不悦,游于兔园。"四个三字句开篇,造语顿挫挺拔,影响很大。继而是以司马相如之口对雪所作的描绘。先是一些与雪相关的掌故,继而描述雪降的光景:

> 于是河海生云,朔漠飞沙。连气累霭,掩日韬霞。霰淅沥而先集,雪粉糅而遂多。其为状也,散漫交错,氛氲萧索。蔼蔼浮浮,瀌瀌弈弈,联翩飞洒,徘徊委积。始缘甍而冒栋,终开帘而入隙。初便娟于墀庑,末萦盈于帷席。既因方而为珪,亦遇圆而成璧。眄隰则万顷同缟,瞻山则千岩俱白。于是台如重璧,逵似连璐。庭列瑶阶,林挺琼树。皓鹤夺鲜,白鹇失素。纨袖惭冶,玉颜掩嫮。若乃积素未亏,白日朝鲜,烂兮若烛龙,衔耀照昆山。尔其流滴垂冰,缘霤承隅。粲兮若冯夷剖蚌列明珠。至夫缤纷繁骛之貌,皓旰皦洁之仪。回散萦积之势,飞聚凝耀之奇。固展转而无穷,嗟难得而备知。若乃申娱玩之无已,夜幽静而多怀。风触楹而转响,月承幌而通晖。酌湘吴之醇酎,御狐貉之兼衣。对庭鹍之双舞,瞻云雁之孤飞,践霜雪之交积,怜

枝叶之相违。驰遥思于千里,愿接手而同归。

从下雪前的风云写到雪降的次第形态,再写到积雪各随其状的特点,再以想象的笔触烘托漫天皆白的光景,之后又写到雪化的流滴垂冰,层次清晰,宛转相递。文字的末尾是书写人面对雪时所激发的情怀,实际没有此数句的抒发,在对雪的描述的字里行间,也已经透出了对雪即雪景的无限的爱惜。这是与许多魏晋赋追求题材,难入真情是颇为不同的。其中"河海生云"两句,是视力所及之外的虚想之景,将大雪降落时特有的气氛恰切地表达出来了。其"眄隰则万顷同缟,瞻山则千岩俱白",及"积素未亏,白日朝鲜,烂兮若烛龙"等句群,更是能排荡开去,从大的光景刻画雪给世界带来的新变,显出出色的想象力。

至于篇末的"乱曰",更标出了一番新颖的理趣:

> 白羽虽白,质以轻兮。白玉虽白,空守贞兮。未若兹雪,因时兴灭。玄阴凝不昧其洁,太阳曜不固其节。节岂我名,洁岂我贞。凭云升降,从风飘零。值物赋象,任地班形。素因遇立,污随染成。纵心皓然,何虑何营?

雪的特点是容易融化,容易受污,而"乱曰"却将其与白羽、白玉作比,反而显得白羽、白玉之白或失之于轻,或失之于固,反而不如白雪随之偃仰、因时而化,颇有"白"之"圣者也"的高致。既然爱雪,有此一番煞费心思的赞美,也委实不易。

谢庄(421—466),谢灵运的族侄,曾任吏部尚书,为人谨慎,与世俯仰,深受其父谢弘微影响。谢庄的赋有《赤鹦鹉赋》、《舞马赋》、《曲池赋》和《月赋》,前几篇多为奉诏而作。这在南朝作家很平常,鲍照、谢朓等都有类似的各种"奉命文学",显示出皇权下文士创作的一种状态。谢庄的诗文中,文高于诗,而文中又以《月赋》为最好。这篇赋采取的也是对答体,假托曹植清夜怀念亡故的应玚、刘桢,于是命王粲作赋。学者多以为这是有取于谢惠连《雪赋》,但这其间就没有任何含义么?应该是有的。

那就是这样的对答体式,有意无意映现出的是在皇权之下文士的依附地位。这中间还有一层曲折,似乎因他们对于这种依附是无奈的,所以他们赋作的托言,不是梁王就是曹植,都是文人的知音。再看《月赋》的成色,其艺术是超过了《雪赋》的。请看这样的句子:"于时斜汉左界,北陆南躔,白露暧空,素月流天。"这是出现于赋开始的几句,其中后两句前人惊为"神来之笔,看似平淡而实精缛"(《六朝文絜》),继而对月的描写:

若夫气霁地表,云敛天末。洞庭始波,木叶微脱。菊散芳于山椒,雁流哀于江濑。升清质之悠悠,降澄辉之蔼蔼。列宿掩缛,长河韬映。柔祗雪凝,圆灵水镜。连观霜缟,周除冰净。

这是一幅由月色统御的澄泠泠秋夜图。其中有秋菊之香,有南雁之响,有月明下的稀疏星光,而明月如白雪,如水镜,其明月下的世界,则如霜如冰。特别是开始"气霁"四句,写月色之时令背景,可谓绝妙动人。如此美景,叫人如何不动情!于是赋接着就写了清秋月夜之下的君王乃至"羁孤"之人的徘徊惆怅,最后结之以歌。歌中"隔千里兮共明月"句,意境开阔,对后代诗人赋家启发不小。

古代诗文中的风花雪月本有其特定的美学范畴和审美价值。谢惠连和谢庄的两篇赋作恰就属于这个题材范畴。自《诗经》"蒹葭苍苍,白露为霜",到楚辞的"洞庭波兮木叶下",再到汉代古诗"涉江采芙蓉,兰泽多芳草"和"庭中有奇树,绿叶发华滋"等,本不乏风华绝代之作。然而就作品而言,自曹魏即一般所谓"抒情小赋"开始,一直到两晋,除了陶渊明之外,这类的作品成功者又有几篇?追逐题材之广大的不健康的赋体文学观念,使得大量涉及风花雪月的作品,一点也不风花雪月。而这两篇小赋出来了,这方面才算又接起《诗经》、《楚辞》、《古诗十九首》的传统。两位谢姓作家,没有一个是有意要改变魏晋以来追逐题材的习气的,但不同的是,他们在各自所咏叹的对象上,着了想象力,着了"喜爱"这样的最简单的情感,效果就大不同。雪和月,不论什么时代,都令人欣喜。这两篇作品正在于善用鲜明俏丽的意象把这样的喜爱表达了出来。于是他们就像本色的文学家。而那些追着风俗跑,想将自己打扮成一个文学家的人,反而不成。

刘勰在《文心雕龙·明诗》中说"宋初文咏,体有因革,老庄告退,山水方滋",又在《通变》中说"宋出讹而新",是说山水文学在刘宋取代玄言而兴起。虽不甚准确,但也不是很离谱。而山水景物的描写的新风尚,在赋体文学中的具体表现,就是谢惠连、谢庄赋雪、赋月作品的出现。至于"讹而新",是说宋初诗文风格取代东晋的平淡典雅而流行一种新奇的风调。这一点在鲍照的作品上表现得也许最为突出。

二、鲍照的赋

刘宋时期赋作成就最高的是鲍照。与鲍照同时齐名的还有颜延之。在谈鲍照之前,先简单谈谈颜延之的赋。颜延之(384—456),人格方正,思想以儒家为主。其赋以《赭白马赋》为最著名。此赋作于元嘉十八年,宋文帝一匹心爱的赭白马死去,于是命臣为此作赋。此赋有序言,之后是一大段由马而引发的对"皇宋"的赞美,文字骈俪用典,颇善于雕绘。之后是一段对赭白马的描述:"徒观其附筋树骨,垂梢植发。双瞳夹镜,两权协月。异体峰生,殊相逸发。超摅绝夫尘辙,驱驾迅于灭没。简伟塞门,献状绛阙。旦刷幽燕,昼秣荆越。"这段描写历来为人称道,特别是"旦刷幽燕,昼秣荆越"两句,写马之神速,极其工新,对后来多有影响。[①] 上述描述主要从静的角度刻画马,接着还有一段则是从动态,即从"料武艺"的方面突出其"别辈越群"的不凡。值得注意的是再后来的文字,使用了汉大赋"曲终奏雅"的手法,写天子"辍驾回虑","鉴武穆,宪文光",所以赭白马因而"从老得卒"并且受到应有礼葬。整篇赋作,全幅构思皆在"得体"一点上宛转。

鲍照(414?—466)的生平资料很少,他出身寒门,是南朝少数以"身地孤贱"而以文学名世者,也因为出身而饱受排挤,泰始年间死于乱兵。因曾任临海王刘子顼军前刑狱参军,世称"鲍参军"。鲍照文才是多方面

---

① 钱钟书:《管锥编》,中华书局,1979年版,第1305页。

的,诗歌、赋等其他文章都有传世之作,其赋今存十篇,以《芜城赋》最著名。

《芜城赋》的内容是哀叹广陵之因兵祸而荒芜。其写作因缘,钱仲联《鲍参军集注》考证说:"考宋文帝元嘉二十七年冬天十二月,北魏太武帝南犯,兵至瓜步,广陵太守刘怀之逆烧城府船乘,尽率其民渡江。大明三年四月,竟陵王诞据广陵反;七月,沈庆之讨平之。是十年之间,广陵两遭兵祸,照盖有感于此而赋。"①至于更具体时间,钱仲联还据鲍照《日落望江赠荀丞》,认定赋作于"大明三四年间",时鲍照客居江北。广陵即今扬州,因处南北水陆交通要道而繁华。赋就从西汉吴王刘濞时代的繁华写起,以与作者当时所见之城的荒凉凄楚相对比:

> 泝池平原,南驰苍梧涨海,北走紫塞雁门。柂以漕渠,轴以昆岗。重江复关之隩,四会五达之庄。当昔全盛之时,车挂轊,人驾肩,廛闬扑地,歌吹沸天。孳货盐田,铲利铜山,才力雄富,士马精妍。故能侈秦法,佚周令,划崇墉,刳浚洫,图修世以休命。是以板筑雉堞之殷,井干烽橹之勤,格高五岳,袤广三坟,崒若断岸,矗似长云。制磁石以御冲,糊赪壤以飞文。观基扃之固护,将万祀而一君。

铺张扬厉的文字描写广陵位置的重要、城市繁华以及武备强大,气势雄壮、笔力苍劲。接着用短短的"出入三代,五百余载,竟瓜剖而豆分"启下,转入对芜城的描述:

> 泽葵依井,荒葛罥涂。坛罗虺蜮,阶斗麏鼯。木魅山鬼,野鼠城狐。风嗥雨啸,昏见晨趋。饥鹰厉吻,寒鸱吓雏。伏暴藏虩,乳血餐肤。崩榛塞路,峥嵘古馗。白杨早落,塞草前衰。棱棱霜气,蔌蔌风威。孤蓬自振,惊沙坐飞。灌莽杳而无际,丛薄纷其相依。通池既已夷,峻隅又已颓。直视千里外,唯见起黄埃。凝思寂听,心伤已摧。

---

① 钱仲联:《鲍参军集注》,上海古籍出版社,1980年版,第14页。

若夫藻扃黼帐,歌堂舞阁之基,琁渊碧树,弋林钓渚之馆,吴蔡齐秦之声,鱼龙爵马之玩,皆薰歇烬灭,光沉响绝。东都妙姬,南国丽人,蕙心纨质,玉貌绛唇,莫不埋魂幽石,委骨穷尘;岂忆同舆之愉乐,离宫之苦辛哉?

满眼都是荒芜、凶暴、鬼气森森。而芜城之"芜"之特有的令人可怕之处,则在其人迹——如井、坛、阶以及古馗、通池、峻隅——犹存,而匪类盘踞。此等光景给人的感受,正如忽遇一具正在滋生异物的横死者的尸体。赋以各种惊警的句子描绘着芜城的一切时,正是在表现这面对芜城所引起的惊惧之情。赋这种文体的最大长处在铺陈。对"出入三代,五百余载"而遭遇兵火祸害的芜城广陵,《芜城赋》惊挺警策的语言,特别是"饥鹰厉吻,寒鸱吓雏","孤蓬自振,惊沙坐飞"之句,正当其用,不如此,就不足以突出主题。赋中并未直说兵燹的可恶,但作家的对比手法,对芜城令人惊悚的描绘,已经表达得淋漓尽致了。然而憎恶的情绪是潜含着的,赋家着意要表达的内涵则在"若夫藻扃黼帐"以下引起的那些句子。这些句子初看格调有限,其实是在用当时士大夫惯用的语言,表达这《芜城赋》有意加以表现的主题,那就是对生命、文明被毁坏的无比痛惜。这正是本赋与那些沉溺主观、"我与我周旋"的赋作不同之处,也是它的可贵之处。赋的结尾是这样的:

天道如何,吞恨者多。抽琴命操,为芜城之歌。歌曰:边风急兮城上寒,井径灭兮丘陇残。千龄兮万代,共尽兮何言!

好端端的城市,竟可以化为荒芜清凉的鬼域。此景此情,赋家还能说什么! 于是,所谓"芜城之歌",就只是一声仰头苍天的长啸而已。

有学者曾说:六朝文学只有刘琨和鲍照有"西汉气骨",就作品内容方面说,这是不错的。此篇赋作的特殊之处,就在于它不是作者顾影自怜,而是睁眼看现实,而且把自己的情绪触觉伸展到广阔的历史中去。所以读《芜城赋》,还可以让人看到一个站在历史废墟之处登临纵目的颇伟岸的形象。这样的赋,在六朝,实在少见。

鲍照其他赋作,《芙蓉赋》可能是遵命的作品。《游思赋》则写人在仕途奔波中的乡情,然而结尾一句"已矣哉,使豫章生而可知,夫何异乎丛棘",又表现出作者不能驻足于乡情还得继续奔波的无奈。不过,顺着他的乡情,他也写过《园葵赋》,除描述了春天的园葵之美好之外,乡间"邻老谈稼,女姬归桑"以及"拂此苇席,炊彼穄粱"的纯朴,也是赋中可珍视的内容。但鲍照毕竟不是陶渊明,乡情不足以使他留在乡野,他有着自己的热衷。于是他在《伤逝赋》和《观漏赋》中感慨人生苦短,表现出敏感甚至脆弱的一面。但鲍照绝不消沉,观其《尺蠖赋》和《飞蛾赋》两个短篇可知。前者称赞尺蠖之"智",说尺蠖"观机而作","当静泉渟,遇躁风惊……冰炭弗触,锋刃靡迕","身不豫托,地无前期,动静必观于物,消息各随乎时",因而可以"笑灵蛇之久蛰,羞龙德之方战",从而赞美尺蠖之曲中求直、中道而行的德智。后一篇则颂飞蛾的投火是"本轻死以邀德,虽糜烂其何伤",并且认为飞蛾投火的勇气,是要比"南山文豹"的避藏更值得效法。魏晋以来,追逐题材的结果是赋的世界像一个动植物博物馆,但是,在鲍照上述诸赋中,使"酷不入情"的局面得到了改观。他的赋做到了"体物"而"言志",而抒情。在鲍照之赋中,这还不算什么。在《舞鹤赋》和《野鹅赋》中,他还能做到将自己的身世融入作品,创造一种悲凉的艺术之境。《舞鹤赋》写鹤的舞姿。前人曾对其中"烟交雾凝,若无毛质"两句大加赞美,这两句确实美妙,不过还应加以注意的是赋的寓意和整体造境。赋一开始就说,舞鹤是"伟胎化之仙禽",是"匪日域以回骛,穷天步而高寻"的圣域仙品,一旦不幸而落入凡间,便满含的是"惆怅而离哀"。它的善舞,那是无限惆怅和悲哀的展露。这在赋中,是有意加以表达的,不然如何将舞鹤美妙的舞姿放在如下的氛围之中?

> 于是穷阴杀节,急景凋年。凉沙振野,箕风动天。严严苦雾,皎皎悲泉。冰塞长河,雪满群山。既而氛昏夜歇,景物澄廓。星翻汉回,晓月将落。感寒鸡之早晨,怜霜雁之违漠。临惊风之萧条,对流光之照灼。唳清响于丹墀,舞飞容于金阁。

当然,单是"穷阴杀节,急景凋年"的"氛昏",鹤不会舞,是凄寒凄紧中"冰塞长河,雪满群山"和"星翻汉回,晓月将落"的大景和寒鸡、霜雁凡尘之声的刺激,才使其展现其仙品的神技。凡人惊异于它的舞姿,可在舞鹤,却是在抒写它"结长悲于万里"的悲哀。

更切合鲍照身份的是《野鹅赋》。赋序交代说:"有献野鹅于临川王,世子愍其樊縶,命为之赋。"野鹅的身份是低贱的,但遭受"樊縶"亦有莫大的悲哀。请看如下的文字:

> 于是流岁遂远,惨节方崇,云缠海岱,风拂崤潼,飞云(一作"雾")驰霰,飘沙舞蓬,视清池之初涸,望绿林之始空,立菰蒲之寒渚,托只影而为双,宛拔喙而掩眦,悲结怅而满胸……涉修夜之长寂,信专思而知哀。风梢梢而过树,月苍苍而照台。冰依岸而早结,霜托草而先摧,敛双翮于水裔,翘孤趾于林隈,情无方而雨集,事有限而星乖,在俄顷而犹悼,矧穷生之所怀……虽陋生于万物,若沙漠之一尘,苟全躯而毕命,庶魂报以自申。

无尽的哀伤之情,就从这些对风云惨淡的暗夜的描绘中渲染出来。《舞鹤赋》是鲍照才情仙品的影像,《野鹅赋》则为鲍照身世的哀鸣。其赋中的飞沙、孤蓬和暗夜、霜风之意象,正是他的现实遭际的写照。赋从魏晋一路走来,篇章短小了,内容主观了,题材多样了,可是真正说得上抒情的,只是到了谢惠连、谢庄,才转出眉目;到鲍照这里,才大有成色。

三、江淹的《恨赋》、《别赋》

鲍照之后,赋作的大家是江淹。江淹(444—505),字文通,一生历仕宋、齐、梁三朝。刘宋时期,江淹曾入建平王刘景素幕,因与同僚不合,一度因其他案件牵连而被捕入狱,之后到过湘州、荆州,又曾被刘景素贬为吴兴县令三年。这三年是他创作兴旺期。① 宋齐之际，江淹受其开国皇帝萧道成赏识。萧道成的一些重要公文，都出自江淹之手。入齐后其官位一路升迁，先后任宣城太守、秘书监、卫尉卿等。入梁后，其官至金紫光禄大夫，封醴陵伯。他的主要作品都写于刘宋后期，之后官位通显，文学篇章写作的热情减少，因而前人有"江郎才尽"之说。

江淹赋今存属较多者，其中《恨赋》、《别赋》最著名。其他赋作也多能各具特色。如他的《四时赋》蝉联而赋春夏秋冬，以特征之笔，形四时之变，达四时伤感，颇有情致，对后来文人影响较大。其《丽色赋》则将丽色之美，与四时景物相映衬，"此构前人未有"。② 而且赋的结尾言丽色可以"保其家邦"，突破红颜祸水的老调，十分大胆。又如《横吹赋》写"军容横吹"即笛子，虽也遵从汉代以来写乐器先从生长之地的险峻奇特入手的老例，但有新意。请看下面的片段：

> 故西骨秦气，悲憾如怼；北质燕声，酸极无已。断绝百意，缭绕万情。吟黄烟及白草，泣虏军与汉兵。于是海外之云，处处而秋色；河中之雁，一一而学飞。

该段文字将笛声的动人效果，写得极具声色。赋体写乐器总是会有演奏的感人效果内容，但如此境界辽阔地描述"军容"笛声的效果，实在是出了新的手法。江淹赋受鲍照赋影响明显。如《哀千里赋》开始"萧萧江阴兮，荆山之岑。北绕琅邪碣石，南驰九疑桂林"诸句，明显有《芜城赋》痕迹，但鲍照的惊挺多文士秀气，而江淹则更多显示为苍劲雄沉的壮士气。

《恨赋》、《别赋》是江淹名作，《别赋》尤成功。对于江淹这两篇赋与其他诸赋的关联，钱钟书先生在其《管锥编》中有如下之论："《去故乡赋》乃《别赋》之子枝也，《娼妇自悲赋》又《恨赋》之旁出也……然则《别赋》乃《恨赋》之附庸而蔚为大国者，而他赋之于《恨赋》，不啻众星之拱北辰也。"③

---

① 曹道衡、沈玉成：《南北朝文学史》，人民文学出版社，1998年版，第107页。
② 钱钟书：《管锥编》，中华书局，1979年版，第1408页。
③ 钱钟书：《管锥编》，中华书局，1979年版，第1411页。

《恨赋》写帝王之恨、亡国君主之恨、名辱身冤之恨、弱女远嫁他国之恨、志士永罢田里之恨以及骨鲠之士身遭杀戮之恨等。"恨"不一端，《别赋》之"别"，也是"别虽一绪，事乃万种"，达官贵人、惭恩剑客、出征将士、远国使臣、两地夫妻乃至华阴上士，无不因别而生悲。此类题材，前人也有，如孙楚《笑赋》之类，都不如江淹之赋精粹，其命意上的差别就更大了。两篇赋不是一人一事的"恨"和"别"，它们是关于人类情感的一个提炼，一种典型化。它们是以万分的同情之心，渲染人的生命情态，显扬人生的终归悲剧的一种真实。《恨赋》的开头："试望平原，蔓草萦骨，拱木敛魂。人生到此，天道宁论！"人皆有死，人生之"恨"方为天地之间永恒的缺憾。前代有人挑剔《恨赋》说它不如《别赋》的不坐实而写，是中肯的，但挑剔它在"恨"之一种中何以写秦始皇，就有点罔顾题旨妄加议论了。秦始皇固然非善类，但是也是"蔓草萦骨"中的一员，能征服天下，在其"方架鼋鼍以为梁，巡海右以送日"即追求长生之时"一旦魂断"，不也是"恨"？死亡面前人人平等，人生憾恨便不分贤愚。赋不是有意在表达这一点么？不然，结尾处的"自古皆有死，莫不饮恨而吞声"又如何理解呢？赋是在天道处，在天道决定的人生有限制之处悲叹人生自"恨"。这样题材的赋很难写，既要概括又得具体，赋作家也是有意这样兼顾的，如《恨赋》写"明妃去时"的"紫台稍远，关山无极；摇风忽起，白日西匿。陇雁少飞，代云寡色"，也有人挑剔说明妃之"恨"应在毛延寿的"颠倒真容"，不从这里着笔为失当。实则写昭君之"恨"是在她的"去时"之"去"，因此一"去"，人们才更为"平原"、"蔓草"美丽而脆弱的生命抱有无限的惋惜。起码，这样写是符合题旨的。

　　《恨赋》题旨涉及人生悲剧意义，但在艺术上的确不如《别赋》完美。如同《恨赋》一样，《别赋》开篇也有一个概括："黯然销魂者，唯别而已矣。"与《恨赋》不同的是，文章并没有马上进入对"别"的分别叙述，而是用了两段气韵酣畅的文字来刻画营造分别的场景和离后的伤魂。其"或春苔兮始生，乍秋风兮暂起。是以行子肠断，百感凄恻。风萧萧而异响，云漫漫而奇色。舟凝滞于水滨，车逶迟于山侧。棹容与而讵前，马寒鸣而不息。掩金觞而谁御，横玉柱而沾轼"十分动人。之后进入具体离别情境的渲染：剑客之别、赴边之士之别、远赴绝国之使臣之别、夫妻之别，以及求术访道的道士之别。别者身份不同,渲染手法也各有笔墨。剑客之别是别者与送者"沥泣共诀,抆血相视","金石"为之"色变",气氛悲壮;赴边之别则是先表一句边地光景"辽水无极,雁山参云",然后突出家乡之春天风暖草薰的明媚繁华,如此观景之下"攀桃李"而送别,就由不得人不"送爱子兮沾罗裙"了。人间柔情被征战打断,赋对此有无限惋惜。至于远国使臣,则渲染重点在亲友送别时宴会的热烈以及离别之时节的"秋雁"、"白露",是好自珍重的飘零凄楚。夫妻一别,两下心悬,离别的神伤在于"春宫閟此青苔色,秋帐含兹明月光"的孤单,是光阴辜负的怅惘。道士之别最特殊,渲染也奇特。江淹大概也是相信可以长生不老之士,其赋中有《丹砂可学》一篇是证据。信丹砂,就体恤道士的离别,他们固可以"驾鹤上汉,骖鸾腾天",但人间"惟世间兮重别",被送一方无情于世间。但送别者一边却十分热烈:"下有芍药之诗,佳人之歌,桑中卫女,上宫陈娥。春草碧色,春水渌波。送君南浦,伤如之何!""黯然销魂者"只是送别一方而已。

如同处理"恨"的主题,《别赋》也是将人生中一个常见的伤感境况特别提出加以表现。虽然这也是魏晋以来题材多样化的一个表现,但如同将"恨"放在死亡的地平线上表现一样,《别赋》也显示出赋家对于人之情感生活的观察和把握。先是把一个内心世界的东西推出来作为一个审美的对象,然后再像"体物"那样加以渲染。在这方面,两篇赋堪称这一时期同一类题材的典范。离别之情谁没有?离别作为情感中的实际境遇,其实是生活的折磨,但将其艺术地表现,则可以成为拨弄心弦的审美。然而,将"别虽一绪,事乃万族"的离别概括为几类加以集中表现,需要的不仅仅是艺术手法,还得有人生感悟之敏锐,对人情的体贴,无悲天悯人的情怀是做不到的。敏锐的体贴和强力的表现手法,在《别赋》中是结合得不错的。作为成功的赋,其中还有许多晶莹剔透的如珠如玉的句子,如"乃秋露如珠,秋月如珪;明月白露,光阴往来。与子之别,思心徘徊",实在叫人难以忘怀。

与江淹同年生的还有一位张融(444－497)。文学史一般把他放在齐、梁时代讲,但其赋作《海赋》却是在宋孝武帝朝时任封溪县令时所作。张融对自己的这篇《海赋》很自负。赋序言:"木生之作,君自君矣。"木生就是东晋《海赋》的作者木华。此赋之作,颇有与木华争高低的意思。据载顾觊之看过后有"实超玄虚(木华字)"之赞,又说可惜没有写到海盐。于是张融立即拿笔补上"漉沙构白,熬浪出素,积雪中春,飞霜暑路",可见张融的文思敏捷。后人评价此赋与顾觊之的评价不同,如昭明太子《文选》就不选此篇,只选了木华的赋。不过,张融赋也有可称道的地方,如下面的两个片段:

> 若乃春代秋绪,岁去冬归。柔风丽景,晴云积晖。起龙涂于灵步,翔螭道之神飞。浮微云之如荠,落轻雨之依依。
>
> 凉空澄远,增汉无阴,照天容于鲽渚,镜河色于鲨浔。括盖余以进广,浸夏洲以洞深。形每惊而义维静,迹有事而道无心。

这段是被人视为"戛戛独造,取情理以譬物象"的好文字。前一段之妙在"拟云于梦,得未曾有";后一段则表现大海水面容天涵地,所谓静水流深,其水底则寂然淡定,"无相无作,不染不著,似大'道'之垂'迹'而'无心'……盖拟海于玄虚、禅定之心境",①颇富理趣。

四、沈约、谢朓的赋

沈约和谢朓是齐梁时期的重要作家。两个人同为"竟陵八友"成员,都是南朝时期重要文学潮流"永明体"的倡导者和实践者。所谓"永明体",是继刘宋"元嘉体"之后的又一次新变,其特点是讲求声律,讲究"用事"、"对偶"等。永明声律说主要针对的是诗,但赋的写作也受到其影响。

沈约(441—513),吴兴武康人,江东世族出身,历仕宋、齐、梁三朝,齐、梁之际执文坛牛耳,是诗文宗主。他的赋今存11篇,其中《拟风赋》、《高松赋》、《桐赋》是沈约为"竟陵八友"时期的作品,因为同为"八友"的王融、谢朓、王俭也都作过同题目的赋,而且有的篇章还写明了是"奉司徒教作"、"奉竟陵王教作"。沈约历来被称道的赋是《丽人赋》。这篇赋作有学

---

① 钱钟书:《管锥编》,中华书局,1979年版,第1342、1344页。

者认为是写妓女的,①篇章"狭斜才女"及"薄暮延伫,宵分乃至"的丽人出没时间地点的交代证明这个说法是可信的。这样的题材之前已经不少了,题材内涵其实是男人潜意识作怪的迷梦,而有些作品如宋玉《高唐赋》、曹植《洛神赋》,干脆就出之以梦幻的形式。此外大多数作者都是意识战胜潜意识,与美女(或美女鬼)相遇,到最后都要来个以礼自防。相比之下,沈约的赋倒是很放得开("来脱薄妆,去留余腻"),南朝人毕竟与汉魏人不同。不过,此赋的价值不在其放得开,而在对丽人的刻画。如"狭斜才女,铜街丽人,亭亭似月,嬿婉如春,凝情待价,思尚衣巾",又如"池翻荷而纳影,风动竹而吹衣",都很生动,形象宛然。

  沈约的《郊居赋》是其晚期作品。梁武帝对沈约心态复杂,他虽说过自己帝业成就"乃卿二人"(另一位是范云)的话,但对沈约"久处端揆,有志台司"的希望就是不予满足,其原因很大一部分出于对沈约才华的嫉妒,所以沈约晚年心情是很落寞甚至绝望的。他的《郊居赋》即因此而作。此赋也是采取汉大赋体式,似乎有意模仿谢灵运,但内涵颇不同。谢灵运之赋内容,如前所说,所以采用大赋体制,是用意彰显他门阀贵族特有的傲世情怀,沈约的门第虽也不能说低,却终难和谢灵运相比。《郊居赋》的内容主要是想表现安心田园以终老的旨趣。在很大程度上,这样的旨趣,是作品有意加以表现给人看的东西,而不是发乎本性。因而赋作虽有些地方写"郊居"的田园也很充盈、热络,如"若乃园宅殊制,田圃异区"一大段,写树木、树木上的鸟,写水中的鱼鳞之类,很热闹,但接一句"不兴羡于江海,聊相忘于余宅"的话,就显得故意撇清,反而是在故意寻找田园的热闹,以排遣心中归田后的凄冷了。归田后心情的惨淡,还可以从下面的段落中读出:

> 贵则景魏萧曹,亲则梁武、周旦。莫不共霜雾而歇灭,与风云而消散。眺孙后之墓田,寻雄霸之遗武。实接汉之后王,信开吴之英主。指衡岳而作镇,包江汉而为宇。徒征言于石椁,遂延灾于金缕。

---

① 马积高:《赋史》,上海古籍出版社,1987年版,第215页。

忽芜秽而不修,同原陵之朊朊。宁知蝼蚁之与狐兔,无论樵刍之与牧竖。睇东嶽以流目,心凄怆而不怡。

这是赋家从田园远处眺望的所见所感,谢氏的《山居赋》无此一景。貌似凭吊,实则也是在以墓田荒景的"齐同"贤愚贱不肖,来消解自己的落寞而已。总之这篇赋作不是有些人说的无甚可观,它有可观,可以了解沈约晚景惨淡的深切感受。另外,沈约在文学上有一个很好的主张,就是见诸《颜氏家训》的"文章当从三易"之说,具体是:"易见事,一也;易识字,二也;易诵读,三也。"这可能是专指诗篇说的,不然《郊居赋》中为什么也有一些怪字呢?也可能是因为作大赋体,就觉得可以免于"三易"的律条吧。

谢朓(464—499),出生比沈约晚,死却比沈约早,为谢玄之兄谢矩的玄孙。竟陵王为司徒,开西邸,天下才子皆聚集于此,谢朓和沈约、王融、萧琛、范云、任昉、陆倕、萧衍一起,号"竟陵八友"。曾任宣城太守,人称谢宣城。后卷入皇权争夺的漩涡,被害死于狱中,年仅三十六岁。谢朓是山水诗的大家,其赋今存六篇,虽不如他诗歌那样成功,也可自成一家。他的赋有些是"奉教"之作,如《高松赋》、《拟风赋》、《七夕赋》等,造诣平平。其《酬德赋》是写给沈约的,沈约赠五言诗给谢朓,谢朓回赠此一较长篇幅的赋,篇中将沈约比作欣赏王粲的蔡邕,述说了许多两个人的过从和亲近,文字很朴实,也可见出谢朓重友谊的诚悃。《思归赋》应是生活后期仕途遭遇危险后向往归田生活的作品,其中有如下的段落:

临南场以艺藿,寄北地而采莲,睇微英之霍霍,望水叶之田田。乃翦山木,不日为功,非轮非奂,去斫去卼。夜索绹而绕绕,旦乘屋而芘芘,竹桹崎岖而经北,绳闲窈窕以临东,布菌萧于疏橑,织荄菆于回栊,于是篱插芳槿,门拂长杨,檐桃春发,窗竹夏凉。晨露晞而草馥,微风起而树香。

将向往中的田园写得清丽可喜。谢朓最好的赋是《临楚江赋》:

> 爰自山南,薄暮江潭,滔滔积水,袅袅霜岚。忧与江兮竟无际,客之行兮岁已严。尔乃云沉西岫,风动中川,驰波郁素,骇浪浮天,明沙宿莽,石路相悬。于是雾隐行雁,霜眇虚林,迢迢落景,万里生阴,列攒笳兮极浦,弭兰鹢兮江浔,奉王樽之未暮,餐胜赏之芳音。愿希光兮秋月,承永照于遗簪。

赋很短,但一派诗情画意,很明显是将诗歌中写景、造境的方式用到了赋中。

五、萧纲、萧绎等梁陈作家的赋

如同刘宋君主喜欢篇章一样,齐梁帝王也都爱舞文弄墨,并且喜欢与文士打交道。如梁武帝萧衍,在齐为竟陵八友中的一员,当皇帝后也还不忘附庸风雅,留下不少文章。其赋作今存四篇,其中的《孝思赋》和《敬业赋》篇幅都不短,只是流于说教,艺术上乏善。他的几个儿子也都爱文学,萧统主编《文选》成绩很大。以赋作而论,萧衍两子即简文帝萧纲和元帝萧绎,都写了一些有自己特点的赋作。

萧纲(503—551),梁武帝第三子,曾任雍州刺史,昭明太子去世后被立为太子,梁武帝被侯景逼死后即皇帝位,不久为侯景所杀。除了死不得其终之外,一生无大波折。在文学上,他是当时新文风倡导者和维护者。在永明体之后,文坛逐渐流行所谓"宫体",是文学的又一次新变。据考"宫体"文学实源于雍州萧纲身边的徐摛和庾肩吾等;[①]"宫体"之名更是随着萧纲成为东宫主人而有。"宫体"文学主要是诗,也有赋。其特点是注重声韵格律,这一点与永明体相同且更加精致;风格秾丽甚至淫靡,题材内容不外艳情、咏物,范围狭窄。其产生学者多认为与梁朝承平日久作家缺少生活有关。当时有裴子野等站出来对此进行批评,萧纲态度则截然相反,他从文学应当"吟咏性情"的角度为新文风辩护,表明他已经很清晰地意识到文学与经史的差别,其"立身先须谨慎,为文且须放荡"(《诫当

---

① 曹道衡、沈玉成:《南北朝文学史》,人民文学出版社,1998年版,第239页。

阳公大心书》)的名言,也是他为新文风辩护提出的。只是"吟咏性情"本不排斥人生体验的深刻,也不排斥文学关怀现实。他的理论不错,他所维护的文学,实在是有毛病的。萧绎在文学理论上也有建树。萧绎(508—554),梁武帝第七子,封湘东王,曾任荆州刺史,侯景叛乱,拥兵观望,后于江陵称帝,史称梁元帝,后为西魏所破。萧绎著《金楼子》,其中《立言篇》辨析文、笔,以为实用性的文章谓之"笔",吟咏性情的文字则为"文",说"文"应该是"绮縠纷披,宫徵靡曼,唇吻遒会,情灵摇荡",在文学属性的认识上,是不输其兄的,代表了当时的最高水平。

萧纲的赋,今存二十余篇。其总体风格可举《晚春赋》为例,其赋曰:

> 待余春于北阁,借高宴于南陂。水筛空而照底,风入树而香枝。嗟时序之回斡,叹物候之推移。望初筥之傍岭,爱新荷之发池。石凭波而倒植,林隐日而横垂。见游鱼之戏藻,听惊鸟之鸣雌。树临流而影动,岩薄暮而云披。既浪激而沙游,亦苔生而径危。

句子是精雕细琢的,其中如"水筛空而照底,风入树而香枝","望初筥之傍岭,爱新荷之发池。石凭波而倒植,林隐日而横垂",也都诗情画意,显示出相当高的造语画境的功夫。只不过情绪不喜不悲,波澜不惊,句子虽好,终是有文无情,难成艺术上乘。又如他的《临秋赋》,其中"草色杂而香同,树影齐而花异。遥峰迢递,萦沙断绝。云出山而相似,水含天而难别"所述光景也都清丽可喜,特别是"云水"两句为后人称道,也是情绪淡淡的。萧纲也有一些表现个人生活的赋,如《述羁赋》、《阻归赋》,写的是他的思乡情绪,如前一篇中之"远山碧,暮水红。日既晏,谁与同?云嵯峨而出岫,江摇漾而生风",颇能道出羁旅孤单之感,不过也只是到此为止。其《围城赋》为身困侯景时所写,但其真情的呈露只是"问豺狼其何者,访虺蜴之为谁",语句很顿挫,只是将败亡的责任推给他人。此赋篇幅很短,可能是残篇。他还写过《悔赋》,命意与江淹《恨赋》、《别赋》相同,笔力就差之甚远了。

前面说"宫体"不限于诗,亦见于赋。如萧纲《筝赋》中如下的段落:

若夫楚王怡荡,杨生娱志。小国寡民,督邮无事。乃有燕余丽妾,方桃譬李。本住南城,经移北里。纳千金之重聘,擅专房之宴私。方美珥而不减,拟甘橘而无嗤。闻削成于斜领,照玉致于铅脂。度玲珑之曲阁,出翡翠之香帷。腕凝纱薄,佩重行迟。尔乃促筵命妓(《艺文类聚》、《初学记》作"命友"),衔觞置酒。耳热眼花之娱,千金万年之寿。白日蹉跎,时淹乐久。玩飞花之度窗,看春风之入柳。命丽人于玉席,陈宝器于纨罗。抚鸣筝而动曲,譬轻薄之经过。黛眉如扫,曼睇成波。情长响怨,意满声多。奏《相思》而不见,吟《夜月》而怨歌。

轻绮的语言,渲染奏乐的"方桃譬李"的"丽妾",就颇有宫体的色彩。本来在楚辞中就见过这样的贵族生活场面,但对美女的刻画和渲染远没有这样细腻;以前音乐赋也都有演出的热烈,但一般不把主要笔触放在对女性的刻画上。所以,这里看到的是一种新体创格。在《梅花赋》中也有同样的情况。《采莲赋》、《鸳鸯赋》也是萧纲的宫体赋作。前者写女子采莲。本来采莲活动是江南女子的劳作生活,现在作者却把采莲的场景放到楚王的宫苑中来写,"素腕举,红袖长。回巧笑,堕明珰"。是贵人的游戏生活,也是宫廷作家的游戏之笔了。《鸳鸯赋》曰"亦有佳丽自如神,宜羞宜笑复宜颦。既是金闺新入宠,复是兰房得意人",由此可知其题材内容了。不同的一点是此赋多用七言,读来仿佛歌行,在形式上也属创格。这样的体式,在南朝后期赋中颇常见,为后来七言歌行体的先声。唐代七言歌行如卢照邻《长安古意》是铺叙的赋体,应该就是受南朝赋的影响所致。但对于赋体而言,终不是正路。

萧绎的赋今存八首。其中的《玄览赋》篇幅颇长,构思类似《北征赋》、《西征赋》,但内容则主要以作家任江州刺史的经历为范围,多自我吹捧之词。其《言志赋》也是言不由衷,难见真情。萧绎为人称道的赋是《荡妇秋思赋》和《采莲赋》,皆属于艳情的宫体作品,技巧颇高。如《荡妇秋思赋》:

荡子之别十年,倡妇之居自怜。登楼一望,唯见远树含烟;平原如此,不知道路几千。天与水兮相逼,山与云兮共色。山则苍苍入汉,水则涓涓不测。谁复堪见鸟飞,悲鸣只翼。秋何月而不清,月何秋而不明。况乃倡楼荡妇,对此伤情。于时露萎庭蕙,霜封阶砌,坐视带长,转看腰细。重以秋水文波,秋云似罗。日黯黯而将暮,风骚骚而渡河。妾怨回文之锦,君思出塞之歌。相思相望,路远如何?鬓飘蓬而渐乱,心怀愁而转叹。愁紫翠眉敛,啼多红粉漫。已矣哉!秋风起兮秋叶飞,春花落兮春日晖;春日迟迟犹可至,客子行行终不归。

将一片玲珑剔透的秋光,出之以"荡妇"的"登楼一望",情浓景浓。继而笔触一转,转向对荡妇秋思的渲染。秋水、秋云,日黯、风骚,符合人物。最后笔致再一转,带入春光:春光可期而游子难待。思致荡开一层,十分出奇,诚为写艳情的高手。再如《采莲赋》:

紫茎兮文波,红莲兮芰荷;绿房兮翠盖,素实兮黄螺。于时妖童媛女,荡舟心许;鹢首徐回,兼传羽杯。棹将移而藻挂,船欲动而萍开。尔其纤腰束素,迁延顾步。夏始春余,叶嫩花初,恐沾裳而浅笑,畏倾船而敛裾。故以水溅兰桡,芦侵罗䙃,菊泽未反,梧台迥见。荇湿沾衫,菱长绕钏。泛柏舟而容与,歌《采莲》于枉渚。歌曰:碧玉小家女,来嫁汝南王;莲花乱脸色,荷叶杂衣香。因持荐君子,愿袭芙蓉裳。

特点在对"妖童媛女"装扮及其"恐沾裳而浅笑,畏倾船而敛裾"刻画得细致传神,于是采莲活动的热闹宜人,也就自在不言之中了。如同其兄萧纲的《采莲赋》一样,此赋也是将民家的生活幻化为宫廷游乐,但游乐也是生活,而赋作的成功就在其细致刻画中,将青年男女的嬉戏活脱脱地表现出来了,其手法是高于其兄同名作的。

梁陈赋作家,除了萧氏兄弟之外,还有陈后主和徐陵等。陈后主(553—604)名叔宝,字元秀,陈最后一代皇帝,赋今存不多,《夜亭度雁赋》为人称道,将春夜的度雁之声与倡妇闺阁之思相联系,颇有情致。徐陵赋仅存《鸳鸯赋》一篇。查梁陈间各家诸集,萧纲、萧绎、庾信等都有同名赋作,应是梁时君臣同题之作。徐陵此赋赞叹鸳鸯"天下真成长合会,无胜比翼两鸳鸯",表达十分婉约。

第五节　庾信等离乱作家的赋

历史上的南北朝是分裂的时代,其间是连续的战乱,是国破家亡,是个人的辗转流徙;具体到赋作家,如庾信、颜之推、沈炯等都是离乱作家,都有相关赋作。国家不幸诗家幸,这些作品一改南朝文学的内容贫血的苍白,变为真情实感的抒发,不仅内容上颇"可以观",艺术上,其成功之作如庾信的《哀江南赋》,也达到很高的境地。为叙述方便,从沈炯、颜之推说起。

沈炯(503—561),吴兴人,梁武帝末年出仕,经历侯景之乱,梁元帝时任尚书左丞,西魏克江陵,被俘入长安甚见礼遇,授仪同三司。后因母在江南,向当局陈情,得以放归,陈文帝时病卒。《归魂赋》即其归南方后作。赋的内容先表家世、仕宦,进而写到江陵的陷落,被俘北上的所见所感,以及被放南返的经过。读此赋感受最深的是其中情绪的跌宕起伏。如说到西魏对梁的攻击,赋云:"我国家之沸腾,我天下之匡复。我何辜于上玄,我何负于邻睦?背盟书而我欺,图信神而我戮。"情绪激烈,愤愤不平。被俘北上至于梁武旧疆,则又是对现实的扼腕叹息。写入魏境所见,满眼多是西汉故地,并因此而驰情想象于两汉故实,如长卿之赋、召平之迹、旗亭成市、槐路三条等,全然不见西魏光景,唯一一次提及则是"南则董卓之坞,北则苻坚所居。即二贼之墟垒,为彼主之庭除",将魏主与董卓、苻坚并言,其寓意可知。此段的文字是抑郁的,继之而来的思想抒写,悲切哀婉。然而,当走上归途时情绪大变:

>于时和风四起,具物初荣。草极野而舒翠,花分丛而落英。鱼则潜波涣濯,鸟则应岭俱鸣。随六合之开朗,与风云而自轻。

所表达的情感是何等的舒畅!是物随心转的文字。赋的最后,是归来后的抚今追昔,不胜感慨。最后一句"何神仙之足学,此即云衣而虹裳也",则表达的是归乡的满足感,离乱教会他什么是生活。前代有学者说此赋传到北周,影响到庾信,引发其写作《哀江南赋》的兴趣。姑备一说而已。

另一位经历离乱的是颜之推。颜之推(531—约595),祖籍琅琊,世居金陵,始仕梁元帝朝,时值侯景叛乱时期,曾为叛军所获,几死。后西魏破梁,又被俘入魏。后潜逃至北齐,拟由此南归,不果。齐亡入周,官至御史上士。周亡入隋,不久病亡。生当乱世,之推一生经历五朝,在离乱作家中也是较为奇特的,因此,其赋作内容所涉也十分广泛,是超出同类作品的。《观我生赋》作于入周之后,题目取自《周易》之"观"卦。另外此赋有作者自注,钱钟书评价:"严谨不苟……之推《家训》论文甚精,观此篇自注,亦征其深解著作义法。"[1]赋的开篇就说:

> 内诸夏而外夷狄,骤五帝而驰三王。大道寝而日隐,《小雅》摧以云亡,哀赵武之作孽,怪汉灵之不祥,旄头玩其金鼎,典午失其珠囊,瀍涧鞠成沙漠,神华泯为龙荒,吾王所以东运,我祖于是南翔。

高标夷夏之别以及述说家世南迁之原,不但文章起势宏大,且与赋主题相关:赋之所作,在宣泄自己屈身事于北朝的羞辱悔恨。同时,也对自身一生的遭际作出这样的理解:身遭离乱,其实是再一次蛮夷猾夏大灾难的一部分。这使得赋作的内涵沉甸甸的。

赋作为自叙生平的作品,是从年轻时期遭遇侯景之乱开始的。文章指出梁武帝晚期的变乱是由于"养傅翼之飞兽"和"召祸于绝域"所引起的,而侯景之乱的结果,是"自东晋之违难,寓礼乐于江湘,迄此几于三百,左衽涘于四方,咏苦胡而永叹,吟微管而增伤"。痛惜三百年的文教的荡然,是此赋一个很重要的内容。颜之推为当时一流学者,关注文教。此处之外,其写梁元帝败亡,"民百万而囚虏,书千两而烟炀,溥天之下,斯文尽丧"。又自注云:"北于坟籍少于江东三分之一,梁氏剥乱,散逸湮亡。唯孝元鸠合,通重十余万,史籍以来,未之有也。兵败悉焚之,海内无复书

---

[1] 钱钟书:《管锥编》,中华书局,1979年版,第1546~1547页。

府。"读赋至此,可以更加领悟其开始"内诸夏而外夷狄"的标旨,人民大量丧亡之外,最让他不忘释怀的就是"书千两而烟炀"的"斯文尽丧"了。因此,赋也获得自己的独特文学地位。赋是叙述一生颠沛遭际的,赋还写了他奔齐的经过,及在北齐南归努力的付诸东流,对于北齐如何灭亡的描述,颇有历史的价值。赋的最后说:

囊九围以制命,今八尺而由人,四七之期必尽,百六之数溢屯。予一生而三化,备荼苦而蓼辛,鸟焚林而铩翮,鱼夺水而暴鳞,嗟宇宙之辽旷,愧无所而容身。夫有过而自讼,始发矇于天真,远绝圣而弃智,妄锁义以羁仁,举世溺而欲拯,王道郁以求申。既衔石以填海,终荷戟以入秦,亡寿陵之故步,临大道以逡巡。向使潜于草茅之下,甘为畎亩之人,无读书而学剑,莫抵掌以膏身,委明珠而乐贱,辞白璧以安贫,尧、舜不能荣其素朴,桀、纣无以污其清尘,此穷何由而至,兹辱安所自臻。而今而后,不敢怨天而泣麟也。

这是全赋中最感人的一段。"嗟宇宙之辽旷,愧无所而容身",一生虽当乱世,而有如此曲折颠沛的经历,除了这样的感慨还能说些什么?一生议论之归结为这样的两句,便有无尽的苍凉!于是,赋家做这样一个虚拟推想:当初若是做一个"绝圣弃智"的人该多好。这其实是在以无语之语表达对自己此生的无奈而已。这篇赋固然艺术上不如庾信同类作品高,但风调疏朗,语言劲拔,虽系自述,称得上表现当代生活的鸿篇。

下面来看庾信。

庾信(513—581)字子山,祖籍南阳新野,父肩吾,梁代著名作家。庾信十五岁为昭明太子东宫讲读,昭明太子死后,与父亲一起事萧纲,为东宫抄撰学士,父子与徐陵所作诗文,被称为"徐庾体"。庾信后兼任通直散骑常侍,出使过东魏,据载曾与当时北方文人讨论过辞赋。侯景叛乱起,庾信逃奔江陵,投奔刺史萧绎。梁元帝(萧绎)即位后,奉命整理图书,后受命出使西魏。尚在长安时,江陵陷落,元帝被杀,庾信从此被留北方,一直不能南归。西魏皇帝对他宠爱有加。北周代魏后,明帝、武帝及赵王、滕王等,也都十分赏识他的才华,赵、滕二王不仅与之过从甚密,而且在文学上也奉之为老师。官职上先后任司宪中大夫,洛州刺史。北周末年庾信编订文集二十卷,由滕王宇文逌作序。隋开皇元年去世,享年六十九岁。

庾信赋见于《庾子山集》十五篇,据钱钟书《管锥编》和程章灿《魏晋南北朝赋史》钩稽,还有《愁赋》一篇和一些零篇碎句。《愁赋》是一篇语带戏谑的作品,言愁如同一座城,攻不破,荡不开;又如煮不熟、烧不燃之物;驱之不肯去,藏避又不及。"谁知一寸心,乃有万斛愁",是其中的名句,后人因而有"庾郎愁"之语。此篇在庾赋中别具一格。庾信赋风格多样,在南北朝作家中,也的确是突出的。他的赋以被留西魏为界,明显分为前后两期。早期赋在题材上与萧纲、萧绎等无甚分别,有些作品如《春赋》、《灯赋》、《鸳鸯赋》和《荡子赋》等,相同相近的题目亦见萧氏兄弟文中,当为同题作,但艺术手法上明显高于时人。例如《春赋》,在赋体文中加入七言句。清人倪璠就说:"赋中多有类七言诗者。唐王勃、骆宾王亦尝为之,云效庾体,明是梁朝宫中庾子山创为此体也。"①这是庾信创作的一个显著特点:在语言上不守故常。再就写出的春之境界说,《春赋》先是大景起笔,从宫殿到路途,再到郊外,然后表金屋、兰殿的美人雍容出游皇苑,"影来池里,花落衫中",造语隽永。然后是美景中的饮美酒,奏歌乐,赛骑射。文章最后再次把光景放开去,写河畔的曲水流觞,春光融融,美景一片。最后两句:"池中水影悬胜镜,屋里衣香不如花。"写游者归家后对户外春光的留恋,摇曳以终。全篇款款而言,时出隽语;大景起,大景收;写大景意在春光遍满,饮美酒、奏歌舞等,则突出的是大光景中的春游雅致。全篇概括而具体,奔放又细致,已经显出作家不凡的艺术手段。其他早期赋,如《镜赋》主要表美人与镜的关系,《灯赋》、《对灯赋》则主要表达妇女的劳作,《荡子赋》篇幅虽小,但意思层层叠叠、宛转牵连、不着形迹。庾信文学成就最高的就是赋,早期赋已经显出作家的才华高妙了,但仅此终难成其大。是晚期的离乱遭际成就了庾信非凡的赋体文学。

庾信被留在北方的赋作,完整和较为完整的今存七篇。其中《三月三

---

① 倪璠:《庾子山集注》,中华书局,1980年版,第74页。

日华林园马射赋》，是写王家文武大臣的节日骑射活动，另有一篇《象戏赋》也是应制之作。《伤心赋》是痛惜动乱中自己孩子的死亡，感情很深挚，读之令人动容。在其后期赋作中，有人说论成就在《哀江南赋》之下当属《小园赋》。此赋不过是说自己居住的狭窄，但写来却很有意趣。如"拨蒙密兮见窗，行欹斜兮得路。蝉有翳兮不惊，雉无罗兮何惧"诸句，着意表院落林木茂密和清寂，而"檐直倚而妨帽，户平行而碍眉。坐帐无鹤，支床有龟。鸟多闲暇，花随四时"，则在突出院园之"小"，以及主人在这样"小园"的生活甘于简淡。赋中"鸟多闲暇，花随四时"之类的隽语还有一些，如"桐间露落，柳下风来"，如"落叶半床，狂花满屋"，为文章增色不少。可见此篇赋语言上优长，而优长又不仅于此。此赋的语言已属骈体，前人说骈体若一味偶俪，其文句气息就不能疏越，叙事也难清晰。庾信《小园赋》就注意到了这一点，像"犹得欹侧八九丈，纵横数十步，榆柳两三行，梨桃百余树"和"一寸二寸之鱼，三竿两竿之竹"，都是疏荡之句，表达效果不错，其中"一寸"、"三竿"句历来受到好评。前人说庾信后期之作"篇篇有哀"，此赋也不例外。看前面对小园的描述，庾信对于这个"家园"还是满惬意的，但这只是无意识的流露。赋的后半部分，越写越显得是故意表达自己的乡关愁思。因此，赋在对小园的惬意之感与乡关之思两者之间，实际存在一道裂痕。这似乎是作家的一种明确的意态：在经历亡国之痛之后，他不愿意把自己后来在北方的生活写得很适意。乐操土风不忘旧，庾信似乎很在意这条古训。

《竹杖赋》的写作似乎比《小园赋》还要早些。赋托言桓宣武(温)和楚丘先生的对答。赋中的桓宣武是征服荆州者，暗示的是西魏的破梁；楚丘先生，也就是北来庾信的化身了。赋中桓宣武赐竹杖给楚丘先生以示优容，但这在楚丘先生恰是"不明人心"的举动。楚丘先生言："心之忧矣，惟我生民"，顺此楚丘先生就历数"世变世移"时生民离散流转的悲苦。经历了大动荡的庾信，也看多了生民的涂炭。他不愿意留在北方，除了文化差异外，南北厮杀造成的隔阂，也是一个原因。不愿意留在北方是此赋的主题，很值得注意。《邛竹杖赋》立意与《竹杖赋》大同，"寄根江南，渺渺幽潭，传节大夏，悠悠广野"正是作家身世的譬喻。《枯树赋》是表达乡关最集中和浓郁的篇章。因树生情，在庾信之前，一是殷仲文有"此树婆娑，生意尽矣"之悲，一是桓温有"树犹如此，人何以堪"之叹。《枯树赋》即承此而来，却意在枯树，就不仅是一般的嗟世伤生之感了。赋中之树，有枯死者，更有遭移植者，被匠人相中削斫者。看赋是如何写那些被相中削斫者的吧：

> 节竖山连，文横水蹙，匠石惊视，公输眩目。雕镌始就，剞劂仍加，平鳞铲甲，落角摧牙，重重碎锦，片片真花，纷披草树，散乱烟霞。

被削琢后的"片片真花"、"散乱烟霞"已是"木"而不是"树"，由"树"到"木"的削斫雕琢，是生命的死亡和干枯。这些树，无论其"秦则大夫受职，汉则将军坐焉"，一经"拔本垂泪，伤根沥血"，皆归于枯死。亡国被留的痛苦之深切，在此赋的表达，是超过其他篇章的。篇章最后"昔年移柳，依依汉南；今看摇落，凄怆江潭。树犹如此，人何以堪"的哀歌，更将全篇笼罩于无尽的凄怆之中。此赋成就是在《小园》之上的。

若只停留于乡关，也不是"庾信文章老更成"的全部。庾信"文章"最终达致其高峰的是《哀江南赋》。因为这篇赋的寓意虽也有乡关之思，但其整体格局，则关涉到整个大时代。篇名"哀江南"用楚辞的典故，很贴切。全程经历了侯景之乱、西魏破梁两大事件的赋家，亲历过动荡的丧亡，因此而"哀"，其"哀"便不止一己，他又要检讨乱世之由，作品便不止于"哀"，而且"哀"中有思，思中有"哀"。

赋从家世说起，继而述说自己的出仕，之后就是对梁武帝"五十年江表无事"的文恬武嬉的描述，然而赋说得明白，"渔阳有闾左戍卒，离石有将兵都尉"，大灾祸之胎就在这一片歌舞升平中酝酿着。接着就是侯景叛乱的发生：

> 青袍如草，白马如练。天子履端废朝，单于长围高宴。两观当戟，千门受箭。白虹贯日，苍鹰击殿。竟遭夏台之祸，遂视尧城之变。官守无奔问之人，干戚非平戎之战。陶侃则空装米船，顾荣则虚摇羽扇。将军死绥，路绝重围。烽随星落，书逐鸢飞。遂乃韩分赵裂，鼓

卧旗折。失群班马,迷轮乱辙。猛士婴城,谋臣卷舌。昆阳之战象走林,常山之阵蛇奔穴。五郡则兄弟相悲,三州则父子离别。

"青袍"两句说侯景,"天子"以下表梁武被围困,"两观"诸句,写战况惨烈,以及援救军队的怯弱、无能为力。"书逐鸢飞"写梁简文帝企图自救,然而大势已去,土崩瓦解,剩下的就只有兄弟父子的离散了。然而,就在这大败亡的时刻,也有忠臣孝子,奋不顾身:

护军慷慨,忠能死节。三世为将,终于此灭。济阳忠壮,身参末将。兄弟三人,义声俱唱。主辱臣死,名存身丧。敌人归元,三军凄怆。尚书多算,守备是长。云梯可拒,地道能防。有齐将之闭壁,无燕师之卧墙。大事去矣,人之云亡。

"护军"指韦粲,"济阳"指江子一、子四、子五三兄弟,"尚书"指足智多谋的羊侃。他们都在家国败亡之际大义凛然。然而,国家任用这些人太晚了,"大事去矣"两句,有无限的惋惜,也是对"五十年无事"的指责。丧乱中的重臣孝义固然感天动地,还有一种人的表现不可思议。赋接着说:"申子奋发,勇气咆勃。实总元戎,身先士卒。胄落鱼门,兵填马窟。屡犯通中,频遭刮骨。功业夭柱,身名埋没。""申子"即柳仲礼。柳仲礼先是勇冠三军,侯景也怕他,但是一战受伤之后,胆气全无,终至投降。其判若二人的表现不可思议,只有归之于上天不佑梁朝。庾信是侯景之乱的见证者,其赋表现时局是顾及生活的复杂。

《哀江南赋》是自叙体。正因此体的方便,赋将梁末两大事件以个人的遭遇,连接在一起,于是赋写到了梁元帝朝的覆灭。庾信对于梁元帝的批评,较诸对梁武帝、简文帝要直接得多。"沉猜则方逞其欲,藏疾则自矜于己",指责梁元帝的猜忌自矜,无君人器量;"齐交北绝,秦患西起",是说他外交失策;"驱绿林之散卒,拒骊山之叛徒",是说他用人不当;"问诸淫昏之鬼,求诸厌劾之符",是说他大难临头,犹信鬼神;"蔑因亲以教爱,忍和乐于弯弧",是说他无情无义,骨肉相残。这些指责,不是庾信个人的私愤,而是历史责任的追究,庾信和梁元帝的个人关系远不如与简文帝深。赋写了江陵败亡的荼毒,还写了人民不分贵贱被俘北来,是赋中最动人的文字之一:

> 水毒秦泾,山高赵陉。十里五里,长亭短亭。饥随蛰燕,暗逐流萤。秦中水黑,关上泥青。于时瓦解冰泮,风飞电散。浑然千里,淄渑一乱。雪暗如沙,冰横似岸。逢赴洛之陆机,见离家之王粲。莫不闻陇水而掩泣,向关山而长叹。

先写北迁之人的艰辛,"淄渑"是说离散之人已不分贵贱,"逢赴洛"和"见离家"两句,意味特别。庾信是在江陵陷落之前就奉命北使的,现在与这些江陵俘获者他乡相遇,是多么令人悲酸的场景!

赋的最后,痛定思痛,无可奈何。说他的七世祖先南渡,到了他又返回北方,这期间的死生离别,一言难尽。自己虽受到北方达官贵人的爱惜,也身处金鼎弦歌的繁华,但"岂知灞陵夜猎,犹是故时将军;咸阳布衣,非独思归王子"。对一个饱经大悲大痛之人来说,这些繁华还有什么意思呢?魂牵梦绕的还是他的南方,那个已经变成泡影的故国。

关于此赋的价值,其一是几百年不世出的大文字。何以这样说?汉末以来,这种能摆脱主观境界形态,睁眼看现实世界的文字,不能说没有,在西晋崩溃的时候就有一些,在鲍照《芜城赋》那里也难得看到一次,但是数百年间,这样的文字,不是寥若晨星、屈指可数吗?且就艺术而言,如此宏大的格局和气度的文字,恐怕数百年间当推第一。当然,《哀江南赋》的写作,不是作家思想的"预谋",就是说若没有亡国之痛、乡关之思,庾信可能就只停留于一个宫廷作家,他对于现实的关注,是出于痛苦的击打,因而可以说,关怀现实的"哀江南"是被动的。在这点上,连鲍照"芜城"关怀的主动性都没有。但是,不问动机只看效果,《哀江南赋》还是独一无二地以作家的大才和他特有的经历,写出了那个大动荡时代下的人生,全面而且真情,仍不失为一篇史诗性的作品。前人有所谓宫体诗的自赎,实际宫体赋在《哀江南赋》已经自赎过了。

骈体文这种文体，前面说过，在很大程度上是出于主观的自我才性展现而发育出的一种艰难文体。显示作家造句、用典、协律功夫固然很好，用以摹写时代，可以吗？庾信的写作给出的答案是肯定的。像"两观当戟，千门受箭。白虹贯日，苍鹰击殿。竟遭夏台之祸，遂视尧城之变"这样的文字，来渲染宫廷所遭战况的惨烈，概括而不失色泽，表达功效是用任何散文句式无法达到的。这样的例子赋中还有不少。

在前面我们曾说过，庾信的赋早期就已经在语言上不守六言为主的故常。而《哀江南赋》更是全四六骈体，因此他也受人指责。在审美上，骈体文自有其功能，讲究典故恰当、音律和谐的同时，还有讲究精工的对仗，于是读这样的格局下造出的成功之句，每有峰回路转、一步一景、洞天别开的惊喜，有时甚至可说是惊心动魄！好的骈体，内容空洞也可以吟咏，而庾信此赋，却是以惊心动魄的语句表现惊心动魄的大动荡，阅读的感受，时时是两层的惊喜并存。当然，文章如前人指摘的，也有用典重复，造句不工甚至失检之处。这只是贤者之累，不足以影响此篇文章的价值。

庾信一般都把他放到北朝作家来讨论，其实他的文学基础确定于南方。那么，北朝的赋作如何呢？北朝有像样子的文学是从北魏孝文帝改革前后开始的。张渊、高允都有赋作，文学价值不高。到北魏后期，可以称道的赋作家则有李谐、元顺和卢元明三人。

李谐(496—544)，顿丘(今河南清丰县)人，元颢入洛阳为帝，李谐为给事黄门侍郎，元颢败，魏孝庄帝返洛阳，被除名，后官至大司农、秘书监。他有《述身赋》，属于自叙并且为传记辩护性质的赋作。辞赋反映了北魏宣武帝至孝庄帝复位一段历史乱局，相当全面曲折，也能写实，所以还是颇有可观的。元顺(494—528)，任城王元澄之子，孝明帝时为官至吏部尚书兼右仆射，当时胡太后专权，元顺敢于仗义执言，遭谗迁官，愤而作《苍蝇赋》，文字质直简劲，与其仗义的人格相符。

卢元明(生卒年不详)，范阳涿郡(今河北省涿州市)人。历仕北魏孝庄、孝武帝。他有《幽居赋》已佚，今存《剧鼠赋》，是一篇讽刺性作品。如下面一段的描述：

> 其为状也……须似麦穗半垂,眼如豆角中劈,耳类槐叶初生,尾若酒杯余沥。

状老鼠形貌,颇传神。下面是对于老鼠行为的描写:

> 庭院肃清,房栊虚寂,尔乃群鼠乘间,东西撺掷,或床上抒氃(一作"壁隙见氃"),或户间出额,貌甚舒暇,情无畏惕。又领其党与,欣欣奕奕,欹覆箱奁,腾践茵席,共相侮慢,特无宜适。讶天壤之含弘,产此物其何益?

在准确描写老鼠的夜间活动时,也把厌恶情绪的篇章主旨表现出来了。而且,此赋也颇有隶事用典,表明北魏后期文学向南方看齐,已取得了显著成绩。

第二章　魏晋南北朝论说文

本章所要探讨的"论说文",是一个相对宽泛的概念。刘勰在《文心雕龙·论说》篇中说:"详观论体,条流多品:陈政则与议说合契,释经则与传注参体,辨史则与赞评齐行,铨文则与叙引共纪。"依照这一标准,政论、史论、议对、书序乃至解经的传注文字,统统可以归入论说文的范畴。不过,诸子中那些发表议论的篇章,刘勰则认为它们"虽标论名,归乎诸子"。这是由于"博明万事为子,适辨一理为论"(《文心雕龙·诸子》),故而在为文体式上,与一般的论说文有所差别。在这一章中,就将大致按照刘勰所界定的这个范围进行讨论。①

第一节　魏晋论说文概说

魏、晋两朝(220—420)是中国历史上一个大变动、大震荡的时期,思想活跃。其中,以玄学、佛学的成就尤为引人注目。

作为阐发、诠释思想最为得力的一种文体,论说文的写作也在魏晋时期迎来了一个高峰。刘永济(1887—1996)先生在《十四朝文学要略》一书中,对其盛况曾有这样的赞誉:"邕思理之精蕴、发文章之奥采、易汉氏之

---

① 与其他文体相较,论说文最能反映一个时代在思想创造上的成就。故而在具体篇目的遴选标准上,本章相对地更为注重兼收并蓄。有一些文章只余残篇,或者在文辞上并不见得精彩,然而或反映了某一重要的哲学思潮,或是某种盛行一时的社会风气的映射,本章也酌情选录进行讨论,以便以一个更宽阔的视角对魏晋南北朝论说文创作的情形进行鸟瞰。

颓辙、振战代之宗风者,其魏晋论著之文乎?"①考察这一时期论说文创作的具体情况,则大致可以将其分为玄理、人物、政史和其他杂论几类。

随着魏晋之际玄学的兴起,阐释弘扬玄理的文章也随之大量产生。代表作如何晏《无名论》、阮籍《达庄论》、嵇康《声无哀乐论》、裴頠《崇有论》,以及王弼、郭象所著注疏中的一些精妙片段。这一类作品,无论在内容还是风格上,都与两汉之作有了较大差异,且代表了该时期论说文写作的最高成就。关于其源起与风格,刘永济先生做过如下的描述:

> 逮魏之初霸,武好法术,文慕通达。天下之士,闻风改观。人竞自致于青云,学不因循于前轨。于是才智美赡者,不复专以染翰为能,尤必资夫口舌之妙,言语文章,始并重矣,建安之初,萌蘖已见,正始而后,风会遂成,钟、傅、王、何,为其称首;荀、裴、嵇、阮,相得益彰。或据刑名为骨干,或托庄、老为营魄。据刑名者,以校练为家。托庄老者,用玄远取胜。虽宗致无殊,而偏到为异矣。大氐此标新义,彼出攻难,既著篇章,更申酬对。苟片言赏会,则举世称奇,战代游谈,无其盛也。其间虽亦杂有儒家之言,然议礼制者,博明疑似,则近于刑名;谈易象者,阐发幽微,则邻于庄老。苟核其实,固二家之所浸润矣。……析其枝条,则或穷有无,或言才性,或辨力命,或论养生,或评出处,或研易象,或敌我往复,而精义泉涌,或数家同作,而妙绪纷披。虽胜劣不同,妍媸互见,而穷理致之玄微、极思辨之精妙。晚周而下,殆无伦比。世之徒以清谈病之者,盖犹未察夫此也。至其文体,虽难尽同,而后之论者,莫不以事义圆通、锋颖精密,为此体正宗。丽辞枝义,无取焉尔。②

以上文字,虽然是对"魏晋之际论著文"进行泛论,然而所谓"钟、傅、王、何,为其称首;荀、裴、嵇、阮,相得益彰",以及"则或穷有无,或言才性,

---

① 刘永济:《十四朝文学要略》,中华书局,2007年版,第158页。
② 刘永济:《十四朝文学要略》,中华书局,2007年版,第162~171页。

或辨力命,或论养生,或评出处,或研易象",除"或评出处"外,都属当时盛极一时的玄理类论说。刘先生将这一类文章的内容风格分为"刑名"与"庄老","校练"与"玄远"两派,言"刑名"者崇"校练",言"老庄"者崇"玄远"。就是儒家的议论礼制或谈论易理的文字,也都或近"校练",或似"玄远"。就是说,魏晋的以"校练"和"玄远"为主调的新式文风,脱离了汉代经学盛行时期为文引经据典阐缓雍容的风尚,而代之以精核简洁和逸气妙达的格调。其中优秀文章都能以"穷理致之玄微,极思辨之精妙"来打动读者。如嵇康所作的一些往返论难的文章,就是个中翘楚。而这些文章,同时也是建立玄学,宏阐玄风最重要的依凭,无论在文学史抑或思想史上,都有着极为重要的地位。这段文字中,刘先生还谈到了"或敌我往复,而精义泉涌,或数家同作,而妙绪纷披"的现象,主要是指一些人物传记和《世说新语》中一些谈玄的内容。的确,如何劭《王弼传》中关于老子、孔子"有"、"无"之辨析,《世说新语》中一些名士谈玄论理的记述,所谈之理都非常精彩。

从东汉中后期开始,品评人物的风气日渐兴盛。尤其到了桓帝、灵帝时期,"主荒政缪,国命委于阉寺,士子羞与为伍,故匹夫抗愤,处士横议,遂乃激扬名声,互相题拂,品核公卿,裁量执政,婞直之风,于斯行矣"(《后汉书·党锢列传》)。所谓"互相题拂","品核公卿",指的即是对人物的品评。当时,如郭林宗的品鉴人伦,以及许劭兄弟在汝南主持的"月旦评"等等,都有着左右一时舆论的巨大力量。除现实与政治的作用外,对古今人物的品鉴同样是清谈场上久盛不衰的话题,并从中衍生出专门的"才性"学说,成为魏晋学术重要的一支。① 在这一风气笼罩下,魏晋时期遂产生出许多与人物品鉴相关的论著与文章。如《隋书·经籍志》的子部名家类中,著录有魏文帝《士操》一卷,刘劭《人物志》三卷,旁注"《九州人士论》一卷,魏司空卢毓撰"。当时类似的撰述应该不在少数,可惜大都已经亡佚,只有刘劭的《人物志》流传至今,使我们能够一睹魏晋"才性名理"之学的

---

① 牟宗三先生就将魏晋学术分为"才性名理"与"玄学名理"两支。参见《才性与玄理》,广西师范大学出版社,2006年版,第37页。

大概。

就流传下来的单篇论说文而言,又可以分为几种不同的类型:一是品评古人,鉴别高下。随着汉魏之际"题拂"、"品核"风气的兴盛,这一类文章也随之涌现。如郭泰有《苏不韦方伍员论》,[①]孔融有《周武王汉高祖论》,曹丕《典论》中收有《论周成汉昭》,曹植有《周成汉昭论》,丁仪也有同名论作,夏侯玄有《乐毅论》,何晏有《韩白论》,张辅有《名士优劣论》,等等。二是就某一区域的士人、士风立论。品评、对比两个不同地域人物的整体风貌,同样是当时人相当热衷的一个话题。留存下来的文章有孔融的《汝颍优劣论》,题名何晏的《冀州论》[②]等。三是探讨较为抽象的才性立论。如嵇康的《明胆论》,袁准的《才性论》,等等。

需要说明的是,与玄理类论说文相较,这一类文章数量较少,艺术水平也有所逊色。然而这一类文章代表着魏晋学术中"才性玄理"的一支,且与当时的社会风气有着很大关联,故而有必要将其单独列出进行讨论。

魏晋时期出现大量的政论文,如曹冏的《六代论》,陆机的《五等诸侯论》;还有史论,如陆机的《辩亡论》,干宝的《晋纪总论》等。这类论文体现的是作家的学问和思考,不论从文中立意和持论看,还是从遣词用语看,都有明显的时代特征,也很值得注意。这类论文都属于对历史的反思借鉴,所以,若求简便,可以称之为"史论"。

这一时期还有一些论说文,或抒发不得志的牢骚,或议论针砭一些社会现象,或谈文论艺,等等。这些论说性文字,往往带有较为强烈的抒情色彩,文学性也较强。本书称这些内容不是玄谈,非关政、史的论说文字,为杂体论文。

---

① 题名为严可均所加,见《后汉书》卷三十一《苏章传附苏不韦传》。
② 据唐长孺先生考证,此文很可能是卢毓所撰,原名为《难冀州论》,后世传写脱去一"难"字,遂阑入何晏名下。参见《清谈与清议》,收入《魏晋南北朝史论丛》,河北教育出版社,2000年版,第283页。

第二节　曹魏论说文

一、玄理类论文

汉魏(190—280)之际,论说文的总体风貌逐渐发生改变。大体而言,这种变化可以归纳为两个方面:第一是创作手法的变革。"校练名理"之学被引入到论说文的创作中,与两汉论说文援经据典、铺陈事实相比,此时的作者开始更为重视概念的界定和逻辑的推衍。第二是玄学理论的引入。这一点则与当时玄学勃兴、清谈盛行的思想大背景相呼应。至于这一时期相关作品的具体体制、风格,刘师培先生在《中国中古文学史讲义》一书中,曾将其分为"清峻"与"壮丽"两派:

> 魏代自太和以迄正始,文士辈出。其文约分两派:一为王弼、何晏之文,清峻简约,文质兼备,虽阐发道家之绪,实与名、法家言为近者也。此派之文,盖成于傅嘏,而王、何集其大成,夏侯玄、钟会之流,亦属此派。……一为嵇康、阮籍之文,文章壮丽,摅采骋辞,虽阐发道家之绪,实与纵横家言为近者也。此派之文,盛于竹林诸贤。①

从时代上说,阮籍、嵇康稍后于何晏、王弼,其政治环境、人生际遇更是有天壤之别。不过单就文风而言,刘师培的这一论断基本允当。这也与王、何现存的玄理论说文基本为注疏体,而阮、嵇之文更多的是长篇之作有关。

正始(240—249)时期玄学思潮与清谈风尚的兴起,何晏(190—249)有莫大的功劳。史称其"少有异才,善谈《易》、《老》","能清言,而当时权势,天下谈士,多宗尚之"。② 据《世说新语·文学》记载,何晏曾注《老

---

① 刘师培:《中国中古文学史讲义》,上海古籍出版社,2000年版,第32页。
② 《世说新语·文学》篇第六条引《魏氏春秋》、《文章叙录》文。

子》,见到王弼注后,"因以所注为《道》、《德》二论"。可惜这些篇目多已散佚,或只有零文残章。《列子·仲尼篇》张湛注所引何晏《无名论》尚为全篇,可以略窥何晏玄理论文的风采:

> 为民所誉,则有名者也;无誉,无名者也。若夫圣人,名无名,誉无誉,谓无名为道,无誉为大。则夫无名者,可以言有名矣;无誉者,可以言有誉矣。然与夫可誉可名者,岂同用哉?此比于无所有,故皆有所有矣。而于有所有之中,当与无所有相从,而与夫有所有者不同。同类无远而相应,异类无近而不①相违。譬如阴中之阳,阳中之阴,各以物类,自相求从。夏日为阳,而夕夜远与冬日共为阴;冬日为阴,而朝昼远与夏日同为阳,皆异于近而同于远也。详此异同,而后无名之论可知矣。凡所以至于此者何哉?夫道者,惟无所有者也。自天地已来,皆有所有矣。然犹谓之道者,以其能复用无所有也。故虽处有名之域,而没其无名之象,由以在阳之远体,而忘其自有阴之远类也。夏侯玄曰:"天地以自然运,圣人以自然用。"自然者,道也。道本无名,故老氏曰:"强为之名。"仲尼称尧:"荡荡无能名焉。"下云"巍巍成功",则强为之名,取世所知而称耳。岂有名而更当云"无能名焉"者邪?夫惟无名,故可得遍以天下之名名之。然岂其名也哉?惟此足喻而终莫悟,是观泰山崇崛,而谓元气不浩芒者也。

全文主要观点在于圣人"名无名,誉无誉"。单就论断而言,《老子》书中早已申言之。然而何晏在此论中真正要解决的问题是:如尧、舜这样的圣人,明明享有大名,传颂万世,如何能称得上是"无名","无誉"呢?考察文中义理,何晏共分了四个层次来说明这个问题:

第一,予以概念上的界定。圣人虽享有大名,却是"无名之名"、"无誉之誉",与常人所理解的"名"、"誉"名同而实异:"与夫可誉可名者,岂同用哉?"

---

① 按文义,此"不"字疑衍。如下文言"异于近而同于远"。

第二,对这一概念进行原理上的说明。何晏指出"同类无远而相应,异类无近而相违",圣人之"有名"与"无名"同,正是出于这一原理,就好比夏日虽属"阳"而其夕夜却属"阴",冬日虽属"阴"而其朝昼却属"阳",皆"异于近而同于远"。圣人之"名"虽显赫,却恰如"阴中之阳,阳中之阴",与"无名"同类相应。所以何晏说"详此异同,而后无名之论可知"。

第三,进一步阐释此原理中蕴含的机制,"凡所以至于此者何哉"?文中提出,"道"以无为本,"惟无所有者也",然而天地创生以来,"有"自"无"生,"皆有所有矣",纯粹的本体论意义上的"无"的境界已经不复存在,"道"又体现于何处呢?何晏转而论道:"然犹谓之道者,以其能复用无所有也。"换言之,"道"不仅体现在本体层面上,同样体现在作用层面上;而"道"在这两个层面之间,又存在着"同类相应"的关系。正是缘于这一机制,故而能在"有"的区域中复显"无"的妙用,在"有名"的表象下契合"无名"的境界。

第四,综合前论,并援引古人及时人之论,再次证明观点。何晏指出,正因为圣人"无名","故可得遍以天下之名名之"。以此而论,圣人之"名",不过是"强为之名","取世所知而称耳",是"无名"的作用与表象罢了。

统观全文,不外表达这样的意思:圣人能与"道"为一,所以无名、无誉,亦即圣人有"道"一般宰制宇宙的能力,却什么也不显示,所以既无名,也无誉。然而这正是圣人伟大之处。在表达上干净利落,无一句冗辞散句,层次极其明晰,步步呼应,神气足完,是一篇绝佳的论理短章。刘师培曾评价道:"观晏此论,知晏之文学,已开晋、宋之先。"[1]然而历数后代作者,能达到何晏这种说理功力的并不多见。

王弼(226—249)是中国历史上少有的天才型哲学家,享年仅二十四岁,却留下了《周易注》《老子注》等光耀哲学史的著作,故牟宗三先生称其"凤慧早具,灵光一显,全发无余"。[2] 但亦缘于其早慧早死,除两部注

---

[1] 刘师培:《中国中古文学史讲义》,上海古籍出版社,2000年版,第88页。
[2] 牟宗三:《才性与玄理》,广西师范大学出版社,2006年版,第68页。

疏外,流传下来的其他作品极少。不过,如刘勰在《文心雕龙·论说》篇所云:"注释为词,解散论体,杂文虽异,总会是同。"王弼注疏中的一些文字,就可以视作颇精妙的论理小品。如《周易略例·明象》篇讨论"一"与"多","体"与"用"之间的关系:

> 夫彖者,何也?统论一卦之体,明其所由之主者也。夫众不能治众,治众者,至寡者也;夫动不能制动,制天下之动者,贞夫一者也。故众之所以得咸存者,主必致一也;动之所以得咸运者,原必无二也。物无妄然,必由其理。统之有宗,会之有元,故繁而不乱,众而不惑。……故处统而寻之,物虽众,则知可以执一御也;由本以观之,义虽博,则知可以一名举也。故处璇玑以观大运,则天地之动未足怪也;据会要以观方来,则六合辐凑未足多也。

是说"彖"词在论定一卦含意上的执简以驭繁的功用。又如《周易略例·明象》篇讨论"意"与"象","象"与"言"之间的关系:

> 夫象者,出意者也。言者,明象者也。尽意莫若象,尽象莫若言。言生于象,故可寻言以观象;象生于意,故可寻象以观意。意以象尽,象以言著。故言者所以明象,得象而忘言。象者所以存意,得意而忘象。犹蹄者所以在兔,得兔而忘蹄;筌者所以在鱼,得鱼而忘筌也。然则,言者,象之蹄也;象者,意之筌也。是故存言者,非得象者也;存象者,非得意者也。象生于意而存象焉,则所存者乃非其象也。言生于象而存言焉,则所存者乃非其言也。然则,忘象者,乃得意者也;忘言者,乃得象者也。

认为得象忘言、得意忘象。逻辑紧密,语言简练。

上举两段文字,前者阐发玄学本体论、体用论,后者阐发玄学方法论、认识论,为魏晋玄学史上极为重要的两篇文字。两段文字,每以两句为一单位,相互呼应,如"夫众不能治众,治众者,至寡者也;夫动不能制动,制天下之动者,贞夫一者也","存言者,非得象者也;存象者,非得意者也",不多枝蔓,连贯而下,断语明切而扼要,显示出作者缜密的思维与清晰的条理,属于典型的哲学家之文。若将何晏、王弼之文进行比较,二者皆"清峻简约"、"文质兼备",而何晏善于围绕某一义理,层层辨析,王弼则似乎更善于以某一义理为出发点,层层推衍。如上文列举的《明象》篇,就是极好的例证。当然,由于何、王二人流传下来的文章太过稀少,以上归纳的,未必是二人析理之作的全貌。

据刘师培所言,与何晏、王弼文风相近的,稍早一点的有傅嘏,同处正始时期的有钟会、夏侯玄诸人,可惜三人所著的玄理类论说文亡佚殆尽,后人只能从吉光片羽中略窥其风采。傅嘏现存有《难刘劭考课法》,刘师培称其"语语核实,近于名、法家言"。夏侯玄有《辩乐论》,从仅存的残句看,当是与阮籍《乐论》辩难之作。此外,何晏、夏侯玄、钟会的一些人物品评类的论说文尚保存了下来,在本章的下一部分中,将对其进行讨论。

随着何晏、夏侯玄的被杀,王弼的逝世,曾经活跃一时的正始名士群体骤然凋零,继之而起的是以阮籍、嵇康为代表的竹林名士。就玄理论说文的创作而言,阮、嵇二人也是何、王之后当之无愧的执牛耳者。

与何晏、王弼"清峻简要"的文风不同,阮籍、嵇康之文多为长篇大论,或反复辩难,或直抒襟抱,《文心雕龙·体性》篇称赞其风格"响逸调远"、"兴高采烈"。不过细加比较,阮、嵇二人之间亦有差别。刘师培先生曾谓:"嵇、阮之文,艳逸壮丽,大抵相同。若施以区别,则嵇文近汉孔融,析理绵密,阮所不逮;阮文近汉祢衡,托体高健,嵇所不及,此其相异之点也。"① 牟宗三先生也说:"阮以气胜,嵇以理胜。"② 大抵而言,阮籍善于逞气作文,嵇康则更善于析理持论;前者为文学家之文,后者则为哲学家之文。

阮籍(210—263)现存的论说文作品有《乐论》、《通易论》、《通老论》、《达庄论》诸篇,《大人先生传》虽然标明为传,然而其文中包含有大量论理

---

① 刘师培:《中国中古文学史讲义》,上海古籍出版社,2000年版,第42页。
② 牟宗三:《才性与玄理》,广西师范大学出版社,2006年版,第255页。

文字,故也可归并入论说文一类进行讨论。在这些篇目中,《通老论》只剩下残句,而《通易论》属于"综贯全经之义"①的解经类文字,还当以《乐论》、《达庄论》、《大人先生传》诸篇最能代表阮籍不同时期的思想与文章风格。

先看《乐论》。据高晨阳先生在《阮籍评传》中的考订,《乐论》当为阮籍早年的作品。陈伯君在《阮籍集校注》该篇的按语中,疑心此文颇有可能是阮籍为高贵相公曹髦讲解《礼记·乐记》时所用的讲章。② 以主旨而言,《乐论》主要阐释的是为何"移风易俗,莫善于乐"。这也是儒家音乐理论的一个传统命题,《礼记·乐记》、《荀子·乐论》等文献中都有阐发。不过,阮籍此文的结论虽大体仍不出儒家的藩篱,然而就义理结构而言,与传统理论有颇多相出入的地方,透露出阮籍本人的哲学旨趣。如文中在论述"乐"的本质与特征时,开宗明义地提出:

> 夫乐者,天地之体,万物之性也。合其体,得其性,则和;离其体,失其性,则乖。昔者圣人之作乐也,将以顺天地之性,体万物之生也。故定天地八方之音,以迎阴阳八风之声,均黄钟中和之律,开群生万物之情气。

单就文字表述而言,儒家传统的音乐理论中也有类似的提法,如《礼记·乐记》篇就说"大乐与天地同和","(雅乐)清明象天,广大象地,终始象四时,周还象风雨"等。但《乐记》中的这些提法讨论的是音乐的作用论、境界论,而非音乐的本体论。儒家关于音乐的本体与生成,《诗大序》说得极其明确:"情发于声,声成文谓之音。"《乐记》表达得更加完整:"凡音之起,由人心生也。人心之动,物使之然也。感于物而动,故形于声。声相应,故生变,变成方,谓之音。比音而乐之,及干戚、羽旄,谓之乐。"从正面说,由于人心所感的不同,造成了音声的百态:"是故治世之音,安以

---

① 刘师培:《中国中古文学史讲义》,上海古籍出版社,2000年版,第43页。
② 陈伯君:《阮籍集校注》,中华书局,1987年版,第77页。

乐,其政和。乱世之音,怨以怒,其政乖。亡国之音,哀以思,其民困";从反面说,由于"物之感人无穷,而人之好恶无节",唯有圣人能够发而中节,得性情之中正,故而能创制雅乐,移风易俗。所谓"天地之和"云云,正是形容圣人之乐所能达到的高妙境界。

相形之下,阮籍在《乐论》中向我们呈现了一个完全背道而驰的义理体系:音乐不再生成于"物感人心",而是一个源于"天地之体"、"万物之性"的先验存在。圣人作乐,则是要努力地"合其体,得其性",将这一抽象的法则移植并固定于人间,从而"定万物之情,一天下之意"。就哲学旨趣而言,这种提法既是从汉儒的宇宙论体系中衍生而出,又有时代的新意。而由此出发,又决定了理想中的音乐所应具有的特征与功效:

> 乾坤易简,故雅乐不烦;道德平淡,故无声无味。不烦则阴阳自通,无味则百物自乐。日迁善成化而不自知,风俗移易而同于是乐,此自然之道,乐之所始也。

雅乐"不烦",所以能够"自通"、"无味",所以能够"自化",最终"日迁善成化而不自知",从而收到"风俗移易"的成效。此处则明显引用了《老子》"无为而民自化"的学说。可见,虽然同是主张"移风易俗,莫善于乐",《乐论》所持的出发点与方法论,与《乐记》所代表的传统理论之间仍有着明显的差别,映衬出阮籍对于音乐问题独特的理解角度。牟宗三称之为"形而上的天地之和"。①

就文风而言,《乐论》在说理时常常运用排比的手法,二句乃至四句共说一义,以壮声势,又喜欢长篇征引故实、引譬援类,故刘师培先生称其"文尤繁复,辅以壮丽之词"。然而支离之辞过多,导致了结构上略显松散。这也是阮籍逞才持论的一贯风格。下面来看《达庄论》。

就笔法而言,《达庄论》一文颇近似于赋。文中虚设主客双方,以"先生"与"缙绅好事之徒"的一问一答结构全篇,旨在阐发庄周"齐祸福而一

---

① 牟宗三:《才性与玄理》,广西师范大学出版社,2006年版,第267页。

死生,以天地为一物,以万类为一指"的"齐物"思想。文风则铺陈扬厉,善用繁复的罗列与排比,刘师培先生称其"词必对偶,以气骋词",同样颇具赋类作品的风范。如云:

> 天地生于自然,万物生于天地。自然者无外,故天地名焉;天地者有内,故万物生焉。当其无外,谁谓异乎?当其有内,谁谓殊乎?地流其燥,天抗其湿。月东出,日西入,随以相从,解而后合,升谓之阳,降谓之阴。在地谓之理,在天谓之文。蒸谓之雨,散谓之风;炎谓之火,凝谓之冰;形谓之石,象谓之星;朔谓之朝,晦谓之冥;通谓之川,回谓之渊,平谓之土,积谓之山。男女同位,山泽通气,雷风不相射,水火不相薄。天地合其德,日月顺其光,自然一体,则万物经其常。入谓之幽,出谓之章,一气盛衰,变化而不伤。是以重阴雷电,非异出也;天地日月,非殊物也。故曰:自其异者视之,则肝胆楚越也;自其同者视之,则万物一体也。

这段文字可以视作《达庄论》全文的总纲,之后的正说反说,广征博引,都是从中引申而出。全段以对偶的四字句为主,贯若连珠,喷薄而出,呈现出雄辩滔滔的说理风格。但细究其理路,则不过是运用了元气化生万物的思想来解释"自然一体",仍是用汉代宇宙论的系统来观照庄学。牟宗三先生就不客气地指出"此谈粗疏而不成熟","自一气之化言万物一体,亦非庄生言'一'之意。不及王弼、向、郭远甚"。①阮籍虽然经历过正始玄风的熏陶,但对于玄学"即体即用"的本体论体系似乎一直未能契入,而析理时又缺乏必要的概念界定与逻辑层次,只是反复重申结论,也不免显得辞繁寡要。与之相比,文中对于主、客双方容貌情态的刻画反而显得更为精彩。如写"缙绅"拜访"先生"时的种种情状:

> 缙绅好事之徒相与闻之,共议撰辞合句,启所常疑。乃窥鉴整

---

① 牟宗三:《才性与玄理》,广西师范大学出版社,2006年版,第257页。

饰,嚼齿先引,推年蹑踵,相随俱进。奕奕然步,腩腩然视,投迹蹈阶,趋而翔至。差肩而坐,恭袖而检,犹豫相临,莫肯先占。

对其矫揉造作、拘泥伪饰之态的描摹穷形尽相,入木三分。而"先生"的容止态度则是:

> 于是先生乃抚琴容与,慨然而叹,俯而微笑,仰而流眄,嘘嗑精神,言其所见……

见识与境界的高下,在辩论之前就已一目了然,而作者的感情好恶亦灌注其中,其艺术感染力远胜于之后的长篇大论。这种描写手法,在《大人先生传》中更是得到了淋漓尽致的展现。

在魏晋时期玄理论说文的创作上,嵇康(224—263)无疑是成就最高的一人。李充在《翰林论》中说:"研求名理而论生焉。论贵于允理,不求支离。若嵇康之论,成文矣。"刘师培也称:"论体之能成文者,魏、晋之间,实以嵇氏为最。"①其持论之严密,析理之精审,均高出时辈一筹。

嵇康现存的论说文有《养生论》、《答向子期难养生论》、《声无哀乐论》、《释私论》、《管蔡论》、《明胆论》、《难自然好学论》、《难宅无吉凶摄生论》、《答释难宅无吉凶摄生论》诸篇。其中前三篇文章,颇能代表嵇康玄理论说文的风格以及在理论上达到的高度。《管蔡论》与《明胆论》则与人物品评相关。

嵇康本人对于道家养生之术深为信仰,《晋书》本传称其"常修养生服食之事",《与山巨源绝交书》中也提到"又闻道士遗言,饵食黄精,令人久寿,意甚信之"。在《养生论》一文中,嵇康即对道家养生之旨进行了较全面的论说,旨在阐发"神仙禀之自然,非积学所得",然而"导养得理,则安期、彭祖之伦可及"(《晋书·嵇康传》)的道理。

文章首先探讨了精神与形体的关系,指出"形恃神以立,神须形以

---

① 刘师培:《中国中古文学史讲义》,上海古籍出版社,2000年版,第40页。

存",但"精神之于形骸,犹国之有君也。神躁于中,而形丧于外,犹君昏于上,国乱于下"。故而养生的要点在于养神,应做到"修性以保神,安心以全身。爱憎不栖于情,忧喜不留于意。泊然无感,而体气和平",而辅之以"呼吸吐纳,服食养身,使形神相亲,表里俱济",提出了一套较完整的以神为主,内外相济的养生方法论。

不过,单单正面立论,尚不足以使人信服。嵇康针对"上寿百二十,古今所同,过此以往,莫非妖妄"的传统观点进行了一系列驳正,指出这种见解缘于常人不识养生之理,"亡之于微,积微成损,积损成衰,从衰得白,从白得老,从老得终,闷若无端。中智以下,谓之自然",不过是流于"以多自证,以同自慰"的一偏之见。而即便是"纵闻养生之事"者,或狐疑不信,或半途而废,或不得其法,或"抑情忍欲,割弃荣愿,而嗜好常在耳目之前,所希在数十年之后,又恐两失,内怀犹豫,心战于内,物诱于外,交赊相倾,如此复败",故而"欲之者万无一能成也"。文章最后,则以善养生者所体认的正道来收束全文:

> 善养生者则不然矣。清虚静泰,少私寡欲;知名位之伤德,故忽而不营,非欲而强禁也;识厚味之害性,故弃而弗顾,非贪而后抑也;外物以累心不存,神气以醇白独著;旷然无忧患,寂然无思虑,又守之以一,养之以和,和理日济,同乎大顺。然后蒸以灵芝,润以醴泉,晞以朝阳,绥以五弦,无为自得,体妙心玄,忘欢而后乐足,遗生而后身存,若此以往,庶可与羡门比寿、王乔争年,何为其无有哉!

纵观全篇,持之有据,攻之有术,步步为营,正反相依,极少冗词浮说,充分展示了嵇康"善持论"的特色。而文中对于未得正道的养生者"心战于内,物诱于外"的描写入木三分,其犹豫踟蹰的窘态宛在眼前,也显示出嵇康刻画人物的功力。

嵇康此论一出,向秀即作了《难养生论》一文作为回应。根据《晋书·向秀传》的记载,此文"盖欲发康高致也",并非向秀本人的真实立场。然而全文条理连贯,持论有力,亦不失为一篇上佳的析理之作。刘师培即称其"析理绵密,不减嵇氏诸难"。文中以顺欲适情为根本立场,指出心智出自人的自然禀赋,是人之所以为人的根本保证,不可"闭而默之"、"绝而外之";而"好荣恶辱,好逸恶劳"之类的嗜欲亦"生于自然",若"心识可欲而不得从",则"性气困于防闲,情志郁而不通","而言养之以和,未之闻之也"。文章最后又说:

> 且生之为乐,以恩爱相接,天理人伦,燕婉娱心,荣华悦志,服食滋味,以宣五情;纳御声色,以达性气,此天理之自然,人之所宜、三王所不易也。今若舍圣轨而恃区种,离亲弃欢,约己苦心,欲积尘露,以望山海,恐此功在身后,实不可冀也。纵令勤求,少有所获,则顾影尸居,与木石为邻,所谓不病而自灾、无忧而自默、无丧而疏食、无罪而自幽,追虚徼幸,功不答劳,以此养生?未闻其宜。故相如曰:"必若欲长生而不死,虽济万世犹不足以喜。"言背情失性,而不本天理也。长生且犹无欢,况以短生守之邪?

针对嵇康"泊然无感"、"少私寡欲"的养生理论,此处尖刻地指出这不过是"不病而自灾、无忧而自默、无丧而疏食、无罪而自幽"的自寻烦恼,纵有所获亦丝毫不足为喜,"长生且犹无欢,况以短生守之邪"? 实际上,这是向秀本着人间立场,对嵇康高蹈物外式的养生理论所作的价值观层面的质疑。应该说,以上这几点都是《养生论》中批驳未明,或是阐发未尽之处,也显示了向秀颇为犀利的哲学眼光。就文辞而言,此文亦情理并茂,颇具打动人心的力量。

针对向秀此文,嵇康又作《答向子期难养生论》一文,对其养生理论作了更加淋漓透彻的发挥。就义理而言,该文主要阐发了以下几层意思:

第一,关于"心智"问题。嵇康指出,"欲动则悔吝生,知行则前识立;前识立则志开而物遂,悔吝生则患积而身危",只有使"欲"与"知"(即"智")"藏于内",不"接于外",才能"动足资生,不滥于物;知正其身,不营于外"。需指出的是,嵇康并不否认"智"之作用,在后文中还提出"智人""审轻重然后动,量得失以居身"。只不过"智"一旦"接于外",则极易为嗜欲所控制，为外物所昏乱，无从保持灵台清明，从而"志开而物遂"、"从感而求，倦而不已"，也就发挥不了人之心智真正的作用。

第二，关于"嗜欲生于自然"的问题。嵇康分了几个层次对这一观点进行辩驳：首先，提出"嗜欲虽出于人，而非道之正，犹木之有蝎，虽木之所生，而非木之宜也。故蝎盛则木朽，欲胜则身枯"，指出嗜欲"虽出于人"，然同时亦有害于人，两种属性之间并不存在对立关系。其次，指出嗜欲虽出于人，然而并不是出于人的本性，而是源自不能"藏于内"的"智"："夫不虑而欲，性之动也；识而后感，智之用也。性动者，遇物而当，足则无余；智用者，从感而求，倦而不已。故世之所患，祸之由，常在于智用，不在于性动。"换言之，嗜欲也并非"生于自然"，而是出自后天的人为。最后，指出追求富贵，满足嗜欲绝非"天地之情"："今若以从欲为得性，则渴酌者非病，淫湎者非过，桀、跖之徒皆得自然，非本论所以明至理之意也。"以归谬法显其弊。

第三，关于养生"功不答劳"的问题。嵇康指出，何为功、何为劳，何为得、何为失，并不存在某个一成不变的标准："苟嗜欲有变，安知今之所耽，不为臭腐；曩之所贱，不为奇美邪？"故而向秀所标举的种种"生之为乐"，不过是"无主于内，借外物以乐之"而已，远谈不上什么"三王所不易"的"天理之自然"。然而芸芸众生沉湎于其中而不自知，谓嗜欲为天性，富贵为天道，故既不能体察圣人"不得已而临天下"的道德担当，也不能了解达于养生之道者的高妙境界。就众人之态，嵇康总结出养生的"五难"：

> 养生有五难，名利不灭，此一难也；喜怒不除，此二难也；声色不去，此三难也；滋味不绝，此四难也；神虑转发，此五难也。五者必存，虽心希难老，口诵至言，咀嚼英华，呼吸太阳，不能不回其操，不夭其年也。五者无于胸中，则信顺日济，玄德日全。不祈喜而有福，不求寿而自延，此养生大理之所效也。

真正的"善养生者"则不同，"以大和为至乐，则荣华不足顾也；以恬澹为至味，则酒色不足钦也。苟得意有地，俗之所乐，皆粪土耳"。有此体察与认识,故能达到"顺天和以自然,以道德为师友,玩阴阳之变化,得长生之永久,任自然以托身,并天地而不朽"的至高至妙的境界。这些表述,可以视为对《养生论》末段的继续发挥,从而将原本较单纯的养生学说,拔高到精神乃至人生境界的高度。嵇康个人的襟抱以及"高致",也由此得到充分的展现。

除此之外,文中还探讨了尧、孔等圣人缘何不能长生,五谷与"上药"孰优孰劣,长生者为何不为世人所见等问题。牟宗三先生称:"康之答难,几每句予以开导辩白,辞不惮烦,思理绵密。自今日观之,本有许多不必置答者而亦一一辩示。此可谓以思辨为乐者,甚可贵也。"①

在嵇康的众多论说文中,《声无哀乐论》的篇幅最长,所阐发的道理也最为玄妙抽象。全文的宗旨在于阐明"心之与声,明为二物",而"声音自当以善恶为主,则无关于哀乐;哀乐自当以情感,则无系于声音"的"声无哀乐"之理。这一主张与传统观点判然两立,显示了嵇康过人的理论勇气与强大的思辨能力。不过,欲明晰其义理体系的由来与脉络,有必要先对儒家传统的音乐理论做一剖析。

在以《礼记·乐记》为代表的儒家传统音乐理论中,对音乐的审视事实上分了两个不同的角度与层次:一是本体论、生成论的角度,一是作用论、接受论的角度。就前者而言,《乐记》认为:"乐者,音之所由生也,其本在人心之感于物也。"音乐既然以人心为创作主体,通过其"感于物"而产生,那么人心的哀、乐、喜、怒、敬、爱等状态也就自然地凝结于音乐中,成为其属性的一部分。所以《乐记》接下来说:"是故其哀心感者,其声噍以杀。其乐心感者,其声啴以缓。其喜心感者,其声发以散。其怒心感者,其声粗以厉。其敬心感者,其声直以廉。其爱心感者,其声和以柔。"换言之,音乐的哀乐属性在其生成过程中就已经确定,并无待于听者的感受。而就后者而言,这种具备了哀乐、爱敬等属性的音乐一旦演奏,根据同类相感的原理,又能反过来触发听者的类似情绪。《乐记》中又说:"是故志微、噍杀之音作,而民思忧。啴谐、慢易、繁文、简节之音作,而民康乐。粗

---

① 牟宗三:《才性与玄理》,广西师范大学出版社,2006年版,第287页。

厉、猛起、奋末、广贲之音作,而民刚毅。廉直、劲正、庄诚之音作,而民肃敬。宽裕、肉好、顺成、和动之音作,而民慈爱。流辟、邪散、狄成、涤滥之音作,而民淫乱。"这两个角度一体一用,相济相成,故而就生成论而言,声有哀乐固无疑问,就接受论而言,又可推衍出"移风易俗,莫善于乐"的道理。①

与这一传统体系相较,嵇康对于音乐的本体与生成有着迥然不同的见解。以下一段文字,是理解嵇康音乐理论的关键所在:

> 夫天地合德,万物贵生,寒暑代往,五行以成。故章为五色,发为五音;音声之作,其犹臭味在于天地之间。其善与不善,虽遭遇浊乱,其体自若而不变也。岂以爱憎易操、哀乐改度哉?

"音声"是天地间客观存在的一物,独立不倚,遭遇污浊、变乱,都不能改变其本质。这就是"犹臭味在于天地之间"的意思。既然如此,就其本体与生发过程而言,也就显然谈不上什么哀乐的属性。作者把音声归之于自然,与儒家音声之起,起自人心感于物的说法截然不同,是一个大胆的突破。这种理论与阮籍《乐论》中"乐者,天地之体,万物之性也"颇有相同之处。可惜阮籍囿于成见,未能将其思路再往前推衍一步。

从这一立场出发,嵇康继而破除接受论层面上的"声有哀乐"说。文中提出:"夫殊方异俗,歌哭不同。使错而用之,或闻哭而欢,或听歌而戚,然而哀乐之情均也。"由于众人对于同一声音的反映各不相同,或欢或戚,也就无从以听者的角度来界定其哀乐。嵇康进一步指出:

> 夫哀心藏于内,遇和声而后发。和声无象,而哀心有主。夫以有主之哀心,因乎无象之和声,其所觉悟,唯哀而已。岂复知吹万不同,而使其自己哉?

---

① 一般认为,《礼记·乐记》篇并非出于一人之手,文中观点也有庞杂歧出之处。此处只是就其理论体系的主干而言。

此处，嵇康借用了《庄子·齐物论》中"吹万不同"这一典故。实际涉及两方面：一是"和声"，一是"哀心"。作者认为，声音只有好不好，而好不好的标准在"和"与否。"声音和比，感人之最深者也。""和"的声音就感人，注意嵇康承认和声是感人的，就和香味宜人一样。但是感人的"和声"在人心中产生什么样的效果，这不取决于"和声"而取决于"哀心"亦即"心"的一面。这就是"和声无象，而哀心有主"。嵇康最后的结论是："声音自当以善恶为主，则无关于哀乐；哀乐自当以情感而后发，则无系于声音；名实俱去，则尽然可见矣。"大意是说声音只有用好不好去评价。本无所谓"哀乐"，哀乐是主体的人心方面。全文就在这一线上反复问答辩论。

在首番问答申明主旨之后，嵇康所托名的"东野主人"又与"秦客"进行了七轮辩难，其析理之绵密，譬喻之巧妙，文辞之繁复，在魏晋文中当推独步。不过，辩难时也偶有宾主之情未通，或是类似主题的论难前后重复出现的情况。就此而论，《声无哀乐论》极有可能并非单纯的自托主客之辞，而是对真实发生的某场或数场有关乐理的清谈的记录。果然如此，也未尝不可说，魏晋的清谈，其实就是汉以来文章主客对问文体被名士们落实为具体的行动。而此篇的写作，又逆势而动，将玄谈的活动恢复为篇章。论难的过程中，作者还对文献记载的一些奇异现象作了大胆怀疑。如秦客举仲尼学琴操而睹文王之容，师旷闻曲而识亡国之音的例子证明声有"哀乐"，主人（也就是作者）则先论析其违谬，继而明言："此皆俗儒妄记，欲神其事而追为耳！"快人快意，表现出作者眼中揉不得沙子本色。这样的例子还有，为文章增添了犀利的光彩。

总体而言，"声音"就其属于自然现象而言，确实无哀乐，这一点嵇康没错，而且嵇康也只言"声无哀乐"，不是"曲"或其他什么音乐单元"无哀乐"。这也是他严守论题范围的表现。但毕竟音乐的"和声"是人为的，"声"到底有无"哀乐"，说有说无，皆有生发的空间，就像"言尽意"和"言不尽意"的争论。因此他就是一个很耐琢磨的论题，很得清谈之士的喜欢。据载王导过江后，就持声无哀乐、言尽意、言不尽意等论题清谈，宛转相生。

二、人物品评类论说文

如前文所论,在汉末以来一段较长的时期内,对人物的品评不仅有着现实与政治层面的作用,同时也是当时清谈中相当重要的一项内容。所涉及的议题不仅有抽象的才性理论,如钟会的《四本论》,嵇康的《明胆论》。同时也有对具体人物的品鉴,如周成王与汉昭帝孰明孰暗,汉高祖与汉光武孰优孰劣,都曾在当时引起相当热烈的讨论。在现存的文章中,我们尚能发现不少同题之作,而各执一端,互相辩驳。如曹丕有《周成汉昭论》,主张汉昭帝优于周成王,持论的重点在于汉昭帝更能知人入微:

> 或方周成王于汉昭,金高成而下昭。余以为周成王体上圣之休气,禀贤妣之贻诲,周召为保傅,吕尚为太师,口能言则行人称辞,足能履则相者导仪,目厌威容之美,耳饱仁义之声,所谓沉渍玄流,而沐浴清风者矣。犹有咎悔:聆二叔之谤,使周公东迁,皇天赫怒,显明厥咎,犹启诸《金縢》,稽诸国史,然后乃悟。不亮周公之圣德,而信《金縢》之教言,岂不暗哉?夫孝昭,父非武王,母非邑姜,养惟盖主,相则桀光,体不承圣,化不胎育,保无仁孝之质,佐无隆平之治,所谓生于深宫之中,长于妇人之手。然而德与性成,行与体并,年在二七,早智夙达。发燕书之诈,亮霍光之诚,岂将有启《金縢》信国史而后乃寤哉?使夫昭成均年而立,易世而化,贸臣而治,换乐而歌,则汉不独少,周不独多也。[①]

[①] 此文系严可均由《艺文类聚》卷十二中辑出。按《太平御览》卷四百四十七收有曹丕《典论·论周成汉昭》:"或有方周成王于汉昭帝者,余以为周氏体圣考之休气,禀贤妣之胎教,周召为保傅,吕尚为太师,故咳笑必含仁义之声,观听必觌礼义之容,弘践祚之义,隆太平之化,礼乐兴于上,颂声作于下。时成王年二十二,享国三十年,世永治长,德与年丰。夫孝昭,父非武王,母非邑姜,体不承圣,化不胎育,保失仁孝之德,佐无隆平之治,所谓生深宫中,长妇手矣。德与体并,智与性成。孝昭之崩,年二十有一,承衰弊之世,牧凋落之民,臣无淑圣之智,身有短折之期,欲高隆周,岂不谬哉?"严可均注曰:"《御览》删改,持论顿殊。"《艺文类聚》中所收的《周成汉昭论》应当更接近于曹丕的本意。

而曹植亦作有《周成汉昭论》，主张周成王未必劣于汉昭帝。观其立论旨趣，明显是针对曹丕的观点而发：

> 周公以天下初定，武王既终而成王尚幼，未能定南面之事，是以推己忠诚，称制假号。二弟流言，邵公疑之，发金縢之匮，然后用寤，亦未决也。至于昭帝所以不疑于霍光，亦缘武帝有遗诏于光。使光若周公践天子之位，行周公之事，吾恐叛者非徒二弟，疑者非徒邵公也。且贤者固不能知圣贤，自其宜耳。昭帝固可不疑霍光，成王自可疑周公也。若以昭帝胜成王，霍光当逾周公邪？若以尧、舜为成王，汤、禹作管、蔡、邵公，周公之不见疑，必也。

此外，丁仪复有同题之作，同样是在周成王疑心周公而汉昭帝不疑霍光上立论，篇末提出"成王秀而获实，其美在终；昭帝苗而未秀，其得在始"，似有调和二家之意，然而接着又说"必不得已而论二主，余与夫始者"，依旧是支持曹丕的主张。可见，当时显然有一场关于二人优劣之争的大讨论，参与者极有可能不仅仅限于曹氏兄弟与丁仪三人。关于这种清谈举行时的具体情形，我们从钟会(225—264)的《太极东堂夏少康汉高祖论》中，可以窥知其大概面貌：

> 甘露元年二月丙辰，帝宴群臣于太极东堂，与侍中荀颙、尚书崔赞、袁亮、钟毓，给事中中书令虞松等并讲述礼典，遂言帝王优劣之差。帝慕夏少康，因问颙等曰："有夏既衰，后相殄灭。少康收集夏众，复禹之绩。高祖拔起陇亩，驱帅豪俊，芟夷秦项，包举宇内。斯二主，可谓殊才异略，命世大贤者也。考其功德，谁宜为先？"颙等对曰："夫天下重器，王者天授，圣德应期，然后能受命创业。至于阶缘前绪，兴复旧绩，造之与因，难易不同，少康功德虽美，犹为中兴之君，与世祖同流可也。至如高祖，臣等以为优。"帝曰："自古帝王，功德言行互有高下，未必创业者皆优，绍继者咸劣也。汤、武、高祖，虽俱受命，贤圣之分，所觉县殊。少康殷宗，中兴之美；夏启周成，守文之盛，论

德较实,方诸汉祖,吾见其优,未闻其劣。顾所遇之时殊,故所名之功异耳。少康生于灭亡之后,降为诸侯之隶,崎岖逃难,仅以身免,能布其德而兆其谋,卒灭过、戈,克复禹绩。祀夏配天,不失旧物,非至德弘仁,岂济斯勋?汉祖因土崩之势,杖一时之权,专任智力,以成功业,行事动静,多违圣检。为人子则数危其亲,为人君则囚系贤相,为人父则不能卫子。身没之后,社稷几倾,若与少康易时而处,或未能复大禹之绩也。推此言之,宜高夏康而下汉祖矣,诸卿具论详之。"翌日丁巳,讲业既毕,颙、亮等议曰:"三代建国,列土而治,当其衰敝,无土崩之势,可怀以德,难屈以力。逮至战国,强弱相兼,去道德而任智力,故秦之敝,可以力争。少康布德,仁者之英也;高祖任力,智者之俊也。仁智不同,二帝殊矣。《诗》、《书》述殷中宗、高宗,皆列《大雅》。少康功美,过于二宗,其为《大雅》明矣。少康为优,宜如诏旨。"赞、毓、松等议曰:"少康虽积德累仁,然上承大禹遗泽余庆,内有虞、仍之援,外有靡、艾之助,寒浞逸愿,不德于民;浇、豷无亲,外内弃之。以此有国,盖有所因。至于汉祖,起自布衣,率乌合之士,以成帝者之业。论德则少康优,课功则高祖多,语资则少康易,校时则高祖难。"帝曰:"诸卿论少康因资,高祖创造,诚有之矣。然未知三代之世,任德济勋,如彼之难;秦、项之际,任力成功如此之易。且太上立德,其次立功。汉祖功高,未若少康盛德之茂也。且夫仁者必有勇,诛暴必用武,少康武烈之威,岂必降于汉祖哉?但夏书沦亡,旧文残缺,故勋美阙而罔载。唯有伍员粗述大略,其言复禹之绩,不失旧物。祖述圣业,旧章不怨,自非大雅兼才,孰能与于此?向令坟、典具存,行事详备,亦岂有异同之论哉?"于是群臣咸悦服。中书令松进曰:"少康之事,去世久远,其文昧如,是以自古及今,议论之士莫有言者,德美隐而不宣,陛下既垂心远鉴,考详古昔,又发德音,赞明少康之美,使显于千载之上,宜录以成篇,永垂于后。"帝曰:"吾学不博,所闻浅狭,惧于所论,未获其宜。纵有可采,亿则屡中,又不足贵,无乃致笑后贤,彰吾暗昧乎?"于是侍郎钟会退论次焉。

此即一场较典型的以人物品评为主题的清谈,高贵乡公与荀颛、崔赞、袁亮、钟毓、虞松诸人就少康与汉高祖二人功德孰高的问题展开往返争论,最后以"群臣咸悦服"高贵乡公的意见告终,"侍郎钟会退论次焉"。类似性质的清谈在当时可能很常见,曹氏兄弟与丁仪的文章极有可能便是在类似的场合下产生。又如夏侯玄的《乐毅论》,即便不是供清谈之文,亦是以"世人"为辩论的假想敌,处处驳斥"以乐毅不时拔莒即墨为劣"的传统观点。这一类品评人物的文章,其文风与旨趣都与传统的史书传赞有了明显区别,可谓是一时风气所催生的文体。与之情况类似的还有何晏的《白起论》,嵇康的《管蔡论》等。不过嵇康之作并非单纯的翻案文章,而是有着深刻且辛辣的现实指向性,其持论的缜密性与感染力也超出同类作品一筹。

当时还有一类文章,是就某一区域的士人、士风立论。如卢毓《冀州论》载,何晏、邓飏嘲笑冀州"土产无珍,人生质朴,上古以来,无应仁贤之例,异徐、雍、豫诸州也",卢毓便"略言唐虞已来,冀州乃圣贤之渊薮,帝王之宝地"。现存题名为何晏的《冀州论》,据唐长孺先生考订,应为卢毓之作,即不厌其烦地列举了春秋直至汉代冀州的贤人名士。这是一种带有"党派"之见的论说,显示当时士大夫特有的地望观念,对了解一代士风有认识价值。类似的文章还有孔融的《汝颍优劣论》,主张汝南士人在"抗节"、"忧时"、"聪明"、"节义"等方面都优于颍川士人。此文不仅是孔融"体气高妙"文风的一个代表,同时也颇可见证汉魏之际士大夫的好尚取舍。

除对具体的人物进行品评外,还有一类文章着重于探讨更为抽象的才性理论。据《世说新语·文学》篇:"钟会撰《四本论》始毕,甚欲使嵇公一见。置怀中,既定,畏其难,怀不敢出,于户外遥掷,便回急走。"刘孝标注云:"四本者,言才性同,才性异,才性合,才性离也。尚书傅嘏论同,中书令李丰论异,侍郎钟会论合,屯骑校尉王广论离。"可见当时热衷于此的颇有其人。可惜钟会的《四本论》已经散佚,我们只能从刘注的寥寥数语中略为猜测其旨趣。嵇康现存有《明胆论》一文,旨在阐发"明之与胆,不能相生"的道理。嵇康认为,聪明与胆气是两种判然有别的气质秉性,一个人或许可以做到胆略兼备,但不过是"二气存一体",二者之间绝无相生或隶属的关系。这一观点与刘劭《人物志》中的《英雄》篇颇有相近之处。

三、政史类论文

与何、王、阮、嵇之作相较,这一时期仍有一些论说文作品大致继承了两汉论作的一贯风格,呈现出"抑扬往复,铺张扬厉"的别样之美。代表作有曹冏的《六代论》。

曹冏(生卒年不详),字元首,为齐王曹芳的族祖,官至弘农太守,他有感于曹魏前朝对宗室控制过严,"尊尊之法虽明,亲亲之道未备",故作此论以期感悟曹爽。文章体势宏大,气势凌厉,故后世颇有人疑心此文为曹植的作品。《晋书》卷五十《曹志传》载:"帝(晋武帝司马炎)尝阅《六代论》,问志曰:'是卿先王所作邪?'志对曰:'先王有手所作目录,请归寻按。'还奏曰:'按录无此。'帝曰:'谁作?'志曰:'以臣所闻,是臣族父冏所作。以先王文高名著,欲令书传于后,是以假托。'帝曰:'古来亦多有是。'顾谓公卿曰:'父子证明,足以为审。自今已后,可无复疑。'"

本文总结了夏、商、周、秦、汉五代盛衰兴亡的历史教训,旨在证明分封子弟,众建同姓诸侯对于拱卫中央政权的极端重要性。文章一开始,即开宗明义地提出"与人共其乐者,人必忧其忧;与人同其安者,人必拯其危",接着纵论铺陈三代之所以兴,秦汉之所以亡的历史事实,指出"伐根深者难为功,摧枯朽者易为力"。最后,指出魏国"观五代之存亡,而不用其长策;睹前车之倾覆,而不改其辙迹",希望当权者能够吸取教训,"子弟王空虚之地,君有不使之民;宗室窜于闾阎,不闻邦国之政。权均匹夫,势齐凡庶,内无深根不拔之固,外无盘石宗盟之助"的现状。全文的现实针对性极强,如在描述两汉之际的史实时说:

> 至乎哀平,异姓秉权,假周公之事,而为田常之乱。高拱而窃天位,一朝而臣四海,汉宗室王侯,解印释绂,贡奉社稷,犹惧不得为臣妾,或乃为之符命,颂莽恩德,岂不哀哉! 由斯言之,非宗子独忠孝于惠文之间,而叛逆于哀平之际也,徒以权轻势弱,不能有定耳。

而数年之后司马氏篡位,举国上下惮若缚鸡,基本上没有形成有效的反抗,也证明了曹冏对于时势的洞察是颇为深刻的。

就行文的风格而言,此文颇类似于贾谊的《过秦论》,黄侃就说它"最善效《过秦论》"(黄侃《文选平点》)。不过贾谊尚只是探讨秦之所以得失天下的历史经验,而曹冏则把三代以来的历史统统放在"封建与否"的视角下审视了一遍,并将其作为历代得失的命门所在,在命题上较《过秦论》要集中。但其思想的高度是难和《过秦论》相比的。他做这样的文章,首先是有很强的现实感——司马氏即将篡夺政权的感觉。文章本意是为一家一姓江山社稷的考量,在这一点上,曹元首的论封建,又远不如后来柳宗元、顾炎武同类题目文章高迈。其理论的主要依据,就是秦迅速灭亡的教训。然而秦迅速灭亡是因为不封建子弟,这是一个从刘邦时代起就有的大流的老调子。是否有历史的必然,还是个问题。但是,文章坚持这一点,然后反复铺陈,再三渲染,以危言高论耸人耳目。实在说,论说的气势,是远大于所持之理的。或者说,以气服人,是此文的特点。

四、杂论

进入魏晋,以论说的方式谈论生活现象,谈论人生感受,甚至谈论文学艺术等,较两汉明显增多。这些文章,渗透着作者对生活现象的观察和思考,实际上是一种经由思考把握生活的主体精神。曹丕、曹植这方面文章多而且好,稍后的李康更以其《运命论》一篇卓然鸣世。

曹丕(187—226)的杂论主要见于他的《典论》。《典论》最著名的议论当属《论文》篇,谈文论艺,品题作家,昌言文气,都是大家熟悉的;文字也从容淡定,具大家风范,这些也是大家熟知的。《典论》中其他一些篇章,如《奸谗》篇开宗明义:"佞邪秽政,爱恶败俗,国有此二事,欲不危亡,不可得也。何进灭于吴匡、张璋,袁绍亡于审配、郭图,刘表昏于蔡瑁、张允。孔子曰:'佞人殆。'信矣。古事已列于载籍,聊复论此数子,以为后之监诫,作《奸谗》。"以下举何进、袁绍和刘表等事,作后加以综论。说是一篇论,其实很像夹叙夹议的记述。而且他所举述的掌故,都是离作者生活不远的实事,颇有保存历史真实的用意。其中另一篇值得注意的是《论郤俭等事》，是关于有无长生不老之术的。曹丕不相信有什么长生不老，这很值得肯定。不过文章拉杂地谈了一些关于长生不老的人和事，言语之间带有淡淡的嘲讽。文中还引用了曹植的《辩道论》以助其说，也是很新颖的论说现象。总之曹丕是个文体大家，貌似家长里短的文字，娓娓而谈的语态，读之令人津津有味，正是其高明处。而且，此等论文，除风调闲雅隽永能吸引人外，能广泛地映现当时的世态人情，也是读之生味的一个原因。

对人能否长生，曹植（192—232）写了《辩道论》的文章，而且是在曹丕之前。《辩道论》的观点和曹丕之文一样，都是不相信人能长生。文章先从许久以来流传甚广的各种长生传说起，之后又谈到桓谭与刘子骏一段关于"不死"的谈话，再后就写到曹操如何对待那些操"不死"术的方士，说"吾王"所以对当时那些方士"悉所招致"，是因为怕他们"斯人之徒，挟奸宄以欺众，行妖隐以惑民，故聚而禁之也"，绝不是像人们传说的是相信这些术士。接着文章还写道了自己与这些术士的交道，说他亲眼见过郗俭"绝谷百日，躬与之寝处，行步起居自若也"。这使曹植也觉得奇怪，不过文章接着说看来一些方术可以"疗疾"，不怕饥饿，如是而已。还写了作者单独好言好语地与方士甘始谈心，文章说，甘始交代他前身曾成就黄金，懂得好多奇特方技；可是当文章作者让他试验一下时，甘始却说没有药物。由此文章断言，甘始也不过汉代徐巿、栾大之流。文章侃侃而谈，放得很开，收得很紧。与其兄的娴雅便娟不同，是一番博雅爽快的气派。

曹氏兄弟对神仙方术，一边是不信，一边是津津乐道。难免让人疑惑，写这样的文章实在有现实上的不得已。汉末曹魏，黄巾、五斗，都是民间宗教，都相信神仙方术，曹孟德青州起兵有黄巾因素，征张鲁更把五斗米教带到中原。王朝不是怕神仙方术，而是怕有人以此蛊惑民众。所以这些"辩道论"的文章，就难免不是为当时政策服务的。若表明方术不真，百姓就不会受人蛊惑了。两篇文章都应该以此政治斗争为背景的。可是神仙方术到底有没有呢，像曹植，亲眼见郗俭"绝谷百日"，到底是个难以理解的事情。但为了政治需要，就连自己的难以理解也不多说，匆匆给个答案就算了。

曹植还有一篇杂论《贪恶鸟论》，提出的问题是：人们为什么厌恶伯劳鸟的声音呢？接着不是讨论，而是一段哀婉的传说，西周时的尹吉甫受后妻蛊惑，杀了儿子伯奇，后来外出遇到一只伯劳鸟对他鸣叫，故事叙述到：

> 吉甫心动曰："无乃伯奇乎？"鸟乃抚翼，其音尤切。吉甫曰："果吾子也。"乃顾曰："伯劳乎？是吾子，栖吾舆；非吾子，飞勿居。"言未卒，鸟寻声而栖于盖，归入门，集于井干之上，向室而号。吉甫命后妻载弩射之，遂射杀后妻以谢之。

文章说，从此人们以为伯劳鸟声给家庭带来的是厄运。文章到此，开始亮明自己的看法，他并不相信伯奇的传说，认为人们厌恶伯劳叫声是因为伯劳的叫声本来就不好听。于是笔锋一转，说鸟的声音不好会招人厌恶，那么人声音呢？文章是要告诉人们一个道理："鸟鸣之恶自取憎，人言之恶自取灭。"为此，文章快要结束时还转出一个"荆之枭，将徙巢于吴"的寓言来强化主题，然而并不使人感到拖沓累赘。子建之文真可谓"动而愈出"。这样的杂文在曹植的文章里还有，如《说疫气》，说有疫气是阴阳失和的结果，百姓却用符咒压之，很可笑。这些文字，本色天成，于平易中自见其高华，是杂体论说中的珍品。

李康留存下来的资料甚少。《文选》李善注引《集林》曰："李康，字萧远，中山人也。性介立，不能和俗。著《游山九吟》，魏明帝异其文，遂起家为浔阳长。政有美绩。病卒。"可见其一生并不太得志。《运命论》即是一篇托言命运之理，实则抒发作者本人人生感慨的作品。黄侃先生评曰："自来言命之篇，皆寄其不遇之感，斤斤然论命之有无于作者之前，必为所笑。"

本文在结构上可以分为两个部分。在第一部分中，作者旁征博引，以大篇幅论证"治乱，运也；穷达，命也；贵贱，时也"的命定论学说，大谈命运殆天意，非人力，无由把握，无从捉摸。李康在文中感叹道：

> 夫以仲尼之才也，而器不周于鲁、卫；以仲尼之辩也，而言不行于

定、哀;以仲尼之谦也,而见忌于子西;以仲尼之仁也,而取雠于桓魋;以仲尼之智也,而屈厄于陈蔡;以仲尼之行也,而招毁于叔孙。夫道足以济天下,而不得贵于人;言足以经万世,而不见信于时;行足以应神明,而不能弥纶于俗;应聘七十国,而不一获其主。驱骤于蛮夏之域,屈辱于公卿之门,其不遇也如此!

语气沉痛至极。如此,则自然又带出一问题:君子在面对这种非人力所能掌控的命运时,又当如何作为呢?作者笔势陡然一转,翻上一层,将立意拔高到消极的命定论之上,指出"圣人所以为圣者,盖在乎乐天知命","圣人处穷达如一",不再斤斤计较于遇与不遇的一时得失,将其委之于命,转而修德。虽然"木秀于林,风必摧之;堆出于岸,流必湍之;行高于人,众必非之",然而"志士仁人",却依然"蹈之而弗悔,操之而弗失",正是缘于在穷达、贵贱之外,人生别有可以追求、可以控制的价值存在。此外,作者又以讽刺的笔法,刻画了"希世苟合之士"的丑态作为反衬:

希世苟合之士,籧篨、戚施之人,俯仰尊贵之颜,逶迤势利之间,意无是非,赞之如流;言无可否,应之如响;以窥看为精神,以向背为变通;势之所集,从之如归市;势之所去,弃之如脱遗。其言曰:"名与身孰亲也?得与失孰贤也?荣与辱孰珍也?"故遂洁其衣服,矜其车徒,冒其货贿,淫其声色,脉脉然自以为得矣。

可谓淋漓尽致!钱钟书先生即赞:"此语直可入刘峻《广绝交论》……'意无是非'十六字直画出近世西语所谓'唯唯诺诺汉'、'颔颐点头人'。"①至结尾处,文意又一转,提出一时的命运虽然无测,然修德在于己身,而"善恶书于史册,毁誉流于千载,赏罚悬于天道,吉凶灼乎鬼神,固可畏也"!以更崇高、更深远的标准消解了人在命运之前的无常感与无力感,将全文的主旨收束于儒家的成德之学。全篇前部分极惨痛,后部分极

---

① 钱钟书:《管锥编》,中华书局,1979年版,第1082页。

张扬,文势、文气富于变化,故长而不嫌其冗,反复申言而不觉其繁。钱钟书先生称赞此文:"波澜壮阔,足以左挹迁袖,右拍愈肩,于魏晋间文,别具机调。李氏存作,无他完篇,物好恨少矣!"[1]极中肯。

---

[1] 钱钟书:《管锥编》,中华书局,1979年版,第1081页。

第三节　两晋论说文

一、玄理类论说文

自西晋太康年间(280-289)以来,玄学进入了一个新的兴盛时期。孙弘《下荆部教》中说:"太康已来天下无虞,遂共尚无为,贵谈庄老,少有说事,外托论公务,内但共谈笑。"不过,这一时期的玄学家们更偏好于运用简切的三言两语阐发玄旨,玄理论说文的创作反而显得相对寂寥。刘师培先生形容此时"言语、文章,分为二途"。如乐广、王衍等享誉一时的清谈领袖,均鲜有文藻传世,即是分途的表现。

在现存的论说文中,当以裴頠的《崇有论》、郭象的《庄子注》最能代表这一时期玄学发展的新成就。此外,欧阳建的《言尽意论》,短小精悍,亦颇具理致之美。

裴頠(267-300)著《崇有论》的目的,在于挑战何晏、王弼以来魏晋玄学所一贯坚持的"以无为本"的立场。故此论一出,立即引来了王衍等持传统观点者的群起攻难。《晋书》卷三十五《裴頠传》载:"頠深患时俗放荡,不尊儒术,何晏、阮籍素有高名于世,口谈浮虚,不遵礼法,尸禄耽宠,仕不事事;至王衍之徒,声誉太盛,位高势重,不以物务自婴,遂相放效,风教陵迟,乃著崇有之论以释其蔽……王衍之徒攻难交至,并莫能屈。"《世说新语·文学》篇十二条云:"裴成公作《崇有论》,时人攻难之,莫能折。唯王夷甫来,如小屈。时人即以王理难裴,理还复申。"以上记载,亦可见贵无、崇有两派的辩难,为当时玄学界引人注目的一件大事。

在结构上,《崇有论》可以分为前后两个部分。在第一部分中,裴頠分析了"贵无论"形成的背景、原因,指出老子"五千之文"是"以无为辞,旨在全有",这一宗旨"先贤达识,以非所滞,不之深论",然而后人不识斯意,遂使得"虚无之言,日以广衍,众家扇起,各列其说。上及造化,下被万事,莫不贵无,所存金同"。裴頠主张,"盈欲可损而未可绝有也,过用可节而未可谓无贵也",若一味贵无贱有,那么"贱有则必外形,外形则必遗制,遗制则必忽防,忽防则必忘礼。礼制弗存,则无以为政矣"。除此之外,文中还详细论述了"贵无"之说对于士人节操以及现实政治的具体危害:

> 薄综世之务,贱功烈之用,高浮游之业,埤经实之贤。……是以立言籍于虚无,谓之玄妙;处官不亲所司,谓之雅远;奉身散其廉操,谓之旷达。故砥砺之风,弥以陵迟。放者因斯,或悖吉凶之礼,而忽容止之表,渎弃长幼之序,混漫贵贱之级。其甚者,至于裸裎,言笑忘宜,以不惜为弘,士行又亏矣。

对"贵无"之士的刻画形象而深刻。在文章的第二部分中,裴頠主要阐释了"崇有论"在哲理上得以成立的依据。其义理体系又可分为两个层次:第一,"无"不能生"有","始生者自生",而"无"不过是"有"的另一种表现形式。作者打了两个比喻来说明这一点:"制事必由于心,然不可以制事以非事,谓心为无也;匠非器也,而制器必须于匠,然不可以制器以非器,谓匠非有也。"第二,"无"也不能制"有","济有者皆有也":"是以欲收重泉之鳞,非偃息之所能获也;陨高墉之禽,非静拱之所能捷也;审投弦饵之用,非无知之所能览也。由此而观,济有者皆有也,虚无奚益于已有之群生哉!"在本体与运用的层面上,都否定了"无"存在的价值。

综观全文,前一部分极繁复,后一部分极精炼,形成迥然有别的行文风格。故唐翼明先生认为只有第二部分的寥寥二百余字是《崇有论》的正文,第一部分则是一长篇的序文。文中析理时常常运用例证与比喻,贴切精当,使得较艰深的义理能够深入浅出地表达出来。《世说新语·文学》篇十二条注引《晋诸公赞》,称赞《崇有论》"才博喻广",正是就此文的这一风格而言。

关于《庄子注》的著作权问题,历来一直存有争议。《世说新语·文学》篇十七条载:"初,注《庄子》者数十家,莫能究其旨要。向秀于旧注外为解义,妙析奇致,大畅玄风。唯《秋水》、《至乐》二篇未竟而秀卒。秀子幼,义遂零落,然犹有别本。郭象者,为人薄行,有俊才,见秀义不传于世,遂窃为己注,乃自注《秋水》、《至乐》二篇,又易《马蹄》一篇,其余众篇,或定点文句而已。后秀义别本出,故今有向、郭二《庄》,其义一也。"不过,据汤用彤先生考证,"子玄(郭象)之注不但文字上与向注有出入,其陈义亦有时较子期(向秀)圆到",①汤一介先生也指出,郭象在借鉴向秀《庄子注》之余,对其义理也做了较大的扩充改造。② 据此,则今存之《庄子注》,大致可以视为向秀、郭象(约252－312)二人共同智慧的结晶。

向、郭之《庄子注》,是继王弼《周易注》、《老子注》之后,魏晋玄学史上又一部里程碑式的作品,其揭示的"独化"理论,开创了玄学义理的另一重要派别。③ 注文持论谨严、析理绵密而不乏文采,《世说新语·文学》篇十七条注引《文士传》,称赞"《庄子注》最有清辞遒旨",汤用彤先生也形容其"美言络绎"。如《逍遥游》篇"若夫乘天地之正,而御六气之辩,以游无穷者,彼且恶乎待哉",向、郭于此注云:

> 天地者,万物之总名也。天地以万物为体,而万物必以自然为正,自然者,不为而自然者也。故大鹏之能高,斥鷃之能下,椿木之能长,朝菌之能短,凡此皆自然之所能,非为之所能也。不为而自能,所以为正也。故乘天地之正者,即是顺万物之性也;御六气之辩者,即是游变化之涂也。如斯以往,则何往而有穷哉?所遇斯乘,又将恶乎待哉?此乃至德之人玄同彼我者之逍遥也。苟有待焉,则虽列子之轻妙,犹不能以无风而行,故必得其所待,然后逍遥耳,而况大鹏乎?夫唯与物冥而循大变者,为能无待而常通,岂自通而已哉?又顺有待者,不失其所待,所待不失,则同于大通矣。故有待无待,吾所不能齐也;至于各安其性,天机自张,受而不知,则吾所不能殊也。夫无待犹不足以殊有待,况有待者之巨细乎?

意若贯珠,层层呼应,显示出注者思维缜密的哲学家气质。而与前引王弼注文相较,辞气较为舒缓,析理的笔墨较为繁复,且善于运用反问与

---

① 汤用彤:《魏晋玄学论稿》,上海古籍出版社,2001年版,第94页。
② 汤一介:《郭象与魏晋玄学》,北京大学出版社,2000年版,第127~148页。
③ 汤用彤:《魏晋玄学论稿》,上海古籍出版社,2001年版,第47~51页。

感叹的手法层层推进文意,别具一种理致之美。牟宗三先生在《才性与玄理》第六章《向、郭之注庄》中,对其义理有详尽的阐发,可参看。

在裴、郭二人的著述之外,这一时期值得注意的玄理论说文尚有欧阳建(?—300)的《言尽意论》。语言是否能表达一些微妙的东西,在当时出现了两种观点的争议,一是"言尽意",一是"言不尽意"。这和"声(有)无哀乐"一样,两边的说法都有空间。文中假托"雷同君子"与"违众先生"的一问一答,旨在挑战"言不尽意"这一"通才达识,咸以为然"的传统观点。文章篇幅短小,故全文援引如下:

> 有雷同君子问于违众先生曰:"世之论者,以为言不尽意,由来尚矣。至乎通才达识,咸以为然。若夫蒋公之论眸子,钟傅之言才性,莫不引此为谈证;而先生以为不然,何哉?"先生曰:"夫天不言而四时行焉,圣人不言而鉴识存焉;形不待名而方圆已著,色不俟称而黑白以彰。然则名之于物,无施者也;言之于理,无为者也。而古今务于正名,圣贤不能去言,其故何也?诚以理得于心,非言不畅;物定于彼,非言不辩。言不畅志则无以相接,名不辩物则鉴识不显。鉴识显而名品殊,言称接而情志畅:原其所以,本其所由,非物有自然之名,理有必定之称也。欲辩其实,则殊其名,欲宣其志,则立其称。名逐物而迁,言因理而变:此犹声发响应,形存影附,不得相与为二矣。苟其不二,则言无不尽矣,吾故以为尽矣。"

文中的义理可以分为三个层次:第一,指出"名之于物,无施者也;言之于理,无为者也",即名、言对于客观之物、客观之理本身,并没有什么作用。第二,指出之所以需要名、言,是因为"理得于心,非言不畅;物定于彼,非言不辩",肯定名、言对于物、理的表达作用。第三,指出"名逐物而迁,言因理而变",二者之间有着紧密的对应关系,犹如声音与回响、形体与影子,"不得相与为二"。欧阳建据此提出"苟其不二,则言无不尽矣"。

客观地说,本文的立论并不成功。"言不尽意"论的要点在于,"物"与"理"有着幽眇微妙,难以用"名"、"言"表达的一面,如荀粲所说,"立象以尽意,此非通于意外者也;系辞焉以尽言,此非言乎系表者也"(《三国志·魏志·荀彧传》裴注引文),而并非否认言与意、名与物之间的对应关系。唐翼明先生即指出:"'言尽意'与'言不尽意'之争的焦点是一'尽'字,欧阳建所说的三层意思都不能证明言可尽意,他所用的响与声、影与形的两个比喻足以证明言不尽意而不是言尽意,因为响不能完全反映声,影也不能完全反映形。"①不过,据《世说新语·文学》篇二十一条记载,"言尽意"是王导过江所标三理之一,②而且能够"宛转关生,无所不入",其对言意关系想必有进一步发挥,可惜资料散佚,今天已经无法窥知其大概。

谈西晋的玄谈类论文,让人很难割舍的是何劭(236－301)两篇纪传文所载的玄谈家妙言。一篇是《荀粲传》中的如下片段:

> 粲诸兄并以儒术论议,而粲独好言道,常以为子贡称夫子之言性与天道,不可得闻,然则六籍虽存,固圣人之糠粃。粲兄俣难曰:"《易》亦云圣人立象以尽意,系辞焉以尽言,则微言胡为不可得而闻见哉?"粲答曰:"盖理之微者,非物之象所举也。今称立象以尽意,此非通于意外者也,系辞焉以尽言,此非言乎系表者也;斯则象外之意,系表之言,固蕴而不出矣。"及当时能言者不能屈也。

由此段文字可知荀粲是一个鲜明的"言不尽意"论者,而其引经据典,言志明畅。由此可知,"言尽意"遵循的是儒家,而"不尽意"则是新道家的观念。更精彩的是另一篇《王弼传》中的论理文字:

> 时裴徽为吏部郎,弼未弱冠,往造焉。徽一见而异之,问弼曰:"夫无者诚万物之所资也,然圣人莫肯致言,而老子申之无已者何?"弼曰:"圣人体无,无又不可以训,故不说也。老子是有者也,故恒言无所不足。"寻亦为傅嘏所知。于时何晏为吏部尚书,甚奇弼,叹之

---

① 唐翼明:《魏晋清谈》,人民文学出版社,2002年版,第96页。
② 《世说新语·文学》第二十一条:"旧云,王丞相过江左,止道声无哀乐、养生、言尽意三理而已,然宛转关生,无所不入。"

曰:"仲尼称'后生可畏',若斯人者,可与言'天人之际'乎!"

简洁的文字,活脱脱将一个青年哲学家思想的锋利、精确和善言谈的特征表现了出来。那时候玄学有一个命题,是孔子和老子谁更高明。士大夫们论起家,都是孔门弟子,可是他们的兴趣又确实在老子,这就得在理论上协调一下孔老的地位。这问题很难。但是一个初出茅庐的思想家却三言两语解决了,表面上看,是孔子高明,因为他已经"体无",无不可以说,所以孔子就总说"有",而老子却是缺什么说什么,因为他没有到达"体无"境地,所以老是说"无",境界上远没有孔子高明。这就是王弼给当时解决孔老地位问题的一个令人喝彩的思路。雅致的文字,天纵的聪明,记录清谈家的文字是十分可人!

东晋时期,玄谈的风气依旧很兴盛。著名的谈士如殷浩、刘惔、王濛、孙盛诸人,均为一时俊彦,《世说新语》中对其言谈音容多有记载。此外,佛理进入清谈,名僧加入谈座,成为东晋清谈新的时代特色。然而如刘勰在《文心雕龙·论说》篇所云:"江左群谈,惟玄是务;虽有日新,而多抽前绪",以《老子》《庄子》《易经》"三玄"为基础的传统玄学日渐失去其理论活力,清谈者大多只是重复发挥前人的理论,谈不上有什么创见。而此时佛经的传译仍不完备,许多重要的大乘经典尚未传入南方,此时名士名僧们对佛理尤其是般若学的理解也多不能通透。故场面虽然热闹,然而东晋的玄学以及佛学却谈不上有什么太大的成就,流传下来的玄理论文也极少。现存的篇目,如王坦之的《废庄论》,孙盛的《老聃非大贤论》,思想规模不出裴頠《崇有论》的藩篱;孙绰的《喻道论》调和三教,显示出该时期士大夫的哲学旨趣,然而在义理上全无精义,措辞亦有冗繁曼衍之弊。值得一谈的是支遁的《逍遥论》。支遁(314—366)字道林,是当时好与士大夫交往的名僧,"即色宗"创立者。其《逍遥论》有如下文字:

夫逍遥者,明至人之心也。庄生建言大道,而寄指鹏鷃。鹏以营生之路旷,故失色于体外;鷃以任近而笑远,有矜伐于心内。至人乘天正而高兴,游无穷于放浪,物物而不物于物,则遥然不我得,玄感不为,不疾而速,则逍然靡不适,此所以为逍遥也。若夫有欲当其所足,足于所足,快然有似天真,犹饥者一饱,渴者一盈,岂忘烝尝于糗粮,绝觞爵于醪醴哉!苟非至足,岂所以逍遥乎?

此文据《世说新语·文学》是在瓦官寺的一次清谈活动即兴而就:"支卓然标新理于二家之表,立异于众贤之外。"又说以后,人谈"逍遥","遂用支理"。所谓"二家",是指向秀、郭象。向、郭注解"逍遥"强调世间万物大小有差别,加入大安于自己的"大",小安于自己的"小",所谓各任其性,也就都能各自获得自己的逍遥了。支遁的新说,一转而为"心",大鹏的不逍遥,是因为贪图遥远的路,鹦的不逍遥是因为其有"矜伐"之心。去除此"心",就能从各种舒服限制中摆脱出来,做一切客观限制的精神上的主人,这才真正能获得逍遥,也就是精神的解放。这一说法要比向、郭旧说更接近庄子的本意。另外言辞上简洁扼要,不枝不蔓,轻快明爽,是清谈的本色。

不过,总体而言,论玄理文章的成考,"五胡乱华"后一向被视为文化焦土的北方,反而颇有可观。由于姚秦国主姚兴的重佛,鸠摩罗什的译经中心设在了当时的长安,一时间龙象云集,"敷扬至教,广出妙典",①关河之学大为昌盛。罗什门下僧肇所撰写的《不真空论》,可以说代表了该时期玄理类论说文创作的最高成就。僧肇(384—414)是当时著名佛经翻译家鸠摩罗什的大弟子之一。

据《高僧传》卷六《释僧肇传》记载,僧肇年轻时曾出入百家,尤其爱好老庄,然而觉其理未究竟,故落发出家,"学善《方等》,②兼通三藏"。师从罗什之后,对大乘中观派学说的理解尤为深湛,被罗什誉为"秦人解空第一"的义学大师。僧肇的著述文章有《维摩诘经注》、《物不迁论》、《不真空论》、《般若无知论》等,其中《物不迁论》和《不真空论》最出色、最著名。《物不迁论》的要点在"不迁",人们总觉得事物在过去、现在、未来三时段

---

① 汤用彤:《汉魏两晋南北朝佛教史》(增订本),昆仑出版社,2006年版,第250页。
② 《方等》,指佛经中的大乘类经典。

中迁移流转,僧肇本着佛家的空观哲学认为,这却是幻觉,世界上一切现象,不过是刹生刹灭,因缘而生,缘去而灭,仿佛幻灯片式的映像。这实际是取消了事物变化的主体。"不迁"即是这样的意思。

这里想主要介绍一下他的《不真空论》。罗什所翻译的《中论》中有一个著名偈子谈到:"众因缘生法,我说即是空,亦为是假名,亦是中道义。"《不真空论》即是从这种"非有非无","真谛以明非有,俗谛以明非无"的中道空观出发,旨在破除当时人对于"空"的种种不正确认识。关于其中的义理,可参见汤用彤先生《汉魏两晋南北朝佛教史》第十章《鸠摩罗什及其门下》中《僧肇之学》部分。

《不真空论》持论谨严,析理极具条贯,显示出僧肇强大的思辨力。如文中论有无关系的这一段文字:

> 所以然者,夫有若真有,有自常有,岂待缘而后有哉?譬彼真无,无是常无,岂待缘而后无也?若有不能自有,待缘而后有者,故知有非真有。有非真有,虽有,不可谓之有矣。不无者,夫无则湛然不动,可谓之无。万物若无,则不应起,起则非无,以明缘起,故不无也。故《摩诃衍论》云:"一切诸法,一切因缘,故应有;一切诸法,一切因缘,故不应有。一切无法,一切因缘,故应有;一切诸法,一切因缘,故不应有。"寻此有无之言,岂直反论而已哉?若应有,即是有,不应言无;若应无,即是无,不应言有。言有是谓假有以明非无,借无以辨非有。此事一称二,其文有似不同。苟领其所同,则无异而不同。然则万法,果有其所以不有,不可得而有;有其所以不无,不可得而无。何则?欲言其有,有非真生;欲言其无,事象既形。象形不即无,非真非实有。然则不真空义,显于兹矣。

大意不外是据空观的"中道"观表达世界既不是有,也不是无,万物皆因缘能生的观点。"不真"即是"空",是全篇大旨所在。

就语言方面而言,虽是谈佛家哲理,绝对概念却用玄学家的语言表述,如"有"、"无"等,亦佛亦玄,文字自有趣味。

再就笔法而言,有些类似于王弼的文字,也喜欢以两句为一单位,如"有若真有,有自常有,岂待缘而后有哉?譬彼真无,无自常无,岂待缘而后无也","欲言其有,有非真生;欲言其无,事象既形",皆上句阐发"非有",下句阐发"非无",互相呼应,连贯而下。其文辞简洁,义理丰沛,也与王弼的注疏有异曲同工之妙。据《释僧肇传》记载,当时著名的居士刘遗民一见到僧肇的文章,即惊叹"不意方袍复有平叔",可谓知言。

二、两晋的人物论

两晋的人物论多取自一些史学著作的题目,如皇甫谧《帝王世纪》中的《汉高祖论》、《光武论》等。另外数量上也不如三国时多。这似乎显示出品题人物风尚发生了某种变化。

三国、西晋之际,郤正(?—278)作《姜维论》。主要谈论的是一代名将、重臣的性情人品,文曰:

> 姜伯约据上将之重,处群臣之右,宅舍弊薄,资财无余,侧室无妾媵之亵,后庭无声乐之娱,衣服取供,舆马取备,饮食节制,不奢不约,官给费用,随手消尽;察其所以然者,非以激贪厉浊,抑情自割也。直谓如是为足,不在多求。凡人之谈,常誉成毁败,扶高抑下,咸以姜维投厝无所,身死宗灭,以是贬削,不复料摘,异乎《春秋》褒贬之义矣。如姜维之乐学不倦,清素节约,自一时之仪表也。

此文的目的在驳斥当时人从军事、政治方面对姜维的贬损言论,强调了姜维的德性上的过人之处,说他廉洁俭朴之风操不是"抑情自割",而是因为他的知足之德性。并且认为时人的议论不合《春秋》褒贬之法。文字简明,力道颇足。

郤正是由蜀入晋的人,同时还有一位由吴入晋的陆喜(生卒年不详),他有《较论格品篇》,见于《西州清论》,讨论孙吴薛莹的人格品第。文曰:

> 或问予,薛莹最是国士之第一者乎?答曰:"以理推之,在乎四五

之间。"问者愕然请问。答曰:"夫孙皓无道,肆其暴虐,若龙蛇其身,沉默其体,潜而勿用,趣不可测,此第一人也。避尊居卑,禄代耕养,玄静守约,冲退澹然,此第二人也。侃然体国思治,心不辞贵,以方见惮,执政不惧,此第三人也。斟酌时宜,在乱犹显,意不忘忠,时献微益,此第四人也。温恭修慎,不为谄首,无所云补,从容保宠,此第五人也。过此已往,不足复数。故第二已上,多沦没而远悔吝;第三已下,有声位而近咎累。是以深识君子,晦其明而履柔顺也。"问者曰:"始闻高论,终年启寤矣。"

文章一开始,持论惊人,然后再道出自己的评价标准,显示的是在"月旦"人物上不同一般的见地。文字有波澜,能持论,颇有可观。

华峤(? —293)作《后汉书》,其中有不少人物论流传下来,如《江革、毛义论》、《丁鸿论》等,其《王允论》说:

夫士以正立,以谋济,以义成,若王允之推董卓而分其权,伺其间而弊其罪。当此之时,天下之难解矣。本之皆主于忠义也,故推卓不为失正,分权不为不义,伺间不为狙诈。是以谋济义成而归于正也。

赞成王允使用非常手段消灭董卓,是"以谋济义"。儒家有一说就是"经权",此文就是以儒家的"经权"观念评说汉末王允。思想是属于儒家的。很多史论中的人物论,思想往往归于儒家。

西晋张辅(? —305)作《名士优劣论》,就今所能见部分而言,涉及的名士有管仲和鲍叔、司马迁和班固、曹操与刘备、乐毅和诸葛亮等。其论管、鲍,以为管不如鲍,因为鲍"知所奉、知所投",而管仲的"反坫"、"三归"之事,鲍所不为。是从道德角度论人,过去儒家文献就有类似说法,可知其持论根底的所在。说到司马迁和班固的优劣,请看下文:

世人论司马迁、班固才之优劣,多以固为胜,余以为失,迁之著述,辞约而事举,叙三千年事唯五十万言;固叙二百年事乃八十万言,烦省不敌,固之不如迁一也。良史述事,善足以奖劝,恶足以鉴戒,人道之常。中流小事,亦无取焉,而班皆书之,不如二也。毁败晁错,伤忠臣之道,不如三也。迁既造创,固又因循,难易益不同矣。又迁为苏秦、张仪、范雎、蔡泽作传,逞辞流离,亦足以明其大才也。故述辩士则辞藻华靡,叙实录则隐核名检,此真所以为良史也。

通篇文字是从史才角度论两者,其称道司马迁胜班固,是正确的。至于他的理由颇有点似是而非,如第一条,就不大对头,因为史书长短不是决定优劣的标准。最后一条说司马迁为苏秦、张仪作传,在才华上比班固强,其实班固有些传记也十分精彩,如《霍光传》、《苏武传》等。《史记》写得最好的传记,也不是张辅说的这几篇。中间两条算是搔到了一点痒处,最见眼识的是"迁既造创,固又因循"。不过,这也不是司马迁最能胜过班固的地方。总之,他承认司马迁胜过班固,是正确的,但他的理由,只是他一家之言而已。读此文,除了张辅的文字简洁外,还可以反向观察当时士人对班固的高看,这也可以窥见一些当时士人精神水准。至于论曹、刘,他以为刘胜于曹,原因是刘备更"能收相获将"。诸葛亮是魏晋时期士大夫喜欢讨论的一个人物,此文是拿乐毅和诸葛亮相比,文章说:"孟子曰:闻伯夷之风,贪夫廉,余以为睹孔明之忠,奸臣立节矣。殆将与伊吕争俦,岂徒乐毅为伍哉。"坚持的人格操守的论点,是四组评论中最可读的一篇。

东晋孙盛、习凿齿,都有一些论体之文。孙盛(302—374)作《太伯三让论》,对《论语》所说"太伯至德"做了新的解释。其《老聃非大贤论》的义理规模,不外乎王弼的"圣人体无"之说,明是贬老尊孔,其实是把孔子和颜渊都给道家化了。孙盛是学者,有《魏氏春秋》、《晋阳秋》等著述。《魏氏春秋》保存较多,如其中《评蜀先主托孤》一文:

夫杖道挟义,体存信顺,然后能匡主济功,终定大业。语曰弈者举棋不定犹不胜其偶,况量君之才否而二三其节,何以推服强邻囊括四海者乎?备之命亮,乱孰甚焉!世或有谓备欲以固委付之人,且以一蜀人之志。君子曰不然;苟所寄忠贤,则不须若斯之诲,如非其人,不宜启篡逆之涂。是以古之顾命,必贻话言;诡伪之辞,非托孤之谓。幸值刘禅暗弱,无猜险之性;诸葛威略,足以检卫异端,故使异同之心无由自起耳。不然,殆生疑隙不逞之衅。谓之为权,不亦惑哉!

这是针对刘备临终对诸葛亮说"若嗣子可辅,辅之,如其不才君可自取"而发。文章认为这是刘备"诡伪"之辞,害处是"启篡逆之途"。文章说幸亏刘禅暗弱,诸葛亮的"威略"足以使"异同知心无由起",否则刘备这等话语——孙权临终时也有同样的话——必导致身后的残杀和混乱。文章的观点无疑是可取的。这篇评论虽短,有铺垫的设论,有反面观点的举陈,有分析性的辩驳,曲折而且警策。

习凿齿(?—383)撰《汉晋春秋》,维护"汉晋"正统,其论人物,如《周瑜鲁肃》一篇,就把周瑜、鲁肃看成"小人",就是以正统论为标准,以为他们支持孙吴是搞分裂,是违逆皇极。文章为主客对答形式,客问,为什么赞成诸葛?主人回答是诸葛亮有"匡汉之望"。文字虽短,讲究开合、陪衬,颇有神采。其《羊祜陆抗两境交和》一篇较长,所论为西晋羊祜与陆抗边境对阵之际互通款曲保境安民的故事,文章以羊祜为主,陆抗为宾,说羊祜那样做,是出于这样的考虑:

三家鼎足,四十有余年矣,吴人不能越淮、沔而进取中国,中国不能陵长江以争利者,力均而智侔,道不足以相倾也。夫残彼而利我,未若利我而无残;振武以惧物,未若德广而民怀。匹夫犹不可以力服,而况一国乎?力服犹不如以德来,而况不制乎?

这是羊祜的"大同之略"。那么陆抗呢?文章说:

抗见国小主暴,而晋德弥昌,人积兼己之善,而己无固本之规,百姓怀严敌之德,阖境有弃主之虑,思所以镇定民心,缉宁外内,奋其危弱,抗权上国者,莫若亲行斯道,以俟其胜,使彼德靡加吾,而此善流闻,归重邦国。弘明远风,折冲于枕席之上,校胜于帷幄之内,倾敌而

> 不以甲兵之力,保国而不浚沟池之固,信义感于寇仇,丹怀体于先日,岂设狙诈以危贤,徇己身之私名,贪外物之重我,暗服之而不备者哉!

说陆抗审时度势,所以能与羊祜在德性上势均力敌。文章虽是站在晋为正统的立场写的,但对于两大贤都给予了高度赞美,说他们"拯世重范"、"其道良弘",也是可取的。

东晋戴逵(?-396)著《竹林七贤论》,今天所见存留部分,多为传记类文字,也只是只言片语的考证之词,如"籍与伶共饮步兵厨中,并醉而死,此好事者为之言,籍景元中卒,而刘伶太始中犹在",是对一些缪说的驳正。要之,文章是先述说"竹林七贤"的事迹再加申论的体式。其中如:

> 刘伶病酒,渴甚,从妇求酒,妇捐酒毁器,涕泣谏曰:"君饮太过,非摄生之道,必宜断之。"伶曰:"甚善,我不能自禁,唯当祝鬼神自誓断之耳,便可具酒肉。"妇曰:"敬闻命。"供酒肉于神前,请伶祝誓。伶跪而祝曰:"天生刘伶,以酒为名,一饮一斛,五斗解酲,妇人之言,慎不可听。"便饮酒进肉,隗然已醉矣。

活脱脱一篇生动人物小传。另外伏滔(生卒年不详)有《论青楚人物》,笔法与曹魏初期大同,也是从地域角度论青州人物之盛,从管仲一直罗列到"徐伟长、任昭先、伏高阳"等。文章交代,这是与习凿齿袒护楚地人物相对峙的议论,文辞语气颇爽利。从汉末士人就以地域论人,其实是不良风气。至东晋,此风似有复活之迹。

三、政、史类论说文

两晋时期政史类论说文,西晋无疑当首推陆机的《辩亡论》与《五等论》。两文均文赡辞富,气势宏大,代表了该时期史论文与政论文创作的最高成就。东晋的政史论文当推干宝的《晋纪总论》。当时关怀与现实的论说,则有江统的《徙戎论》和刘寔的《崇让论》。杂体论文,这一时期还涌现出许多采用了"对问体"的论说文,其中以鲁褒《钱神论》成就最高。

陆机(261—303)《辨亡论》分为上下两篇,旨在总结孙吴一代历史,分析孙权之所以昌,孙皓之所以亡的历史经验。《晋书》卷五十四《陆机传》载:"(机)年二十而吴灭,退居旧里,闭门勤学,积有十年。以孙氏在吴而祖父世为将相,有大勋于江表,深慨孙皓举而弃之,乃论权所以得,皓所以亡,又欲述其祖父功业,遂作《辨亡论》二篇。"两篇内容相互呼应,互为表里,黄侃先生云"上篇主颂诸主,下篇扬其先功,而皆致暗咎归命之意",确为精当的概括。

文章的立意与命笔,处处借鉴了贾谊的《过秦论》。骆鸿凯称其"命意用笔遣词,全规《过秦论》,模拟之迹尤显然明白",并将其归纳为"命意相似"、"笔致相似"、"句法相似"、"句度相似"四个方面。① 然综观全文,总嫌渲染东吴昔日辉煌、陆氏昔日功勋的笔墨太多,探究乱亡原因的笔墨太少,以至于不太像是一篇总结教训的文字,而近似于对往昔岁月的一首挽歌。如在上篇中,陆机大力描述了孙吴当年人才之盛:

> 于是张昭为师傅;周瑜、陆公、鲁肃、吕蒙之畴,入为腹心,出作股肱;甘宁、凌统、程普、贺齐、朱桓、朱然之徒奋其威,韩当、潘璋、黄盖、蒋钦、周泰之属宣其力;风雅则诸葛瑾、张承、步骘以声名光国,政事则顾雍、潘濬、吕范、吕岱以器任干职,奇伟则虞翻、陆绩、张温、张惇以讽议举正,奉使则赵咨、沈珩以敏达延誉,术数则吴范、赵达以机祥协德;董袭、陈武杀身以卫主,骆统、刘基强谏以补过。

其句式与笔法,全由《过秦论》上篇"于是六国之士"一段文字中脱胎而出。然而贾谊盛称六国贤士众多、军队严整,是为了反衬秦国此时的坚不可摧,而陆机以加倍的辞藻铺陈东吴人士,则只不过是单纯的颂扬之辞,在表达效果上不可同日而语。《辨亡论》中类似的情况尚有不少,似乎陆机一说起当年的辉煌岁月,便不由自主地笔走龙蛇,至于说理效果究竟如何,早已置之脑后。《文心雕龙·论说》篇称"陆机《辨亡论》,效《过秦

---

① 骆鸿凯:《文选学》,中华书局,1989年版,第394~396页。

论》而不及",正是就此而言。然陆氏一门自陆逊以来,在江东累世公侯,与孙吴政权血脉相连、休戚与共。《世说新语·方正》十八条载:"卢志于众坐,问陆士衡:'陆逊、陆抗,是君何物?'答曰:'如卿于卢毓、卢珽。'士龙失色,既出户,谓兄曰:'何至如此,彼容不相知也?'士衡正色曰:'我父祖名播海内,宁有不知,鬼子敢尔!'"悻悻然的态度,正是东吴遗民心态强烈的表现。因此,陆机在回顾东吴那些并不太遥远的历史时,渗入个人强烈的身世之感也就不足为奇了。故张溥在《陆平原集》的题辞中,称"《辨亡论》怀宗国之忧",①可谓深达文心之论。

至于《五等论》,陆机的目的,在于说明"五等之制"优于"郡县之治"。然而陆机的比较优劣,主要是在哪个制度更利于王朝稳固这一点上开展的。这可以从"是以经始获其多福,虑终取其少祸,非谓侯伯无可乱之符,郡县非兴化之具"诸句看出。就是说,论文的立意,不在哪种制度更有利于历史进步,而在更利于一家一姓的万代江山。这也并非什么新见,曹冏在《六代论》表达此意已经很清晰。不过,与之相比,《五等论》以更为宏观的视角观照全局,着重在体制层面上权衡利弊、比较得失,在问题的曲折上思虑更周全,持论上也较《六代论》更为中允。加之陆机的如椽之笔,全文文辞壮丽华美,在说服力与表现力上,这篇《五等论》都胜过了《六代论》。

要论证分封制在"体国经野"、"创制垂基"在江山的"盘石之固"上更优于郡县制,难点并不在于铺陈三代创业时的丰功伟绩,或是比较周代与秦代享年的长短,而在于如何解释东周以来诸侯力争、王室陵迟的历史事实。又如何解释西汉初年诸侯尾大不掉,以致酿成七国之乱的情形。不解决这两个问题,分封制的主张终究难以服人。在这一关键处,《五等论》处理得很好。如文中论东周末年情形的这一段:

> 夫盛衰隆弊,理所固有,教之废兴,系乎其人,原法期于必谅,明道有时而暗。故世及之制,弊于强御,厚下之典,漏于末折,侵弱之衅遘自三季,陵夷之祸终乎七雄。昔成汤亲照夏后之鉴,公旦目涉商人

---

① 张溥:《汉魏六朝百三家集题辞注·陆平原集》,中华书局,2007年版,第171页。

之戒,文质相济,损益有物。然五等之礼,不革于时,封畛之制,有隆尔者,岂玩二王之祸而暗经世之算乎?固知百世非可悬御,善制不能无弊,而侵弱之辱愈于殄祀,土崩之困痛于陵夷也。是以经始获其多福,虑终取其少祸,非谓侯伯无可乱之符,郡县非兴化之具。故国忧赖其释位,主弱凭于翼戴。及承微积弊,王室遂卑,犹保名位,祚垂后嗣,皇统幽而不辍,神器否而必存者,岂非事势使之然欤!

首先,陆机并未否认分封制也有其弱点:"世及之制,弊于强御,厚下之典,漏于末折。"然而,这并非创制的圣人"玩二王之祸"、"暗经世之算",而是经过一番权衡,认为分封制在"保名位"、"垂后嗣"方面有着无可比拟的优势,所谓"侵弱之辱愈于殄祀,土崩之困痛于陵夷",才做出的审慎的选择。其次,陆机指出"百世非可悬御,善制不能无弊","教之废兴,系乎其人",在探讨历代兴亡时,将制度优劣与具体操作时的人事得失分而论之。在陆机看来,周代衰微,主要还是由于"国乏令主,十有余世",并非制度本身的问题;在分析汉初的史事时,也运用了类似的两分法,主张七国之乱"盖过正之灾,而非建侯之累也"。从以上两个层次立论,较《六代论》的笼而统之,无疑更为巧妙,也显示出陆机非但工于辞藻,亦颇善于持论。

在全文的最后一部分中,陆机进而比较了分封制与郡县制在治理国家方面的优劣,虽有想当然之辞,然亦不乏真知灼见。如文中形容郡县制框架下的地方政治"君无卒岁之图,臣挟一时之志",犀利地指出了秦汉以来中国传统政治格局的一大痼疾。这也是《五等论》一文的又一个闪光处。

东晋的类论说文中,史论类作品的成就最为突出。其中的代表作当首推干宝(?—336)的《晋纪总论》。

西晋在经历了短暂的繁荣之后,先是宗室相伐,后有外夷交侵,貌似强大的王朝在短短数年间土崩瓦解,怀帝、愍帝先后沦为俘虏。面对这一段惨痛历史,惊魂初定的东晋史家们逐渐开始反思原因,总结教训。干宝的《晋纪总论》就是这样一篇总结西晋历史的鸿篇巨制。

全文在结构上可以分为两大部分。在第一部分中,干宝回顾了自司马懿创业以来的西晋历史,以浓墨重彩的笔调渲染了晋武帝前后期政治景象的不同。干宝认为,西晋的灭亡固然是缘于"树立失权,托付非才",然而其深层次的原因,还在于"道德典刑"未树,忽略了"民情风教"这一"国家安危之本"。在第二部分中,干宝即对这一点进行了全面发挥。文中树立了周代政治作为理想中的典范,指责西晋自立国之初,即呈现出道德凉薄、风俗糜烂的不良景象。作者痛陈:"民风国势如此,虽以中庸之才、守文之主治之,辛有必见之于祭祀,季札必得之于声乐,范燮必为之请死,贾谊必为之痛哭,又况我惠帝以荡荡之德临之哉!"最后笔势急转,指出晋代"淳耀之烈未渝",而"大命重集于中宗元皇帝","文止于此,余音泠泠然"。①

在笔法上,本文也多处借鉴了贾谊的《过秦论》。如文中"于时天下非暂弱"一段,即明显模仿了《过秦论》中"然而陈涉瓮牖绳枢之子"一段的写法。黄侃先生称"摹拟过杂过多,未能熔炼,是此文之病"。② 然而全文笔力雄健,文气贯盈,且评点史事时颇具史识,仍为史论作品中不可多得的佳构。如文中在评述司马氏篡权得国的历史时说:

> 今晋之兴也,功烈于百王,事捷于三代,盖有为以为之矣。宣、景遭多难之时,务伐英雄、诛庶桀以便事,不及修公刘、太王之仁也。受遗辅政,屡遇废置,故齐王不明,不获思庸于亳;高贵冲人,不得复子明辟。二祖逼禅代之期,不暇待三分八百之会也。是其创基立本,异于先代者也。

出语冷峻,直斥其恶。干宝以当代人写当朝事,足可见其史识史胆。又《世说新语·尤悔》篇第七条载:"王导、温峤俱见明帝,帝问温前世所以得天下之由。温未答。顷,王曰:'温峤年少未谙,臣为陛下陈之。'王乃具叙宣王创业之始,诛夷名族,宠树同己。及文王之末,高贵乡公事。明帝

---

① 黄侃:《文选平点》,中华书局,2006年版,第562页。
② 黄侃:《文选平点》,中华书局,2006年版,第560页。

闻之,覆面着床曰:'若如公言,祚安得长!'"可与此段文字参看。

另外东晋习凿齿有《晋承汉统论》,以为晋之所承应该为汉,而非曹魏,开后代"正统论"文章之先河。

上面所说陆机论文还在检讨历史,表达学问见识。当时也有关怀现实,早为谋虑,颇见士大夫现实感的论文,这就是刘寔的《崇让论》和江统的《徙戎论》。

刘寔(220—310)是由魏入晋人,博通古今,在晋官职司空。据《晋书》本传,文章应作于魏晋之际,"以世多进趣,廉逊道阙"而著此文。内容顾名思义,倡导一种推举贤明的谦让之风,以为"崇让"才能选出贤明,并对如何提倡重崇让之风提出建议。然而文章最有价值的不在这些,而在对"廉逊道阙"之世风的揭橥。如文章如下段落:

> 在朝之人不务相让久矣,天下化之。自魏代以来,登进辟命之士,及在职之吏,临见授叙,虽自辞不能,终莫肯让有胜己者矣。夫推让之风息,争竞之心生。孔子曰:上兴让则下不争。明让不兴下必争也。推让之道兴,则贤能之人日见推举;争竞之心生,则贤能之人日见谤毁。夫争者之欲自先,甚恶能者之先,不能无毁也。故孔墨不能免世之谤己,况不及孔墨者乎!

不言而喻,不"让"的世风其来有自,曹魏以来则更加炽烈。官场实际就是名利场,政治就落在一批"喻于利"的小人之手。文章进而指出,一旦政治成为"争竞"之地,就是连孔子、墨子那样的贤达也得遭谤毁,世道就完全陷入是非的漩涡了。读文章此段,对于了解那个特定时代的世道人心颇有裨益。

江统(？—310)《徙戎论》也是针对很严重的现实问题而发。江统官至太守,《晋书》本传说"时关陇屡为氐、羌所扰",乃作此篇。其写作时间下距永嘉之乱不足十年。所谓"徙戎",就是主张把那些自汉代以来就内迁的各种边地人群迁回他们的原住地去。此文的建议很有点不切实际,若真施行,大乱可能提早发生。然而文章历数边地人群内迁经历,及前代处置办法得失,特别是"关中之人百余万口,率其少多,戎狄居半",以及对匈奴"天性骁勇,弓马便利,倍于氐、羌。若有不虞风尘之虑,则并州之域可为寒心"揭示,读之可以增加对相关历史的了解。最可贵的是,文章显示了士大夫的现实感。文章的办法或不可取,但文章所涉及的问题在当时实在严重,而且迫在眉睫。因此文章具有某种超前意识。

四、杂体论说

"对问体"这一论说体裁,始于宋玉的《对楚王问》,在汉代扬雄、班固等,都有继承。刘勰在《文心雕龙》中,将其归入"杂文"一类,称"兹文之设,乃发愤以表志。身挫凭乎道胜,时屯寄于情泰,莫不渊岳其心,麟凤其采,此立体之大要也"。西晋时期,该体裁的作品大量涌现,如皇甫谧的《释劝论》、《玄守论》,夏侯湛的《抵疑》,张载的《榷论》,潘尼的《安身论》,束皙的《玄居释》,王沈的《释时论》,鲁褒的《钱神论》,张敏的《头责子羽文》等。大部分篇章在艺术成就上虽不能超越东方朔《答客难》与杨雄《解嘲》等,但还是自具特色,毕竟时代有别,而且通观这些谈"命"说"玄"的文字,绝多为仕途不达的牢骚,而且情绪呈越来越强烈以至于斥骂的趋势;其中鲁褒《钱神论》可推为翘楚。

张敏的《头责子羽文》写失志不平,自具一副笔墨。张敏(生卒年不详),曾为益州刺史。文章序言曾交代,本文为姐夫秦生所作,秦与温颙、张华等为友,可这些人都一个个发达,却谁也不引荐秦生(文中的子羽),于是张敏便作文"以戏之"。文章托言秦生的头与头的主人(子羽)对话,头先发难说:

> 吾托子为头,万有余日矣。大块禀我以精,造我以形。我为子植发肤,置鼻耳,安眉须,插牙齿,眸子摘光,双颧隆起;每至出入人间,遨游市里,行者辟易,坐者竦跽;或称君侯,或言将军,奉手倾侧,伫立崎岖;如此者,故我形之足伟也。

大意是我作为头使你相貌堂堂,看上去很威风。走到人群中大家都觉得你该是君侯、将军之类大人物。接着就指责子羽对不起头,"冠冕不戴,金银不佩……旨味弗尝,食粟茹菜"之类。继而又挖苦说:

> 子欲为仁贤也,则当如皋陶、后稷、巫咸、伊陟,保乂王家,永见封殖。子欲为名高也,则当如许由、子臧、卞随、务光,洗耳逃禄,千岁流芳。子欲为游说也,则当如陈轸、蒯通、陆生、邓公,转祸为福,令辞从容。子欲为进趣也,则当如贾生之求试,终军之请使,砥砺锋颖,以干王事。子欲为恬淡也,则当如老聃之守一,庄周之自逸,廓然离俗,志凌云日。子欲为隐遁也,则当如荣期之带索,渔父之瀺灂,栖迟神丘,垂饵巨壑。此一介之所以显身成名者也。

这段话,明是指责子羽好歹难成,其实道出的是老实人的尴尬。文章进而把矛头直指温颙、张华等,对他们先是一番挖苦:

> 子不如太原温颙、颍川苟寓、范阳张华、上郡刘许、南阳邹湛、河南郑诩,此数子者,或謇吃无宫商,或尪陋希言语,或淹伊多姿态,或䍐骥少智谞,或口如含胶饴,或头如巾齑杵。

接着又是"攀龙附凤,并登天府;夫舐痔得车,沉渊得珠"的刻薄。此文的特点是风趣,挖苦抢白之言,难免流于尖刻,但总体上还是特点鲜明。后者看王沈《释时论》也有同样特点。

王沈(生卒年不详)据《晋书》本传,"少有俊才,出于寒门,不能随俗浮沉,为时豪所抑……郁郁不得志"。《释时论》假托东野丈人与冰氏之子的对话,抒发对门阀势力垄断政权寒门无出路的控诉,如其中东野丈人下面的一段话:

> ……今则不然。上圣下明,时隆道宁,群后逸豫,宴安守平。百辟君子,奕世相生,公门有公,卿门有卿。指秃腐骨,不简蚩伫。多士

丰于贵族,爵命不出闺庭。四门穆穆,绮襦是盈,乃叔之子,皆为老成。贱有常辱,贵有常荣,肉食继踵于华屋,疏饭袭迹于褥耕。谈名位者以谄媚附势,举高誉者因资而随形。至乃空嚣者以泓噌为雅量,琐慧者以浅利为铨铨,晦眙者以无检为弘旷,佞垢者以守意为坚贞,嘲哮者以粗发为高亮,韫蠢者以色厚为笃诚,淹婪者以博纳为通济,熙熙者以难入为凝清,拉答者有沉重之誉,嗛闪者得清剿之声,呛哼怯畏于谦让,阘茸勇敢于饕诤。斯皆寒素之死病,荣达之嘉名。……责人必急,于己恒宽。德无厚而自贵,位未高而自尊,眼罔向而远视,鼻鬐鼿而刺天。忌恶君子,悦媚小人,敖蔑道素,慑呼权门。心以利倾,智以势惛,姻党相扇,毁誉交纷。当局迷于所受,听采惑于所闻。京邑翼翼,群士千亿,奔集势门,求官买职,童仆窥其车乘,阍寺相其服饰,亲客阴参于靖室,疏宾徙倚于门侧。时因接见,矜厉容色,心怀内荏,外诈刚直,谭道义谓之俗生,论政刑以为鄙极。高会曲宴,惟言迁除消息,官无大小,问是谁力……

好一段嬉笑怒骂的文字。一开始还正言若反,到后来则是辛辣的嘲讽,酣畅淋漓!

最能代表西晋讥刺时俗的文字,当然要属鲁褒(生卒年不详)的《钱神论》。此论的宗旨,在于讥斥唯钱是亲、唯利是图的糜烂世风。文中借"司空公子"和"綦母先生"的对话,对拜金风气下的人情世态进行了穷形尽相的描摹。作者虽极度不满,却处处反话正说,以谐谑笔调进行反讽,其效果远远优于正面的呵骂。如以下两段文字:

> 京邑衣冠,疲劳讲肄。厌闻清谈,对之睡寐。见我家兄,莫不惊视。钱之所祐,吉无不利。何必读书,然后富贵!……
> 是故忿诤辩讼,非钱不胜;孤弱幽滞,非钱不拔;怨仇嫌恨,非钱不解;令问笑谈,非钱不发。洛中朱衣,当途之士,爱我家兄,皆无已已。执我之手,抱我终始。不计优劣,不论年纪。宾客辐辏,门常如市。谚云:"钱无耳,可暗使!岂虚也哉?"又曰:"有钱可使鬼,而况于

人乎。"子夏云："死生有命,富贵在天。"吾以死生无命,富贵在钱。何以明之？钱能转祸为福,因败为成。危者得安,死者得生。性命长短,相禄贵贱,皆在乎钱。天何与焉？天有所短,钱有所长。

可谓道尽了人情冷暖、世态炎凉,纵使千百年后,仍能引发我们会心一叹。《钱神论》后半部分已散佚,按此类文体的惯例,应为"綦母先生"对钱神之论的反驳。然而无非圣贤之教训,自矜之腐谈,本文精华处固不在此。

第四节　南北朝论说文

南北朝时期的各种论说体文章,基本延续魏晋规模,创作水平较诸魏晋似乎要逊色一些。品题人物的文章成功者稀少,抒发个人寥落的论说,也难有与魏晋比肩者。这一时期讨论抽象哲理的文字,主要围绕着佛教而展开,是此期文章写作的一大特点。这是因为进入南朝之后,传统的玄学已经式微,沦为"客至之有设"(王僧虔《诫子书》)的装点门面之物。这一时期值得注意的玄理类论说文,基本上是与探讨佛理有关的作品。刘永济先生说:"宋齐而下,流风未沫。重以佛教东来,此土才士,喜其旨义幽深,颇类道家玄致,于是附会援引,辩难遂多。"[1]其中,当以范缜的《神灭论》最具代表性,产生的影响也最大。

一、佛理类论难文字

佛教入中国,势必与本土文化发生某种冲突。"神灭神不灭"就是其中之一。在此争论之前,检诸魏晋南北朝载籍篇章,先是有关沙门要不要"敬王者"的争执。主张应该"敬王者"的有桓玄、卞嗣之等,主张"不敬"的有教门中人如庐山慧远以及崇拜佛教的士子王谧、何充等。此后,在刘宋时期还有争议,即何承天与宗炳等斗笔。和尚慧琳(生卒年不详)作《均善论》,设白学先生与黑学道士两人,分别代表孔老与佛教进行对论。作者身为僧人,却主张孔老与佛教兼容。文章说:"言之者未必远,知之者未必得,不知者未必失,但知六度与五教并行,信顺与慈悲齐立耳。殊途同归者,不得守其发轮之辙也。"这是很奇特的,而且,文章还让代表孔老之道的白学先生在对论中处上风。此外论文还涉及空有、报应等各种说法。作者主张"并行"、"齐立"之说,也是较早主张三教融合的观点。这篇文章惹怒了僧人,群起而攻之。当时如没有皇帝干涉,僧人就把作者摈斥于本教之外了。

---

[1] 刘永济:《十四朝文学要略》,中华书局,2007年版,第172页。

何承天(370—447)看到这篇文字很欣赏,把它寄给了宗炳。这又引发了两人之间的论争。书信往还,两人就有没有佛教所说的"神明"、"灵光"、"泥洹"、"法身"以及"身死神灭"抑或"不灭"等诸多问题进行了交锋。何承天指责佛教用因果报应、天堂地狱之说是"以有欲要之",说佛教拿这些天堂地狱之类的说法诱惑大众。宗炳(375—443)作《明佛论》长文应战。何承天又作《报应问》和《达性论》两文。前者指责佛家报应说"为民陷井",其所持"达性"之说,更以为在天地三才范围内,安顿好日常生活,"抚养黎元,助天宣德",人民即可各适其性地生活。此外的众生轮回、不杀生等,都不是圣贤之说,可以置之不理。此论排斥佛教的观点与后来韩愈《原道》篇颇有相同之处。这一次的论争,除一些佛教徒参与之外,还有颜延之等。

第二次争锋是由顾欢(生卒年不详)《夷夏论》引起的。顾欢之文说:"屡见刻舣沙门,守株道士,交诤大小,互相弹射。"作者觉得这实在没有必要。为什么?文章说:

> 五帝、三皇,不闻有佛,国师道士,无过老、庄,儒林之宗,孰出周、孔?若孔、老非圣,谁则当之?然二经所说,如合符契。道则佛也,佛则道也。

意思很清楚,佛道与孔老之道没什么不同。然而,这样说,绝对不是赞同佛教在"华"传播,相反,认为既然孔老与佛教两道相同,就没必要再接受佛教。而且,佛教作为"夷"人之教与孔老之教有很多的不同,如"擎跽磬折,侯甸之恭;狐蹲狗踞,荒流之肃;棺殡椁葬,中夏之制;火焚水沉,西戎之俗;全形守礼,继善之教;毁貌易性,绝恶之学"等,所以他认为正确的态度是"在鸟而鸟鸣,在兽而兽吼,教华而华言",一句话,华人应该相信孔老之教就好。这样的观点、态度,包括行文语调,自然引起佛教界一片反驳之声。

当然上述这些关于佛教的文化交锋都不如"神灭神不灭"的争论声势宏大。

范缜(约450—515)作《神灭论》的根本目的,在反对佛教的因果报应说。《梁书》卷四十八《儒林传》载:"初,缜在齐世,尝侍竟陵王子良。子良精信释教,而缜盛称无佛。子良问曰:'君不信因果,世间何得有富贵,何得有贫贱?'缜答曰:'人之生譬如一树花,同发一枝,俱开一蒂,随风而堕,自有拂帘幌坠于茵席之上,自有关篱墙落于溷粪之侧。坠茵席者,殿下是也;落粪溷者,下官是也。贵贱虽复殊途,因果竟在何处?'子良不能屈,深怪之。缜退论其理,著《神灭论》。"在与萧子良的对答中,范缜是以偶然论的立场反对因果说,然而比喻虽妙,立论上不免有不够完善的地方。故而范缜"退论其理",转换了一个角度,以"形存则神存,形谢则神灭"的神灭论对因果报应之说进行攻击。① 因为主张神灭,佛教所主张的轮回果报也就失去了受体,因果报应说即不攻自破,远胜于就事论事的辩难。范缜此论,可谓是釜底抽薪的手段,单从立论角度的选择上,便足以显示出范缜的思辨水准。

史载范缜"此论出,朝野喧哗,子良集僧难之而不能屈"。可见《神灭论》在齐代就曾引起不小的反响。到了梁代,笃信佛教的梁武帝更是组织了大批僧众及士人与范缜进行辩论,参与人数有六十二人,往返文章有七十五篇之多,堪称中国哲学史上绝无仅有的奇观。此既反映出范缜持论水平的高超,亦可见当时人对于讨论佛理的热衷程度。钱钟书先生云:"万乘之势,盈庭之言,虽强词不堪夺理,而虚声殊足夺人,缜乃自反不缩,以一与多,遂使梁君臣如集雀仇鹞、群狐斗虎……缜洵大勇,倘亦有恃梁武之大度而无所恐欤? 皆难能可贵者矣。"②

《神灭论》模仿清谈时的实际场景,以自设宾主、往返问难的形式结构全篇,全文共由三十一番问答组成,在体式上极具特色。文中无论问答,都极简洁明快,绝不拖泥带水。如云:

---

① 关于轮回与果报的问题,在佛学体系内部也有许多纠葛争执。如"三法印"之一"诸法无我"就与轮回说有很大的冲突。可参看杜继文《佛教史》第一章第三节《早期佛教的分派》,江苏人民出版社,2008年版的论述。
② 钱钟书:《管锥编》,中华书局,1979年版,第1424页。

> 或问予云："神灭，何以知其灭也？"答曰："神即形也，形即神也。是以形存则神存，形谢则神灭也。"
>
> 问曰："形者无知之称，神者有知之名。知与无知，即事有异，神之与形，理不容一，形神相即，非所闻也。"答曰："形者神之质，神者形之用，是则形称其质，神言其用，形之与神，不得相异也。"
>
> 问曰："神故非质，形故非用，不得为异，其义安在？"答曰："名殊而体一也。"
>
> 问曰："名既已殊，体何得一？"答曰："神之于质，犹利之于刀；形之于用，犹刀之于利；利之名非刀也，刀之名非利也。然而舍利无刀，舍刀无利，未闻刀没而利存，岂容形亡而神在？"

钱钟书先生称赞此文"精思明辨，解难如斧破竹，析义如锯攻木，王充、嵇康之后，始见斯人。范氏词无枝叶，王逊其简净，嵇逊其晓畅，故当出一头地耳"。①"简净"、"晓畅"云云，确乎是中肯的评价。不过文中以比喻析理的地方太多，有些未必完全恰当，当算作此论的白璧微瑕。②

与佛教争论相关的文字，还有陈朝傅縡所作《明道论》亦颇具可观性。傅縡（生卒年不详），由梁入陈，为撰史等职。《陈书》本传载："縡笃信佛教，从兴皇惠朗法师受《三论》，尽通其学。时有大心暠法师著《无诤论》以诋之，縡乃为《明道论》，用释其难。"此文在文体上与诸多佛理论难体一样，引用对方观点，注意加以辩驳。此文的长处在其文字，钱钟书先生称："俊辩不穷，六朝人所作说理文字，修辞雅净，斯为首出，刘勰相形亦成伧楚矣。"③评价甚高，所说刘勰文字是指他的明佛理的论说。钱先生的评

---

① 钱钟书：《管锥编》，中华书局，1979年版，第1421～1422页。
② 以"刀"与"刃"比喻形神关系，即有于义未妥处。沈约在《难范缜神灭论》中反驳说："刀则唯刃独利，非刃则不受利名，故刀是举体之称，利是一处之目。刀之与利，既不同矣；形之与神，岂可妄合邪？又昔日之刀，今铸为剑；剑利即是刀利，而刀形非剑形。于利之用弗改，而质之形已移。与夫前生为甲，后生为丙，夫人之道或异，往识之神犹传，与夫剑之为刀，刀之为剑，有何异哉？又一刀之质，分为二刀，形已分矣，而各有其为利。今取一半之身，而剖之为两，则饮齿之生即谢，任重之不分，又何得以刀之为利，譬形之与神邪？"便是抓住了这一漏洞穷追猛打。
③ 钱钟书：《管锥编》，中华书局，1979年版，第1485页。

价是正确的,如文中就《无诤论》对兴皇惠朗法师"雷同诃诋,恣言罪状,历毁诸师,非斥众学,论中道而执偏心,语忘怀而竞独胜"的指责,作回应说:

> 答曰:《三论》之兴,为日久矣。龙树创其源,除内学之偏见,提婆扬其旨,荡外道之邪执……顷代浇薄,时无旷士,苟习小学,以化蒙心,渐染成俗,遂迷正路,唯竞穿凿,各肆营造,枝叶徒繁,本源日翳,一师解释,复异一师,更改旧宗,各立新意,同学之中,取瘢复别,如是展转,添糅倍多。总而用之,心无的准;择而行之,何者为正?岂不浑沌伤窍,嘉树毙牙?虽复人说非马,家握灵蛇,以无当之卮,同画地之饼矣。其于失道,不亦宜乎?摄山之学,则不如是。守一遵本,无改作之过;约文申意,杜臆断之情。言无预说,理非宿构。睹缘尔乃应,见敌然后动。纵横络绎,忽恍杳冥。或弥纶而不穷,或消散而无所。焕乎有文章,踪朕不可得;深乎不可量,即事而非远。凡相酬对,随理详核。有何嫉诈,干犯诸师?且诸师所说,为是可毁?为不可毁?若可毁者,毁故为衰;若不可毁,毁自不及。法师何独蔽护不听毁乎?

先说《三论》之学的来历,再表其真义理解的分歧,继赞本师的理解的高妙,最后出之以"诸师所说"可毁则毁,不毁自存为一完结,层层递进,义脉连贯,气势灏畅,最后的"可毁"云云,直揭对手残缺护短的底里,锐利得很。而数句之间即有的反诘,更增添了语言的气势,表露出作者维护正理的气概。这不是局部的俊辩,而是整篇的风貌。文中"虽骊角难成,象形易失"之"象形",用佛经中盲人摸象典故,亦有意味。

二、政史类论说文

这一时期的政史类论说文中,当以范晔(398—445)的史论为最好。《后汉书》中的史论文章,包括"序"与"论"两类,前者位于列传之首,后者位于列传之末。这种体裁并非范晔开创,如《史记·游侠列传》的开头处,就有"儒以文乱法,而侠以武犯禁"的一段脍炙人口的序文;而附在各个列传后的"太史公曰",更是随处可见。不过,与《史记》、《汉书》相比,《后汉

书》中的众多序、论别有特色,钱钟书先生称其"纵横驰骋、感慨飞扬",①如著名的《党锢列传序》:

> 霸德既衰,狙诈萌起。强者以决胜为雄,弱者以诈劣受屈。至有画半策而绾万金,开一说而锡琛瑞。或起徒步而仕执珪,解草衣以升卿相。士之饰巧驰辩,以要能钓利者,不期而景从矣。自是爱尚相夺,与时回变,其风不可留,其敝不能反。及汉祖杖剑,武夫勃兴,宪令宽赊,文礼简阔,绪余四豪之烈,人怀陵上之心,轻死重气,怨惠必仇,令行私庭,权移匹庶,任侠之方,成其俗矣。自武帝以后,崇尚儒学,怀经协术,所在雾会,至有石渠分争之论,党同伐异之说,守文之徒,盛于时矣。至王莽专伪,终于篡国,忠义之流,耻见缨绋,遂乃荣华丘壑,甘足枯槁。虽中兴在运,汉德重开,而保身怀方,弥相慕袭,去就之节,重于时矣。逮桓、灵之间,主荒政缪,国命委于阉寺,士子羞与为伍,故匹夫抗愤,处士横议,遂乃激扬名声,互相题拂,品核公卿,裁量执政,婞直之风,于斯行矣。夫上好则下必甚,矫枉故直必过,其理然矣。若范滂、张俭之徒,清心忌恶,终陷党议,不其然乎?

在这一段文字中,范晔纵论两汉以来各个时期士风的不同,着重探讨了帝王所为对风俗的影响,最终归结到"上好则下必甚,矫枉故直必过"。笔力雄健,淋漓尽致,与《汉书》史论含蓄简约、意在言外的风格相比,显得更为壮美、酣畅。又如《窦宪传论》:

> 卫青、霍去病资强汉之众,连年以事匈奴,国耗太半矣,而猾虏未之胜,后世犹传其良将,岂非以身名自终邪! 窦宪率羌胡边杂之师,一举而空朔庭,至乃追奔稽落之表,饮马北鞮之曲,铭石负鼎,荐告清庙。列其功庸,兼茂于前多矣,而后世莫称者,章末衅以降其实也。是以下流,君子所甚恶焉。夫二三子得之不过房帷之间,非复搜扬仄

---

① 钱钟书:《管锥编》,中华书局,1979年版,第1279页。

陋,选举而登也。当青病奴仆之时,窦将军念咎之日,乃庸力之不暇,思鸣之无晨,何意裂膏腴,享崇号乎?东方朔称"用之则为虎,不用则为鼠",信矣。以此言之,士有怀琬琰以就煨尘者,亦何可支哉!

由评论古人,引出作者本人对际遇无常、命运难料的喟叹,很有苍凉之感,与司马迁在《伯夷列传》中的议论有异曲同工之妙。值得一提的是,范晔在行文时,十分注重语句间节奏音韵的协调,使文章颇具铿锵之美。刘师培先生称"其文之音节尤可研究。例如《后汉书》《六夷传序》、《党锢列传序》、《逸民传序》、《宦者传序》,几无一句音节不协"。① 范晔自称"性别宫商、识清浊",确非虚论。

对于这些史论作品,范晔本人是极为自负的。在《狱中与诸甥侄书》中,范晔称:"吾杂传论,皆有精意深旨,既有裁味,故约其词句。至于《循吏》以下及《六夷》诸序论,笔势纵放,实天下之奇作。其中合者,往往不减《过秦(论)》篇。尝共比方班氏所作,非但不愧之而已。"故而萧统在以"综缉辞采"、"错比文华"的标准编纂《文选》的"史论"部分时,即对范晔特加青眼,选录了其多篇序、论之作。

范晔史论之后,有齐梁时裴子野(469—530)作《宋略》,其中《选举论》一文,也颇见功夫。此文以为,论选举制的优胜,当以周代最善,至汉代古意犹存。然而,刘宋选举承魏晋而来,"所失弘多"。其主要表现,文中论曰:

> 夫厚貌深衷,险如溪壑,择言观行,犹惧弗周,况今万品千群,俄折乎一面,庶僚百位,专断于一司,于是嚣风遂行,不可止也已。

说人的长相和心地不一,就是察言观行都难以确定一个人的好坏,而现行选拔人才的办法,却是千差万别的人只靠选官的一次见面,只靠选官的一人之见。这无疑道出魏晋以下,选拔官员看长相、听谈言的坏毛病。

---

① 刘师培:《中国中古文学史讲义》,商务印书馆,2010年版,第131页。

《选举论》今存两段,在另一段文字中,作者由说两汉以前"本无华素之隔",魏晋以来则逐渐"专限阀阅,自是三公之子,傲九棘之家,黄散之孙,蔑令长之室,转相骄矜,互争铢两,所论必门户,所议莫贤能,苟且之俗成,傲慢之祸作,非所以敦弘退让,厉德兴化之道也",也是一针见血之论。文字简捷扼要,自成一体。

此外,史论可以一谈的还有陈朝何之元(?—593)《梁典总论》。此文检讨梁朝三帝政治得失,承认梁朝在梁武帝时期大搞文教,说因为梁帝"洞晓儒玄,该罗内外",于是"举洙泗之余教,针其膏肓,采周孔之遗文,正其鱼鲁,于是广开庠序,敦劝后生,亲自观试,策其优劣,由近及远,咸从风化"。然而,"至若御民之术,未为得也"。自此以下,文章揭示梁朝政治之失败,颇有可观,如言:

> 罔恤民之不存,而忧士之不禄,莅民之长,守次更为,前人未安,后人便及,迎新送故,疲于道涂,为君者甚多,为民者甚少,由是君臣之义薄,狡恶之萌兴,下上递憎,甚于仇敌,百城恣其暴夺,亿兆困其征求,捐弃旧乡,奔亡他县,地荒邑散,私少官多,于是仓库既空,赋敛更重,天示谴祸,地出妖祥,饥疫互生,水旱交至,民不堪命,轰然土崩,数十年间,还为黎庶。

颇能道出梁朝政治的实质:政权是"忧士之不禄"的,是尽量讨好士大夫的。于是一切的政治贪污侵削,都没有人去管,小百姓只有忍耐。其他体制之不善反倒是在其次了。其实这也不是梁朝一家的弊端,南朝皇帝纵容臣下贪污,是一种风尚。朝政若此,民不堪命、土崩瓦解就是再自然不过了。作者的认识颇能透入梁朝的骨子里。就文风而言,在骈体大盛的时代,论史的文字还能大体保持散文的体式,也颇值得注意。

三、杂体论说文

此期杂体论说当以刘峻的《辩命论》艺术成就最高。

刘峻(462—521)一生可谓极其坎坷,处处碰壁,动辄得咎。《梁书》卷五十《刘孝标传》载:"时竟陵王子良博招学士,峻因人求为子良国职,吏部尚书徐孝嗣抑而不许,用为南海王侍郎,不就。至明帝时,萧遥欣为豫州,为府刑狱,礼遇甚厚。遥欣寻卒,久之不调。天监初,召入西省,与学士贺踪典校秘书。峻兄孝庆,时为青州刺史,峻请假省之,坐私载禁物,为有司所奏,免官。……高祖招文学之士,有高才者,多被引进,擢以不次。峻率性而动,不能随众沉浮,高祖颇嫌之,故不任用。乃著《辩命论》以寄其怀。"足可见此文虽托言辩命,实则寄寓了作者的不遇之感、不平之气,与李康的《运命论》有异曲同工之处。

就文章体式而言,《辩命论》较《运命论》更似论体,持论更为条理明畅。在文章的第一部分,刘峻回顾了前人对于命运问题的阐述,指出这些意见或"未明其本",或"未畅其流",皆不能探得命运问题的本源。作者指出:

> 夫通生万物,则谓之道,生而无主,谓之自然。自然者,物见其然,不知所以然;同焉皆得,不知所以得。鼓动陶铸,而不为功,庶类混成,而非其力。生之无亭毒之心,死之岂虔刘之志?坠之渊泉非其怒,升之霄汉非其悦。荡乎大乎,万宝以之化;确乎纯乎,一化而不易。化而不易,则谓之命。

既然"道"化生万物之后"一化而不易",那么万物之命运也就自然无可更改了,所谓"鬼神莫能预,圣哲不能谋。触山之力无以抗,倒日之诚弗能感"。在文章的第二部分中,刘峻即以现实中刘瓛、刘璡兄弟的事例,力陈这种既定之"命"的冷酷与不可转移。这也是全文最为沉重的一段文字:

> 近世有沛国刘瓛,瓛弟璡,并一时之秀士也。瓛则关西孔子,通涉六经,循循善诱,服膺儒行。璡则志烈秋霜,心贞昆玉,亭亭高竦,不杂风尘。皆毓德于衡门,并驰声于天地。而官有微于侍郎,位不登于执戟,相次殂落,宗祀无飨。因斯两贤,以言古则:昔之玉质金相,

英髦秀达,皆摈斥于当年,韫奇才而莫用,徽草木以共雕,与麋鹿而同死,膏涂平原,骨填川谷,湮灭而无闻者,岂可胜道哉!此则宰衡之与皂隶,容、彭之与殇子,猗顿之与黔娄,阳文之与敦洽。咸得之于自然,不假道于才智。故曰"死生有命,富贵在天",其斯之谓矣。

曹魏李康《运命论》中还说:"善恶书于史册,毁誉流于千载",然而在刘峻看来,能否留名青史,也全由命运决定,如刘氏兄弟这样的才俊,若不得命运眷顾,则"徽草木以共雕,与麋鹿而同死",完全无可奈何。孔子说"君子疾没世而名不称焉",然而在这种漆黑一片的命运面前,实现人生价值的最后一线生机亦不复存在,可谓惨痛至极。这一段文字,寄托了刘峻对于坎坷人生最深的喟叹。①

在文章第三部分中,刘峻接着驳斥了六种反对命定论的观点,列举了大量历史事实,证明"死生"、"贵贱"、"贫富"、"治乱"、"祸福","此十者,天之所赋",不可变更。最后,笔锋终于一转,为本文抹上唯一一点积极的亮色:"然则君子居正体道,乐天知命,明其无可奈何,识其不由智力,逝而不召,来而不拒,生而不喜,死而不戚。瑶台夏屋,不能悦其神;土室编蓬,未足忧其虑。不充诎于富贵,不遑遑于所欲。岂有史公、董相《不遇》之文乎?"所谓"善人为善,焉有息哉",依旧将人生旨趣归结于儒家的俟命成德之学。然而与《运命论》相较,篇幅既大大减少,语气亦低沉,更似于无奈之排遣,绝望之际的自我安慰之辞。骆鸿凯先生在《文选学》中,曾列举了《运命论》与《辩命论》之间的四处不同,可参看。

刘峻《广绝交论》与《辩命论》一样,俱入《文选》。而《广绝交论》之内容词彩,确实有可称道之处。后汉朱穆作《绝交论》,刘峻的《广绝交论》之

---

① 刘峻的《自序》可与这一段文字参看:"余自比冯敬通,而有同之者三,异之者四。何则?敬通雄才冠世,志刚金石;余虽不及之,而节亮慷慨,此一同也。敬通值中兴明君,而终不试用;余逢命世英主,亦摈斥当年,此二同也。敬通有忌妻,至于身操井臼;余有悍室,亦令家道轗轲,此三同也。敬通当更始之世,手握兵符,跃马食肉;余自少迄长,戚戚无欢,此一异也。敬通有一子仲文,官成名立;余祸同伯道,永无血胤,此二异也。敬通膂力方刚,老而益壮;余有犬马之疾,溘死无时,此三异也。敬通虽芝残蕙焚,终填沟壑,而为名贤所慕,其风流郁烈芬芳,久而弥盛;余声尘寂漠,世不吾知,魂魄一去,将同秋草,此四异也。"

"广"即由此而来。此文也用"设问"体式,以客问朱穆作《绝交论》为是为非开始,称作者生活时代的交往是"素交尽,利交兴",进而将天下之交,归为"势交"、"贿交"、"谈交"、"穷交"、"量交"五类。又说"五交""生三衅":"败德殄义,禽兽相若,一衅也。难固易携,雠讼所聚,二衅也。名陷饕餮,贞介所羞,三衅也。"在这样的归纳之中,对时代交往风尚的厌恶不屑已是表露无遗了。

书法,如本书绪论所说,是汉魏以来士大夫文化的一个重要组成部分。表现在文学上,为书法作赋、作评论以及向皇帝介绍书法家作品的文章,自晋以下至南朝结束,呈越来越多之势。在这些评论性的文字中南朝袁昂(461—540)的《古今书评》是颇有特色的一篇。他还有另外一篇《书评》。两篇在写法上的高度一致,就是打比喻。如《古今书评》评价王羲之,说:"王右军书,如谢家子弟,纵复不端正者,爽爽有一种风气。"是将王羲之书法比作谢家子弟。王羲之书法今天能见,谢家子弟风度不能见,但当时人如何看谢家子弟的风度美好,也可见其一斑了。这是读此篇评论的额外之获,颇为有趣。此外说王献之书法:"如河洛间少年,虽皆荒悦,而举体蹉跎,殊不可耐。"说萧子云、崔子玉书法:"萧子云书,如春初望山林花,带处不发,如经论道人,无绝不言。崔子玉书,如危峰阻日,孤松一被,有绝望之意。"虽然内容不深,也嫌单调,但比喻上花烂映发,有目不暇接之感。

第三章 魏晋南北朝章表奏疏类文

章表奏疏是古代任何王朝政治生活中都不可或缺的文章体式,是从政的士大夫表达自己政治意见时必须要写的文章。在这段时期,不论是上行的章表奏疏,还是下行的诏策,都有重视辞藻、讲求华丽的鲜明时代特点。

第一节 文体概说

就文体性质而言,章表奏疏是一种上行的公文类文体,诏策教令属于下行文体。由于两种实用功能颇为接近的文体在古代政治生活中发挥着极为重要的作用,其文体特征、创作规范等问题也就格外受到重视,如曹丕在《典论·论文》中,就率先提出"奏议宜雅"的标准。之后陆机《文赋》又说:"奏平彻以闲雅。"要注意的是,曹丕、陆机之说,都不是对文章体式的概括,而是对此类文章应守体统的点醒。道理不难理解,要做上行文章,就不应该忘记自己的身份,也不要忘记文章的读者是在上位的尊者;同时,既为公文,多关乎国是,所以行文雅正、平稳,不能耍弄个人的文采,更不能在君上面前荒腔走板。至于这些上行公文的篇章体式,就是骨格架子意义上的文体,东汉时就有人论述,如蔡邕在其《独断》有如下的说法:"凡群臣上书天子者有四:一曰章,二曰奏,三曰表,四曰驳议。"又对章表奏议四种文章体式做了说明:

章者,需头称"稽首"。上书谢恩、陈事,诣阙通者也。

> 奏者，亦需头，其京师官但言"稽首"，下言"稽首以闻"。其中有所请，若罪法劾案，公府送御史台，公卿校尉送谒者台也。
>
> 表者，不需头，上言"臣某言"，下言"臣某诚惶诚恐，顿首顿首，死罪死罪"。左下方附曰"某官某臣甲上"。文多用编两行，文少以五行。诣尚书通者也。
>
> 其有疑事，公卿百官会议，台阁有所正处而独执异意者，曰驳议。驳议曰"某官某甲议以为如是"，下言"臣愚戆议异"。非其驳议，不言"议异"。其合于上意者，文报曰"某官某甲议可"。

蔡邕的上述说法，实际是教初学公文写作者一般格式规矩，怎么开头怎么结尾，甚至包括各种内容的公文应该送交哪里。之所以详加引述，是为了突出公文的写作本来就是规范性很强的这一特点，不像其他文体如赋那样在篇章体式和语言句法上可自由发挥。蔡邕所说，加上曹丕、陆机关于此类文体的"雅"和"闲雅"之类说法，其实就是这些文体所有的"镣铐"。能在诸多遵循规范的同时，把文字写得有色彩，有兴味，就是带着镣铐跳舞了。作家的个性，时代的特点，实际都是可以在严格的限定中得到展示的。也正是在这个层面上，规定性强的实用公文才有了文学的价值。这在刘勰的论述中是有所展示的。《文心雕龙》沿着蔡邕的路数将上行公文分"章表"、"奏启"、"议对"三小类进行讨论，并对每一类文章体要都作了精当概括。如《章表》篇云：

> 章以造阙，风矩应明；表以致禁，骨采宜耀。循名课实，以文为本者也。是以章式炳贲，志在典谟；使要而非略，明而不浅。表体多包，情伪屡迁。必雅义以扇其风，清文以驰其丽。然恳恻者辞为心使，浮侈者情为文屈，必使繁约得正，华实相胜，唇吻不滞，则中律矣。

章是进献于王庭的，按照蔡邕《独断》的说法是要谢恩、陈事的，所以刘勰说要体现作者的风格懿范。不过，《文选》没有选章，只有表。看来章、表的分别不是很显著。表，一方面"陈情"，说明臣下的想法感受，另一方面也得要有所建言,所以写法上要有"骨采"。所谓"骨"指的是内容确定,看法明切,不含混。两者都得讲究词采。不过,章与表的细微区别在章引经据典,用典训来增加色彩,也不能过分装潢,用典艰深更要不得。至于表,刘勰说表包含的种类多,因为关乎陈情,所以要雅致清丽。不论是章还是表,情绪都要真挚,措辞都要繁简适中,而且读来都应该流丽宛转。

关于启、奏,《文心雕龙·奏启》篇说:

> 夫奏之为笔,固以明允笃诚为本,辨析疏通为首。强志足以成务,博见足以穷理,酌古御今,治繁总要,此其体也。……启者,开也。……自晋来盛启,用兼表奏。陈政言事,既奏之异条;让爵谢恩,亦表之别干。必敛辙入规,促其音节,辨要轻清,文而不侈,亦启之大略也。

奏的内容是按劾纠弹,所以要明切、公允和真实,同时还要讲明道理。写作上,表达的意志要坚实,不能模棱两可,见地要高明广博,要仔细斟酌。刘勰又说:"故位在鸷击,砥砺其气,必使笔端振风,简上凝霜者也。"说一篇好的纠弹文字,一定要有气概,字里行间具有风霜般的严肃。启的本义是开导、明示,刘勰说魏晋之际有的表奏性文字也用"启"来标识,从内容上说实际是奏疏、章表一类文章的一个分支而已。但文体上的个性,却很清楚,那就是要言不烦,清灵简要。魏晋南北朝,具有文学色彩的"启"很少见。

关于议论内容较强的章表类文章,刘勰在《议对》篇说:

> ……其大体所资,必枢纽经典,采故实于前代,观通变于当今。理不谬摇其枝,字不妄舒其藻。又郊祀必洞于礼,戎事必练于兵,佃谷先晓于农,断讼务精于律。然后标以显义,约以正辞,文以辨洁为能,不以繁缛为巧;事以明核为美,不以环隐为奇。此纲领之大要也。

议对类文章的内容有关国是,其观点主张是要影响到政治决策的,与一般论说文有区别。因此议对文章,就像刘勰说的,要有经典的根据,同时还得既吸收前代经验教训,又要合乎当前实际。作者应该对于谈论的事情要熟悉内行,说理不能太主观,要简明扼要,头头是道,语言则应该务求"辨洁",繁缛、晦涩绕弯子是不可取的。

虽然有这些差异,然而在力求精当明晰、文质相称亦即避免无谓的繁辞冗句上,章、表、奏、疏具有共同的要求。这也是由这一类文体极强的实用性质所决定的。然而魏晋之后,文辞的华丽化、骈俪化是文学发展的一个整体趋势,章表奏疏的写作也未能摆脱这种影响。《文心雕龙·议对》篇称"魏晋以来,稍务文丽,以文纪实,所失已多",虽然专指对策文,但也不妨看作对这一类文体发展趋势的描写。在另一方面,章表奏疏毕竟是公文类的文字,虽然在史籍、选本中连篇累牍、触目皆是,然而真正富于文学意味的作品并不多见。许多文辞优美、珠圆玉润的章表,细看之下不过是浮皮潦草的泛泛之谈,缺少作者的真实心声,从文学史的角度而言并无太大价值。故而在本章中,笔者着重遴选一些富于文学意味,以及一些见证了当时历史进程的章表作品,以点带面,勾勒出魏晋南北朝时期章表奏疏类文体的发展脉络。

以上是关于上行的章表奏议类的文章体式。与之相对的还有下行的诏策文体。根据《文心雕龙·诏策》篇的分类,其中包括了策、制、诏、戒敕等细类。而在《文选》中,则将此类文章归为诏、策、令、教四类。关于其基本的文体特征,《文心雕龙·诏策》篇说:"授官选贤,则义炳重离之辉;优文封策,则气含风雨之润;敕戒恒诰,则笔吐星汉之华;治戎燮伐,则声有洊雷之威;眚灾肆赦,则文有春露之滋;明罚敕法,则辞有秋霜之烈。此诏策之大略也。"正由于这种特殊的用途与地位,典雅乃至古奥是这一类文体的一般特征,这也使得该类文体并未留下太多富于文学意味的作品。不过,其中也有一些例外,如曹魏时期曹操的一些教令洗练简洁,通脱痛快。这个时期还有一个与王朝更替频繁相关的"九锡文"。这类文章多本是时代不佳的表现,不过南北朝时期袁淑把这一文体用之于"锡猪"、"锡驴"等,就别有一番意思了。

第二节　魏晋章表奏疏

魏晋时期的章表奏疏类文章创作,不像诗文那样只在北方曹魏一家独盛,在蜀吴也都有出色甚至是当时最好的篇章。兹先从曹魏谈起。

一、曹魏以曹植为代表的创作

对曹魏时期章表类作品的总体风貌,《文心雕龙·章表》篇有一个简要概述:"曹公称为表不必三让,又勿得浮华。所以魏初表章,指事造实,求其靡丽,则未足美矣。"由于曹操的提倡以及身体力行,简约切要,"指事造实"成为建安时期章表的一大特色。此一时期曹操、孔融和曹植等,都是章表写作的代表人物。如最具代表性的是曹操(155－220)的《请增封荀彧表》:

> 昔袁绍作逆,连兵官渡。时众寡粮单,图欲还许。尚书令荀彧,深建宜往之便,远恢进讨之略,起发臣心,革易愚虑,坚营固守,徼其军实,遂摧扑大寇,济危以安。绍既破败,臣粮亦尽。将舍河北之规,改就荆南之策。彧复备陈得失,用移臣议,故得反旆冀土,克平四州。向使臣退军官渡,绍必鼓行而前,敌人怀利以自百,臣众怯沮以丧气,有必败之形,无一捷之势。复若南征刘表,委弃兖、豫,饥军深入,逾越江沔,利既难要,将失本据。而彧建二策,以亡为存,以祸为福,谋殊功异,臣所不及。是故先帝贵指纵之功,薄搏获之赏;古人尚帷幄之规,下攻拔之力。原其绩效,足享高爵,而海内未喻其状,所受不侔其功,臣诚惜之。乞重平议,增畴户邑。

细表荀彧的功勋之前,先着重渲染了与袁绍相持官渡时的危急局势:"有必败之形,无一捷之势","利既难要,将失本据",退军不可,南征亦不可。正在进退维谷之际,"彧建二策,以亡为存,以祸为福",一举扭转了不利的局面。通过这种渲染与烘托,荀彧的运筹帷幄之功得到彰显。遣词运笔朴实无华,诚恳自然,并无该类表文通常所有的天花乱坠的赞誉之词,只是切实描述了当时千钧一发的形势以及荀彧的谋划之功,反而更具有令人信服的力量。曹操类似的表文还有《表论田畴功》等。

除此之外,曹操还有大量的让表,如《让九锡表》、《上书让增封》、《又上书让封》、《上书让增封武平侯及费亭侯》等,辞让天子的各种赏赐。总而言之,由于该类文体毕竟属于上行的公文,曹操的章表之作虽已较为简切,但限于体裁与身份,在行文时仍不免刻意追求遣词用句的雅正,运用了许多套语、对句,以示庄重与恭敬。虽然文体要求如此,但是与曹操那些无所顾忌、通脱爽快的教令文字,在文学价值上明显差一截子。

孔融(153—208)最著名的章表作品,当推《荐祢衡疏》。该文作于汉献帝初平三年,是孔融向朝廷推荐祢衡所作的奏章。据《后汉书》卷八十《祢衡传》的记载,祢衡"少有才辩,而尚气刚傲,好矫时慢物",然而孔融深爱其才,"衡始弱冠,而融年四十,遂与为交友",并特地上表荐举。全文气势横溢,文采飞扬,颇能体现孔融"体气高妙"(《典论·论文》)的创作风格。

文章开始,作者以古代帝王为安定天下而广招贤能为例,希望献帝效法前修,重用贤才,对祢衡加以提拔。继而以整齐华丽之辞,向献帝具体陈述祢衡的才干:

窃见处士平原祢衡,年二十四,字正平,淑质贞亮,英才卓砾。初涉艺文,升堂睹奥。目所一见,辄诵于口;耳所暂闻,不忘于心。性与道合,思若有神。弘羊潜计,安世默识,以衡准之,诚不足怪。忠果正直,志怀霜雪。见善若惊,疾恶若仇。任座抗行,史鱼厉节,殆无以过也。鸷鸟累百,不如一鹗。使衡立朝,必有可观。飞辩骋辞,溢气坌涌,解疑释结,临敌有余。昔贾谊求试属国,诡系单于;终军欲以长缨,牵致劲越。弱冠慷慨,前世美之。近日路粹、严象,亦用异才,擢拜台郎,衡宜与为比。如得龙跃天衢,振翼云汉,扬声紫微,垂光虹蜺,足以昭近署之多士,增四门之穆穆。钧天广乐,必有奇丽之观;帝室皇居,必蓄非常之宝。若衡等辈,不可多得。《激楚》、《扬阿》,至妙之容,台牧者之所贪;飞兔、衮衮,绝足奔放,良、乐之所急。臣等区区,敢不以闻?

在孔融笔下,祢衡过目不忘如桑弘羊、张安世,操行正直如任座、史鱼,辩才无碍如贾谊、终军,俨然是旷世奇才,足以与古往今来的贤臣相颉颃。在一番盛赞之后,孔融提出"帝室皇居,必蓄非常之宝",像祢衡这样不可多得的人才,应该及早予以收纳。在文章最后,孔融请求"令衡以褐衣召见","无可观采,臣等受面欺之罪"。作者拍着胸脯予以担保的神态宛然。大量申引典故,反复比拟,以略显夸张的笔调反复渲染祢衡的才干,急切的推贤进能之情也是溢于言表的。《后汉书》卷七十《孔融传》称其"性宽容少忌,好士,喜诱益后进","荐达贤士,多所奖进,知而未言,以为己过",此表确实表现出孔融"荐贤"的个性,然而吹枯嘘生不留余地的毛病也在所难掩。

反对恢复肉刑的《肉刑议》,也颇能代表孔融的章表风格。关于是否恢复"肉刑",就是断除犯罪者肢体的酷刑,汉魏之际出现争论,检诸此时相关文献,关乎这一问题的篇章实繁有徒,不过在艺术上值得称道的只能是凤毛麟角了。孔融的这一篇就是其中之一。文中说到肉刑之弊时,并不汲汲于具体施政得失的分析,而是援引故实,以危言指陈其害,凭借气势取胜:

> 纣斫朝涉之胫,天下谓为无道。夫九牧之地,千八百君,若各刖一人,是天下常有千八百纣也。求俗休和,弗可得也。且被刑之人,虑不念生,志在思死,类多趋恶,莫复归正。豫沙乱齐,伊戾祸宋,赵高、英布,为世大患。不能止人遂为非也,适足绝人还为善耳。

关于肉刑是否恢复,孔融是持反对意见的。不过他的文章说理特别,说恢复肉刑天下就会出现"千八百"的商纣,孔融想问题的个性突出,于此可见。接着又说到那些受过肉刑的怎么悲惨,一般说到这里也就罢了,可孔融却又翻出一个豫沙、九戾以及赵高、英布等肉刑之人祸害天下的道理来。《文心雕龙·才略》篇称孔融"气盛于为笔",张溥在《汉魏六朝百三家集题辞注》中赞其"诗文豪气直上"。非但一般的诗文,即便是在章表奏议一类的作品中,孔融独特的个人气质亦深深浸透其间。若将其与上引曹操的章表作品做一比较,这种"气扬采飞"(《文心雕龙·章表》)的特征更加显露无遗。同时也颇带有曹丕所说"杂以嘲戏"的特点。关于文体的属性,有一个层次,就是作家个性气质渗透于文章字里行间所显示的个性。孔融在这一点上,可谓有自己鲜明的文体特征。

在建安七子中,以善写章表出名的还有陈琳、阮瑀。《典论·论文》称"琳、瑀之章表书记,今之俊也"。《文心雕龙·才略》篇说:"琳、瑀以符檄擅声。"可惜的是二者的章表文字均已亡佚,现在已经无法直接见识到它们的光彩。以现存文章而论,真正代表了三国魏地章表创作最高成就的,当属曹植。

曹植(192—232)现存的表、疏之作不少,尚有四十余篇。刘勰在《文心雕龙·章表》篇中,曾对曹植的章表之作给予极高的评价:"陈思之表,独冠群才。观其体赡而律调,辞清而志显,应物制巧,随变生趣,执辔有余,故能缓急应节矣。"而其中翘楚,当属写于魏明帝永和年间的两篇著名表文:《求自试表》与《求通亲亲表》。

曹植当年曾就帝位的继承与曹丕有过一番明争暗斗,故曹丕继位后,一直对曹植进行压制,采取严加防范、不予任用的态度。曹植向来自负有治国安邦的大才,据《三国志》卷十九本传的记载,"常自愤怨,抱利器而无所施"。故而在太和二年,也就是魏明帝即位之初,曹植向朝廷上呈了《求自试表》,表明自己渴望"立毛发之功"、"效锥刀之用"的心意。

文章始起,开宗明义谈到了"慈父不能爱无益之子,仁君不能畜无用之臣",自己"位窃东藩,爵在上列",却不能为国分忧,与"古之受爵禄者……以功勤济国,辅主惠民"的事迹相比,不由得深感惭愧。文中曹植不止一次地对自己现在无所事事的生活表达了不满:

> 如微才弗试,没世无闻,徒荣其躯而丰其体,生无益于事,死无损于数,虚荷上位而忝重禄,禽息鸟视,终于白首,此徒圈牢之养物,非

臣之所志也。

孔子曾说"君子疾没世而名不称焉",在曹植看来,眼下的生活尽管"身被轻暖,口厌百味,目极华靡,耳倦丝竹",但如同"圈牢之养物",绝非自己的志向。出于这种急切的建立功名的心理,曹植在表文中恳请能够"混同宇内,以致太和"地尽自己的绵薄之力,言辞也显得极为激昂恳切:

> 夫君之宠臣,欲以除患兴利;臣之事君,必以杀身靖乱,以功报主也。昔贾谊弱冠,求试属国,请系单于之颈而制其命;终军以妙年使越,欲得长缨占其王,羁致北阙。此二臣,岂好为夸主而耀世哉?志或郁结,欲逞其才力,输能于明君也。昔汉武为霍去病治第,辞曰:"匈奴未灭,臣无以家为!"固夫忧国忘家,捐躯济难,忠臣之志也。……若使陛下出不世之诏,效臣锥刀之用,使得西属大将军,当一校之队,若东属大司马,统偏舟之任,必乘危蹈险,骋舟奋骊,突刃触锋,为士卒先。虽未能禽权馘亮,庶将虏其雄率,歼其丑类,必效须臾之捷,以灭终身之愧,使名挂史笔,事列朝策。虽身分蜀境,首县吴阙,犹生之年也。

文章虽极力自谦,愿意"当一校之队"、"统偏舟之任",但玩味文意,其本心仍是以贾谊、终军,甚至以远涉流沙、剿灭匈奴的霍去病自比的,有这一点英雄气做支持,文辞也随之显得气势横溢,豪气干云,令人不由得联想起曹植年轻时所作的《白马篇》"捐躯赴国难,视死忽如归"的豪迈来了。从某种程度而言,《求自试表》中"名挂史笔,事列朝策"的渴求,正是曹植当年雄心的再一次表露。文中谈到近来听闻与东吴作战失利时,对自己想要即刻奔赴前线、力挽狂澜的急切心情同样刻画得惟妙惟肖:

> 流闻东军失备,师徒小衄,辍食弃餐,奋袂攘衽,抚剑东顾,而心已驰于吴会矣。

纵观全表,洋洋洒洒近一千五百字,旁征博引,气势横溢,神气足完,是魏初章表中不可多得的佳作。虽然曹植在文中也说:"自炫自媒者,士女之丑行也。干时求进者,道家之明忌也。"然而由于当时明帝刚刚即位,曹植大概幻想着对待自己的政策能够有所改变,加之年少时的轻狂才子气仍未消尽,故而在表文中仍然说了不少自炫的话:"臣昔从先武皇帝南极赤岸,东临沧海,西望玉门,北出玄塞,伏见所以行军用兵之势,可谓神妙矣。故兵者不可豫言,临难而制变者也。志欲自效于明时,立功于圣世。"类似这样的言论,无疑触犯忌讳,只能加重当政者的疑心。故《求自试表》上呈之后,并未取得曹植理想中的效果。《三国志》卷十九裴注引《魏略》曰:"植虽上此表,犹疑不见用。"在上表的第二年,也就是永明三年,曹植徙封东阿。魏明帝对于曹植等宗室虽在表面上有所礼遇,但本质上并未改变拘禁之策,曹植这种带有明显书生意气的尝试只能以碰壁告终。

有了这样的经历,曹植在永明五年上《求通亲亲表》时,语气便低回委婉得多。曹魏一代对于诸侯王的压制异常严厉,《资治通鉴》卷七十二载:"黄初以来,诸侯王法禁严切,至于亲姻皆不敢相通问。"《三国志》卷十九裴注引孙盛曰:"魏氏诸侯陋同匹夫。"曹植的这篇表文就是恳请明帝能够略微放松对诸王的管制,改变这种"婚媾不通,兄弟乖绝,吉凶之问塞,庆吊之礼废,恩纪之违,甚于路人,隔阂之异,殊于胡越"的局面。文中仍有一些请求自效的话,但与《求自试表》那种跃跃欲试的语气已有明显的不同:

> 臣伏自思惟,岂无锥刀之用。及观陛下之所拔授,若臣为异姓,窃自料度,不后于朝士矣。若得辞远游,戴武弁,解朱组,佩青绂,驸马奉车,趣得一号,安宅京室,执鞭珥笔,出从华盖,入侍辇毂,承答圣问,拾遗左右,乃臣丹情之至原,不离于梦想者也。

经过一系列的打击,曹植的心态再也不如三年前那般天真。表文中有些话更是说得极为惨痛:

> 臣伏以为犬马之诚不能动人,譬人之诚不能动天,崩城陨霜,臣初信之,以臣心况,徒虚语耳!若葵藿之倾叶,太阳虽不为之回光,然终向之者,诚也。臣窃自比葵藿,若降天地之施,垂三光之明者,实在陛下。

既沉痛,又诚恳,两种情绪形成了强烈的对比,一片赤诚之心跃然纸上。《三国志》卷十九本传载:"植每欲求别见独谈,论及时政,幸冀试用,终不能得。既还,怅然绝望。"一代才子,晚景凄凉颓唐如是,也正因为如此,其笔下的文字更具备了打动人心的力量。何焯在《义门读书记》中称赞此文:"可匹《出师表》,而文采辞条更为蔚然。"(《义门读书记》卷四十九)

曹植之后,此类文体还有曹魏末期阮籍(210—263)的创作可谈。"奏记"是呈报给三公的公文,与章表的性质有类似之处,故此处一并予以讨论。按照《文心雕龙·书记》篇的说法,这种文体"上窥乎表"、"下睨乎书",写作时应该"敬而不慑,简而无傲,清美以惠其才,彪蔚以文其响"。阮籍的《诣蒋公》一文可谓深得其体,《文选》"奏记"类,选此一篇而已。全文如下:

> 籍死罪死罪。伏惟明公,以含一之德,据上台之位,群英翘首,俊贤抗足。开府之日,人人自以为掾属,辟书始下,下走为首。子夏处西河之上而文侯拥彗,邹子居黍谷之阴而昭王陪乘。夫布衣穷居韦带之士,王公大人所以屈体而下之者,为道存也。籍无邹卜之德而有其陋,猥见采擢,无以称当。方将耕于东皋之阳,输黍稷之税,以避当涂者之路。负薪疲病,足力不强,补吏之召,非所克堪。乞回谬恩,以光清举。

阮籍申明自己虽然像邹衍、子夏二人一样身处穷陋,却没有他们的德行,况且"负薪疲病,足力不强",因此"补吏之召,非所克堪",委婉地谢绝了当时任太尉的蒋济的聘任。文中征引故实,用语典雅,自谦时不卑不亢,足可当得上"敬而不慑,简而无傲"的评价。然据李善注引臧荣绪《晋书》曰:"籍本有济世志,属魏、晋之际,天下多故,遂酣饮为常。"可见,不愿涉足乱世,与"裈中之虱"一般的"君子"们同流合污,才是阮籍"避当涂者之路"的真实原因。只不过阮籍号称至慎,"未尝臧否人物",不愿像嵇康一样在乱世直言取祸。但是,细细玩味全文,未必没有绵里藏针的地方。如文中写到"开府之日,人人自以为掾属",不由得令人想起阮籍《达庄论》与《大人先生传》中的某些片段。在这一点上,此文与阮籍著名的《为郑冲劝晋王笺》一样,皆有意在言外的妙处。

除上文所论之外,三国时期魏地较著名的章表之作还有王肃的《请恤杀平刑疏》,陶丘一的《荐管宁表》,等等。总而言之,魏地章表或多或少地秉承了建安文学骨力强健,慷慨多气的特征,即便是一些文辞趋于华靡的篇章,也不会给人以徒逞空文,文不胜质的感觉。刘师培在《中国中古文学史讲义》中说"东汉奏疏,多含蓄不尽之词。魏人奏疏之文,纯尚真实,无不尽之词","(魏代)奏疏之文,质直而屏华",①确实是中肯的评价。

二、诸葛亮等吴、蜀人的章表奏疏

论及三国时期的文学文化,魏地自然是当之无愧的中心。但以章表而论,吴、蜀两地也颇有一些值得称道的篇目。最著名的自然是诸葛亮的前后《出师表》,堪称千古之至文,艺术上三国章表无出其右者。此外,如蜀地的秦宓、吴地的骆统等人,也留下了一些优秀的章表作品。

诸葛亮(181—234)《出师表》作于建兴五年(公元227年),为诸葛亮率军屯驻汉中,准备北伐时行前所上。文章开始说:

> 先帝创业未半而中道崩殂,今天下三分,益州疲弊,此诚危急存亡之秋也。然侍卫之臣不懈于内,忠志之士忘身于外者,盖追先帝之殊遇,欲报之于陛下也。诚宜开张圣听,以光先帝遗德,恢弘志士之

---

① 刘师培:《中国中古文学史讲义》,上海古籍出版社,2000年版,第30、32页。

气,不宜妄自菲薄,引喻失义,以塞忠谏之路也。

文章起势庄重而峻切。先指出存在的危机,继表"忠臣志士"之奋发,最后落在对皇帝的勉励告诫,全是一派老臣谋国的至诚。不指出局势的危殆,不足以警醒皇帝;不表出志士的忠慨,也难以振作天子。以上两层,一般而言就够了,可是诸葛亮面对的皇上特别,若无正面提点,就起不到作用。其中"先帝"一词首次出现,却是弹出此篇表彰反复出现的一个动人音符。以下进入表章的中心部分:

> 宫中府中俱为一体,陟罚臧否不宜异同。若有作奸犯科及为忠善者,宜付有司论其刑赏,以昭陛下平明之理,不宜偏私,使内外异法也。侍中侍郎郭攸之、费祎、董允等,此皆良实,志虑忠纯,是以先帝简拔以遗陛下。愚以为宫中之事,事无大小,悉以咨之,然后施行,必能裨补阙漏,有所广益。将军向宠,性行淑均,晓畅军事,试用于昔日,先帝称之曰能,是以众议举宠为督。愚以为营中之事,悉以咨之,必能使行阵和睦,优劣得所。亲贤臣,远小人,此先汉所以兴隆也;亲小人,远贤臣,此后汉所以倾颓也。先帝在时,每与臣论此事,未尝不叹息痛恨于桓、灵也。侍中、尚书、长史、参军,此悉贞良死节之臣,愿陛下亲之信之,则汉室之隆,可计日而待也。

这真是一段太"丁宁"、"周至"的文字。告诉皇帝自己离开的时间里,宫中靠谁,府中靠谁,他们的品格如何,当年"先帝"如何评价,一一道来。给人的印象是皇帝对这些人很陌生,然而这也正是实际,也是诸葛亮临别最大的担忧。最后又援引当年"先帝"对于前后汉的评价,文章至此,耳提面命已是谆谆切切,而文章竟再次说"侍中、尚书、长史、参军,此悉贞良死节之臣,愿陛下亲之信之",颇有些唠叨(这样的"唠叨"在文章结尾处还要再出现一次)。然而,此表的文章气命和真挚,就在这反反复复、谆谆切切的"唠叨"之中。对此,清初金圣叹的体味颇深:"身提重师,万万不可不去;心牵钝物,又万万不能少宽,因而切切开导,勤勤叮咛,一回如严父,一回如慈妪。盖先生此日此表之涕泣,固自有甚难于嗣主者……正是此一副眼泪矣!"①

文章又说:

> 臣本布衣,躬耕于南阳,苟全性命于乱世,不求闻达于诸侯。先帝不以臣卑鄙,猥自枉屈,三顾臣于草庐之中,咨臣以当世之事,由是感激,遂许先帝以驱驰。后值倾覆,受任于败军之际,奉命于危难之间,尔来二十有一年矣。先帝知臣谨慎,故临崩寄臣以大事也。受命以来,夙夜忧叹,恐托付不效,以伤先帝之明,故五月渡泸,深入不毛。今南方已定,兵甲已足,当奖率三军,北定中原,庶竭驽钝,攘除奸凶,兴复汉室,还于旧都。此臣所以报先帝而忠陛下之职分也。

真是披肝沥胆的文字!刘勰《文心雕龙·章表》说:"表以陈情。"又说:"孔明之辞后主,志尽文畅。"《出师表》的这个段落就是"陈情",也最能"志尽文畅"。就其"志"言,"尔来二十年"的辛苦劳累,皆源于对"先帝"的"三顾"的"感激"。因"报先帝"而"忠陛下",正是诸葛大情大义之所在,正是他与同时代那些"欺人孤儿寡母"之辈的熏莸之别。再就其"文"而言,"苟全"两句相信一般读者都能过目不忘。文字固有当时对仗的风尚,但畅朗的句子,不是追求文采漂亮,而是显扬内心的忠悃深情。不求文采而特具文采正是诸葛的大才!以此,此文即不同于那个时代几百年追求文采的文士之作。因为他是用大的人格和情义写出的文字。

陈寿在《上诸葛氏集目录表》中说:"或怪亮文彩不艳,而过于丁宁周至……亮所与言,尽众人凡士,故其文指不得及远也。然其声教遗言,皆经事综物,公诚之心形于文墨,足以知其人之意理,而有补于当世。"可见"公诚之心形于文墨",正是此表最动人的地方。文章最末,以"临表涕泣,不知所云"结尾,苍凉悲壮,使原已收束的文章又多出许多不尽之意。苏轼在《乐全先生文集叙》中说道:"诸葛孔明不以文章自名,而开物成务之

---

① 金圣叹:《金圣叹全集》(第3册),江苏古籍出版社,1985年版,第497页。

姿,综核名实之意,自见于言语。至《出师表》,简而尽,直而不肆,大哉言乎!与伊训说命相表里。非秦汉以来,以事君为悦者所能至也。"陆游则在《书愤》一诗中高赞道:"出师一表真名世,千古谁堪伯仲间。"古人有言:读《出师表》不流泪,非忠臣也。诸多说法,都可见此文影响的深远。

诸葛亮还有一篇与《出师表》同享盛名的《后出师表》。此表最初见于《三国志》卷三十五《诸葛亮传》裴松之注文所引。在引文后裴松之注曰:"此表亮集所无,出张俨《默记》。"这条注解也引起了后人对《后出师表》是否真是诸葛亮所作的怀疑。从文章风格来看,此文的气格相对衰飒颓唐一些,虽然再次强调了"汉、贼不两立,王业不偏安",但同时也提到"臣伐贼才弱敌强",坚持北伐亦是出于"不伐贼,王业亦亡,惟坐待亡,孰与伐之"的考虑。表文最后表示,自己当"鞠躬尽力,死而后已",然而"至于成败利钝,非臣之明所能逆睹也"。虽精神感人至深,终显无可奈何之意,其情其境,与诸葛亮的晚景颇为符合。而言词简要素朴、情感恳切深沉,则与《前出师表》相近。

蜀地多才子。秦宓(?—226)是蜀地有名的才子,以文采辩才出名。吴国使者张温来聘,两个人曾经互相辩难。秦宓才思过人,对答如流,令张温钦服。陈寿称赞其"专对有余,文藻壮美,可谓一时之才士"。秦宓现存的章表类作品有《奏记益州牧刘焉荐任安》一篇,全文如下:

> 昔百里、蹇叔以耆艾而定策,甘罗、子奇以童冠而立功,故《书》美黄发,而《易》称颜渊,固知选士用能,不拘长幼,明矣。乃者以来,海内察举,率多英俊而遗旧齿,众论不齐,异同相半,此乃承平之翔步,非乱世之急务也。夫欲救危抚乱,修己以安人,则宜卓荦超伦,与时殊趣,震惊邻国,骇动四方,上当天心,下合人意,天人既和,内省不疚,虽遭凶乱,何忧何惧!昔楚叶公好龙,神龙下之,好伪彻天,何况于真?今处士任安,仁义直道,流名四远,如今见察,则一州斯服。昔汤举伊尹,不仁者远;何武贡二龚,双名竹帛。故贪寻常之高,而忽万仞之嵩;乐面前之饰,而忘天下之誉,斯诚往古之所重慎也。甫欲凿石索玉,剖蚌求珠,今乃随和炳然,有如皎日,复何疑哉!诚知盲不操

烛,日有馀光,但余情区区,贪陈所见。

全文中真正称道任安之美的,其实只有"仁义直道,流名四远"区区八个字,可谓一奇。文中的其他文字,都在旁征博引,援古喻今,阐明取士应该不拘一格的道理,高谈阔论,才气飞扬,具有鲜明的辩士之文的风范。如文中说:"昔楚叶公好龙,神龙下之,好伪彻天,何况于真?"真可谓妙论,最能显出秦宓出群的才子文风。

下面再来看吴国。吴国章表类文章以骆统(193—228)《表理张温》为代表。

据《三国志》卷五十七《张温传》载,张温出使蜀国之后,孙权"阴衔温称美蜀政,又嫌其声明大盛,众庶炫惑,恐终不为己用,思有以中伤之"。后即以温与暨艳、徐彪(二人均因大幅度调整官员的任职而为时人所恨)交结为由将张温加以惩治。骆统的表文即是为张温所作的辩护。从全文的布局上看,先以引经据典的高论开篇,继之以针对具体指控的辩驳,层次极为分明。在具体辩护时,不仅详尽分析事件的首尾本末,同时也大量援引故实以增强说服力,环环相扣,显示出作者极强的说理功力。如以下一段:

> 温之到蜀,共誉殷礼,虽臣无境外之交,亦有可原也。境外之交,谓无君命而私相从,非国事而阴相闻者也;若以命行,既侯修好,因叙己情,亦使臣之道也。故孔子使邻国,则有私觌之礼;季子聘诸夏,亦有燕谭之义也。古人有言,欲知其君,观其所使;见其下之明明,知其上之赫赫。温若誉礼,能使彼叹之,诚所以昭我臣之多良,明使之得其人,显国美于异境,扬君命于他邦。是以晋赵文子之盟于宋也,称随会于屈建;楚王孙围之使于晋也,誉左史于赵鞅。亦向他国之辅,而叹本邦之臣,经传美之以光国,而不讥之以外交也。

接下来,骆统又对加诸张温的其他罪状一一加以剖白,主张这些指控"校之于事既不合,参之于众亦不验",并指出"人君虽有圣哲之姿,非常之智,然以一人之身,御兆民之众,从层宫之内,瞰四国之外,照群下之情,求万机之理,犹未易周也",事实上是隐隐批评孙权听信不实之词,以一时的好恶定人之罪,可谓骨鲠敢言。除此之外,骆统的《民户损耗上疏》,以及诸葛恪的《谏齐王孙奋笺》,贺邵的《谏吴主皓疏》,都是三国时期吴地章表的代表作。就总体风格而言,吴地的学风与汉儒一脉相承,章表之作也与汉代作品颇多风调相类之处。

三、西晋的章表奏疏

两晋时期同样涌现出许多章表奏疏的名作。西晋时期的作品,在延续了魏地章表的创作传统之外,在风格上也有一些新的发展。刘师培在《中国中古文学史讲义》中曾论:"晋代表疏,或文辞壮丽,或择言雅畅,其弊或流于烦冗,为汉、魏所无。"[1]李密、羊祜、陆机、刘琨等人的作品,可视为西晋章表的代表。

李密(224—287)的《陈情表》,可称得上西晋章表中最为著名的一篇作品,以其婉转凄切、感人至深,受到历代文评家的推崇。据《三国志》卷四十五裴注引《华阳国志》,以及《晋书》卷八十八本传的记载,李密年轻时曾师侍著名学者谯周,博通五经,文才卓著,而生性至孝,自幼与祖母相依为命。晋灭蜀后,晋武帝征李密为太子洗马,"诏书累下,郡县逼遣",李密即呈上此表,恳请暂不应征,侍奉祖母终老。

本文开篇,首先回顾了自己"夙遭闵凶"的凄惨身世,极力渲染与祖母刘氏"更相为命"的祖孙深情。文言今祖母年老卧病,自然应当躬侍汤药,以尽反哺之情。然而王朝更替之后,新朝屡下辟命。自己虽然已上表推辞,但"诏书切峻,责臣逋慢。郡县逼迫,催臣上道;州司临门,急于星火。"这使自己陷入了忠孝难以两全的境地:"臣欲奉诏奔驰,则刘病日笃;欲苟顺私情,则告诉不许。臣之进退,实为狼狈。"

然而单单如此,尚不足以获得朝廷的体谅。在接下来的一部分中,作者极为恳切地自陈心曲:

---

[1] 刘师培:《中国中古文学史讲义》,上海古籍出版社,2000年版,第67页。

伏惟圣朝以孝治天下,凡在故老,犹蒙矜育,况臣孤苦,特为尤甚。且臣少仕伪朝,历职郎署,本图宦达,不矜名节。今臣亡国贱俘,至微至陋,过蒙拔擢,宠命优渥,岂敢盘桓,有所希冀?但以刘日薄西山,气息奄奄,人命危浅,朝不虑夕。臣无祖母,无以至今日;祖母无臣,无以终余年。母孙二人,更相为命。是以私情区区,不能废远。臣密今年四十有四,祖母刘今年九十有六:是臣尽节于陛下之日长,而报养刘之日短也。乌鸟私情,顾乞终养。

一般辞让征辟的表奏,通常饰以谦辞,往往还流露出一种自矜名节、高尚其事的姿态。前引阮籍的《奏记诣蒋公》就是显著的一例。然而李密系亡国旧臣,身份敏感特殊,无条件也无资格自命清高,否则极有可能招致杀身之祸。故本段在遣词命句时显得格外小心,在一开始就为武帝带上高帽:"伏惟圣朝以孝治天下,凡在故老,犹蒙矜育,况臣孤苦,特为尤甚。"并称自己"少仕伪朝,历职郎署,本图宦达,不矜名节。今臣亡国贱俘,至微至陋,过蒙拔擢,宠命优渥,岂敢盘桓,有所希冀",不惜自贱其行,以打消朝廷的疑虑。在表达不应辟命的理由时,则处处以祖母年老无人供养为理由,"臣密今年四十有四,祖母刘今年九十有六:是臣尽节于陛下之日长,而报养刘之日短也",表明自己在尽孝之后仍当尽忠朝廷,"生当陨首,死当结草"。如此字字在情,情情在理,自然具备了极强的打动人心的力量。据《华阳国志》记载,晋武帝在见到李密此表之后,感叹"密不空有名也",并"嘉其诚款,赐奴婢二人,下郡县供养其祖母奉膳"。南宋赵与时在《宾退录》中更是说:"读李令伯《陈情表》而不堕泪者,其人必不孝。"

就语言而论,本文亦颇多精彩之处。如"茕茕孑立,形影相吊"、"日薄西山,气息奄奄"、"人命危浅,朝不虑夕"等,形象生动,精粹自然,北宋李格非赞其"沛然如肺肝流出,殊不见有斧凿痕"(见王士禛《香祖笔记》卷十二引)。

羊祜(221—278)是西晋初年的名臣,又是景帝司马师的妻弟。史称其博学能文,善谈论,更兼胸怀韬略。西晋最终能够平吴统一,羊祜有大功劳。其章表之作亦享有盛誉。《文心雕龙·章表》篇说"羊公之辞开府，有誉于前谈"，指的即是羊祜的《让开府表》。《文选》中也收录了这篇作品。

此表作于晋武帝泰始八年（公元272年），即朝廷加封羊祜车骑将军，开府如三司之仪之后。"开府如三司之仪"，指的是以将军的职位，享受三公的威仪规格，可以开建府署，辟置僚属。自后汉邓骘以来，以将军开府一直是极高的待遇，向来为外戚重臣所把持。对此，羊祜上此表表示推辞。全文甫始，即开宗明义地说道：

> 臣自出身已来，适十数年，受任外内，每极显重之地。常以智力不可强进，恩宠不可久谬，夙夜战栗，以荣为忧。……今臣身托外戚，事遭运会，诚在宠过，不患见遗。而猥超然降发中之诏，加非次之荣。臣有何功可以堪之？何心可以安之？以身误陛下，辱高位，倾覆亦寻而至。愿复守先人弊庐，岂可得哉！

"让表"就其文体而言，不单是标识对于上级任命的谦虚，更应该在谦让的同时，推荐其他贤人。这才是朝廷文章有"让表"一格的本义。文章中羊祜说"德未为众所服而受高爵，则使才臣不进；功未为众所归而荷厚禄，则使劳臣不劝"，自己身为外戚，"诚在宠过，不患见遗"，不应身居高位，既堵塞进贤之路，亦容易招致祸端。在表文的第二部分中，作者认为天下尚多有埋没草野间的才德之士，自己不能进贤，反受宠用，内心深感惶愧。文中，羊祜还一并推荐了自己耳目所及的一些贤臣，如鲁芝、李胤等，认为他们应该在自己之前先登高位。在结尾处，羊祜陈述荆州形势紧迫，请求尽快返回屯所，"不尔留连，必于外虞有阙"，再次表达了辞让加封的决心。

事实上，在中国古代，君主有所封赏提拔，臣下总要相应地表示一下谦虚辞让。《文心雕龙·章表》篇说到："昔晋文受册，三辞从命，是以汉末让表，以三为断。"故而让表这种文体，有时不过是装饰门面，显示君明臣谦的道具罢了。不过观羊祜此表，情辞恳切，并无通常让表的矫情之辞，颇能显示出作者忠心忧国的殷切之情。吴国名将陆抗曾谓:"祜之德量虽乐毅、诸葛孔明不能过也。"并非虚誉。

除《让开府表》之外,羊祜著名的章表之作还有咸宁初年所上的《请伐吴疏》。文中为武帝规划伐吴方略,不仅文采斐然,更见作者超群的韬略见识。如对比吴蜀形势时谓:

> 蜀之为国,非不险也,高山寻云霓,深谷肆无景,束马悬车,然后得济,皆言一夫荷戟,十人莫当。及进兵之日,曾无藩篱之限,斩将搴旗,伏尸数万,乘胜席卷,径至成都,汉中诸城,皆鸟栖而不敢出。非皆无战心,诚力不足相抗。至刘禅降服,诸营堡者索然俱散。今江淮之难,不过剑阁;山川之险,不过岷汉。孙皓之暴,侈于刘禅;吴人之困,甚于巴蜀。而大晋兵众,多于前世;资储器械,盛于往时。今不于此平吴,而更阻兵相守,征夫苦役,日寻干戈,经历盛衰,不可长久,宜当时定,以一四海。

文中巧妙运用了对比、夸张的手法,以增强说服力,条理分明,直贯而下。其中描写蜀地的险峻,"高山寻云霓,深谷肆无景",堪称妙笔。又如文中为武帝策划进军方略:"今若引梁益之兵水陆俱下,荆楚之众进临江陵,平南、豫州,直指夏口,徐、扬、青、兖并向秣陵,鼓旆以疑之,多方以误之,以一隅之吴,当天下之众,势分形散,所备皆急。"指点江山,气概沛然不可御。金圣叹称赞此文道:"既慷慨,又条直,目无全吴,胸有寸心,其斯为羊叔子之妙笔乎!"[1]

与李密、羊祜之作相比,陆机(261—303)代表了西晋章表创作的另一种风格,其代表作为《谢平原内史表》。

此表作于晋惠帝永宁元年(公元301年)。自"八王之乱"后,西晋王朝内祸外患频发,政局日益动荡,而陆机亦被卷入晋宗室同门相残的政治漩涡中。赵王伦专政时,陆机曾任中书郎。伦倒台后,陆机也因此受到牵

---

[1] 金圣叹:《金圣叹全集》(第3册),江苏古籍出版社,1985年版,第499页。

连,齐王冏怀疑其参与为赵王伦篡位矫作禅让诏书。后多亏成都王司马颖等相救,为其辩白,陆机才幸免于难。陆机上呈此表,就是为了答谢司马颖的救命以及知遇之恩,表达一心效忠的决心。就文辞而言,该表藻采瑰丽,多骈俪偶对,多隶事用典,且颇具音节嘹亮之美,已渐开后代骈体章表的先河。如以下一段,极力铺陈司马颖的大恩:

> 猥辱大命,显授符虎,使春枯之条,更与秋兰垂芳;陆沉之羽,复与翔鸿抚翼。虽安国免徒,起纡青组;张敞亡命,坐致朱轩,方臣所荷,未足为泰,岂臣蒙垢含吝,所宜忝窃;非臣毁宗夷族所能上报。喜惧参并,悲惭哽结。

文辞优美,典雅富丽,然隶事过多,且一句可尽之意常常析分为二,某种程度上反而阻隔了情感的流畅表达。张华曾评价其文曰:"人之为文,常恨才少,而子更患其多。"《文心雕龙·议对》篇称陆机之文"腴辞弗剪,颇累文骨",就是针对这一点进行的批评。

西晋末年章表的写作,很值得注意,刘琨即是此期章表作家的代表。刘琨(271—318)一生颇具传奇色彩。早年名列"二十四友",与潘岳、石崇诸人一道作金谷之游;八王乱起,又介入诸王间的杀伐争斗,辗转于齐王、范阳王、东海王之间;永嘉元年,被任命为并州刺史,自此历尽艰难险阻,在河北之地孤军奋战十二年,成为晋室在北方的中流砥柱。《晋书》本传史臣评论他说:"刘琨弱龄,本无异操,飞缨贾谧之馆,借箸马伦之幕,当于是日,实佻巧之徒欤!……古人有言曰:'世乱识忠良。'益斯之谓矣。天不祚晋,方启戎心,越石区区,独御鲸鲵之锐,推心异类,竟终幽圄,痛哉!"如此一波三折的传奇经历,以及饱经战乱,久处军阵的生活体验,使得刘琨的诗文自然流露出一股苍凉慷慨的气概。《文心雕龙·才略》篇曾形容其风格"雅壮而多风"。

刘琨章表的代表作为《为并州刺史到壶关上表》与《劝进表》。前表作于刘琨被任命为并州刺史,刚刚离开洛阳之时。表文中写到:

> 臣以顽蔽,志望有限,因缘际会,遂忝过任。九月末得发,道险山峻,胡寇塞路,辄以少击众,冒险而进,顿伏艰危,辛苦备尝,即日达壶口关。臣自涉州疆,目睹困乏,流移四散,十不存二,携老扶弱,不绝于路。及其在者,鬻卖妻子,生相捐弃,死亡委危,白骨横野,哀呼之声,感伤和气。群胡数万,周匝四山,动足遇掠,开目睹寇。唯有壶关,可得告籴。而此二道,九州之险,数人当路,则百夫不敢进,公私往反,没丧者多。婴守穷城,不得薪采,耕牛既尽,又乏田器。以臣愚短,当此至难,忧如循环,不遑寝食。

表文中记述了一路行道的艰险,以及沿途百姓为战乱所苦,流离失所、转死沟壑的情形。虽为章表,但基于当时危急的形势,文中丝毫没有雍容的客套语,只是直陈其景,直陈其事,作者"忧如循环,不遑寝食"的感情也显得极为真实,而表文中对于战祸的描写,字字惨绝,千载之后读起来仍令人触目惊心。

刘琨的另一篇著名章表《劝进表》作于建兴五年(公元317),当时愍帝被俘,西晋王朝已彻底灭亡,琨作此表敦劝司马睿尽快登基。自从曹丕代汉,新朝建立时臣下作劝进表已成为例行公事,措辞无外乎应及早奉天承运之类的堂皇之词。然而此表作于国家危亡之际,刘琨对于神州板荡、社稷颠覆又有着切肤之痛,表文中自然渗入了作者极强的兴亡之思,不可以寻常劝进表视之。全表层次分明,语义递进,各段均以"臣琨臣磾,顿首顿首,死罪死罪"领起,力陈司马睿应以天下大局为重,即刻继承祖宗基业。风格悲壮慷慨,为历代劝进表所仅见。如文中历述战乱以来的天下大势:

> 自元康以来,艰祸繁兴,永嘉之际,氛厉弥昏,宸极失御,登遐丑裔,国家之危,有若缀旒。赖先后之德,宗庙之灵,皇帝嗣建,旧物克甄,诞受钦明,服膺聪哲,玉质幼彰,金声凤振,冢宰摄其纲,百辟辅其治,四海想中兴之美,群生怀来苏之望。不图天不悔祸,大灾荐臻,国未忘难,寇害寻兴。逆胡刘曜,纵逸西都,敢肆犬羊,陵虐天邑。臣等

奉表使还,仍承西朝,以去年十一月不守,主上幽劫,复沉虏庭,神器流离,再辱荒逆。臣每览史籍,观之前载,厄运之极,古今未有,苟在食土之毛,含气之类,莫不叩心绝气,行号巷哭。况臣等荷宠三世,位厕鼎司,承问震惶,精爽飞越,且悲且惋,五情无主,举哀朔垂,上下泣血。

《文选》李善注引《晋纪》曰:"刘琨作《劝进表》,无所点窜,封印既毕,对使者流涕而遣之。"观本段措辞,也足称得上回肠九转,沉痛之至,故确能动人。张溥在《汉魏六朝百三家集·刘中山集题辞》中说道:"想其当日执槊倚盾,笔不得止,劲气直辞,回薄霄汉。推此志也,屈平沉湘,荆卿易水,其同声耶？晋元渡江,无心北伐,越石再三上表,辞虽劝进,义切复仇,读者苟有胸腹,能无慷慨？"可将以上两篇表文与刘琨的诗作参看,则愈发能体会一代英雄的胸襟抱负。

除以上列举的篇目之外,西晋时著名的章表还有傅玄的《举清远疏》,刘毅的《上疏请罢中正除九品》等,前者痛陈曹魏以来风俗败坏,指出"近者魏武好法术,而天下贵刑名；魏文慕通达,而天下贱守节。其后纲维不摄,而虚无放诞之论,盈于朝野,使天下无复清议,而亡秦之病,复发于今"。后者则直言九品选官制度的弊端,揭露当时官场"上品无寒门,下品无士族"的现实。这些言论也成为研究魏晋政治史、思想史极为重要的材料,被学者们广泛称引。

四、东晋时期的章表类文

与三国以及西晋相比,东晋时期著名的章表之作相对较少一些。即便是入选《文选》的一些作品,也更多的是出于文辞的华美,在感染力上与诸葛亮、曹植、李密、刘琨诸人之作难以比肩。庾亮与孙绰的作品,可视作东晋时期章表奏疏的代表作。

与羊祜的《让开府表》一样,庾亮(289－340)的《让中书监表》也是一篇让表。《文心雕龙·章表》篇曾将二者相提并论,说"羊公之辞开府,有誉于前谈；庾公之让中书,信美于往载",给予了很高的评价。就风格而论,该表辞气更为平实一些,娓娓而谈,不像羊祜的上表那样激昂。在叙述辞让理由时,同样是以身为外戚,不应身居显位,招致祸败为说,指出"小人禄薄,福过灾生,止足之分,臣所宜守"。接下来,庾亮回顾了两汉以来的历史,谈论为何不可重用外戚的缘由:

> 臣领中书,则示天下以私矣。何者?臣于陛下,后之兄也。姻娅之嫌,实与骨肉中表不同。虽太上至公,圣德无私,然世之丧道,有自来矣。悠悠六合,皆私其姻者也。人皆有私,则谓天下无公矣。是以前后二汉,咸以抑后党安,进婚族危。向使西京七族,东京六姓,皆非姻党,各以平进,纵不悉全,决不尽败。今之尽败,更由姻昵。臣历观庶姓在世,无党于朝,无援于时,植根之本,轻也薄也;苟无大瑕,犹或见容。至于外戚,凭托天地,势连四时,根援扶疏,重矣大矣。而财居权宠,四海侧目,事有不允,罪不容诛,身既招殃,国为之弊,其故何邪?直由婚媾之私,群情之所不能免,故率其所嫌而嫌之于国。是以疏附则信,姻进则疑,疑积于百姓之心,则祸成重闼之内矣。此皆往代成鉴,可为寒心者也!

持理正大,且讲得生动平实,明白晓畅,庾亮亦可谓善持论者。金圣叹盛赞此文"笔笔直,却笔笔婉;笔笔婉,却笔笔直。凡欲作疏记,胡可无如此好手"。①《文心雕龙·才略》篇说"庾元规之表奏,靡密以闲畅",正是就庾亮章表的这种风格而言。

不过,庾亮还有一篇《上疏乞骸骨》,作于苏峻乱后。由于庾亮深感自己有启衅肇祸之责,祸乱初起时又处置不当,"温峤闻峻不受诏,便欲下卫京都,三吴又欲起义兵,亮并不听"(《晋书》卷七十三本传),终于招致大败。故表文写得极为哀切,再三痛陈自己的过责:

> 祖约、苏峻不堪其愤,纵肆凶逆,事由臣发。社稷倾覆,宗庙虚

---

① 金圣叹:《金圣叹全集》(第 3 册),江苏古籍出版社,1985 年版,第 502 页。

废,先后以忧逼登遐,陛下吁食逾年,四海哀惶,肝脑涂地,臣之招也,臣之罪也。朝廷寸斩之,屠戮之,不足以谢祖宗七庙之灵;臣灰身灭族,不足以塞四海之责。臣负国家,其罪莫大,实天所不覆,地所不载。陛下矜而不诛,有司纵而不戮。自古及今,岂有不忠不孝如臣之甚! 不能伏剑北阙,偷存视息,虽生之日,亦犹死之年,朝廷复何理齿臣于人次,臣亦何颜自次于人理!

字里行间,良心呈现,因而情绪激切,与前表"闲畅"的风格迥异。

孙绰(314—371)是东晋中期著名的文学家,史载"于时文士,绰为其冠",于诸体皆长,而碑文尤其出名。其现存的章表之作只有《谏移都洛阳疏》一篇,但后人对此疏的评价很高。据《晋书》卷五十六本传的记载:"时大司马桓温欲经纬中国,以河南粗平,将移都洛阳。朝廷畏温,不敢为异,而北土萧条,人情疑惧,虽并知不可,莫敢先谏。"在朝臣皆噤若寒蝉之际,孙绰独奋然上疏,力主不可草率迁都。

由于桓温以"荡涤河渭,清洒旧京"、"反皇居于中土"为说,显得光明正大、冠冕堂皇,故孙绰在表示反对时亦颇重视论说技巧。文中表彰了桓温的忠心与功业,称赞其"为国远图","独任天下之至难也",但同时也郑重指出克复旧京的大业不能急于一时,就眼下的情况而论,无论是地利抑或人和,皆不具备移都洛阳的条件。如文中论说:

> 百姓震骇,同怀危惧者,岂不以反旧之乐赊,而趣死之忧促哉!何者?植根于江外数十年矣,一朝拔之,顿驱蹙于空荒之地,提挈万里,逾险浮深,离坟墓,弃生业,富者无三年之粮,贫者无一餐之饭,田宅不可复售,舟车无从而得,舍安乐之国,适习乱之乡,出必安之地,就累卵之危,将顿仆道涂,飘溺江川,仅有达者。夫国以人为本,疾寇所以为人,众丧而寇除,亦安所取哉? 此仁者所宜哀矜,国家所宜深虑也。

孙绰指出,普通百姓植根江南已久,对于北方故土并无多少留恋,"反旧之乐赊,而趣死之忧促",而北方战乱多年,城郭废弃,土地荒芜,也并不具备迁徙的条件。况且"国以人为本,疾寇所以为人",如果北迁使得人民转死沟壑,那么光复旧京又有何意义？文中进而提出：

> 自古今帝王之都,岂有常所,时隆则宅中而图大,势屈则遵养以待会,使德不可胜,家有三年之积,然后始可谋太平之事耳。今天时人事,有未至者矣,一朝欲一宇宙,无乃顿而难举乎？

陈述观点时层层递进,既有出于现实的分析,亦有独树高标的主张,故而具备了极强的说服力。史载："桓温见绰表,不悦,曰：'致意兴公,何不寻君《遂初赋》,知人家国事邪！'"张溥在《汉魏六朝百三家集·孙廷尉集题辞》中评曰："桓大司马欲移都洛阳,众莫敢谏。兴公抗表论列,辞甚伟。斯时进言,固难于娄敬之说汉高也。振袖举笏,郯鄢无恙,一封事足不朽矣。"

第三节 南北朝章表奏疏

南朝是骈文发展的全盛时期。在这一大环境下,该时期的章表奏疏也多用骈体写成。就总体风格而论,南朝章表典雅富丽,善于隶事用典,句式以至音节都独具整齐铿锵之美。然而气格普遍较弱,很大程度上只是漂亮的公文,无法在情感上唤起读者更多的共鸣。《文选》所收桓温、殷仲文、傅亮、任昉、沈约、谢朓、沈炯之作,为南朝章表的代表。其中傅亮、任昉二人是南朝最负盛名的章表大家,《南史·任昉传》载:"(王)俭每见其文,必三复殷勤,以为当时无辈,曰:'自傅季友以来,始复见于任子。'"除此之外,谢灵运章表,周朗的上书,也值得一提。陈代沈炯的章表也有独到之处,以下一一论及。

一、谢灵运等人的章表

谢灵运(385—433)的《诣阙自理表》作于他再次告病回到始宁故居之后。由于谢灵运一仍故态,招摇横肆,惊扰百姓,且与会稽太守孟𫖮早有宿怨,故孟𫖮向宋文帝表奏其意存不轨,并发兵自防。面临这一严重的指控,谢灵运不得不驰赴入都,上疏为自己辩解。文中陈述冤情时说:

> 臣昔忝近侍,豫蒙天恩,若其罪迹炳明,文字有证,非但显戮司败,以正国典,普天之下,自无容身之地。今虚声为罪,何酷如之!夫自古逸谤,圣贤不免,然致谤之来,要有由趣。或轻死重气,结党聚群,或勇冠乡邦,剑客驰逐。夫闻俎豆之学,欲为逆节之罪;山栖之士,而构陵上之衅。今影迹无端,假谤空设,终古之酷,未之或有。匪吝其生,实悲其痛。诚复内省不疚,而抱理莫申。是以牵曳疾病,束骸归款。

可谓怨愤迸发,溢乎言表。在晋宋易代以来,谢灵运一直郁郁不得志,即便是居家逍遥的日子亦过不安稳,此表可以视作谢灵运愤懑情绪的一次大爆发。故虽为自理表,文末也说自己"忧怖弥日",然而措辞咄咄逼人,痛斥孟顗的诽谤"终古之酷,未之或有",自己"匪吝其生,实悲其痛",依旧不改恃才傲物的狂态,可谓文如其人。就语言而论,虽然句式整齐,多骈对工整者,但文辞被鼓荡的气势所驱动,直贯而下,并不令人感觉繁冗。当然,表文中所说的并非都是实情。如谢灵运说自己"幽栖穷岩,外缘两绝,守分养命,庶毕余年",便与真实情况大相出入。这也是才子为文的常态,可不深究。

与谢灵运相先后的章表公文作家还有傅亮(374－426)。据《宋书》卷四十三本传记载,傅亮"博涉经史,尤善文词",在宋初文人群体中,以善撰诏策章表出名。刘裕名下的表策文诰,大部分即出自傅亮的手笔。其作品典丽工致,富于典雅雍容之态,台阁气息浓厚。章表的代表作为《为宋公至洛阳谒五陵表》一文。

东晋义熙十二年,刘裕率军北伐,十月到达西晋旧都洛阳。他修复了晋朝宣、景、文、武、惠五位皇帝的陵园,并安置了守卫陵园的官吏。事后,命傅亮撰写此表向朝廷报告。表文极短,不足二百字,然言简意赅,叙事井井有条。又如文中在描述洛阳衰败情形时言:

　　始以今月十二日,次故洛水浮桥。山川无改,城阙为墟,宫庙隳顿,钟簴空列,观宇之余,鞠为禾黍,廛里萧条,鸡犬罕音,感旧永怀,痛心在目。

凝重简洁,惜墨如金,其意境全由《诗经·黍离》篇化出。然而摹景抒情时过于从容平静,并未显示出《黍离》中那种猝见旧京,"中心摇摇"的深厚情感,终究只能算作一篇受命应景之作。归根结底,布局之工整、遣词之典雅才是傅亮章表受到推崇的原因。张溥在《傅光禄集题辞》中说道:"入洛阳谒五陵,宋公百世一日也。表文无痛哭之谈,识者先知其非心王室矣。"虽属实情,也未免过于苛责了。

刘宋时期能够上书揭陈时弊因而具有现实精神的章表类文章,是周朗的《上书献谠言》。周朗(425－460),刘宋后期人,《宋书》本传记载他

"少而爱奇,雅有风气","世祖(孝武帝)即位,除建平王宏中军录事参军。时普责百官谠言,朗上书……书奏,忤旨,自解去职"。《文心雕龙·奏启》曾谈到"谠言"说:"表奏确切,号为谠言。谠者,正偏也。王道有偏,乖乎荡荡,矫正其偏,故曰谠言也。"周朗的《上书献谠言》就颇合"谠言"体式。这篇文章所以上奏后"忤旨",也实在说出了不少皇帝不爱听的话。如针对元嘉以来人口情况所说的话:

> 自华、夷争杀,戎、夏竞威,破国则积尸竟邑,屠将则覆军满野,海内遗生,盖不馀半。重以急政严刑,天灾岁疫,贫者但供吏,死者弗望霾,鳏居有不愿娶,生子每不敢举。又戍淹徭久,妻老嗣绝,及淫奔所孕,皆复不收。是杀人之日有数途,生人之岁无一理,不知复百年间,将尽以草木为世邪?此最是惊心悲魂恸哭太息者。法虽有禁杀子之科,设蛋娶之令,然触刑罪,忍悼痛而为之,岂不有酷甚处邪!今宜家宽其役,户减其税。

就指出除战争减少人口之外,酷虐政治的重压致使"鳏居有不愿娶,生子每不敢举"的情况发生。这些话,统治者装聋作哑大而化之还可以忍受,像下面的言论:

> 且朝享临御,当近自身始,妃主典制,宜渐加矫正。凡举天下以奉一君,何患不给。或帝有集皂之陋,后有帛布之鄙,亦无取焉。且一体炫金,不及百两,一岁美衣,不过数袭,而必收宝连椟,集服累笥,目岂常视,身未时亲,是为椟带宝,笥著衣,空散国家之财,徒奔天下之货。而主以此惰礼,妃以此傲家,是何糜蠹之剧,惑鄙之甚!逮至婢竖,皆无定科,一婢之身,重婢以使,一竖之家,列竖以役。瓦金皮绣,浆酒藿肉者,故不可称纪。至有列軿以游遨,饰兵以驱叱,不亦重甚哉!若禁行赐薄,不容致此。

把矛头指向了皇家后妃奴婢的奢侈,而且"若禁行赐薄,不容致此"还捎带了皇帝治家不严的痼疾,这就该让皇帝很生气了。此文的"谠言"特征也正表现在这些文字上。此外,"一体炫金"云云,"为栋带宝,笱著衣"云云,讥讽得俏皮,也是文章的不俗之处。此书揭露的社会弊端涉及许多方面,而文章为人称道的内容之一,是对当时腐败的出家人的揭露:

> 自释氏流教,其来有源,渊检精测,固非深矣。舒引容润,既亦广矣。然习慧者日替其修,束诫者月繁其过,遂至糜散锦帛,侈饰车从。复假精医术,托杂卜数,延姝满室,置酒浹堂,寄夫托妻者不无,杀子乞儿者继有。而犹倚灵假像,背亲傲君,欺废疾老,震损宫邑,是乃外刑之所不容戮,内教之所不悔罪,而横天地之间,莫之纠察。人不得然,岂其鬼欤!

僧尼们不仅不守教规,糜费财物,甚至狡弱医卜,行淫邪之事,以至于有"杀子乞儿"之类的丑事。① 总之,这篇奏书在内容上,不同于谢灵运的为个人申辩,也不同于傅亮的官样文章,而是对现实有所担当的文字,不愧一篇"谠言"。语言上也有自己的特点。

二、任昉等人的章表类文

齐梁时期章表类文章作者不乏其人,王俭、王融和任昉都有一些不错的文字,而任昉的成就最高。

王俭(452—489)仕宦由宋入齐,长于《三礼》、《春秋》,其《求解职表》祈求朝廷准许他解除吏部职位。文章不长,意思也不复杂,主要是说年来体衰,不能胜任选职。其"秋叶辞条,不假风飙之力;太阳跻景,无俟萤爝之晖"颇有意味,全文意思恳切,不过分雕琢。高步瀛先生评之曰:"雍容典则,华藻之中尚存古意。"②

论及齐梁文学,有所谓"沈诗任笔"的说法,其中所谓"任笔",指的即

---

① 此段文字可参看钱钟书《管锥编》(中华书局,1979 年版),第 1319~1320 页的论述。
② 高步瀛:《南北朝文举要》,中华书局,1998 年版,第 92 页。

是任昉(460—508)创作的公文类作品。《南史》卷五十九本传载:"昉尤长为笔,颇慕傅亮,才思无穷,当时王公表奏无不请焉。昉起草即成,不加点窜。沈约一代辞宗,深所推挹。"王僧孺在《太常敬子任府君传》中说道:"少孺速而未工,长卿工而未速,孟坚辞不逮理,平子意不及文,孔璋伤于健,仲宣病于弱,其有集论尚书,穷文质之敏,驻马停信,极鼙鼙之功,莫尚于斯焉。"(《全齐文》卷五十二)梁简文帝在《与湘东王书》中也盛赞"任昉之笔"为"文章之冠冕,述作之楷模"(《梁书》卷五十《庾肩吾传》)。而萧统编《文选》时,收录的任昉文章包括令、表、序、状、笔、启、弹文等类,多达十几篇。以上所引,足可见其为时人所推崇的程度。

从文章发展上说,任昉上承傅亮。刘师培对此曾有一段精辟的论述:

> 傅季友与任彦昇实为一派。任出于傅,《梁书》已有明文。二子之文有韵者甚少。其无韵之文最足取法者,在无不达之辞、无不尽之意,行文固近四六,而词令婉转轻重得宜。黄祖称祢衡之文云:"此正如祖意,如祖心中所欲言。"傅、任之作,亦克当此。且其文章隐秀,用典入化,故能活而不滞,毫无痕迹,潜气内转,句句贯通,此所谓用典而不用于典者也。今人但称其典雅平实,实不足以尽之。大抵研究此类文章首重气韵,浸润既久自可得其风姿。至其词令隽妙,盖得力于《左传》、《国语》,宜探其渊源,以究其修辞之术。①

如刘先生所论,任昉的章表"用典入化",修辞精密,却能够做到文气流贯,不失流利畅达。张溥在《任彦升集题辞》中也称赞任昉之作"俪体行文"而能"无伤逸气",自然成为后世章表创作的典范。代表作如《为范尚书让吏部封侯第一表》,我们援引其中一段文字,即可以大致领略任昉章表遣词用典的风范:

> 臣云顿首顿首,死罪死罪。臣素门凡流,轮翮无取,进谢中庸,退

---

① 刘师培:《中国中古文学史讲义》,上海古籍出版社,2000年版,第124页。

惭狂狷。固尝钻厉求学,而一经不治;篆刻为文,而三冬靡就。负书燕魏,空殚菽粟;蹑屩齐楚,徒失贫贱。既而分虎出守,以囊被见嗤;持斧作牧,以薏苡兴谤。赭衣为虏,见狱吏之尊;除名为民,知井臼之逸。百年上寿,既曰徒然。如其诚说,亦以过半。乱离斯瘼,欲以安归。闭门荒郊,再离寒暑。兼以东皋数亩,控带朝夕,关外一区,怅望钟阜。虽室无赵女,而门多好事;禄微赐金,而欢同娱老。折芰燔枯,此焉自足。

古今典故交错杂用,几乎一句一典,极为密集,却不失妥帖流畅。与之类似的还有《为齐明帝让宣城郡公第一表》、《为范始兴作求立太宰碑表》等。当然,这些大部分是应景奉命文字,在思想上谈不上有太大价值。不过,任昉有一篇颇富趣味的《奏弹刘整》,在任昉众多作品中可谓独具一格。

该文旨在弹劾刘整欺凌寡嫂的罪状,其中有一大段文字,应该是根据刘整寡嫂的诉状而加以改写的文字,历诉叔嫂、子侄、婢仆之间的诟骂斗殴,绘声绘色。如文中叙述刘整抢物打人的恶行经过:

> 整就兄妻范求米六斗哺食。范未得还,整怒,仍自进范所,往屏风上取车帷为质。范送米六斗,整即纳受。范今年二月九日夜,失车栏子夹杖龙牵等,范及息逡道是采音所偷。整闻声,仍打逡。范唤问何意打我儿?整母子尔时便同出中庭,隔箔与范相骂。婢采音及奴教子、楚玉、法志等四人,于时在整母子左右。整语采音:其道汝偷车校具,汝何不进里骂之?既进争口,举手误查范臂。

奏弹的文体,需要据实而发,于是其中就必须有当事人的陈说。为了使奏弹保持真实,尽量保持了陈述的口语气息。文中"范唤问何意打我儿"及"其道汝偷车校具,汝何不进里骂之",是古白话的语体记录,也是历史上少数几篇古白话体文章之一。其口吻毕肖的表现力,非但骈体文所无,就是一般文言也难以达到。从语言史的角度说,也是珍贵史料。可是在《文选》选入该篇时,把这部分口语色彩的文字按照"沉思翰藻"的标准给删掉了。赖有李善的保存,我们今天才能看到此表的全貌。钱钟书先生评论说:"昉弹文中刘寅妻范氏上状,陈诉夫弟抢物打人,琐屑觙缕,全除典雅对仗时习……刘妻述打骂处,颇具小说笔意,粗足上配《汉书·外戚传》司隶解光奏、《晋书·愍怀太子传》太子遗妃书。"①是很正确的。

在梁朝结束的后梁短暂时期,表的写作有一篇游戏之作,就是王琳(一作韦琳,526—573)的《鲲表》("鲲"一作"鲲"),以鲲鱼口吻为表,篇中有"是以漱流河底,枕石泥中,不意高赏殊宏,曲蒙钓拔,遂得起升绮席,忝预玉盘"之句,其中"漱流河底,枕石泥中"颇能道出鱼的特点。此文后面还附有"诏答"云:"省表是公卿池沼缙绅,披渠俊乂,穿蒲入藻,肥滑系彰。正膺兹选,无劳谢也。"增添文字的游戏气氛。不过,身为后梁特殊时代的官员,游戏之中正表露出釜底游鱼之感。

三、沈炯的劝进表

沈炯(503—561)生活于梁、陈交替之时,一生经历颇为传奇坎坷:先是遭遇侯景之乱,乱军中几乎丧命;后为王僧辩所救,归梁元帝;江陵陷落后,又被西魏军队俘至长安;此后又经过种种波折,最终才回到南方。张溥在《沈侍中集题辞》中叹曰:"文人颠沛,若沈初明者,其真穷乎!"历尽乱离乃至家破人亡的人生际遇,自然极大地影响了沈炯的文风。就章表之作而论,表现为文辞较为质实,多真情实感。其代表作为《为王僧辩等劝进梁元帝》三篇,以及《为陈太傅让表》、《陈情表》等。如在《为王僧辩等劝进梁元帝初表》中,沈炯劈头即写:

> 众军薄伐,涂次九水,即日获临城县使人报称:侯景弑逆皇帝,贼害太子,宗室在寇庭者,并罹祸酷。六军恸哭,三辰改曜。哀我皇极,四海崩心。……蠢尔凶渠,遂凭天邑。阊阖受白登之辱,象魏致尧城之疑。云宸承华,一朝俱酷。金桢玉干,莫不同冤。悠悠彼苍,何其罔极!

---

① 钱钟书:《管锥编》,中华书局,1979年版,第1420页。

在南朝文学中，这可以算是少有的慷慨激昂的文字。沈炯亲历侯景之乱，切身志痛，使他的文章写起来情真意切。张溥对这几篇劝进表评价极高，认为堪与刘琨之作相媲美。不过，沈炯最为出色的作品，还当属羁留北方时所写的这篇《经通天台奏汉武帝表》：

> 臣闻乔山虽掩，鼎湖之灵可祠，有鲁遂荒，大庭之迹不泯。伏惟陛下降德猗兰，纂灵丰谷，汉道既登，神仙可望。射之罘于海浦，礼日观而称功；横中流于汾河，指柏梁而高宴。何其甚乐，岂不然欤？既而运属上仙，道穷晏驾，翠幕珠帘，一朝零落，茂陵玉碗，遂出人间，陵云故基，共原田而肮肮，别风馀址，带陵阜而茫茫，羁旅缧臣，岂不落泪？昔者承明见厌，严助东归，驷马可乘，长卿西返，恭闻故实，窃有愚衷，黍稷非馨，敢望徼福，爵台之荐，空怆魏君，雍丘之祠，未光夏后，瞻仰徽猷，伏增凄惧。

据《陈书》卷十九本传载："(沈炯)尝独行经汉武通天台，为表奏之，陈己思归之意。"虽然是求归的表文，却写得极为委婉，通篇抒发吊古伤怀之情，仿佛一短章之征行赋。而在凭吊武帝遗迹之余，借严助与司马相如的典故，曲折地表达了自己渴盼回到故土的心意，其思归却又不敢明言的情态如在眼前。此表可与徐陵的《与齐尚书仆射杨遵彦书》参看，同是求归之作，一尽情直陈，一欲言又止，可谓各尽其妙。这两篇文章也并为陈代骈文的代表作。张溥说："江南文体，入陈更衰，非徐仆射、沈侍中，代无作者。乃故崎岖其遇，俾光辞苑，斯文之际，天岂无意乎！"（《沈侍中集题辞》）

沈炯之外，徐陵也有《劝进梁元帝表》，情绪也颇为激昂，不过在所提出的元帝即位的理由中有不少夸诞，是其较沈炯之表不如之处。而后来的《册陈公九锡文》、《禅位陈王诏》也是出自徐陵的大手笔。

四、北朝的章表奏疏

与南朝文学清绮靡丽的风格相较，北朝文学相对地较为质朴，偏重于实用。《隋书》卷七十六《文学传序》曾对南北朝文学的不同有如下评价：

彼此好尚,互有异同。江左宫商发越,贵于清绮,河朔词义贞刚,重乎气质。气质则理胜其词,清绮则文过其意,理深者便于时用,文华者宜于咏歌,此其南北词人得失之大较也。

就章表奏疏而论,北朝大部分章表之作更多地继承了汉代章奏平实质直的风范,遣词用句不尚华缛,直陈其事,直抒其情,北魏高允以及北周苏绰二人所作的章表可以视为这种风格的典范。至于北魏孝文帝太和年间汉化改革之后,大力吸收南朝文化,重视骈偶典丽的风气逐渐影响了北朝的章表创作,如邢邵、魏收等人,皆是南朝文风的大力拥护者,乃至互相讥讽在沈约、邢邵集中做贼。① 然而给人感觉学步之后尚未圆融,反而不如高、苏二人之作质朴可爱。

高允(390—487)历事北魏五位皇帝,又曾与崔浩一道编修国史,在北魏早期堪称首屈一指的文史大家。张溥在《高令公集题辞》中说道:"集中文字,如《上书东宫》、《谏文成帝起宫室》、《矫颓俗五异》及《乐平王筮论》,皆耿介有声,余亦整而不污。"如其在《谏文成帝起宫室》中说道:

> 臣闻太祖道武皇帝既定天下,始建都邑。其所营立,非因农隙,不有所兴。今建国已久,宫室已备,永安前殿足以朝会万国,西堂温室足以安御圣躬,紫楼临望可以观望远近。若广修壮丽为异观者,宜渐致之,不可仓卒。计斫材运土及诸杂役,须二万人,丁夫充作,老小供饷,合四万人,半年可讫。古人有言:一夫不耕,或受其饥;一妇不织,或受其寒。况数万之众,其所损废,亦以多矣。推之于古,验之于今,必然之效也。诚圣主所宜思量。

---

① 《北齐书》卷三十七《魏收传》:"收每议陋邢邵文。邵又云:'江南任昉,文体本疏,魏收非直模拟,亦大偷窃。'收闻乃曰:'伊常于《沈约集》中作贼,何意道我偷任昉。'任、沈俱有重名,邢、魏各有所好。"其事亦见于《颜氏家训》卷四《文章篇》:"邢子才、魏收俱有重名,时俗准的,以为师匠。邢赏服沈约而轻任昉,魏爱慕任昉而毁沈约,每于谈讌,辞色以之。邺下纷纭,各有朋党。祖孝徵尝谓吾曰:'任、沈之是非,乃邢、魏之优劣也。'"

表文极为平实,语语切于事要,无多余客套虚语,足当得上"词义贞刚"、"重乎气质"的评价。就语言风格而言,与贾谊、晁错的几篇著名奏疏不无相近之处。郭预衡先生称其"不仅思想内容仿佛两汉奏疏,其语言气息也自成一体。……南朝之笔虽或尚质,但文章气息,与此不同"。①

苏绰(498—546)是北周时期的股肱重臣,曾仿照周礼制度,主持了大统年间的复古改制。《奏行六条诏书》是苏绰章表的代表作,文中所说的六件事,即先修心、敦教化、尽地利、擢贤良、恤狱讼、均赋役,其实是宇文泰改革时政的纲要。行文质朴而实在,出语浅近。如其中第三条论"尽地利"时说:

> 人生天地之间,以衣食为命。食不足则饥,衣不足则寒。饥寒切体,而欲使民兴行礼让者,此犹逆坂走丸,势不可得也。是以古之圣王知其若此,故先足其衣食,然后教化随之。夫衣食所以足者,在于地利尽。地利所以尽者,由于劝课有方。主此教者,在乎牧守令长而已。民者冥也,智不自周,必待劝教,然后尽其力。诸州郡县,每至岁首,必戒敕部民,无问少长,但能操持农器者,皆令就田,垦发以时,勿失其所。及布种既讫,嘉苗须理,麦秋在野,蚕停于室,若此之时,皆宜少长悉力,男女并功,若援溺、救火、寇盗之将至,然后可使农夫不废其业,蚕妇得就其功。若有游手怠惰,早归晚出,好逸恶劳,不勤事业者,则正长牒名郡县守令,随事加罚,罪一劝百。此则明宰之教也。……夫为政不欲过碎,碎则民烦;劝课亦不容太简,简则民怠。善为政者,必消息时宜而适烦简之中。故《诗》曰:"不刚不柔,布政优优,百禄是求。"如不能尔,则必陷于刑辟矣。

谆谆告诫,不仅切实,亦兼典雅。而此种典雅又与齐梁章表有着明显的区别,有些类似于西汉谷永奏疏的风格。故不少学者认为,苏绰的创作实践,已经开启了文体复古的先河。

---

① 郭预衡:《中国散文史》,上海古籍出版社,1986年版,第531页。

第四节　魏晋南北朝诏策等下行公文

与章表奏疏相反，诏策则是一种下行的文体。刘勰《文心雕龙·诏策》说，自汉代以来，策命的下行文章有四："一曰策书，二曰制书，三曰诏书，四曰戒敕。"又说到了魏晋时期"文理代兴"，于是"潘勖九锡，卫觊禅诰"都是九锡文和禅诰文极品。其实，不论这些下行文章多少种类，庙堂文字，要想做成感人、动人的好作品实在困难。兹从曹魏时期说起。

一、曹操等帝王的诏令文

直陈与简练是曹操一贯主张的文风，如《文心雕龙·诏策》篇就提出"魏武称作敕戒，当指事而语，勿得依违"，《章表》篇也提出"曹公称为表不必三让，又勿得浮华"，再加上来自曹操本身的一股通脱峻爽之气，使得原本无味的公文类文字也颇能透露出作者的风采。最著名的如建安十五年颁布的《求贤令》：

> 自古受命及中兴之君，曷尝不得贤人君子与之共治天下者乎！及其得贤也，曾不出闾巷，岂幸相遇哉？上之人不求之耳。今天下尚未定，此特求贤之急时也。孟公绰为赵、魏老则优，不可以为滕、薛大夫。若必廉士而后可用，则齐桓其何以霸世！今天下得无有被褐怀玉而钓于渭滨者乎？又得无有盗嫂受金而未遇无知者乎？二三子其佐我明扬仄陋，唯才是举，吾得而用之。

从立意与表达上来看，这篇文字与汉武帝元封五年颁布的求贤诏书颇有相近之处："盖有非常之功，必待非常之人。故马或奔踶而致千里，士或有负俗之累而立功名。夫泛驾之马，跅弛之士，亦在御之而已。其令州县察吏民有茂才异等，可为将相及使绝国者。"二人都是雄才大略之主，曹操在颁布这篇令文时，未必没有暗中自比之意。不过，与汉武帝的诏书相比，曹操表达得更为直爽，也更为骇俗。汉武诏书中只是泛泛地说"盖有非常之功,必待非常之人","士或有负俗之累而立功名",曹操则直接指出"若必廉士而后可用,则齐桓其何以霸世",并布告天下,追求"得无有盗嫂受金而未遇无知者"这样的人才。即便是在儒家礼教观念逐渐松弛的汉末,这也是惊世的言论。而在建安十九年、二十二年接连颁布的《敕有司取士毋废偏短令》与《举贤勿拘品行令》中,这一立场表达得更为明显:

> 夫有行之士,未必能进取;进取之士,未必能有行也。陈平岂笃行,苏秦岂守信邪?而陈平定汉业,苏秦济弱燕。由此言之,士有偏短,庸可废乎?有司明思此义,则士无遗滞,官无废业矣……
>
> 昔伊挚、傅说出于贱人,管仲桓公贼也,皆用之以兴。萧何、曹参,县吏也,韩信、陈平负污辱之名,有见笑之耻,卒能成就王业,声著千载。吴起贪将,杀妻自信,散金求官,母死不归,然在魏,秦人不敢东向,在楚则三晋不敢南谋。今天下得无有至德之人放在民间,及果勇不顾,临敌力战;若文俗之吏,高才异质,或堪为将守,负污辱之名,见笑之行,或不仁不孝而有治国用兵之术:其各举所知,勿有所遗。

凡探讨曹操政治思想者,这三篇令文乃是势必提及的文献。除对治国用兵人才的迫切需求之外,这也可以视作曹操对东汉中后期以来讲究名行、矫意清高的士林风气的一种反动。而矫枉必过正,某种程度上也导致了曹操在令文中对"不仁不孝而有治国用兵之术"之徒的刻意强调。上有所好,下必甚焉,在接下来的几百年间,政治体统丧尽,外篡内篡不绝,与曹魏在取材用人时的这种偏好未必没有关联。西晋时傅玄在上疏中称"魏武好法术,而天下贵刑名;魏文慕通达,而天下贱守节",正是就此而言。不过,我们在这三篇令文的字里行间,同时也可以想象出曹操那种睥睨天下,涤荡旧有价值观念,乃至暗中以汉武自喻的英雄气概。无论诗、文,这种沛然流露的气概正是曹操作品最大的魅力之一。如郭预衡先生所论:"两汉以来政令文章中那些天人感应、引经说教的习气,在这里清除得一干二净了。已经中断了几百年的战国诸子的放言无惮的文风在这里又露了头角。"①

与求贤诸令居高临下、斩钉截铁的风格不同,《让县自明本志令》则代表了曹操令文的另一种风貌。该文将雄沉之气化为平缓之语,将一生功业、心志娓娓道来,既处处诚恳,推陈"肝鬲之要",亦不乏狡黠处,可视作一代人物复杂人性的自况。以之与曹操生前身后的事迹对读,尤其妙绝。文章开头便谓:

> 孤始举孝廉,年少,自以本非岩穴知名之士,恐为海内人之所见凡愚,欲为一郡守,好作政教,以建立名誉,使世士明知之;故在济南,始除残去秽,平心选举,违迕诸常侍。以为强豪所忿,恐致家祸,故以病还。去官之后,年纪尚少,顾视同岁中,年有五十,未名为老,内自图之,从此却去二十年,待天下清,乃与同岁中始举者等耳。故以四时归乡里,于谯东五十里筑精舍,欲秋夏读书,冬春射猎,求底下之地,欲以泥水自蔽,绝宾客往来之望,然不能得如意。后征为都尉,迁典军校尉,意遂更欲为国家讨贼立功,欲望封侯作征西将军,然后题墓道言"汉故征西将军曹侯之墓",此其志也。

又云:

> 今孤言此,若为自大,欲人言尽,故无讳耳。设使国家无有孤,不知当几人称帝,几人称王。或者人见孤强盛,又性不信天命之事,恐私心相评,言有不逊之志,妄相忖度,每用耿耿。齐桓、晋文所以垂称至今日者,以其兵势广大,犹能奉事周室也。《论语》云:"三分天下有其二,以服事殷,周之德可谓至德矣。"夫能以大事小也。昔乐毅走赵,赵王欲与之图燕,乐毅伏而垂泣,对曰:"臣事昭王,犹事大王;臣若获戾,放在他国,没世然后已,不忍谋赵之徒隶,况燕后嗣乎!"胡亥之杀蒙恬也,恬曰:"自吾先人及至子孙,积信于秦三世矣;今臣将兵

---

① 郭预衡:《中国散文史》,上海古籍出版社,1986年版,第379页。

三十余万,其势足以背叛,然自知必死而守义者,不敢辱先人之教以忘先王也。"孤每读此二人书,未尝不怆然流涕也。

文意突然又一转:

然欲孤便尔委捐所典兵众以还执事,归就武平侯国,实不可也。何者?诚恐己离兵为人所祸也。既为子孙计,又己败则国家倾危,是以不得慕虚名而处实祸,此所不得为也。

"设使国家无有孤,不知当几人称帝,几人称王","既为子孙计,又己败则国家倾危,是以不得慕虚名而处实祸",确实是推心置腹的老实话,其间更寄托着曹操对乱世的感慨以及对平生功业的暗暗自得。张溥在《汉魏六朝百三家集·魏武帝集题辞》中即说:"述志一令,似乎欺人,未尝不抽序心腹,慨当以慷也。"在布告天下的令文中如此剖白,足可见曹操通脱简易的真性情。不过,曹操在分辩自己并无"不逊之志"的同时,又以《论语》中周文王"三分天下有其二,以服事殷"自喻,在汉献帝还是名义天子的当时,未免有譬拟不伦的嫌疑,可谓看似失言而实有深意,亦颇可以看出奸雄狡黠的一面。除此之外,曹操的《遗令》也别具一格:

吾夜半觉小不佳,至明日,饮粥汗出,服当归汤,吾在军中持法是也。至于小忿怒,大过失,不当效也。天下尚未安定,未得遵古也。吾有头病,自先著帻,吾死之后,持大服如存时勿遗。百官当临殿中者十五举音,葬毕便除服;其将兵屯戍者,皆不得离屯部;有司各率乃职。敛以时服,葬于邺之西冈上,与西门豹祠相近,无藏金玉珍宝。吾婢妾与伎人皆勤苦,使著铜雀台,善待之。于台堂上安六尺床,施繐帐,朝晡上脯糒之属。月旦,十五日,自朝至午,辄向帐中作伎乐。汝等时时登铜雀台,望吾西陵墓田。余香可分与诸夫人,不命祭。诸舍中无所为,可学作组履卖也。吾历官所得绶,皆著藏中;吾余衣裘,可别为一藏。不能者,兄弟可共分之。

对此,鲁迅在著名的《魏晋风度及文章与药及酒之关系》一文中评论说:"当时的《遗令》本有一定的格式,且多言身后当葬于何处,或葬于某某名人的墓旁;操独不然,他的《遗令》不但没有依着格式,内容竟讲到遗下的衣服和伎女怎样处置等问题。"这可算是一代枭雄真性情的最后流露。倥偬一生,富有天下,临终时却汲汲于组履分香这样的小事,不由得令后人生出兴亡之感。陆机在《吊魏武帝文》的序中即感叹说:"曩以天下自任,今以爱子托人。同乎尽者无余,而得乎亡者无存"并"忾然叹息,伤怀者久之"。郭预衡先生说:"这篇《遗令》的文字也有些不甚连属,大概病痛临终之言本来如此。越是这样,越体现真情实感。"①唯其真实,故而在千百年后仍具感动人心的力量。

与曹操的令文相比,魏晋南北朝时期其他众多的诏策虽文辞华丽,但总嫌辞句繁冗而气格卑弱,缺少生命力灌注其间,只能算是文章而非文学。其中也有值得一提的文字,如北魏孝文帝《久旱得雨诏》,②其中有曰:

> 炎阳爽节,秋零卷澍,在予之责,实深悚栗,故辍膳三晨,以命上诉。灵鉴诚款,曲流云液。虽休勿休,宁敢怠息。将有贤人湛德,高士凝栖,虽加铨采,未能招致。其精访幽谷,举兹贤彦,直言极谏,匡予不及。

此诏下于太和二十年(497年)七月久旱甘雨时,相信天人感应的魏文帝认为是自己的错误(其中之一就是不能使所有贤者出仕),所以下诏自责。自责之情,出之以简洁的文字,又不乏色彩,如开头两句以及"曲流云液"之语,就颇有情致。又如孝文帝的《手诏皇太子》:

> 汝第六叔父勰,清规懋赏,与白云俱洁,厌荣舍绂,以松柏为心。

---

① 郭预衡:《中国散文史》,上海古籍出版社,1986年版,第378页。
② 此文在清代许梿《六朝文絜》中名为《举贤诏》,是该文的节选。此处《久旱得雨诏》为严可均《全后魏文》所定名称。

> 吾少与绸缪,提携道趣。每请解朝缨,恬真丘壑,吾以长兄之重,未忍离远。何容仍屈素业,长婴世网。吾百年之后,其听翩辞蝉舍冕,遂其冲挹之性。无使成王之朝,翻疑姬旦之圣,不亦善乎?汝为孝子,勿违吾敕。

虽然名为"手诏",其实是一封用语家常的书信,谆谆切切,没有雕饰,对兄弟的理解爱护之情流露无遗。

又如梁元帝《耕种令》:

> 军国多虞,戎旃未静,青领虽炽,黔首宜安。时惟星鸟,表年祥于东秩;春纪宿龙,歌岁取于南畯。况三农务业,尚看夭桃敷水;四人有令,犹及落杏飞花。化俗移风,常在所急;劝耕且战,弥须自许。岂直燕垂寒谷,积黍自温,宁可堕此玄苗,坐食红粒,不植燕领,空候蝉鸣。可悉深耕溉种,安堵复业,无弃民力,并分地利。班勒州郡,咸使遵承。

其中"况三农务业,尚看夭桃敷水;四人有令,犹及落杏飞花"数句,"直似士女相约游春小简"。[①] 在文章体统上是失当,在文辞上则十分别致。

还有一些王者所下行政令出自文士之手,如江淹为刘宋建平王所写的《为宋建平王聘隐逸教》:

> 府州国纪纲,夫妫夏已没,大道不行。虽周德之富,犹有渔潭之士;汉教之隆,亦见栖山之夫。迹绝云气,意负青天。皆待绛螭骧首,翠虬来仪。是以清风扇百代,余烈激后生。斯乃王教之助,古人之意焉。吾税驾旧楚,憩乘汀潭。挹于陵之操,想汉阴之高。而山川邈久,流风无沫;养志数人,并未征采。善操将弃,良用慨然。宜速详旧

---

① 钱钟书:《管锥编》,中华书局,1979年版,第1397页。

礼,各遣缥招。庶畅此幽襟,以旌蓬荜。

全文以建平王的口吻,下教令征聘那些隐逸之士,以便对他们表达敬意,以激励清廉世风。文中用典隶事多而贴切,口吻庄重而矜持,是政令中的优秀之作。

从魏晋之际到南朝结束,还有另外一种体裁的诏策是这一时期特有、特多的,可以算作一种特殊的乱世文学,颇值得玩味。这便是九锡文。

二、袁淑的九锡文

所谓"九锡",名义上是天子赐给有巨大功勋的臣子的一种殊礼。关于其具体名目,《礼纬·含文嘉》载:"礼有九锡:一曰车马,二曰衣服,三曰乐则,四曰朱户,五曰纳陛,六曰虎贲,七曰弓矢,八曰鈇钺,九曰秬鬯,皆所以劝善扶不能。"①《韩诗外传》卷八亦有类似的说法。然而,在实际运用上,颁赐"九锡"的仪式却每每成为权臣篡位前的铺垫与预演。历史上第一个实践了"九锡"制度的,即是两汉之际的王莽。之后的魏晋南北朝时期,更是常常上演这样的活剧。在其中,九锡文可谓扮演了一个十分抢眼的角色。赵翼在《廿二史札记》卷七《九锡文》中,对这一颇具特色的诏策体裁的来历与特色有一个简要的勾勒:

> 每朝禅代之前,必先有九锡文,总叙其人之功绩,晋爵封国,赐以殊礼,亦自曹操始。(案王莽篡位,已先受九锡,然其文不过五百余字,非如潘勖为曹操撰文格式也。勖所撰乃仿张竦颂莽功德之奏,逐件铺张,至三五千字,勖文体裁正相同。)其后晋、宋、齐、梁、北齐、陈、隋皆用之,其文皆铺张典丽,为一时大著作。故各朝正史及南、北史俱全载之。

---

① 《春秋公羊传注疏·庄公元年》何休注引,见《十三经注疏》整理委员会整理:《春秋公羊传注疏(标点本)》,北京大学出版社,1999年版,第116页。

如上所论,王莽受九锡时,即以元王皇后的名义发布了《策安汉公九锡文》,这也是中国历史上最早的一篇九锡文。然而,该文不过五百余字,对王莽的功绩更是只用寥寥数语带过,故只能算作草创之作,难以作为后世的范本。直到曹魏时潘勖(生卒年不详)创作了那篇享有盛名的《册魏公九锡文》,九锡文的体裁才正式确定下来,"以后各朝九锡文,皆仿其文为式"(《廿二史札记》卷七《三国志·九锡文》)。

从结构上看,全文可以分为四个部分。文章甫始,潘勖先以献帝的口吻讲述了当时"群雄觊觎,分裂诸夏"的狼狈局面,以作为后文铺陈曹操功勋的铺垫。紧接着,作者回顾了董卓乱政、曹操起兵以来的历史,洋洋洒洒地列举了曹操的十一大功。除"首启戎行"的第一功之外,每一功的结尾,均以"此又君之功也"作结。看似不厌其烦,繁冗重复,却使得读者对曹操存亡继绝、荡平天下的卓绝功绩有了一个最直观的印象,颇具大巧若拙的匠心。这一行文结构也为后世的九锡文所纷纷效仿,乃至成为这一文体最典型的特征之一。在语言上,则运用了整齐铿锵的四字句,以及强烈的夸饰、对比手法,浓墨重彩地描述了曹操的一桩桩丰功伟绩。如对官渡之战的描写:

> 袁绍逆乱天常,谋危社稷,凭恃其众,称兵内侮,当此之时,王师寡弱,天下寒心,莫有固志,君执大节,精贯白日,奋其武怒,运诸神策,致届官渡,大歼丑类,俾我国家,拯于危坠,此又君之功也。

在作者笔下,曹操的功业"虽伊尹格于皇天,周公光于四海,方之蔑如也",达到了无以复加的地步,然而却"功高乎伊、周,而赏卑乎齐、晋"。于是,在全文的第三部分中,宣告以冀州十郡册封曹操为魏王,并赐以"九锡"。文中,结合了九种物品不同的特征,将曹操各个方面的道德业绩又分别褒扬了一遍。如"以君经纬礼律,为民轨仪,使安职业,无或迁志,是用锡君大辂、戎辂各一,玄牡二驷","君敦尚谦让,俾民兴行,少长有礼,上下咸和,是用锡君轩悬之乐,六佾之舞",如此等等。这也成为后代九锡文必备的程式之一。最后,嘱托曹操"敬服朕命,简恤尔众,时亮庶功,用终尔显德,对扬我高祖之休命",以《尚书》式的套语终结全文。

综观全文,辞藻繁丽,用语典雅,以"义炳重离之辉","气含风雨之润"的标准衡量,无疑属于一篇上佳的诏策之作。刘勰对潘勖的这篇作品评价极高,如《诏策》篇说"潘勖九锡,典雅逸群",《风骨》篇说"昔潘勖锡魏,思摹经典,群才韬笔,乃其骨髓峻也",《才略》篇说"潘勖凭经以骋才,故绝群于锡命"。由于潘勖文名不高,故此后颇有人以为这篇文章出自建安七子之首王粲的手笔①,由此亦可见此篇九锡文在当时为人所推崇的程度。

继曹氏父子首开此局之后,中国历史进入了一个外篡内篡不绝,政权变易宛如走马的时期。而无论南北,在改朝易代之前,先赐九锡再效法尧舜几乎成为一个必备的程序。加之国家长期处于分裂割据的状态,九锡有时也成为装潢、遮羞以及笼络人心的一种手段。故而这一时期的九锡文异乎寻常地多,几乎可以算作文学史上一道特殊的风景。著名的有傅亮的《策加宋公九锡文》,王俭的《策齐公九锡文》,任昉的《策梁公九锡文》,徐陵的《册陈公九锡文》,以及魏收的《册命齐王九锡文》等,其笔法、体例皆与潘勖之作相当。由于兹事体大,撰写九锡文的通常是一时文坛的执牛耳者,文辞也极尽"铺张典丽"之能事。然而满纸伊尹周公的颂扬之语的背后,透露出的却是无廉耻、无体统的政治事实。这也正是魏晋南北朝士大夫众生态的一面。事实上,在当时就有人化庄为谐,拿这种堂而皇之的文体开玩笑了。如南朝刘宋时袁淑(408—453)所作的几篇俳谐之文,可称得上妙绝。《驴山公九锡文》云:

> 若乃三军陆迈,粮运艰难,谋臣停算,武夫吟叹。尔乃长鸣上党,慷慨应邝,崎岖千里,荷囊致餐,用捷大勋,历世不刊,斯实尔之功也。音随时兴,晨夜不默,仰契立象,俯协漏刻。应更长鸣,豪分不忒。虽

---

① 《太平御览》卷五百九十三引殷洪《小说》曰:"魏国初建,潘勖,字元茂,为策命文。自汉武以来,未有此制。勖乃依商、周宪章,唐、虞辞义,温雅与典,诰同风,于时朝士皆莫能措一字。勖亡后,王仲宣擅名于当时。时人见此策美,或疑是仲宣所为。论者纷纭。及晋王为太傅,腊日大会宾客,勖子蒲时亦在焉。宣王谓之曰:'尊君作封魏君策,高妙信不可及。吾曾问仲宣,亦以为不如。'朝廷之士乃知勖作也。"

挈壶著称,未足比德,斯复尔之智也。若乃六合昏晦,三辰幽冥,犹忆天时,用不废声,斯又尔之明也。青脊隆身,长颊广额,修尾后垂,巨耳双碟,斯又尔之形也。嘉麦既熟,实须精面,负磨回衡,迅若转电,惠我众庶,神祇获荐,斯又尔之能也。尔有济师旅之勋,而加之以众能,是用遣中大夫闾丘骡,加尔使衔勒大鸿胪班脚大将军官亭侯,以扬州之庐江、江州之庐陵、吴国之桐庐、合浦之珠庐封尔为中庐公。

文中模仿"此又君之功"的九锡文的典型形式,一本正经地对驴子的功、智、能、明、形进行了颂扬表彰,并在结尾处运用了谐音双关的手法,宣布封赏驴子为"中庐公"。将此文与魏晋以来层出不穷的九锡文对看,尤其妙趣横生。除此之外,袁淑集中还留存有《鸡九锡文》、《大兰王九锡文》(猪)、《常山王九命文》(猴)等文章,为这些动物一并加了九锡。如《大兰王九锡文》,较之前文,用语更为幽默辛辣:

大亥十年九月乙亥朔十三日丁亥,北燕伯使使者豪狶册命大兰王曰:咨惟君禀太阴之沉精,摽群形于元质,体肥腊而洪茂,长无心以游逸,资豢养于人主,虽无爵而有秩,此君之纯也。君昔封国殷商,号曰豕氏,叶隆当时,名垂于世,此君之美也。白蹄彰于周诗,涉波应乎隆象,歌咏垂于人口,经千载而流响,此君之德也。君相与野游,唯君为雄,顾群数百,自西徂东,俯喷沫则成雾,仰奋鬣则生风。猛毒必噬,有敌必攻。长驱直突,阵无全锋,此君之勇也。

以上这些虽然是谐谑戏作,然而反映出的正是作者对于九锡泛滥的不齿态度。在南朝,陈郡袁氏是少有的以累世忠贞著名的家族,《宋书》卷七十《袁淑传》称赞其"忠烈邈古"、"投躯殉主,世罕其人",可谓文为心声。在另一方面,这种俳谐风格的创作手法也对后世的文学产生了影响,我们在韩愈著名的《毛颖传》中,就可以清晰地发现这一点。叶梦得《避暑录话》卷下即云:"韩退之作《毛颖传》,此本南朝俳谐文驴九锡、鸡九锡之类而小变之耳。"

第四章　魏晋南北朝书信文

魏晋之际,有一种文体取得了非凡的成绩,那就是书信。曹丕《典论·太子》引当时"里语"曰:"汝无自誉,观汝作家书!"可知当时对家书写作的重视。对书信的重视,一直延续到南北朝。

第一节　书信文概说

书信的写作,肇始上古,至汉代更有司马迁、东方朔、杨恽、扬雄等一系列文采斐然的书信作品问世。到了魏晋,更进入一个书信写作的新阶段。人们看重书信写作,除了曹丕所引的"里语"之外,还有更多的表现,如教人如何写好书信的范文出现了,著名的有西晋索靖的《月仪帖》,梁昭明太子的《锦带书十二月启》,这都是今天可以读到文字的,散佚的著述还有任昉的《月仪》,以及《隋书·经籍志》所著录谢元以下十余家同类篇目。家书写作的兴盛于此可见一斑。魏晋之际书信的成就,前代学者已有论述,如钱穆就说:

> 窃谓当时新文佳构,尤秀出者,当推魏文陈思之书札。此等尤属眼前景色,口边谈吐,极平常,极直率,书札本非文,彼等亦若无意于为文,而遂成其为千古之至文焉。至是而文章与生活与心情,三者融浃合一,更不见隔阂所在。盖文章之新颖,首要在于题材之择取,而书札有文无题,无题乃无拘束,可以称心欲言也。古人书札,亦有上乘绝顶之作,如乐毅之《报燕惠王》,司马子长之《报任少卿》,皆是也。

然皆有事乃发,虽无题而有事。建安书牍,乃多并事无之,仅是有意为文耳。无事而仅为文,所以成其为文人之文。文人之文而臻于极境,乃所以成其为一种纯文艺作品也。①

钱氏所说可以概括为以下两点:一,书信体随意直率,融文章、生活与心情三者合一;二,无事为文,乃成纯粹的文艺作品。洵为有见。其第一点说到了书信的文体特征,眼前景象,口边谈吐,事无大小皆可发之于书信,适意而为,兴到笔到,轻松愉快;才力高,情意满纸;加之以字体潇洒,便可咫尺简策,风流俊赏。

那么,除此之外,魏晋以下书信是否还有其他特点呢?有。可以引一篇索靖《月仪帖》来说明。如十月书信的写法:

> 十月具书君白:应钟导运,严霜稍隆,时变物移,感候增怀。驰心系想,言存所亲,山川路限,不能翻飞。登彼崇丘,逍遥长望,延伫莫及,思积情疲。不胜郁陶眷然之感,裁复白,书不悉。君白。
>
> 君白:往春执手,刻会来秋,迎期待面,慊然迟想。正以逸骥之迹骋于云汉之路,龙骧天府,忘此友信,飞沉壹殊,何缘言嬿?厚为时节,宝爱光仪。君白。

开头的"君白"犹如"某人白";结尾的"君白"也是一个意思。需要注意的是《月仪》所显示的书信写作的一个不可缺少的要素,就是其中时令景物的简要刻画。这一点在后面举证曹丕的书信中就可以看得很清楚。虽然景物的勾画已经成为规范,但是,才气不同的作家还是在这个模块里翻新见奇,各呈异彩。若论魏晋以下的书信之体,这一点可以算是最突出的了。还有一点,那就是文字的骈俪化,这是当时所有文体的共同特点。

不论是索靖的《月仪》,还是昭明太子的《锦带书》,都是给家书写作立体式。但是,家书基本特点,毫无疑问也延伸到写给朋友乃至君上的书信

---

① 钱穆:《中国学术思想史论丛(三)》,(台北)东大图书股份有限公司,1985年版,第107页。

中去了。刘勰的《文心雕龙·书记》篇,是把朋友、君臣之间书信都放在一篇中谈,而且说:"书记广大,衣被事体,笔札杂名,古今多品。"本章所论书信,其范围与刘勰《书记》篇所涉朋友、君臣之间信件大体相合,此外还有为数不多的家书,以及数量不少的"诫子书"等。

家书、朋友书信,入书信体文章范围易于理解,把君臣之间的书信——注意,这类书信还有奏书、奏笺、奏记等更为正式的名称——也放到其中来谈,就难免令人疑惑:为什么不把它们放到章表奏疏一类去谈呢?这还得从书信的特点着眼。这些奏记、奏笺之类的文章,与一般的表章相比,不那么正式,一切篇章还保留书信的格式。既然不那么正式,在语言文字之间,就易于流露出一些书信才有的随意和放松,即刘勰所说的:"原笺记之为式,既上窥乎表,亦下睨乎书,使敬而不慑,简而无傲,清美以惠其才,彪蔚以文其响,盖笺记之分也。"就是君臣之间的书信,虽有上下级的分别,但毕竟还是书信,还是可以"敬"而不至于"慑",在"无傲"的限度内,还可以"简"。刘勰《文心雕龙·书记》说:"故书者,舒也。舒布其言,陈之简牍,取象于《夬》,贵在明决而已。"这是说凡是写在简牍上的文字,都可以称为书。实际刘勰对书这一类作品下的定义比较模糊,高步瀛先生对刘勰这段定义曾作过如下按语:"书之义如此,而其用不同,其体亦异。告于君上,曰'上书';行于臣下,曰'敕书';友朋往来致言,亦谓之书。虽有上行下行平行之异,而舒布其言,如其事物,以箸其意,则罔不同也。"①概括指出了书信内部的异同。

书信写作何以在魏晋之际出现一个高潮,名篇迭出,风流俊赏?这大概应该从东汉后期的士人的"浮华交会"寻找原因。"浮华交会"是一个贬语,但也道出了汉末士风之一斑。随着选举路线越来越取决于名士如郭太、许劭之流,士人注意广泛游走、结交各种朋友以延揽名声的做法也越来越盛行,注重朋友之间的情谊和往来,也就成为当时士人生活的重要内容。此等交际,很现实,也很世故,所以朱穆作《绝交论》,但"绝交"的反潮流,正暗示着潮流的激涌。与书信写作高潮大体相伴,此时期朋友赠别的

---

① 高步瀛:《南北朝文举要》,中华书局,1998年版,第50页。

诗篇也颇为出色,如"伪苏李诗"的风华绝代,也是当时种种交际、注重友情的表征。士人交际,为了什么？为传扬名声。那么,势必要对自我的才情有所展现。如此,书信这样的"无事"可以为,"无题"以为限的文章体式,就是展现才情的好手段了。可以接受钱穆书信乃"无事"而为的说法,但"亦若无意于为文"之说,应报以"其然,岂其然"的慎重。书信的"无意于为文",其实只是精心营造的结果,曹丕、曹植等那些出手不凡的书信,若没有精心的构思,是很难做到那样水准的。曹丕引用的"里语",实际就是那时人们已经苦心经营书信写作的证据。不过"无意于为文"这句话所表达的感受,倒是道出了书信,特别是那时朋友间简便书信的风格特征。书信作为肇自私人往来的文字,确实没有其他文体所具有的题材限制和要求。写奏议,需要就事论事,要校练,得注意文字体统,挥洒不能太任意；写议论,需要学问和思想,得深思熟虑,有强烈的现实关怀,有时还得要点个人的坎坷；其他各种问题都各有攸宜,内容体式,总得有所限定。写作相对自由的,除了诗赋,就属于亲戚朋友之间的书信往来了。有话即长,无话可短,信手拈来的文字,随心书写,用语也可以不像其他书面语那样规整,这些"发生学"上的诸多特点,实际在那些成功的书信中都可以感受到。但是,这些都是经过一番经营的。也可以说,书信体文字在表现个人上,具有一种很特殊的价值。那就是展现个人在"无事"的生活状态时的才情、意态等个人的内涵。这方面的内涵,最能展现一个人的境界状态。魏晋南北朝人很喜欢在这方面表现自己的非同一般。曹植和他的兄弟一起开创书信写作新局面,他们的好表现实际上也有开风尚的意义。《三国志·魏志·王粲传》引《魏略》记载了"博学有才章,又善苍、雅、虫、篆、许氏字指"的邯郸淳初见曹植时一幅很特殊的光景:曹植将他请入座,先是"取水自澡",之后就是"敷粉",然后是"胡舞五椎锻,跳丸击剑,诵俳优小说数千言",把这些做完了,然后问:"邯郸生何如邪?"邯郸先生你看如何呀？然后"更著衣帻,整仪容";然后"与淳评说混元造化之端,品物区别之意;然后论羲皇以来贤圣名臣烈士优劣之差,次颂古今文章赋诔及当官政事宜所先后,又论用武行兵倚伏之势";然后"乃命厨宰,酒炙交至"。好一派露才扬己的风光！忙碌这一切,全在"邯郸生何如邪"那句问话中潜台词:邯郸淳大才子,请看我曹子建何许人也!曹植的凡此种种的显山露水,也的确获得邯郸淳的"天人"的惊艳。在这段记载中还交代了曹植和曹丕争夺人才的背景,曹植这样尽情地露才扬己,也许就有争取邯郸淳的意思,但如此展露却能获得邯郸淳的赞美,更可见那个时代对才子毫无含蓄的表现是多么喜爱。前人读解这段文字,爱从曹氏父子"尚通脱"着眼,实在说这样的"通脱",是有"较劲"的暗功的。

实际上书信的展露自己,正如同曹植与邯郸淳相见。曹植的百般才艺,可以在具体军国大事上逐一表现。那样他就不是才子形态的展现了。于此可见曹植喜欢展现的是他自己的如何有才,而不是在军国大事上的如何作为。这就如同写书信显露自己的性灵。那个时代的人们也不是不喜欢建功立业,但是,他们更爱主观地展现"我"所具有的才高气妙的一切。这就是那个时期的才子特征,也是那一时期书信写作何以获得巨大成功的重要原因。而曹氏兄弟在书信上大展鹏翼之时,也真是大才子们风云际会的时候,随着曹操的势力统一北方,那些文不加点、依马露布的才子都汇聚到曹魏旗下,云蒸霞蔚,成一大观。此后曹魏时期的书信写作高潮虽对后代施以深重影响,但他们所处情势再也没有这样可酝酿文学高潮的因缘了。

书信在辉耀才情上任意挥洒,可是,显露归显露,书信作为文章,文体的要求还是很讲究的。所以,曹植、曹丕那些书信,虽意在对一己之露扬,可还是经营得像书信,叙述情意,描述风光,高谈义理,都出之于书信所具有的松闲的谈吐之中。这是因为大家手笔经营得好,经营而不留痕迹。这也是许多人追摹的。为此,索靖的《月仪帖》、萧统的《锦带书》之类,就有阅读的市场了。

第二节 三国曹魏书信

曹操、曹丕和曹植父子在魏晋文学风气转变上,起重要作用。在书信的写作上也是如此。兹先从曹操谈起。

一、三曹书信

作为一个政治家,曹操(155－220)生活的重点并不在文学创作上。但是正是由于其在东汉末年动荡的社会风云中,自有一股慷慨之英雄气,这股英雄之气反映到文章中,使其文章也直率、袒露,却没有旁逸之笔,直陈其事,今见《上言破袁绍》《破袁绍上事》等文。

虽然后世对于曹操褒贬互见,但是总体看来,曹操作为一个乱世当权之人,还是比较开明,其心胸比较广阔,因此在与平辈之文中也多见其流露真感情。如《与荀彧书追伤郭嘉》中说:

> 郭奉孝年不满四十,相与周旋十一年,险阻艰难,皆共罹之。又以其通达,见世事无所疑滞,欲以后事属之。何意卒尔失之?悲痛伤心!今表增其子满千户,然何益亡者?追念之感深,且奉孝乃知孤者也。天下人相知者少,又以此痛惜。奈何奈何!

先追念郭嘉与自己共患难多年,不意早卒,因此要上表增加其子千户之封地。但是话锋一转,这对于死去的人又有什么益处呢?死去的再也不能复生。可见曹操之悲痛,而其更进一步指出郭嘉是自己的知己,所谓千古知己最难觅,于是曹操连用两个"奈何奈何"之叹,千载之下读者犹闻其声。而在《报蒯越书》中:"死者反生,生者不愧。孤少所举,行之多矣。魂而有灵,亦将闻孤此言也。"短短几句话就体现出曹操的豪迈气概,放言无顾忌。在《戒子植》中曹操又说道:"吾昔为顿丘令,年二十三,思此时所行,无悔于今。今汝年亦二十三矣,可不勉欤!"这里面既有对自己儿子的期许,又更多地体现出曹操的自信。

整体看来,曹操的书信与其整体诗文风格是一致的,质朴平易、不重雕琢,但是由于其豪迈通脱之气概,使其文风又不至于野俗,鲁迅称其为改造文章之祖师。陈祚明对其诗歌的评价是"本无泛语,根在性情"(陈祚明《采菽堂古诗选》卷五),用在其书信上也是恰当的。

曹丕(187—226)的文学成就与其弟曹植相较,评价不一。刘勰《文心雕龙·才略》言:"魏文之才,洋洋清绮,旧谈抑之,谓去植千里。然子建思捷而才俊,诗丽而表逸,子桓虑详而力缓,故不竞于先鸣。"又说:"但俗情抑扬,雷同一响,遂令文帝以位尊减才,思王以势窘益价,未为笃论也。"刘勰不同意人们贬丕扬植,以为曹丕是个内敛性的人,深思熟虑,所以其文是磨出来的;这一点表现在书信,就是他的书信类体式,较诸曹植更为款式,似乎更带书信所具有的文体气息。先看《与吴质书》:

> 五月十八日丕白:季重无恙!途路虽局,官守有限,愿言之怀,良不可任。足下所治僻左、书问致简,益用增劳。每念昔日南皮之游,诚不可忘。既妙思六经,逍遥百氏,弹棋间设,终以六博,高谈娱心,哀筝顺耳。驰骛北场,旅食南馆,浮甘瓜于清泉,沉朱李于寒水。白日既匿,继以朗月,同乘并载,以游后园,舆轮徐动,参从无声,清风夜起,悲笳微吟,乐往哀来,凄然伤怀。余顾而言,斯乐难常,足下之徒,诚以为然。今果分别,各在一方。元瑜长逝,化为异物,每一念至,何时可言?方今蕤宾纪时,景风扇物,天气和暖,众果具繁。时驾而游,北遵河曲,从者鸣笳以启路,文学托乘于后车,节同时异,物是人非,我劳如何!今遣骑到邺,故使枉道相过,行矣自爱!丕白。

从情感上说信全是怀旧思友,无甚曲折,娓娓道来,但是情感相当深厚。这其实是承接其父文章含真情之一面,而又更加细密绵长。再从体式上说,"每念南皮之游"以下到"余顾而言",之间是一段文字清丽的生活场景片段的描写。曹丕之先的书信,即便是有这样的笔触,也还远没有发展到曹丕这样的美妙。以后的许多文人书信,稍微讲究一点的,都能遵循这样的体式。索靖的《月仪》其实就从曹丕、曹植,特别是前者书信里取法以示人的。曹丕实在对书信体有大贡献。另外值得一提的是,这篇文章"讲究辞藻和色彩,已有不少偶句,实开骈体文章的先河"。[①] 信中先即述乐,如"白日既匿,继以朗月",却在欢乐之时"乐往哀来,凄然伤怀"。这种在欢乐中感觉到悲伤的现象值得注意。

曹丕书信中抒发上述年华老去、亲朋凋零而产生悲凉情绪的还有一些,如《又与吴质书》云:

> 昔年疾疫,亲故多离其灾,徐、陈、应、刘,一时俱逝,痛可言邪!昔日游处,行则连舆,止则接席,何曾须臾相失!每至觞酌流行,丝竹并奏,酒酣耳热,仰而赋诗。当此之时,忽然不自知乐也。谓百年已分,可长共相保,何图数年之间,零落略尽,言之伤心。顷撰其遗文,都为一集。观其姓名,以为鬼录,追思昔游,犹在心目,而此诸子化为粪壤,可复道哉!

虽然信中弥漫着悲伤之情,情绪不可谓不深厚,却是克制的。书中先是回忆当时友朋相聚之乐,再叙述凋零殆尽,今昔之比,哀痛之情自然呈现出来。书中很少有其父"奈何奈何"时的感叹。我们看见曹丕文章中多有悲情之流露,这其实是自东汉以来尚悲之习的延续。而曹丕的这种空虚落寞一方面是有限的生命个体面对无尽的时空所不得不产生的叹息,当面对昔年共同欢游之友朋已为鬼魂,心灵所受到的触动自然是巨大的;另一方面也是由于曹丕特殊的身份,作为一个帝王,处于高台之上,所谓高处不胜寒,这个寒对于曹丕来说不是单纯由于责任之重大,而是当他处于称"孤"称"寡"的地位时,更容易与无边无际的宇宙相接触,更能体会到个人的渺小,人世的短暂,欢乐的转瞬即逝。所以在曹丕的诗文中即便不是面对亲朋的故去,也会在欢娱中感到忧伤。

曹丕书信中还值得注意的便是里面涉及对文学的见解。《又与吴质

[①] 傅璇琮、蒋寅主编:《中国古代文学通论·魏晋南北朝卷》,辽宁人民出版社,2005年版,第51页。

书》中讲：

> 观古今文人，类不护细行，鲜能以名节自立。而伟长独怀文抱质，恬淡寡欲，有箕山之志，可谓彬彬君子者矣。著《中论》二十余篇，成一家之言，辞义典雅，足传于后，此子为不朽矣。德琏常斐然有述作之意，其才学足以著书，美志不遂，良可痛惜。间者历览诸子之文，对之抆泪，既痛逝者，行自念也。孔璋章表殊健，微为繁富。公干有逸气，但未遒耳，其五言诗之善者，妙绝时人。元瑜书记翩翩，致足乐也。仲宣续自善于辞赋，惜其体弱，不足起其文，至于所善，古人无以远过。……光武言"年三十余，在兵中十岁，所更非一"，吾德不及之，年与之齐矣。以犬羊之质，服虎豹之文，无众星之明，假日月之光，动见瞻观，何时易乎？恐永不复得为昔日游也。少壮真当努力，年一过往，何可攀援？古人思炳烛夜游，良有以也。顷何以自娱？颇复有所述造不？东望于邑，裁书叙心。丕白。

这封信前面是感叹亲朋凋零，后面随意议论当今文人得失，评价是比较平和的，而且在议论中又带着抒情，放手写去，最后感叹年华不待人，有振作之意。这样全书的情绪就显得比较平和，这符合刘勰"虑详而力缓"的评价。同时曹丕对他人作品、才力之评价不露锋芒，显得平和，这也显示出其作为一个帝王所具有的一种内敛精神。

曹丕还有《答繁钦书》、《又与钟繇书》等存世，从这些文章中可以看出，其文章注重修饰，已经不复其父质朴为文的风貌了。

曹植(192—232)书信风格与其诗歌风格相近，属于外向型的，光彩迸发。比其兄之文更有华彩，工整，更进一步骈体化。钟嵘评价其诗歌"骨气奇高，词采华茂"，这个评价对于其文章也是合适的。在《与杨德祖书》中，展现了曹植的政治抱负和对文学的见解：

> 仆少好词赋。迄至于今二十有五年矣。然今世作者，可略而言也。昔仲宣独步于汉南，孔璋鹰扬于河朔，伟长擅名于青土，公干振

藻于海隅，德琏发迹于大魏，足下高视于上京。当此之时，人人自谓握灵蛇之珠，家家自谓抱荆山之玉也。吾王于是设天网以该之，顿八纮以掩之，今尽集兹国矣。

用一连串之排比句将诸家包罗，笔势雄劲，文采飞扬。但其笔锋一转：

然此数子，犹不能飞翰绝迹，一举千里也。以孔璋之才，不闲于辞赋，而多自谓能与司马长卿同风，譬画虎不成还为狗者也。前为书嘲之，反作论盛道仆赞其文。

直抒胸臆，对以上几家之文章不能更上一层楼表示了遗憾，而对陈琳自诩辞赋可与司马相如相比做了嘲讽。这一方面是曹植的才子性情之体现，另一方面也是由于在与好友信中较少拘束。此下又是一转：

盖有南威之容，乃可以论于淑媛；有龙渊之利，乃可以议于割断。刘季绪才不逮于作者，而好诋诃文章，掎摭利病。昔田巴毁五帝，罪三王，訾五伯于稷下，一旦而服千人，鲁连一说，使终身杜口。刘生之辩未若田氏，今之仲连，求之不难，可无叹息乎！人各有所好尚。兰茞荪蕙之芳，众人之所好，而海畔有逐臭之夫；《咸池》《六英》之发，众人所共乐，而墨翟有非之之论：岂可同哉！

认为人之爱好不同，对文章之见解自然不同，不可随意以一己之见强加他人之上。在书信里面出现这种几次回转，可见曹植才气锋芒向往张露之时，又自己下意识地对其收拢一番。

到信末，曹植才发出了自己人生真正的抱负："戮力上国，流惠下民，建永世之业，流金石之功。"前半部分对文章的评价多有自己的切身体会，有指点文坛之气势；后半部分欲建功业，自有一股豪气。

曹植另有《与吴季重书》亦被收入《文选》。此信前半段述说相会之欢:"当斯之时,愿举泰山以为肉,倾东海以为酒,伐云梦之竹以为笛,斩泗滨之梓以为筝,食若填巨壑,饮若灌漏卮,其乐固难量,岂非大丈夫之乐哉?"文辞壮丽。而谈及离别之苦,又云:"然日不我与,曜灵急节。面有逸景之速,别有参、商之阔。思欲抑六龙之首,顿羲和之辔,折若木之华,闭蒙汜之谷。"想象奇特,文辞受屈赋影响。高步瀛评价此书:"魏、晋之文,渊雅有余,而气势多不振。子建特为雄峻,此篇尤觉光焰非常。"①信矣。

需要指出的是,曹丕、曹植等人的书信中文采显得更加飞扬之作,往往是与较有文学名气之人的往来通信,正应和了曹丕《与吴质书》中所说"元瑜书记翩翩,致足乐也"。正是这批人书信的一个目的是为了"乐",所以更加注重文采之修饰。书信内容也多叙述人生苦短、会难别易之苦闷。这符合当时社会动荡之背景。

二、"七子"等人的书信

"七子"之名最早见于曹丕《典论·论文》:"今之文章,鲁国孔融文举,广陵陈琳孔璋,山阳王粲仲宣,北海徐干伟长,陈留阮瑀元瑜,汝南应玚德琏,东平刘桢公干。斯七子者,于学无所遗,于辞无所假,咸以自骋骥騄于千里,仰齐足以并驰。"七子为文各有所长,而善为书信者当数孔融、陈琳、阮瑀。

孔融(153—208)于七子之中年岁最长,曹丕称赞其文"体气高妙,有过人者"。今存孔融文章内容多为荐举贤才、议论政事,如《上书荐谢该》、《上书请准古王畿制》、《荐祢衡疏》等,其中尤以《与曹公书论盛孝章》见其文气,此文应为汉献帝建安九年,孔融于少府任上所写。文章一开始感叹盛年不再,贤才凋零,却未见颓唐之气,只是一气呵成:"岁月不居,时节如流,五十之年,忽焉已至。公为始满,融又过二,海内知识,零落殆尽,惟会稽盛孝章尚存。"后面又从交友之道与为国家求取贤才两面申说:"今孝章实丈夫之雄也,天下谭士依以扬声;而身不免于幽执,命不期于旦夕,是吾祖不当复论损益之友,而朱穆所以《绝交》也。公诚能驰一介之使,加咫尺

---

① 高步瀛:《魏晋文举要》,中华书局,1989年版,第48页。

之书,则孝章可致,友道可弘也。""昭王筑台,以尊郭隗,隗虽小才,而逢大遇,竟能发明主之至心,故乐毅自魏往,剧辛自赵往,邹衍自齐往。向使郭隗倒县而王不解,临溺而王不拯,则士亦将高翔远引,莫有北首燕路者矣。"特别是后面用到燕昭王筑黄金台之典故正反对比,很具有说服力,文末连用三个排比,以述贤人聚集,笔锋尤健。

曹丕对孔融之文也做过批评:"然不能持论,理不胜词,至于杂以嘲戏。""理不胜词"的评价在今天看来,恐怕是由于孔融气盛,而且老是与曹丕父亲作对的缘故。如《难曹公表制禁酒书》:

> 故天垂酒星之曜,地列酒泉之郡,人著旨酒之德,尧非千钟,无以建太平。孔非百觚,无以堪上圣。樊哙解厄鸿门,非豕肩卮酒,无以奋其怒。赵之厮养,东迎其王,非引卮酒,无以激其气。高祖非醉斩白蛇,无以畅其灵。景帝非醉幸唐姬,无以开中兴。袁盎非醇醪之力,无以脱其命。定国非酣饮一斛,无以决其法。故郦生以高阳酒徒,著功于汉;屈原不餔糟歠醨,取困于楚。由是观之,酒何负于治者哉!

引经据典对酒的不可或缺极尽夸张之能事,哪里是在说理,分明在逞才仗气! 后来刘伶《酒德颂》的作法,即有取于此文。

后来曹操对孔融上书做了答复,孔融又作书云:"虽然,徐偃王行仁义而亡,今令不绝仁义;燕哙以让失社稷,今令不禁谦退;鲁因儒而损,今令不弃文学;夏商亦以妇人失天下,今令不断婚姻。"这些话就很有些嘲戏的语言了。所以鲁迅认为孔融"专喜与曹操捣蛋"。① 纯粹的放浪不羁似乎还好一些,但是如果说出真话恐怕就会招人嫉恨,此信后来说:"而将酒独急者,疑但惜谷耳,非以亡王为戒也。"一语道破了曹操此举之真意,这样在曹操面前耍聪明,招来的下场就要和杨修一样了。再如《后汉书·孔融

---

① 鲁迅:《魏晋风度及文章与药及酒之关系》,见《鲁迅全集》第 3 卷,人民文学出版社,2005 年版,第 527 页。

传》中记载:"曹操攻屠邺城,袁氏妇人多见侵略,而操子丕私纳袁熙妻甄氏。融乃与操书,称'武王伐纣,以妲己赐周公'。操不悟,后问出何经典。对曰:'以今度之,想当然耳。'"也可明白孔融文章得到曹丕"理不胜词,以至乎杂以嘲戏"评价的缘故了。

陈琳(? —217)现存文章以章表书记与檄文最佳。这里需讨论一下,书与檄之关系。其实魏晋之时,章表书记与檄移多有共同之点。如《文选》中《为袁绍檄豫州》李善注引《魏志》云:"曹公曰:'卿昔为本初移书,但可罪状孤而已,何乃上及父祖。'"足见当时檄移可通,多以檄书、移书连称,故此处亦当作"书"之一类讨论。① 究其根本檄文也是互通信息的一种手段,只不过双方往往处于敌对状态,所以书写的口吻有不同。陈琳作书多为代笔之作,根据不同需要能恰当为文。如《为袁绍檄豫州》,由于是为了让刘备叛离曹操,归附袁绍,文中对曹操进行辱骂指责,措辞激烈,先将矛头直指曹操祖上:"司空曹操祖父中常侍腾,与左悺、徐璜并作妖孽,饕餮放横,伤化虐民。父嵩,乞丐携养,因赃假位,舆金辇璧,输货权门,窃盗鼎司,倾覆重器。"后面说曹操是"赘阉遗丑,本无懿德,剽狡锋协,好乱乐祸"。这样的内容,近似于谩骂。不过文章后来以一系列的事实指责曹操败德乱政,倒是有一定说服力:

> 时冀州方有北鄙之警,匪遑离局,故使从事中郎徐勋就发遣操,使缮修郊庙,翊卫幼主。操便放志,专行胁迁,当御省禁,卑侮王室,败法乱纪,坐领三台,专制朝政,爵赏由心,刑戮在口,所爱光五宗,所恶灭三族,群谈者受显诛,腹议者蒙隐戮,百寮钳口,道路以目,尚书记朝会,公卿充员品而已。故太尉杨彪,典历二司,享国极位,操因缘眦睚,被以非罪,榜楚参并,五毒备至,触情任忒,不顾宪纲。又议郎

---

① 萧统编:《文选》(李善注,第5册),上海古籍出版社,1986年版,第1966~1967页。这种檄、移、书信文体交叉的情况,一方面是因为文体之间本身有交叉,这属于文体生成过程中的必然现象;另一方面也涉及相关作品在命名的时候各有差异,《文心雕龙》、《文选》、《全上古三代秦汉三国六朝文》在这方面意见就很不统一,一个作品本来是没有名字的,选入作品中加上一个名字,标准的不同就造成混乱。黄侃在《文选平点》中就认为《孙子荆为石仲容与孙皓书》也是"檄文",可见文体的划分受命名的影响很大。

赵彦，忠谏直言，议有可纳。是以圣朝含听，改容加饰，操欲迷夺时明，杜绝言路，擅收立杀，不俟报闻。又梁孝王，先帝母昆，坟陵尊显，桑梓松柏，犹宜肃恭，而操帅将吏士，亲临发掘，破棺裸尸，掠取金宝，至令圣朝流涕，士民伤怀。操又特置发丘中郎将、摸金校尉，所遇隳突，无骸不露。

这篇文章由于是两军敌对，所以用词没有丝毫平和之气，来势汹汹，咄咄逼人，且所举之事多戳到了曹操的痛处。《文心雕龙·檄移》评价此文："壮有骨鲠，虽奸阉携养，章密太甚，发丘摸金，诬过其虐，然抗辞书衅，皦然露骨矣。"曹操对此文中伤及父祖念念不忘，后来打败袁绍专门对陈琳提及此事，陈琳说："矢在弦上，不得不发。"

陈琳还有《为曹洪与魏文帝书》。这封信很有意思，完全模仿曹洪语气，怕曹丕不信此信是曹洪所自作，申意再三。先说陈琳公务繁忙，所以此信为自作："得九月二十日书，读之喜笑，把玩无厌，亦欲令陈琳作报。琳顷多事，不能得为。念欲远以为欢，故自竭老夫之思，辞多不可一一，粗举大纲，以当谈笑。"黄侃评价说："使不载琳集，竟似子廉自为矣。"①文末又说了一遍："盖闻过高唐者，效王豹之讴，游睢涣者，学藻绘之彩。间自入益部，仰司马、杨、王遗风，有子胜斐然之志，故颇奋文辞，异于他日。怪乃轻其家丘，谓为倩人，是何言欤？"真是作假要作到底了。最后又说："恐犹未信丘言，必大噱也。"此信将曹洪作为一个武将豪放而欲为华彩之文的状态模拟得非常传神，足见陈琳为文善于揣摩别人心理的特色。陈琳还有《答东阿王笺》，收入《文选》。

阮瑀（约165－212）今存书极少，仅《为曹公作书与孙权》为一全篇，收入《文选》。曹丕对于阮瑀文章推崇再三，如《与吴质书》："元瑜书记翩翩，致足乐也。"又在《典论·论文》中说："琳、瑀之章表奏记，今之隽也。"建安十六年，阮瑀为曹操作书与孙权，前半部分表捐弃前嫌，主动示好之意：

---

① 黄侃：《文选平点》，中华书局，2006年版，第485页。

> 离绝以来，于今三年，无一日而忘前好，亦犹姻媾之义，恩情已深，违异之恨，中间尚浅也。孤怀此心，君岂同哉？每览古今所由改趣，因缘侵辱，或起瑕衅，心忿意危，用成大变。若韩信伤心于失楚，彭宠积望于无异，卢绾嫌畏于已隙，英布忧迫于情漏，此事之缘也。孤与将军，恩如骨肉，割授江南，不属本州，岂若淮阴捐旧之恨？抑遏刘馥，相厚益隆，宁放朱浮显露之奏，无匿张胜贷故之变，匪有阴构贲赫之告，固非燕王淮南之衅也。而忍绝王命，明弃硕交，实为佞人所构会也。

篇中"每览古今"以下，连用事典，语句排比，其用意在强调自己与孙权无不可化解之矛盾。并站在孙权角度考虑，说：

> 夫似是之言，莫不动听，因形设象，易为变观，示之以祸难，激之以耻辱，大丈夫雄心，能无愤发！昔苏秦说韩，羞以牛后，韩王按剑，作色而怒，虽兵折地割，犹不为悔，人之情也。仁君年壮气盛，绪信所变，既惧患至，兼怀忿恨，不能复远度孤心，近虑事势，遂赍见薄之决计，秉翻然之成议。加刘备相扇扬，事结衅连，推而行之，想畅本心，不愿于此也。

这又带有离间孙刘之意。后半部分笔锋一转，希望孙权能审时度势，辨清利害，云：

> 夫水战千里，情巧万端。越为三军，吴曾不御。汉潜夏阳，魏豹不意。江河虽广，其长难卫也。

信中还为曹操赤壁一战作了辩解，顾及了曹操汉朝丞相身份。整封信是动之以情，而又晓之以利害形势。这很大程度上是曹操权宜之计，因为赤壁一战，其势力大损，此时又欲西征。所以曹操想安抚孙吴，以求无后顾之忧。故信中所谓"以君之明,观孤术数,量君所据,相计土地,岂势少力乏,不能远举,割江之表,宴安而已哉?"其实并非实情,曹操征吴此时非不为也,是不能也。黄侃在《文选平点》中在此书下注云:"此亦檄尔。"在后面孙楚《为石仲容与孙皓书》名下亦有此注语,可见书信类作品的文体界限有其比较模糊的一面,往往根据行文对象而归并至不同的文类中去。

七子之中的其他几位由于书信留存较少,不能见其原貌。建安时期,善为文且有书信存世者尚有杨修、吴质、繁钦、应璩等。

杨修(175-219)有《答临淄侯笺》一文,是答曹植《与杨德祖书》所作。文中云:

> 若乃不忘经国之大美,流千载之英声,铭功景钟书名竹帛,斯自雅量,素所畜也,岂与文章相妨害哉?

明显是针对曹植书中重视功业胜过文章的观点,值得注意。

吴质(177-230)虽不在"七子"之列,但从曹丕、曹植与其通信情况看,其与曹氏兄弟过从甚密。特别是曹丕现存论文中的信,都是写给吴质的;今存吴质的书信也都是与曹氏兄弟,文字也颇具文采,可称编外"七子"。其《答魏太子笺》中先是对"徐、陈、应、刘,一时俱逝"表示悲痛:"陈、徐、刘、应,才学所著,诚如来命,惜其不遂,可为痛切。"接着又谈道:"往者孝武之世,文章为盛,若东方朔、枚皋之徒,不能持论;即阮、陈之俦也。其唯严助寿王,与闻政事,然皆不慎其身,善谋于国,卒以败亡,臣窃耻之。"是说文章之士,不能谋国事。盱衡古人之后,又说到自己:"白发生鬓,所虑日深,实不复若平日之时也。但欲保身救行,不蹈有过之地,以为知己之累耳。"有一种壮年不再,明哲保身之意,这才是吴质此信中的重点:其实是在表露自己未被任用的幽怨。他的《在元城与魏太子笺》一文,据《文选》李善注引《魏略》曰:"质迁元城令,之官,过邺辞太子。到县,与太子笺。"此文分四部分,先答谢曹丕宴请;次述元城地势及怀古之心;又言自己才能有限,未能有大作为,唯有奉公守法而已;最后才点出重点希望重回朝廷。此文值得注意者有两点：其一，笔意曲折，与《答魏太子笺》相似，不复曹操当时的通脱、直率之文风；其二，文中有借景抒情之笔触，如"然观地形，察土宜，西带恒山，连冈平代，北邻柏人，乃高帝之所忌也。重以泜水，渐渍疆宇，喟然叹息"，虽只是带过之笔，也是当时文风转变的表征。书信中写景，在曹丕的信中很突出，与他关系密切的作家书信也都有这样的特点，是一代风尚。他还有写给曹植的《答东阿王书》，颇多修饰，注重文藻，比上两书更委婉。

繁钦（？—218）有《与魏文帝笺》一文，严可均辑为《与魏太子书》。文中值得注意处，以骈文手法刻画出车子啭喉之奇妙："暨其清激悲吟，杂以怨慕，咏北狄之遐征，奏胡马之长思，凄入肝脾，哀感顽艳。"之后是景物描绘："是时日在西隅，凉风拂衽，背山临溪，流泉东逝。同坐仰叹，欢者俯听，莫不泫泣殒涕，悲怀慷慨。"情景相映。李善注引《魏文帝集序》称繁钦文章"虽过其实，而其文甚丽"，评价是恰当的。

应璩（190—252）书笺很有特点，《文心雕龙·书记》称："休琏好事，留意词翰。"明代张溥在评价应氏兄弟时，指出其兄"取方弟文，文藻不敌"。都是推崇其为文重修饰，而且是有意为之。这也正是推崇"义归乎翰藻"的《文选》收其书笺四篇的原因所在。其《与满公琰书》一文最被称道：

> 昨者不遗，猥见照临。虽昔侯生纳顾于夷门，毛公受眷于逆旅，无以过也。外嘉郎君谦下之德，内幸顽才见诚知己，欢欣踊跃，情有无量，是以奔骋御仆，宣命周求。阳书喻于詹何，杨倩说于范武，故使鲜鱼出于潜渊，芳旨发自幽巷，繁组绮错，羽爵飞腾，牙旷高徽，义渠哀激。当此之时，仲孺不辞同产之服，孟公不顾尚书之期，徒恨宴乐始酣，白日倾夕，骊驹就驾，意不宣展。

文辞华丽，用典迭出，反复渲染与满炳之友谊。文末提及因有事不能参与"漳渠之会"，但是后面却全凭想象预设了聚会时之美景：

> 夫漳渠西有伯阳之馆，北有旷野之望，高树翳朝云，文禽蔽绿水，

沙场夷敞,清风肃穆,是京台之乐也。

足见其于文中遣词写景之熟练。这是建安风骨之后文章追求色泽姿彩的表现,是一种变化。其《与从弟君苗、君胄书》说:

间者北游,喜欢无量,登芒济河,旷若发蒙,风伯扫涂,雨师洒道,案辔清路,周望山野。亦既至止,酌彼春酒,接武茅茨,凉过大夏。扶寸肴修,味逾方丈,逍遥陂塘之上,吟咏菀柳之下,结春芳以崇佩,折若华以翳日,弋下高云之鸟,饵出深渊之鱼。蒲且赞善,便嬛称妙,何其乐哉。

回忆自己与从弟几个人相聚游历,精心于文藻,形容良多。而《与广川长岑文瑜书》则是文人之间相戏之作,虽无甚思想性,倒与魏晋之际喜在文中作戏谑语的风尚接近。

三、蜀吴之书信

在魏晋南北朝时期,蜀吴之文学并不是主流,书信上文采高妙之作也少。蜀国在书作方面颇以实用为主,以质朴达意为高,少了曹魏作家那种洒脱之气。两地书信与曹魏书信比较,多沿袭了汉代以来的固有体式,像曹丕、曹植书信那样总会在信中点染景物抒发情感的内容是很少见的。这反衬出曹魏书信属于新体。

蜀国书信作者值得称道的首推诸葛亮(181—234)。他写给兄诸葛瑾的书信言简意赅,如《与兄瑾书》云:"乔本当还成都,今诸将子弟皆得传运,思惟宜同荣辱。今使乔督五六百兵,与诸子弟传于谷中";"前赵子龙退军,烧坏赤崖以北阁道缘谷一百余里,其阁梁一头入山腹,其一头立柱于水中。今水大而急,不得安柱,此其穷极,不可强也。"尽是军国政事,直如公文。

诸葛亮对家人所作之书倒是别有特色。如《诫外生》:

夫志当存高远,慕先贤,绝情欲,弃疑滞,使庶几之志,揭然有所存,恻然有所感。忍屈伸,去细碎,广咨问,除嫌吝,虽有淹留,何损于美趣?何患于不济?若志不强毅,意不慷慨,徒碌碌滞于俗,默默束于情,永窜伏于凡庸,不免于下流矣。

全文先以志存高远相激励,提出各种劝勉,又连用两个反问,语气恳切,后又警之以反面教训,颇给人振起之感。其《诫子书》曰:"夫君子之行,静以修身,俭以养德,非澹泊无以明志,非宁静无以致远。"千载受人传颂。文章看似不苟言笑,自有一股爱子深意存于其中,使人不得不警醒。

同样是诫子之书,向朗(?—247)的《遗言戒子》却显得更亲切。这一方面是性格所致,或许也是向朗得享高寿,耄耋之年更带和蔼之气。其文云:

《传》称:师克在和,不在众。此言天地和则万物生,君臣和则国家平,九族和则动得所求,静得所安,是以圣人守和,以存以亡也。吾,楚国之小子耳,而早丧所天,为二兄所诱养,使其性行不随禄利以堕。今但贫耳。贫非人患,惟和为贵。汝其勉之!

以"和"字遗教子孙,似乎平常,却是向朗一生亲自体会得来,颇能动人情感。

秦宓(?—226)书信多用典,较有文采。如《答王商书》一文是对王商来信劝其出仕所作回答。云:

昔尧优许由,非不弘也,洗其两耳;楚聘庄周,非不广也,执竿不顾。《易》曰"确乎其不可拔",夫何炫之有?且以国君之贤,子为良辅,不以是时建萧、张之策,未足为智也。仆得曝背乎陇亩之中,诵颜氏之箪瓢,咏原宪之蓬户,时翱翔于林泽,与沮、溺之等俦,听玄猿之悲吟,察鹤鸣于九皋,安身为乐,无忧为福,处空虚之名,居不灵之龟,知我者希,则我贵矣。斯乃仆得志之秋也,何困苦之戚焉!

全篇以许由、庄周、颜回、原宪、长沮、桀溺等古人故事作勉，表示自己愿效法先贤，安于贫贱，归隐山林之意。文章一气贯通，在蜀汉书作中属优秀之作。

再来看东吴的书信。

孙权(182—252)作为开国之主，雄才伟略，为文直抒胸臆，颇能以本色示人。如《与曹公笺》："春水方生，公宜速去。"《别纸与曹公》："足下不死，孤不得安。"在通脱为文方面与曹操相近。然《与浩周书》中言："小儿年弱，加教训不足，念当与别，为之缅然，父子恩情，岂有已邪！"直率中真情流露，与曹操又不相同。特别是《让孙皎书》，是责备堂弟孙皎因酒醉欺压甘兴霸，文中严词训斥，如："吾亲爱之，卿疏憎之；卿所为每与吾违，其可久乎？"此固体现孙权粗爽直言之处，后面又语重心长教其为官之道："夫居敬而行简，可以临民；爱人多容，可以得众。"文末再三致意："人谁无过，贵其能改，宜追前愆，深自咎责。"深致劝勉，信中既有孙权一代英豪不拘小节，为文不饰的本色，又能体现其因情生文之特点。

东吴的诸葛瑾、诸葛恪父子为书，多以政事为主。如诸葛瑾(174—241)《与刘备笺》，劝刘备无以关羽被杀之小仇而忽军国之大局。然文中无铺展申说，纯以理言之，不足以动人。诸葛恪(203—253)为文更注意修饰，讲理多引用典故事例，逐步推进，如《谏齐王孙奋笺》先以西汉"多王子弟，至于太强，辄为不轨"和东汉"诸王有制，惟得自娱于宫内，不得临民，干兴政事，其与交通，皆有重禁，遂以全安，各保福祚"，作正反申说。后又直接指出孙奋不听诸大臣之劝诫，肆意妄为。最后言："夫良药苦口，惟疾者能甘之；忠言逆耳，惟达者能受之。"希望孙奋能深思此语，悔过自新。其文章条理清楚，说服力比其父之文自然强多了。

周鲂(200—267)为了诱使曹休中圈套而诈降曹休，向其提供假的情报。于是有《诱曹休笺七条》。此七封书信构思紧密，既不能操之过急，引起对方怀疑，又要讲出自己叛逃是真，并示以利益诱惑，很有特色。其一言："狐死首丘，人情恋本。"其三言自己所领郡民"看伺空隙，欲复为乱"，而"为乱之日，鲂命讫矣"。以上为诉说自己叛逃原因。其四言传递信息之人皆为心腹，并详细设计如何传递不至泄密，并讲述自己此番是将身家性命押上,故"遣使之日,载生载死,形存气亡,魄爽悦惚",以博取信任。其五、其六透露军情,实际是引曹休上钩。其七讨要印绶,借以"假授诸魁帅,奖厉其志"。层层推进,可谓深思熟虑之作,其步步为营的手法值得注意。

四、嵇康、阮籍等书信

曹魏后期书信写作与汉魏之际相比文风大变,其实就是建安文学向正始文学转变的表现。这里面有两个主要原因:第一,魏晋之际玄学大畅,因此这个时候文章并不以文采为上,重在论理。故此时代表文章大多为论说之文。而玄学思想盛行,导致文学内容也偏离实际,贵无、尚自然,少了家国之事。第二,则为当时政局动荡,这个动荡与汉末风起云涌、呼唤英雄建功立业不同,而是血腥杀戮,士人不能自保之动荡。社会与思想的因素互相交织,造成清谈之风的盛行。表现在书信的写作上,就是哲学家的书信,明理而不尚文辞,造就了简练明切的书风。然而,动荡中有解体,解体中有独立不已的人格,嵇、阮大名士的个性分明,也充分表现在他们的书信之中,成就了书信写作在曹魏末期的新高峰。兹从哲学家的书信说起。

王弼(226—249)以注《周易》、《老子》知名,今存《戏答荀融书》:

> 夫明足以寻极幽微,而不能去自然之性。颜子之量,孔父之所豫在,然遇之不能无乐,丧之不能无哀。又常狭斯人,以为未能以情从理者也。而今乃知自然之不可革。足下之量,虽已定乎胸怀之内,然而隔逾旬朔,何其相思之多乎?故知尼父之于颜子,可以无大过矣。

信关系到一个关于"圣人"的问题——圣人是否有情。有情即同于凡人。那时候一些学者如何晏就主张圣人无情,以为这才是不同凡俗之处。王弼的看法则不同。信申说的是圣人亦有哀乐,如孔子在颜渊死后之悲伤。圣人也有本于人性的自然情感。何晏的说法是将圣人孤悬起来,用学术语说是只有"体"而无"用"。王弼的说法则是有体有用,就全面了。写信跟人说道理,不是写论文,对朋友谈一个深奥的道理,采取的是举例的方法。例子也恰当,举孔子伤颜渊。举孔子的例子之后,信手拈来,恭维对方之后,接着说"足下"的"相思",反证孔子那点凡人之情,正是"自然不可革"的。深奥的道理这样三言两语,信手拈出,显示的是魏晋玄学家的善谈理、重简约特点。

魏晋之时书作之代表人物是阮籍、嵇康。他们二人应该说都受到了老庄思想的影响,但是由于性格不同,并且里面牵涉到曹魏与司马氏两大政治集团之斗争,两人文学风格也有区别,最后的下场也迥异。兹从阮籍书信谈起。

阮籍(210—263),《晋书》本传称他:"本有济世志,属魏、晋之际,天下多故,名士少有全者,籍由是不与世事,遂酣饮为常。"因此他的人生态度是尽力远离政治纷扰。《答伏义书》充分体现出这样的价值取向。

伏义来书是以儒家传统价值观念对阮籍进行规劝甚至指责,云:"盖闻建功立勋者,必以圣贤为本;乐真养性者,必以荣名为主。"又说阮籍现在的人生则是:"若弃圣背贤,则不离乎狂狷;凌荣起名,则不免乎穷辱。"继而提出儒家礼教观念之重要:"然流名震响,非实不着;而抱实之奇,非人不宝;贵德保身,非礼不成;伏礼之矩,非勤不辨。"文中指责阮籍:"今吾子擢才达德,则无毛遂颖脱之势;翦迹灭光,则无四皓岳立之高;丰家富屋,则无陶朱货殖之利;延年益寿,则无松乔蝉蜕之变:总论吾子所归,义无所出。"指责阮籍为人无用,一无所成。

对于伏义来书所提圣贤与礼教话题,阮籍并没做正面回答。这是他处世风格的独特。他不会与当时权贵正面冲突,也不会直接对皇权提倡的教条进行攻击。善于敷衍的阮籍回信,颇见其世故的处事功夫。书云:

夫九苍之高,迅羽不能寻其巅;四溟之深,幽鳞不能测其底;矧无毛分所能论哉!且玄云无定体,应龙不常仪;或朝济夕卷,翕忽代兴;或泥潜天飞,晨降宵升,舒体则八维不足以畅迹,促节则无间足以从容;是又罄夫所不能瞻,琐虫所不能解也。然则弘修渊邈者,非近力所能究矣;灵变神化者,非局器所能察矣。何吾子之区区而吾真之务求乎!

这里面有对伏义来书的不满,认为凭你之见识哪里能够了解我。这一点参看《大人先生传》或许更为清楚。接下来,阮籍并没有在老庄思想与儒家价值观中做一个区分,更没有言及"礼教"的问题,只是说:

> 人力势不能齐,好尚舛异。鸾凤凌云汉以舞翼,鸠鹓悦蓬林以翱翔;螭浮八濒以濯鳞,鳖娱行潦而群逝;斯用情各从其好,以取乐焉。据此非彼,胡可齐乎?

以人各有好来让此二者并存。因此钱钟书先生说此信:"避而未对,徒以大言为遁词。"①真是一语中的。此文比较重视文采,多想象形容之辞,此为钱先生所云"大言"。

阮籍还有一篇《为郑冲劝晋王笺》,魏朝封司马昭为公,备礼九锡,司马昭辞让,阮籍为此文劝进。自王莽篡汉以来,备礼九锡就是有禅代之意,名为魏封,实为自取,司马昭不过伪作辞让。阮籍写这样一篇劝进之文,虽出于被迫,也有其圆滑之因。其文列举历史上的辅政大臣因功受封为司马氏张本,说:

> 昔伊尹,有莘氏之媵臣耳,一佐成汤,遂荷"阿衡"之号;周公借已成之势,据既安之业,光宅曲阜,奄有龟蒙;吕尚,磻溪之渔者,一朝指麾,乃封营丘。自是以来,功薄而赏厚者不可胜数,然贤哲之士犹以为美谈。

又述说司马氏自司马懿至今的功业卓著,行笔流畅而自有气势:

> 况自先相国以来,世有明德,翼辅魏室以绥天下,朝无阙政,民无谤言。前者明公西征灵州,北临沙漠,榆中以西,望风震服,羌戎东驰,回首内向;东诛叛逆,全军独克,禽阖闾之将,斩轻锐之卒以万万

---

① 钱钟书:《管锥编》,中华书局,1979年版,第1083页。

计,威加南海,名慑三越,宇内康宁,苛慝不作,是以殊俗畏威,东夷献舞。

最后再劝进司马昭:

> 今大魏之德光于唐虞,明公盛勋超于桓文。然后临沧州而谢支伯,登箕山而揖许由,岂不盛乎!至公至平,谁与为邻!何必勤勤小让也哉?

初看之下,阮籍似乎一味颂扬,但是仔细品味,会发现其"发言玄远"的特点。信开始所讲的伊尹、周公、吕尚等,都是诸侯,伊、周更是可以做王而不做的人。奏笺拿他们来衬托司马氏的"功薄而赏厚",就大可玩味。司马昭功高个什么呢?这里有曲笔微义。文末又明确谈到支伯、许由,明显是在暗示司马昭需以先贤为准,应在大节处吃紧,方能"岂不盛乎"?对此,高步瀛先生说:"勉以桓、文,期以支、许,劝之实以讽之也。"①是精当评价。阮籍这样写,若说司马氏及其手下就看不出,是不可思议的。原因可能在阮籍是大名士,事情的要点是他写不写劝进文,只要他写了就好;至于他怎么写,装聋作哑就是聪明做法。

现在看嵇康(224—263)。他的书信写作以《与山巨源绝交书》为代表。《晋书·嵇康传》中记载嵇康:"长好老、庄。"又说:"戎自言与康居山阳二十年,未尝见其喜愠之色。"这应该是受玄学思想影响。但是与阮籍"发言玄远,口不臧否人物"相比,嵇康自有其性格。《嵇康传》载:"(钟会进谗言于司马昭):'(嵇)康、(吕)安等言论放荡,非毁典谟。'"又云:"(孙)登曰:君(嵇康)性烈而才隽,其能免乎!"嵇康处世风格与阮籍不同,他是宁折不弯,不会与世浮沉。现存其两篇绝交书,其一为《与吕长悌绝交书》,其中对吕巽出尔反尔,置自己于不义之地表示了愤慨,断然绝交。前面简要叙述事情原委,书末云:

---

① 高步瀛:《魏晋文举要》,中华书局,1989年版,第84页。

何意足下苞藏祸心邪？都之含忍足下，实由吾言。今都获罪，吾为负之。吾之负都，由足下之负吾也。怅然失图，复何言哉！若此，无心复与足下交矣。古之君子，绝交不出丑言。从此别矣！临书恨恨。

言辞不枝蔓，态度严肃，有冷峻之感，是真绝交之文。

《与山巨源绝交书》和上一封书截然不同，是一篇戏谑之文，信中有责怪之情，却无真正绝交之意。因为《晋书·山涛传》中嵇康临刑前对其子说："巨源在，汝不孤矣。"足证此非绝交。[①] 此信据《文选》李善注引《魏晋春秋》云："山涛为选曹郎，举康自代。康答书拒绝，因自说不堪流俗，而非薄汤、武。"信中先说山涛不是自己的真知己，继而说自己和对方各有志操，云：

老子、庄周，吾之师也，亲居贱职；柳下惠、东方朔，达人也，安乎卑位。吾岂敢短之哉！又仲尼兼爱，不羞执鞭；子文无欲卿相，而三登令尹；是乃君子思济物之意也。

然其措意不在此，信接着说：

所谓达能兼善而不渝，穷则自得而无闷。以此观之，故尧舜之君世，许由之岩栖，子房之佐汉，接舆之行歌，其揆一也。仰瞻数君，可谓能遂其志者也。故君子百行，殊涂而同致。循性而动，各附所安，故有处朝廷而不出，入山林而不反之论。且延陵高子臧之风，长卿慕相如之节，志气所托，不可夺也。

是说物各有安，各遂其志。之后，嵇康将自己性格习惯娓娓道来，没

---

① 徐公持：《魏晋文学史》，人民文学出版社，1999年版，第216~217页。

有《与吕长悌绝交书》那样的愤怒,有的只是戏谑之味,如:"头面常一月十五日不洗,不大闷痒,不能沐也。每常小便而忍不起,令胞中略转乃起耳。"突出自己的懒散继而涉及嵇康对世俗礼教的看法了。信直抒所想,即下面的"七不堪,二不可":

> 卧喜晚起,而当关呼不之置,一不堪也。抱琴行吟,弋钓草野,而吏卒守之,不得妄动,二不堪也。危坐一时,痹不得摇,性复多虱,把搔无已,而当裹以章服,揖拜上官,三不堪也。素不便书,又不喜作书,而人间多事,堆案盈机,不相酬答,则犯教伤义,欲自勉强,则不能久,四不堪也。不喜吊丧,而人道以此为重,已为未见恕者所怨,至欲中伤者,虽瞿然自责,然性不可化,欲降心顺俗,则诡故不情,亦终不能获无咎无誉,如此,五不堪也。不喜俗人,而当与之共事,或宾客盈坐,鸣声聒耳,嚣尘臭处,千变百伎,在人目前,六不堪也。心不耐烦,而官事鞅掌,机务缠其心,世故繁其虑,七不堪也。又每非汤、武而薄周、孔,在人间不止此事,会显世教所不容,此甚不可一也;刚肠疾恶,轻肆直言,遇事便发,此甚不可二也。

"七不堪"貌似说自己生活怪癖,实际是故意以此来亵渎时俗所看重的那些东西。最严重的是直接对商汤、周武、周公、孔子的菲薄,无异明确标出自己与司马氏不合作的态度。鲁迅先生对此看得清楚,他说:"汤武是以武定天下的;周公是辅成王的;孔子是祖述尧舜的,而尧舜是禅让天下的。嵇康都说不好,那么,教司马懿篡位的时候,怎么办才是好呢?"①

在指斥礼法之外,信最后又说自己实在才疏,山涛举荐自己是"野人有快炙背而美芹子者,欲献之至尊"。这又是一种兀傲的表现,越是这么说越是对当时的士人的轻蔑。但是,正是这种无所顾忌、光怪陆离的言语,极好地表现出嵇康所特有的嶙峋个性。刘勰《文心雕龙·书记》说:

---

① 鲁迅:《魏晋风度及文章与药及酒之关系》,见《鲁迅全集》第 3 卷,人民文学出版社,2005 年版,第 534 页。

"嵇康绝交,实志高而文伟。"就展现性格而言,堪称六朝书信文章中翘楚。

嵇康也有一篇《家诫》是写给儿子的。这封家书陈说很全面,涉及立志、立身、为吏、行事、社交、言语等诸多方面。然一言以蔽之,立身处世只在"小心"二字。如说到为吏如何处理上下级关系:

> 所居长吏,但宜敬之而已矣。不当极亲密,不宜数往,往当有时。其有众人,又不当宿留。所以然者,长吏喜问外事,或时发举,则怨者谓人所说,无以自免也;若行寡言,慎备自守,则怨责之路解矣。

强调不要与长吏来往密切,因为这样会引起其他同僚误会,"怨责"就难免了。又如说到交往中如何对待别人的隐私,说:"凡人自有公私,慎勿强知人知。彼知我知之,则有忌于我,今知而不言,则便是不知矣。"又说:"若会酒坐,见人争语,其形势似欲转盛,便当亟舍去之,此将斗之兆也。坐视必见曲直,傥不能不有言,有言必是在一人;其不是者方自谓为直,则谓曲我者有私于彼,便怨恶之情生矣!"嵇康平日摆明了要菲薄汤武周孔,可是在教育儿子时,却一派儒家的谨言慎行,庸言庸行。目的只有一个:远离祸害。人有伴装之态,有真情呈露,嵇康《家诫》的教子,不惜触圆滑世故之嫌,实在也是舐犊之情至深至切的缘故。于此,可以对嵇康的"反名教"有更真切的体会:那不过是针对司马氏耍弄名教以售其奸而发的狂态,是现实黑暗外压之下苦闷的排遣。嵇康并不想让自己的儿子也有这样的生活,所以信中呈现的才是嵇康骨子里淳厚的本真一面。

嵇康善析名理,《家诫》也鲜明地显示这一特点。如教儿子立志一段:

> 人无志,非人也。但君子用心,有所准行,自当量其善者,必拟议而后动。若志之所之,则口与心誓,守死无二,耻躬不逮,期于必济。若心疲体懈,或牵于外物,或累于内欲,不堪近患,不忍小情,则议于去就。议于去就,则二心交争。二心交争,则向所以见役之情胜矣!或有中道而废,或有不成一匮而败之,以之守则不固,以之攻则怯弱;与之誓则多违,与之谋则善泄;临乐则肆情,处逸则极意。故虽繁华

熠燿，无结秀之勋；终年之勤，无一旦之功。斯君子所以叹息也。若夫申胥之长吟，夷齐之全洁，展季之执信，苏武之守节，可谓固矣！故以无心守之，安而体之，若自然也。乃是守志之盛者也。

一般教子，只是提出立志当高远之类的要求就可以了，在理论家嵇康，则要仔细分析不能持志的状况、害处，不事陈告，而是析理，语体上其实是论文的作法。如此，蔼蔼然爱子心切的情状也跃然纸上了。这在诫子书一类是别调。

第三节　两晋书信

西晋基本实现统一,其书信存世较多,但并无特殊之书作传世,很大原因是因为政局相对稳定,书信中所表现思想并无过多华彩之处。而由于作书对象之不同,造成了其写作风貌之差别。大致分为臣下对上之书笺,友朋间之通信,家人之间书信。①

东晋在文学史上,没有出现整体的光彩。后期因有大文学家陶渊明出现而改观。东晋之时玄言颇盛,文人好聚集一处清谈,写文章以为"不朽"之资的兴趣似乎不如曹魏时期大。至于文风,则直承西晋而自有特点。以下按时代顺序分类别加以叙说。

一、臣僚书笺

此类书信并无一定之限制,多因作者文风而或质朴或华茂。同时也与作书对象地位高低有关,一般来说给位高者之信,往往辞卑,而如果对方地位和自己接近就会随便一些。

王浑(223—297)有《上书谏遣齐王攸之藩》,文中引周公辅政故事,劝谏晋武帝勿遣齐王司马攸之藩,留在朝中辅政。当时司马攸地位尴尬,朝臣却多属意于他,故信中言:

> 私慕鲁女存国之志,敢陈愚见,触犯天威。欲陛下事每尽善,冀万分之助。臣而不言,谁当言者。

由于事关重大,王浑行文谨慎,用典带有婉转之意。

何恽(生卒年不详)的《与周浚笺》也是同时的书作。周浚随王浑伐吴,传来王濬克武昌之消息,别驾何恽进言于周浚,希望周浚劝说王浑在

---

① 熊礼汇:《先唐散文艺术论》,学苑出版社,1999年版,第668～684页。该书对西晋书信分类明晰,此处从之。

王濬到来之前一举克吴,可获全功。王濬不从,后来王浚大军一到,果然吴主孙皓降于王濬。何恽又作笺与周浚陈说不可与王濬争功。此书非常简短,但说理却很清楚:

《书》贵克让,《易》大谦光,斯古文所咏,道家所崇。前破张悌,吴人失气,龙骧因之,陷其区宇。论其前后,我实缓师,动则为伤,事则不及。而今方竞其功。彼既不吞声,将亏雍穆之弘,兴矜争之鄙,斯愚情之所不取也。

引经据典,认为于理于德都不应该争功,文字简明扼要,有较强说服力,可惜王浑后不从。

以上两书由于都是下级对上级所进言之事,因此为文正式。且因为里面不夹带个人情感,所以行文整饬,不露情感。

同是公事,刘弘(？—306)的书作就带有较强的个人特点。如其《与刘乔笺》,虽认为范阳"横见迁代,诚为不允",但其书信重点却在"然古人有言,牵牛以蹊人之田,信有罪矣,而夺之牛,罚亦重矣"。并直接指出刘乔"甘为戎首,窃以为过"。因此最后才劝其以大局为重,"救苍生之倒悬,反北辰于太极",目的是劝其回心转意,却能直言不讳,指出刘乔大节有亏。刘弘还有《与东越王书》,直接拒绝发兵攻打范阳。全书基本没有迂回之语,指陈时事,明以大义。刘弘为书都是长驱而下,以大理大势引导文章前行。

陆机(261—303)之敷奏却与一般此类书信有很大区别。如其《与赵王伦笺荐戴渊》:

盖闻繁弱登御,然后高墉之功显;孤竹在肆,然后降神之曲成。是以高世之主必假远迩之器,蕴匮之才思托大音之和。伏见处士广陵戴渊,年三十,字若思,清冲履道,德量允塞;思理足以研幽,才鉴足以辨物。安穷乐志,无风尘之慕,砥节立行,有井渫之洁;诚东南之遗宝,宰朝之奇璞也。若得托迹康衢,必能结轨骥騄;曜质廊庙,必能垂光玙璠。惟明公垂神采察,不使忠允之言以人而废。

是用骈文笔法,文采飞扬,其精巧与繁缛的特点在当时笺作中都很突出。《世说新语·文学》刘孝标注引《文章传》说张华评价陆机文章:"人之作文,患于不才;至子为文,乃患太多也。"其敷奏之文与其文赋风格也是统一的。

西晋刘琨(271-318),书信如《上太子笺》、《与丞相笺》、《答太傅府书》等,都是特点鲜明之作。这些书信有一个共同特点,就是就事言事,不求修饰,将自己想说的内容清楚准确地表达出来,是纯公文性质的书笺。他的《与石勒书》却又不同,很注意行文修饰。这是由于内外之别。那些作为臣僚之间公文往来性质的敷奏,可以文辞从简,达意即可;而与石勒的劝降书需要情理兼备,能服人之口,又能服人之心,必得以文辞之摇曳打动之。同时此文具有外交辞令之性质,带有公开性质,自然会在文辞上有所用力。信云:

> 将军诞禀雄姿,勇略自然,大呼于纷扰之中,奋臂于骇乱之际,发迹河朔,席卷兖豫,饮马江淮,折冲汉沔,虽自古名将,未足为谕。所以攻城而不有其民,略地而不有其土,聚徒百万而莫为己用,倏尔云合,忽复星散,周流天下,而无容足之地,百战百胜,而无尺寸之功,将军岂知其然乎?存亡决在得主,成败要在所附;得主则为义兵,附逆则为贼众。义兵虽败,而功业必成;贼众虽克,而终必殄灭者也。

语句铺排,善用动词,使得文气充盈,篇章体势有纵横家笔意。

东晋臣僚笺奏以王羲之(303-361,或作 321-379)等为代表,有《与会稽王笺》、《又遗殷浩书》、《遗谢安书》等篇章。明代张溥《百三名家集》对王羲之这些笺奏类文字有很高的评价。给殷浩的信时间早,今存三篇,其中一篇只残留一两句。《报殷浩书》是答复殷浩请他出来为官的,信中有"吾素自无廊庙志,直王丞相时果欲内吾,誓不许之,手迹犹存,由来尚矣,不于足下参政而方进退"数语。这样的言语,表现出的是王羲之高门子弟的素志,格调不卑不亢。《又遗殷浩书》的写作背景,据《晋书》本传:"及浩将北伐,羲之以为必败,以书止之,言甚切至。浩遂行,果为姚襄所败。复图再举,又遗浩书……"信开始说:"知安西败丧,公私惋怛,不能须臾去怀。"点明作书之意,继而又云:

> 自寇乱以来,处内外之任者,未有深谋远虑,括囊至计,而疲竭根本,各从所志,竟无一功可论,一事可记,忠言嘉谋弃而莫用,遂令天下将有土崩之势,何能不痛心悲慨也。任其事者,岂得辞四海之责!追咎往事,亦何所复及,宜更虚己求贤,当与有识共之,不可复令忠允之言常屈于当权。今军破于外,资竭于内,保淮之志非复所及,莫若还保长江,都督将各复旧镇,自长江以外,羁縻而已。任国钧者,引咎责躬,深自贬降以谢百姓。更与朝贤思布平政,除其烦苛,省其赋役,与百姓更始。庶可以允塞群望,救倒悬之急。

毫不客气,直陈自己对当今执政者"未有深谋远虑,括囊至计",以至"竟无一功可论,一事可记","任其事者,岂得辞四海之责"!书信而有如此切责之言,火辣辣的调子在整个魏晋南北朝的臣僚建言的书信中并不多见。然而,追究既往并不是书信的目的,指出今后之计,即"还保长江,都督将各复旧镇,自长江以外,羁縻而已"云云,才是切责对方的目的;而书信之作的动机就是遏制殷浩的"复图再举"。书信进而又谈到殷浩个人,说:

> 使君起于布衣,任天下之重,尚德之举,未能事事允称,当董统之任而丧败至此,恐阖朝群贤未有与人分其谤者。今亟修德补阙,广延群贤,与之分任,尚未知获济有期。若犹以前事为未工,故复求之于分外,宇宙虽广,自容何所!知言不必用,或取怨执政,然当情慨所在,正自不能不尽怀极言。

殷浩既然吃了败仗,觉得不好交代,必然找理由再图兴兵。信中王羲之对此表示理解,但也明白地提醒对方这样做更加危险。这样写,也表达了自己上此书信的情不得已。最后书信又提醒殷浩:"自顷年割剥遗黎,刑徒竟路,殆同秦政,惟未加参夷之刑耳,恐胜广之忧,无复日矣。"说兴兵必然加重民众负担,弄不好会给朝廷带来陈胜、吴广之忧!王羲之是当时大名士,给人的印象是散怀丘壑,逸兴遄飞。然而,读与殷浩的书信,既能在事败之前,对殷浩苦劝,又能在事后对不思改悔的殷浩严词指责,表现出的是王羲之关心国事,有情面而不囿于情面的另一面。其间对当时南北大势的了然,又是不言自明的。高步瀛先生评价此书云:"论事洞中綮要,文亦雅饬。逸少经世之才,时不能用,而文章高洁,又为书名所掩,惜哉。"①

为了阻止再次北伐,王羲之又作书《与会稽王笺》。会稽王在北伐的事情上是与殷浩见识一致的。毕竟君臣有别,写给他的书信,要比给殷浩的委婉多了。尽管如此,批评之意还是不难读出的。信开头说,成大业者有时因"独运之明足以迈众",做事不谋于众,但笔锋一转,说:"求之于今,可得拟议乎?"话中的意思清楚得很。信接着谈到了当时社会状况:

> 遗黎歼尽,万不余一。且千里馈粮,自古为难,况今转运供继,西输许洛,北入黄河。虽秦政之弊,未至于此,而十室之忧,便以交至。今运无还期,征求日重,以区区吴越经纬天下十分之九,不亡何待!而不度德量力,不弊不已,此封内所痛心叹悼,而莫敢吐诚。

所说社会因北伐而遭受的祸患,不仅是睁了眼看生活才有的言语,也是他强力反对北征即再次兴兵的理据。书信固不以说理为要,但要表明观点,说理必自在其内。信件的最后说到会稽王,说他"公室辅朝","而未允物望",因而自己作为"受殊遇者"为此"所以寤寐长叹,实为殿下惜之",言辞恳切,又无所隐讳。继而又说:"国家之虑深矣,深恐伍员之忧不独在

---

① 高步瀛:《魏晋文举要》,中华书局,1989 年版,第 153 页。高先生在此将此书命名为《王逸少遗殷浩书》,与严可均《全上古三代秦汉三国六朝文》不同,这是因为《魏晋文举要》中只选此一篇王羲之与殷浩书,故不用与其他书信区分开。这也可窥见古代一文多名之因。

昔,麋鹿之游将不止林薮而已。"以此劝他改变想法,并阻止殷浩的"再图"之意。作为臣僚建言,无丝毫卑屈之态,谠言直论,是其最大特点。

《遗谢安书》则又是另一幅笔墨。王羲之给谢安的书信今存两通,另一通所道之事琐碎。这封信写于王羲之为右军将军、会稽内史时。当时的情况,据《晋书》本传:"时东土饥荒,羲之辄开仓振贷。然朝廷赋役繁重,吴会忧甚,羲之每上疏争之,事多见从。"于是王羲之写信给身为尚书仆射的谢安。信件内容全是政事。首先是"漕运",书信说漕运事务不佳,是因为负责官员考课不善。其次是"文符如雨,倒错违背",官府人员不少,互相牵制,事情反而不治,建言谢安应该"思简而易从"。另外又谈到"仓督监耗盗官米"的严重,提醒执政者加以关注。书信最沉重的部分是其所谈到的"军兴以来,征役及充运死亡叛散不反者众",以至小民和官吏等逃亡严重。对此,羲之也提出了自己的建议。信件没有任何修饰,不仅言之有物,而且显出王羲之对于诸多政务的关切。明代张溥《汉魏六朝百三家集》的"题辞"说:"世谓其形神在名山沧海之间,于天下事,抑何观火也!"的确,观王羲之此信,其人绝非仅是一位纵情名山沧海的闲士。其关怀国是,正是这位东晋高门之士不忘本分的表现。王羲之的时代,王家的势力已不像东晋初"王与马,共天下"那样鼎盛了,却仍属华贵。享受朝廷特权时,能为朝廷着想,并不是六朝大名士都做得到的。同时,王羲之的家门背景,也成就了他独特的笺奏书信写作。其笺奏文字挚切不讳,与他的身份是有一定关联的。

二、亲朋故旧来往书信

现存两晋的朋友来往之书信多行文简捷,信笔写出,没有刻意的构思,且不太重文采。这应该有两个原因:第一,朋友之间为文大多不受拘束,任意为之,所以不尚修饰,大多简洁、随意、真挚。第二,此时文人士子与魏晋之时文人团体的兴趣不同,建安邺下的文人主要兴趣在文学,信中多交流文学见解,往来书信之作也意在展现自己的文学才情。这自然会注意文采,有意为之。至西晋,像嵇康、阮籍那样的清谈家、文学家兼大名士的人物少了,清谈和文学分为两种人的志事;同时,人们聚集在一起创作文学的团体少而且弱,交流文学的书信也少。清谈要求简明扼要,用较少的语言解释复杂的哲理,所谓谈言微中,这样的风尚作用于书信,也有助简短书信之风的流行。所以,西晋以后的书信写作与曹魏有明显的不同。

书信崇尚简短,例如裴楷(237-291)的《与石崇书》,曰:"吾弟酒狂,海内足知。足下饮以狂药,而反责之礼邪?"直截了当。又如顾荣(?-312)《与杨彦明书》云:"吾为齐王主簿,恒虑祸及,见刀与绳,每欲自杀,但人不知耳。"将不可为外人道之心事和盘托出,也只有在与亲友书信之间方能见到;平白如话,似当面晤谈。再如杜预(222-285)《与王濬书》,讲进兵策略,曰:

> 足下既摧其西藩,便当径取秣陵,讨累世之逋寇,释吴人于涂炭。自江入淮,逾于泗、汴,溯河而上,振旅还都,亦旷世一事也。

此应是一封便笺,却句句都带有信息,特别是后面讲用兵路线,更是言简意赅。信骈散结合,又可见杜预作书之老到。如魏舒《与山涛书》,曰:

> 郗诜至孝,中间去郎,正为母耳,居丧毁瘁,殆不自全。其父丧在缑氏,欲改葬不能自致,故过时不葬。后于家堂北假葬埏道通堂中,不时闭,服欲阕乃闭。葬后经年乃见用。作平舆监军长史,任意伤欲,以葬不时,闲常为舒口语,其事灼然,无所为疑。

叙说郗诜至孝表现,原原本本依次道来,如同记录之文一般。

当时的友人答书也在随意中自有一种清新可喜之气,一些书信颇有《世说》的味道。如王济(约246-291)《与人书》:"彦国吐佳言,如锯木屑,霏霏不绝,诚后进领袖也",比喻十分新巧。刘琨与卢谌的通信是西晋后期书信较为重要的作品。卢谌曾为刘琨部下,刘琨对其有知遇之恩,两人后来分离,卢谌作《与司空刘琨书》,表达对刘琨知遇的感恩之情。颇讲究辞藻,笔端充满真挚感情。信后还附了一首诗。此信因其辞藻和情感被选入《文选》。刘琨的答书价值更高。信中除了言辞得体之外,如下段落尤有意味:

> 昔在少壮,未尝检括,远慕老庄之齐物,近嘉阮生之放旷,怪厚薄何从而生,哀乐何由而至。自顷辀张,困于逆乱,国破家亡,亲友凋残;负杖行吟,则百忧俱至,块然独坐,则哀愤两集。时复相与,举觞对膝,破涕为笑,排终身之积惨,求数刻之暂欢。譬由疾疢弥年,而欲以一丸销之,其可得乎?夫才生于世,世实须才。和氏之璧,焉得独曜于郢握?夜光之珠,何得专玩于随掌?天下之宝,当与天下共之。但分析之日,不能不怅恨耳。然后知聃周之为虚诞,嗣宗之为妄作也。

刘琨早年是西晋士风下浮华之士,曾为贾谧二十四友之一。如信中所说,远慕老庄,近效阮籍,不知天高地厚地张狂放逸。但是,生活造就人,西晋末年的动荡,个人不甘陷溺的奋争和艰难苦恨的备尝,以及国破家亡的亲感亲历,都不仅使他对早年虚浮生活愧悔交加,而且使他脱胎换骨为一个对国家社会有所承担的深沉志士。信中"负杖行吟,则百忧俱至,块然独坐,则哀愤两集。时复相与,举觞对膝,破涕为笑,排终身之积惨,求数刻之暂欢"一段,向朋友尽情展露自己最近的人生意态,而"才生于世"至"当与天下共之"数句,在对朋友分离之情予以抚慰的同时,也表达出了一位志士的天下情怀。最后,由分别之情的真实,又说到庄周、阮籍的超越之说都是妄言,表现的还是对早年所深信生活观念的反省自责。天崩地坼时节,独向友人披露经历生活沥淬后的心迹,书信展现人格,此信可为范例。

东晋的书信有一个值得注意之处,即文字以书法传。东晋时一大批日常书信、杂帖都因为其本身是书法宝迹而得以流传。如王献之(344—386)《杂帖》中的"得诸慰意,吾故冀恶寻视汝,又告","未复东近动静,驰情。昨即遣行,为不至耶",都保存于张彦远《法书要录》。《淳化阁帖》也保存很多。这些书的编纂目的,用意在存墨迹,非为文而作。其中保存的书信,大多为朋友通信与家书。这些书作大多是随意写就、神形潇洒的书法精品,往往得之于无意之间,另有一番可以的姿质。

王羲之与王献之两父子书信保留最多。这些信件多为亲故而作,用语随意、直率,而流露真情。如王羲之《与谢万书》,向好友描述去职家居之乐,表现其乐天知命的旷达。书中叙述其含饴弄孙,悠游林下,行笔悠闲,自有真趣:

> 顷东游还,修植桑果,今盛敷荣,率诸子,抱弱孙,游观其间,有一味之甘,割而分之,以娱目前。虽植德无殊邈,犹欲教养子孙以敦厚退让。戒以轻薄,庶令举策数马,仿佛万石之风。君谓此何如?

如与老友对面而谈,娓娓道来,与前举论政之信有明显区别。

另外,王羲之的一些杂帖,虽内容颇杂多,然以简洁、真挚见胜,如痛失孙女所作书:

> 延期官奴小女,并得暴疾,遂至不救,愍痛心,奈何!吾以西夕,至情所寄,唯在此等,以禁慰余年,何意旬日之中,二孙夭命?日夕左右,事在心目,痛之缠心,无复一至于此,可复如何!临纸咽塞。

有悲不自胜之感。又如:

> 七月一日羲之白:忽然秋月,但有感叹。信反,得去月七日书,知足下故羸疾,问触暑远涉,忧卿不可言。吾故羸乏,力不具。王羲之白。

触景感怀,对友人忽然之间起关怀之情,文短情长。

通观王羲之之杂帖,潇潇洒洒,却难掩其易动的真情,大名士而不失其赤子情怀。

东晋时张湛(生卒年不详)《嘲范宁》一书在朋友书信中也很有特点，信曰：

> 古方，宋阳里子少得其术，以授鲁东门伯，鲁东门伯以授左丘明，遂世世相传。及汉杜子夏、郑康成、魏高堂隆、晋左太冲，凡此诸贤，并有目疾，得此方云：用损读书一，减思虑二，专内视三，简外观四，旦晚起五，夜早眠六。凡六物熬以神火，下以气筛，蕴于胸中七日，然后纳诸方寸。修之一时，近能数其目睫，远视尺棰之余。长服不已，洞见墙壁之外。非但明目，乃亦延年。

据《晋书·范宁传》，"宁常患目痛，就中书侍郎张湛求方，湛因嘲之"。朋友相戏，此信的作法一是掉书袋，把历史上有目疾的人物列出来，都是一代诸贤，说明得目疾之症，是颇值得荣耀的。① 言下是劝告朋友不必着急。再是所开方子，虽非药物，但对于目疾也是有益无害，就是劝朋友不要用目过度。言下之意，朋友患眼疾是手不释卷的学者病，以后当注意不要劳累过分。《诗》云："善戏谑兮，不为虐兮！"此书有之。

东晋偏安江南，佳山秀水对文学的影响，在书信中亦有体现。如王胡之(生卒年不详)《与庾安西笺》："此间万顷江湖，挠之不浊，澄之不清，而百姓投一纶下一筌者，皆夺其鱼器，不轮十仗，则不得放。"前面述景句颇得庄子风神。又如王献之书云："镜湖澄澈，清流泻注，山川之美，使人应接不暇。"写景简洁清新。

同时，释、道流行。文人与方外人士多有交流，这在当时书作中也有体现。如王洽(生卒年不详)有《与林法师书》，林法师即支道林，虽为僧人，但颇通玄学，解释过《庄子·逍遥游》。此信乃王洽就不明白的义理求证于支道林，希望能在经文中有明旨详喻。信中"是以致虽远，必假近言以明之；理虽昧，必借朗喻以征之"，颇显悟道之境。又如王珣《与范宁书

---

① 此信所说的一些人如郑玄、左思，并无盲目的记载，钱钟书《管锥编》(中华书局，1979年版，第1250页)对此有辨析，可参看。

论释慧持》云:"远公、持公孰愈?"信中提到二人为慧持、慧远,均为当时名僧。王谧《与释慧远书》亦为与释子交往之证。谢安(320—385)亦有《与支遁书》,云:

> 思君日积,计辰倾迟。知欲还剡自治,甚以怅然。人生如寄耳,顷风流得意之事,殆为都尽。终日戚戚,触事惆怅。唯迟君来,以晤言消之,一日当千载耳。此多山县,闲静,差可养疾,事不异剡,而医药不同,必思此缘,副其积想也。

行文畅快不滞,虽言人生短暂,却别有通脱自然之味。

三、家书家信

两晋的家人之间的书信,大体可分为两大类:一类是一般的家书;另一类是"诫子书"。后者发端于东汉初,此后魏晋南北朝多有此类书体之作,发展至极,是颜之推《颜氏家训》的出世,形成一个特殊的著作类别。本书只谈那些单篇诫子书。

历代家书都不以文采胜,而重真情,因此往往以情代文,使读者别有一番感动。西晋此类书信如杜预《与子耽书》言:"知汝颇欲念学,令同还车到,副书,可案录受之。当别置一宅中,勿复以借人。"信末之"勿复以借人"只能在与家人说体己话的家书中才能看到。又如刘琨《与兄子南兖州刺史演书》:"前得安州干茶二斤,姜一斤,桂一斤,皆所须也。吾体中烦闷,恒假真茶,汝可信致之。"据严可均辑本注,认为题目"南"字疑衍。此信尽是家庭琐事,又是对子侄辈之文,行文随意,不思而成。

阮咸(生卒年不详)生子后《与姑书》言:"胡婢遂生胡儿。"其姑回书曰:"《鲁殿灵光赋》曰:'胡人遥集作于上楹',可字曰遥集也。"谈的又是给孩子命名的事,相互打趣,别有风味。① 陆机在族弟陆士璜死后,作书与

---

① 阮咸与其姑母通信文献出处是《世说新语·任诞》"阮仲容先幸姑家鲜卑婢"条刘孝标注引《阮孚别传》,为"任诞"之注,出"别传"之文,可见当时之人也把此作为一种逗趣任性的表现,不是生活的常态。

其母,一为《于长沙顾母书》:"痛心拔脑,有如孔怀。""孔怀"指代兄弟。又一为《与长沙夫人书》:"士璜亡,恨一襦少,便以机新襦衣与之。"感情真挚,不加修饰,特别是以新襦衣赠敛士璜,真情流露,不言痛而痛自见。

西晋现存最多的家书就是陆机(261－303)、陆云(262－303)两兄弟之间的通信。前面提到陆机作书绮丽繁缛,但其家书却多作平淡口语。如"天渊池南角有果,各作一株,无处不有;纵横成行,一果之间,辄作一堂",又如"门有三层,高百尺,魏明帝造",是在用家书闲聊。这样的信还有:"仁寿殿前有大方铜镜,高可五尺余,广三尺二寸;立着庭中,向之便写人形体了了,亦怪事也。"还有:"监徒武库建始殿诸房中,见有两足猿,真怪物也。"此外,家书中还随意品评人物,无所顾忌:"此间有伧父,欲作《三都赋》,须其成,当以覆酒瓮耳。"只有家书才这样说话。

陆云保存下来的《与兄书》较多,有三十五篇,多为与兄论文学之书信。陆云是弟弟,故其书较注重语气,且对兄长之文才颇推重,如"兄文章自行天下,多少无所在","云作虽时有一佳语,见兄作又欲成贫俭家","兄文自为雄,非累日精拔,卒不可得言","兄文方当日多,但文实无贵于为多,多而如兄文者,人不餍其多也",等等。同时谈到一些文学观点,如"文适多体便欲不清,不审兄呼尔不"值得注意。从陆云书信可以推想陆机信中也应有不少论文之语,只是都没有保存下来。这是一个值得思考的现象,即当时书信是如何保存的。钱钟书先生说:"苟将云书中所论者,过录于机文各篇之眉或尾,称赏处示以朱围子,删削处示以墨勒帛,则俨然诗文评点之最古者矣。"①就是说,陆云的一些书信可以作陆机《文赋》的注脚,陆机书信里面谈到的问题,大多见于陆机此文之中。或许正因如此,陆机一些表达了与《文赋》相同观点的书信,才没有得到很好保存。

在西晋的家书中,废愍怀太子遹(278－300)《遗王妃书》颇为特别。据《晋书·愍怀太子传》记载,贾后欲废惠帝太子,诈称皇上身体有病,诱使太子入宫。然后命陈舞逼迫太子饮酒大醉,进而将黄门侍郎潘岳事先写好的祈祷之文让大醉的太子抄写。祷文有"陛下宜自了;不自了,吾当

---

① 钱钟书:《管锥编》,中华书局,1979年版,第1215页。

入了之。中宫又宜速自了;不了,吾当手了之"这样的大逆不道之句。惠帝见后大怒,太子遭废。书信就是太子被废后写的,用意在向王妃说明真情,通篇全是情急之文,没有任何修饰。其中关于饮酒醉写的一段:

> 二十九日早入见国家,须臾遣至中宫。中宫左右陈舞见语:"中宫旦来吐不快。"使住空屋中坐,须臾,中宫遣陈舞见语:"闻汝表陛下为道文乞王,不得王是成国耳。"中宫遥呼陈舞:"昨天教与太子酒枣。"便持三升酒、大盘枣来见与,使饮酒噉枣尽。遹素不饮酒,即便遣舞启说不堪三升之意。中宫遥呼曰:"汝常陛下前持酒可喜,何以不饮?天与汝酒,当使道文差也。"便答中宫:"陛下会同一日见赐,故不敢辞,通日不饮三升酒也。且实未食,恐不堪,又未见殿下,饮此或至颠倒。"陈舞复传语曰:"不孝那!天与汝酒饮,不肯饮,中有恶物耶?"遂可饮二升,余有一升,求持还东宫饮尽。逼迫不得已,更饮一升。饮已,体中荒迷,不复自觉。须臾有一小婢持封箱来,云:"诏使写此文书。"遹便惊起,视之,有一白纸,一青纸。催促云:"陛下停待。"又小婢承福持笔砚墨黄纸来,使写。急疾不容复视,实不觉纸上语轻重。父母至亲,实不相疑,事理如此,实为见诬,想众人见明也。

为了真实表达出当时情况,把当时自己与中宫对话叙述出来,而且难得的是这些对话全用当时语体,其中"不孝那!天与汝酒饮,不肯饮,中有恶物耶?"传达贾后的话语口吻毕肖,最值得注意。

现在来看两晋的诫子之书。

先秦时期,关于子弟教育,有"曲礼"、"少仪"和"弟子规"之类,大约从东汉开始,有信一类的诫子书出现,如马援之作等。此风一直沿袭,至魏晋南北朝代有其作,终至蔚为大观。这些诫子书,与前代的"曲礼"、"少仪"的不同,在于它是家族的家门清规,多在告诫为人处世应如何谨慎简约,是亦儒亦道的。若问东汉至南北朝何以"诫子书"流行,可以一言以蔽之:保证家门兴盛。在当时,从两汉以来士大夫"好黄老"(之后才有嵇、阮倡导的"好老庄"),是要长生久视,是保身。与之相并行的匹配倾向,就是保家。保家而保身，就是东汉以降至南北朝士大夫所追求的最基本的两样东西。要保家，必须教育子弟。所以说到底，诫子书流行与士大夫的"地主化"即由此而来的门阀贵族势力之在一个时代的盛行，息息相关。我们也可以由此了解，像王、谢、袁、萧、顾、陆、朱、张那样的世家大族，所以能保持数代之间家声不坠，代有人物，实在与其注意家庭教育分不开。诫子书，就是家教的一个方式。不过，此处虽将诫子书放到书信类来讨论，不等于说诫子书在文体上就完全同于书信。诫子书只是在长辈写给儿孙的文字这一点上有书信性质，其实它的体式可另立一类。此处只不过为了行文方便罢了。

西晋的诫子书，颇有可称道者。如羊祜《诫子书》，先叙自己成长经历，又说"吾不如先君远矣"，接着又说"汝等复不如吾。谘度弘伟，恐汝兄弟未之能也。奇异独达，察汝等将无分也"。这样说，实际在告诫儿子做人要老实，不要自视过高。然后提出做人的准则：

> 恭为德首，慎为行基。愿汝等言则忠信，行则笃敬，无口许人以财，无传不经之谈，无听毁誉之语。闻人之过，耳可得受，口不得宣，思而后动。

与前说嵇康告诫儿子一样，谨慎做人。此段文字不深不浅，长短有则，便于记忆。最后还要儿子："思乃父言，纂乃父教，各讽诵之。"看来一些家诫是要子弟背诵的。

西晋时期的诫子文字，以李秉（生卒年不详）《家诫》最具文学色彩。此书据《魏志·李通传》注引王隐《晋书》称，秉尝答司马文王问，因以为《家诫》，就是把回答司马师的谈话写出来教育儿孙。书曰：

> 昔侍坐于先帝，时有三长吏俱见。临辞出，上曰："为官长当清，当慎，当勤，修此三者，何患不治乎？"并受诏。既出，上顾谓吾等曰："相诫敕正当尔不？"侍坐众贤，莫不赞善。上又问："必不得已而去，于斯三者何先？"或对曰："清固为本。"次复问吾，吾对曰："清慎之道，相须而成，

必不得已,慎乃为大。夫清者不必慎,慎者必自清,亦由仁者必有勇,勇者不必有仁。是以《易》称括囊无咎,藉用白茅,皆慎之至也。"上曰:"卿言得之矣。可举近世能慎者谁乎?"诸人各未知所对,吾乃举故太尉荀景倩、尚书董仲连、仆射王公仲并可谓为慎。上曰:"此诸人者,温恭朝夕,执事有恪,亦各言其慎也。然天下之至慎者,其惟阮嗣宗乎!每与之言,言及玄远,而未曾评论时事,臧否人物,真可谓至慎矣。"吾每思此言,亦足以为明诫。凡人行事,年少立身,不可不慎,勿轻论人,勿轻说事,如此则悔吝何由而生,祸患无从而至矣。

全篇所说只是一个字——慎。若是直白地将"慎"的道理讲出,太容易讲成大道理、老生常谈,太容易大言不入于耳。所以作者要把与"慎"相关的一次谈话,而且是与帝王并获得帝王首肯因而值得荣耀的一次谈话,全程加以记录。从立意上说,是给"慎"涂抹上浓郁的色彩,以便于他们铭记在心;从修辞上讲,是烘云托月,使子孙把"慎"与一次长辈的荣耀连接在一起,以使子孙见书即思家族荣耀,从而奋发有为。为使子孙遵行"慎"之一道,文章可谓煞费心思。

这里还有一点可注意,在"为官"之道上,宁可"慎",而将"清"、"勤"放于次要,这是很不同于他们至圣先师关于为政的教诲的。"劳之先之"及"无倦",不是孔夫子反复陈说的为政准则吗?"仁而不贪",不也是孔子"可以为政"的"五美"之一吗?孔子言慎,专指立身,谈为政从政,唯独不言"慎"。然而,在这次君臣谈话中,"勤"、"清"居然都被放到了其次,不是很奇怪的吗?这须从当时的历史大环境来理解,"慎"是门第化了的世家大族的保家之道,即在朝廷,为了争取大族的拥护,也不能不在一些事上曲从之。然而,更深层的原因当是世家大族势力在社会中取得优势后,他们的思想观念、生活意趣,就获得强势,成为社会的意识形态。就是说,司马师这位浮华之气甚浓的皇帝,在想问题时不觉之间已被世家大族观念意识牵着走了。把"清"、"勤"放置次要,表明的是什么?是"忠"道观念的薄弱,魏晋南北朝士大夫忠道观念的淡薄不是一个普遍现象吗?同时,"清"的次要,实际就是贪墨纵容。西晋大家族的奢华,南北朝时南齐的皇帝居然可以向官员索要为官所得贿赂之物,都是载在史册的。所以,这篇短短的《家诫》,实在精彩道出了当时社会生活观念中很重要的现象。文学的价值之外,还有很高的历史研究价值。

东晋的诫子书大体沿袭西晋的风尚,如李充《起居诫》:"温良恭俭,仲尼所以为贵;小心翼翼,文王所以称美。圣德周达无名,斯亦圣中之目也。中人而有斯行,则亦圣人之一隅矣。而末俗谓守慎为拘吝,退慎为怯弱,不逊以为勇,无礼以为达,异乎吾所闻也。"与西晋诫子书一脉相传。其秀异者,当属陶渊明《与子俨等书》。

此书作于陶渊明痁病发作以为不久人世之际。信先说死亡乃是自然之事,在圣贤也难免。继而说到了自己一生意趣,要求几个儿子"虽不同生,当思四海皆兄弟之义",又举出古代以来的诸多贤达的例子以为鼓励。信是语重心长的,说到"黾勉辞世,使汝等幼而饥寒耳",愧对之情溢于言表,是为人父者真情流露。文字的动人,还在说到自己的生平:

> 少年来好书,偶爱闲静,开卷有得,更欣然忘食;见树木交荫,时鸟变声,亦复欢然有喜。常言五六月中,北窗下卧,遇凉风暂至,自谓是羲皇上人。意浅识陋,谓斯言可保。日月遂往,机巧好疏,缅求在昔,眇然如何?

全然一番真隐士的脱俗绝尘。这也是陶渊明诫子书不俗之处。固然也有一句"汝其慎哉"的教诲,但作书目的基本不在告诫做人的道理,相反,他更愿意平等地跟后辈说人的死生,向孩子袒露归隐给他们带来饥寒的惭愧,并且提醒儿子在自己身后要互相关爱。而上引这段十分写意的文字,写它用意是什么呢?是让孩子效法自己的生活吗?实在不好否定这一点,但作者本人毕竟没有直说。起码他想告诉儿子们,对自己困苦一生的隐居生活绝无后悔。无论如何,教子的书信,不做教诲之态,陶渊明可谓平等父亲。陶渊明还有一封给儿子的书信是在任彭泽令时写的,曰:"汝旦夕之费,自给为难。今遣此力助汝薪水之劳。此亦人子也,可善遇之。"表达的是儒家"仁者,人也"即"他人也是人"的情怀。

第四节　南朝书信

南朝时期虽经历宋、齐、梁、陈四朝政权更迭,但是文学的发展却是比较稳定的。当时偏安一隅,统治者及上层士族阶级都比较重视文学,且声韵研究得到极大发展,因此文章比起前代更加繁复绮丽,注意对偶用典的骈文也完全成熟。许多郑重的书信都是精工的骈体。不过,在一些信件中,也有以散文语体为主,饰之以骈俪行文的。此外,江南佳山水优势成为书信的主要内容,魏晋书信可以谈玄,南朝书信则可谈山水,技法熟练,如诗如画,且名篇迭出。

两晋的书信多简捷,到南朝,书信中篇幅较长的文字颇多。魏晋以来书信的第一次创作高潮在建安时,较诸两晋,刘宋时期创作书信的兴趣,又转趋浓郁,此后一直不减。高水平乃至经典作品,多出于这一时期。著名的书信作家有鲍照、江淹、丘迟、孔稚圭、萧纲、徐陵等。

一、刘宋鲍照、江淹等书信

刘宋时期的书信体文,当以鲍照、江淹成就最高。[①] 此外范晔、谢灵运、颜延之、王微等也有不错的作品。

谢灵运(385－433)有《与庐陵王义真笺》,属于臣僚笺奏。信曰:

> 会境既丰山水,是以江左嘉遁,并多居之。但季世慕荣,幽栖者寡,或复才为时求,弗获从志。至若王弘之拂衣归耕,逾历三纪,孔淳之隐约穷岫,自始迄今,阮万龄辞事就闲,纂戎先业,浙河之外,栖迟山泽,如斯而已。既远同羲、唐,亦激贪厉竞。殿下爱素好古,常若布衣,每意昔闻,虚想岩穴,若遣一介,有以相存,真可谓千载盛美也。

[①] 在前面赋的章节里已经谈到,江淹虽经历宋、齐、梁三朝,但他的文章写作主要完成于早期宋齐之际。他的重要书信又有明显证据作于刘宋时期,所以放在刘宋时期谈。

信结尾作笺奏类文字，其旨在请求庐陵王对会境的几位隐士，予以"相存"，这样褒奖隐士，信点明这样做的意义是"既远同羲、唐，亦激贪厉竞"。信虽然不长，却颇合笺奏款式，而且文辞上很注意雕饰。

谢庄(421—466)也有一封笺奏类书信《与江夏王义恭笺》。据《宋书》本传，孝建元年，拜吏部尚书，庄平素多病，所以不愿居选部之职，上书大司马江夏王义恭自陈。其实是一封辞职信。不愿居官的主要理由是多病，书信对此有较详细的说明：

> 禀生多病，天下所悉，两胁癖疾，殆与生俱，一月发动，不减两三，每至一恶，痛来逼心，气余如缒。利患数年，遂成痼疾，吸吸惙惙，常如行尸。恒居死病，而不复道者，岂是疾痊？直以荷恩深重，思答殊施，牵课尪瘵，以综所忝。眼患五月来便不复得夜坐，恒闭帷避风日，昼夜惛懵，为此不复得朝谒诸王，庆吊亲旧，唯被敕见，不容停耳。此段不堪见宾，已数十日，持此苦生，而使铨综九流，应对无方之诉，实由圣慈罔已，然当之信自苦剧。若才堪事任，而体气休健，承宠异之遇，处自效之途，岂苟欲思闲辞事邪？

详说自己的病态身体，是辞去现任职务的理由。说得越惨淡，理由就越充裕。这明显有受嵇康"不堪"、"尤不可"影响的痕迹。为了强化效果，还把祖辈的"家世无年"牵连进来，说"亡高祖四十，曾祖三十二，亡祖四十七，下官新岁便三十五，加以疾患如此，当服几时见圣世，就其中煎恢若此，实在可矜"。一封辞职信竟说得如此凄惨，可能与现实有关。入宋后，谢家地位状况很不好，谢晦、谢灵运等的遭遇就是明证。所以谢庄因身体多病辞去繁剧之职，如此小心营造自己的信笺，应与谢家此时的地位有关。另外谢庄还有《为朝臣与雍州刺史袁颛书》，亦颇重文辞。

以上谢庄的笺奏文字较长，另外还有一位喜作长书的作者，那就是王微(415—443，或作415—453)。王微为刘宋宰相王敬弘的亲侄，吏部尚书江湛举为吏部郎，不就，作《与江湛书》加以拒绝。说：

> 今虽王道鸿邑，或有激朗于天表，必欲潜渊探宝，倾海求珠，自可卜肆巫祠之间，马栈牛口之下，赏剧孟于博徒，拔卜式于刍牧。亦有西戎孤臣，东都戒士，上穷范驰之御，下尽诡遇之能，兼鳞杂袭者，必不乏于世矣。且庐于承明，署乎金马，皆明察之官，又贤于管库之末。何为劫勒通家疾病人，尘秽难甚之选，将以靖国，不亦益嚣乎。

拒绝很干脆。说要寻找贤人，应明扬侧陋，到"卜肆巫祠"、"马栈牛口"之处去找。现在却"劫勒通家疾病人"就是欲"靖国"而"益嚣"了。拒绝的语气，是话中带刺的。下面谈自己的说法，则愈见对方举荐自己的不是了：

> 常谓生遭太公，将即华士之戮，幸遇管叔，必蒙僻儒之养。光武以冯衍才浮其实，故弃而不齿。诸葛孔明云："来敏乱郡，过于孔文举。"况无古人之才概，敢干周、汉之常刑。彼二三英贤，足为晓治与否？

读之至此，早该明白这封书信的取法来自嵇康了。嵇康虽受司马氏明刑，但至少从两晋之交，就不断有人作赞美嵇康的文字了。就是说，他那个性嶙峋的风范，到南朝还是被追慕的典范。就此信的成色说，虽无嵇康信笺内涵的厚度，倒也洋洋洒洒，不卑不亢。这背后，当然与王家的门第在刘宋的稳定有关。

王微还有一封《与从弟僧绰书》。《宋书》本传载："微既为始兴王濬府吏，濬数相存慰，微奉答笺书，辄饰以辞采。微为文古甚，颇抑扬。袁淑见之，谓为诉屈。微因此又与从弟僧绰书。"他给始兴王的书信因"辞采"、"抑扬"而被袁淑讥为"诉屈"，所以作书给从弟以明心志。但此信向来被重视，在于文中论文一段：

> 吾少学作文，又晚节如小进，使君公欲民不偷，每加存饰，酬对尊贵，不厌敬恭。且文词不怨思抑扬，则流澹无味。文好古，贵能连类

可悲,一往视之,如似多意。当见居非求志,清论所排,便是通辞诉屈邪。尔者真可谓真素寡矣!

虽表达对袁淑"诉屈"之讥的不满,却透露出当时写文章的一般嗜好,那就是喜欢文字的修饰和抑扬,尤喜作"怨思"之语调,以增添文字色彩。这一方面反映了当时习尚,也反映出对文学的认识。

《宋书》本传又说:"时论者或云微之见举,庐江何偃亦豫其议,虑为微所咎,与书自陈。"于是王微又写信给何偃,这就是《与何偃书》。信除了说自己少时"粗笨"、"口吃不能剧谈"等外,大谈自己对医药的了解,以此来表明自己无心于世的志操。因为一次的被举荐,就作三封长信加以撇清,难免会给人矫情之感。不过信有意承袭曹魏特别是嵇康格调,不走骈俪的路数,多用古朴散文,倒也值得注意。然而王微书信写得最好的应该是《以书告弟僧谦灵》,表现出作家清高之外的真情一面。

王微好医药之术,《宋书》本传言:"弟僧谦,亦有才誉,为太子舍人,遇疾,微躬自处治,而僧谦服药失度,遂卒。微深自咎恨,发病不复自治,哀痛僧谦不能已,以书告灵……僧谦卒后四旬而微终。"《以书告弟僧谦灵》实为祭吊文,但出之以书信,文字亦平实,如话家常。如下面的文字:

> 弟为志,奉亲孝,事兄顺,虽童仆无所叱咄,可谓君子不失色于人,不失口于人。冲和淹通,内有皂白,举动尺寸,吾每咨之。常云:"兄文骨气,可推英丽以自许。又兄为人矫介欲过,宜每中和。"道此犹在耳,万世不复一见,奈何!唯十纸手迹,封拆俨然,至于思恋不可怀。

兄弟能以道义相激,手足情之外又多了友情。当然信中也不缺对从弟的愧悔之意,如言:

> 方欲共营林泽,以送余年,念兹有何罪戾,见此夭酷,没于吾手,触事痛恨。吾素好医术,不使弟子得全,又寻思不精,致有枉过,念此

一条,特复痛酷。痛酷奈何!吾罪奈何!

而书信和感情抒发的高潮则在信的结尾一段:

> 吾穷疾之人,平生意志,弟实知之。端坐向窗,有何慰适,正赖弟耳。过中未来,已自惕望,今云何得立,自省惛毒,无复人理。比烦冤困惫,不能作刻石文,若灵响有识,不得吾文,岂不为恨。倘意虑不遂谢能思之如狂,不知所告诉,明书此数纸,无复词理,略道阡陌,万不写一。阿谦!何图至此!谁复视我,谁复忧我!他日宝者三光,割嗜好以祈年,今也唯速化耳。

说自己不能作"刻石文",又体贴地想若弟地下有知当以"不得吾文为恨",行文至此,悲从中来,于是有"阿谦!何图至此"的哀呼,是至情无文,又是至情之文。后来韩愈的《祭十二郎文》当有取于斯。

范晔(398—445)的《狱中与甥侄书》也是刘宋时期颇著名的书信文字。范晔因参与谋反而被杀,狱中给后辈的书信说到此,只说:"吾狂衅覆灭,岂复可言,汝等皆当以罪人弃之。"是对自己的为人也没有信心。但是,做人不成功,却不妨碍自己有可以让后辈们记住的业绩,那就是文章、音乐,还有令自己特别骄傲的史论。这封信的价值就在这里。在一些名士、才子,做人可以很失败,但在当时所认可的文章、音乐等雅事上若有所成,有过人之处,是比什么都强的。《宋书》本传说范晔的这封信体《自序》"并实,故存之","实"就"实"在这一点上。就信中关于文章的一些看法,今天看也不无见地。如他说自己的"常耻作文士",为什么呢?因为文士的文章"文患其事尽于形,情急于藻,义牵其旨,韵移其意"。就是太直白,只图表现事务的外形,重辞藻超过内涵,往往为了形式而不能表达意义。这是对的。信中说真正的文章应该是"情志所托,故当以意为主,以文传意。以意为主,则其旨必见,以文传意,则其词不流。然后抽其芬芳,振其金石耳。此中情性旨趣,千条百品,屈曲有成理",也是正确的。信中对此还说,这些见解"尝为人言,多不能赏,意或异故也"。沾沾自喜之态,将死犹然。另外讲文章还说到自己文字的抑扬顿挫,这方面只有谢庄可以跟他比,然而谢庄"手笔差易",还是不如他。信中还谈到了自己的音乐,说自己"听功不及自挥"。《宋书》载:"晔长不满七尺,肥黑,秃眉须。善弹琵琶,能为新声。上欲闻之,屡讽以微旨,晔伪若不晓,终不肯为上弹。上尝宴饮欢适,谓晔曰:'我欲歌,卿可弹。'晔乃奉旨。上歌既毕,晔亦止弦。"确是一个性格兀傲不群的人物,与书信中显示的形象接近。又说到曾将琵琶之技艺"尝以授人,士庶中未有一豪似者,此永不传矣",明显自比嵇康。总之范晔的遭遇,或可以从他是从东晋入宋之人这一点来获得理解:名士的做派遇到了新问题。所以他的死,与谢灵运有一定程度的相像。而这封家书,也的确展现了这位世代交替之际名士的名士相。

鲍照(约415－470)《登大雷岸与妹书》是刘宋最有代表性的书作。钱钟书先生在《管锥编》中评价此文说:"鲍文第一,即标为宋文第一,亦无不可。"①此文有一大特色即全篇大部分篇幅在描写山水之景色,这在以前的文学中是没有的。郭预衡先生说此文:"同赋体之文,也极相似。大概到了南朝这个时期,赋体之文,在有的作者笔下,已经无往而不可用。所以鲍照写信,也就运用赋体。"②其信中描写庐山景色云:

> 东顾三洲之隔,西眺九派之分,窥地门之绝景,望天际之孤云,长图大念,隐心者久矣。南则积山万状,争气负高,含霞饮景,参差代雄,凌跨长陇,前后相属,带天有匝,横地无穷。东则砥原远隰,亡端靡际,寒蓬夕卷,古树云平。旋风四起,思鸟群归。静听无闻,极视不见。北则陂池潜演,湖泽脉通,苎蒿攸积,菰芦所繁。栖波之鸟,水化之虫,以智吞愚,以强捕小,号噪惊聒,纷袆其中。西则回江永指,长波天合。滔滔何穷,漫漫安竭!创古迄今,舳舻相接,思尽波涛,悲满潭壑,烟归八表,终为野尘,而是注集,长写不测,修灵浩荡,知其何故哉!西南望庐山,又特惊异,基压江潮,峰与辰汉连接。上常积云霞,

---

① 钱钟书:《管锥编》,中华书局,1979年版,第1313页。
② 郭预衡:《中国散文史》,上海古籍出版社,2000年版,第471页。

雕锦缛。若华夕曜,岩泽气通,传明散彩,赫似绛天。左右青霭,表里紫霄。从岭而上,气尽金光,半山以下,纯为黛色。信可以神居帝郊,镇控湘汉者也。

笔力惊挺,气势宏大。《南齐书·文学传》称其文"雕藻淫艳",在这里得到充分展现。文中"以智吞愚,以强捕小"句群,钱钟书先生在比较前人类似文字后说:"鲍氏独窥有弱肉强食一段物竞情事在。"①文中"争气负高"一语,钱先生说:"水能'鼓怒',已成词人常语,山解'负气',则前所未道。"②文中"思尽波涛,悲满潭壑"一句,钱先生说:"二句情景交融,《文心雕龙·物色》所谓:'目既往还,心亦吐纳'者欤。'波涛'取其流动,适契连绵起伏之'思'……'潭壑'取其容量,堪受幽深广大之'悲'。"③可谓的评。

大雷,在今安徽望江县。据高步瀛《南北朝文举要》,此书作于宋刘子项起兵叛乱之际,时鲍照为子项前军刑狱参军事。如此,此信为乱世之作,也可能是鲍照的绝笔。如此,可以理解书信后半部分景物奇诡描写所流露出的不安之感。如对河流"腾波触天,高浪灌日,吞吐百川,写泄万壑"的描述,以及对水中"繁化殊育,诡质怪章,则有江鹅、海鸭、鱼鲛、水虎之类,豚首、象鼻、芒须针尾之族,石蟹、土蚌、燕箕、雀蛤之俦,折甲、曲牙、逆鳞、反舌之属。掩沙涨,被草渚,浴雨排风,吹涝弄翻"等的铺陈,神奇险怪。前人多以为是对当时危险局势的象征。就是说,这并不是一篇水光山色的描述,雄奇奔放、惊挺陆离的神奇刻画中,自有作者对局势的担忧。《南北朝文举要》引吴汝纶说:"奇绝惊艳,前无此体,明远创为之。"

江淹(444－505)的笺奏《诣建平王上书》也堪称南朝书信的杰作。张溥说:"余每私论江(淹)任(昉)二子,纵横骈偶,不受羁靮。若使生逢汉代,奋其才果,上可为枚叔、谷云,次亦不失冯敬通、孔北海,而晚际江左,驰逐华采,卓尔不群,诚有未尽。"④直接点出其文乃承汉魏之风,而与当时骈俪化风气不同。《诣建平王上书》即体现这样的特点。书云:

---

①②③ 钱钟书:《管锥编》,中华书局,1979年版,第1314页。
④ 张溥:《汉魏六朝百三家集题辞·江醴陵集》,见《汉魏六朝百三家集题辞注》,殷孟伦注,中华书局,2007年版,第279页。

昔者,贼臣叩心,飞霜击于燕地;庶女告天,振风袭于齐台。下官每读其书,未尝不废卷流涕。何者?士有一定之论,女有不易之行,信而见疑,贞而为戮,是以壮夫义士,伏死而不顾者以此也。下官闻仁不可恃,善不可依,谓徒虚语,乃今知之。伏愿大王暂停左右,少加怜察。下官本蓬户桑枢之人,布衣韦带之士,退不饰《诗》、《书》以惊愚,进不买名声于天下。日者,谬得升降承明之阙,出入金华之殿,何尝不局影凝严,侧身扃禁者乎?窃慕大王之义,复为门下之宾,备鸣盗浅术之余,豫三五贱伎之末;大王惠以恩光,顾以颜色,实佩荆卿黄金之赐,窃感豫让国士之分矣。常欲结缨伏剑,少谢万一,剖心摩踵,以报所天;不图小人固陋,坐贻谤缺,迹坠昭宪,身限幽圄,履影吊心,酸鼻痛骨。此少卿所以仰天捶心,泣尽而继之以血者也。下官闻亏名为辱,亏形次之,是以每一念来,忽若有遗。加以涉旬月,迫季秋,天光沉阴,左右无色。身非木石,与狱吏为伍。此少卿所以仰天槌心,泣尽而继以血也。下官虽乏乡曲之誉,然尝闻君子之行矣。其上则隐于帘肆之间,卧于岩石之下;次则结绶金马之庭,高议云台之上;退则虏南越之君,系单于之颈:俱启丹册,并图青史。宁当争分寸之末,竞锥刀之利哉!下官闻积毁销金,积谗磨骨。远则直生取疑于盗金,近则伯鱼被名于不义。彼之二才,犹或如此;况在下官,焉能自免。昔上将之耻,绛侯幽狱;名臣之羞,史迁下室,至如下官尚何言哉!夫鲁连之智,辞禄而不反;接舆之贤,行歌而忘归。子陵闭关于东越,仲蔚杜门于西秦,亦良可知也。若使下官事非其虚,罪得其实,亦当钳口吞舌,伏匕首以殒身,何以见齐鲁奇节之人,燕赵悲歌之士乎?

方今圣历钦明,天下乐业,青云浮洛,荣光塞河,西洎临洮狄道,北距飞狐阳原,莫不浸仁沐义,照景饮醴而已。而下官抱痛圜门,含愤狱户,一物之微,有足悲者。仰惟大王少垂明白,则梧丘之魂,不愧于沉首,鹄亭之鬼,无恨于灰骨。不任肝胆之切,敬因执事以闻。此心既照,死且不朽。

此信作于遭诬陷陷于囹圄时,内容却不做脱罪的辩解,而是先表自己被建平王器重已实出意外,哪里还有非分之念？继而是广泛的隶事,以表明自己的冤屈。其中"每一念来"以下几句,言幽囚之情尤沉痛。整篇文字虽是求情,却无任何乞哀告怜之意。有的是心情急迫,有的是字里行间的气度不凡。雄沉浩畅是此信的风格。谭献评价此文:"无意摹邹而神理自合,仿司马子长处,则蹊径存焉。"① 钱钟书《管锥编》言江淹《诣建平王上书》:"按齐梁文士,取青妃白,骈四俪六,淹独见汉魏人风格而悦之,时时心摹手追。此书出入邹阳《上梁孝王》司马迁《任少卿》两篇间。"② 说的也是这个特点。

　　他的另外两封信《报袁叔明书》、《与交友论隐书》文风也颇健朗,不同时风。前者向老友谈志向和现实,态度恳切,不温不火,文字熨帖流畅,疏朗之中见豪气。如其中这样一段:

> 拂衣于梁齐之馆,抗手于楚赵之门,且十年矣,容貌不能动人,智谋不足自远,竟惭君子之恩,卒离饥寒之祸,近亲不言,左右莫教。凉秋阴阴,独立闲馆,轻尘入户,飞鸟无迹,命保琴书,而守妻子,其可得哉？故国史小官也,而子长为之,执戟下位也,而子云居之。仆非有轻车骠骑之略,交河云险之功,幸以盗窃文史之末,因循卜祝之间,故俯首求衣,敛眉寄食耳。若十口之隶,去于饥寒,从疾旧里,斥归故乡,箕坐高视,举酒极望,虽五侯交书,群公走币,仆亦在南山之南矣。此可为智者道,难与俗士言也。方今仲秋风飞,平原影色,水鸟立于孤洲,苍葭变于河曲,寂然渊视,忧心辞矣。

　　明言自己做官是为了免于妻儿饥寒,否则早已在"南山之南"。可谓仕不为禄,有时也为禄。动人之处在"仲秋风飞"以下"神气骏逸"的景物

---

① 高步瀛:《南北朝文举要》,中华书局,1998年版,第382页。
② 钱钟书:《管锥编》中华书局,1979年版,第1414页。

描述,表现出作者的寥落心境。

《与交友论隐书》论归隐,前半段论自己"性有所短"者五,有《与山巨源绝交书》的痕迹,后半段"犹以妻孥未夺,桃李须阴,望在五亩之宅,半顷之田,鸟赴檐上,水匝阶下,则请从此隐,长谢故人",则与仲长统《乐志论》有因袭关联。总之早期江淹仕运不通多寥落之气,加之不苟同于当时文风的如椽大笔,使其书信之作卓尔不群。

刘宋时期家书,值得一提的是颜延之(384—456)的《庭诰》。其内容颇为广泛,如其中一段:

> 凡有知能,预有文论,若不练之庶士,校之群言,通才所归,前流所与,焉得以成名乎。若呻吟于墙室之内,喧嚣于党辈之间,窃议以迷寡闻,妲语以敌要说,是短算所出,而非长见所上。适值尊朋临座,稠览博论,而言不入于高听,人见弃于众视,则慌若迷涂失偶,黡如深夜撤烛,衔声茹气,腆默而归,岂识向之夸慢,只足以成今之沮丧邪。此固少壮之废,尔其戒之。

是关于清谈扬名的教训,主张应当多练,多学大家承认的人学。这样的家训实在是那个时代才有的东西。文字上描绘清谈铩羽的惨况,也颇有趣味。

二、齐梁多样化的书信

文学进入齐梁又一次出现显著的转变。声律的理论在齐永明时提出来了,于是有"永明体",继而是萧氏父子倡导文学,与刘宋以来的其他君主不同,他们自身能写作,有理论,某种程度上很像曹氏父子。南齐为时很短,活跃在南齐的不少作家都活到了梁代。梁朝有五十年的太平,文学的面貌在承平日久中发生了新变化。这也体现在书信写作方面。文辞更加秀丽,更加注重风光点染,而且书信的样态也呈现多元之势。如有以萧纲为代表的书信,大体上遵循魏晋以来故态而略有所变;另外一种纯粹山水描写的短信在梁代悄然出现,那就是陶弘景、吴均等的山水小书信作品。本来魏晋以来写信讲究点染光景,现在则分门立户,自为一家,成为该时期山水文学的高峰作品。

孔稚圭(447—501)的《北山移文》堪称骈体书信的翘楚。此文写作背景据《文选》五臣吕向注,周颙先是在建康以北的钟山隐居,后来应诏出为海盐县令,又要经过此山,于是孔稚圭假借钟山山神口吻作移文,"使不许至"。但周颙记载中并未做过海盐令,前人对吕向之说表示怀疑。较为合理的说法是,周颙与孔稚圭是好友,周颙也出世做过其他地方县令,周颙为官后再返建康时,孔作此文以相戏谑。[①] 就是说,这是一篇如同嵇康《与山巨源绝交书》格调相类的书信。书信称为"移",是古代官衙之间文书来往的一种体式,可以责让,也可以勉劳,著名的有西汉刘歆《移让太常博士书》等。

《北山移文》托言钟山之灵,在谈论过隐士应该有的操守后,移文说:

> 其始至也,将欲排巢父,拉许由,傲百氏,蔑王侯。风情张日,霜气横秋。或叹幽人长往,或怨王孙不游。谈空空于释部,核玄玄于道流。务光何足比,涓子不能俦。

这是当初周颙的意态。可是一旦有人征召他去做官,又怎么样呢?移文又刻画道:

> 尔乃眉轩席次,袂耸筵上,焚芰制而裂荷衣,抗尘容而走俗状。风云凄其带愤,石泉咽而下怆。望林峦而有失,顾草木而如丧。至其纽金章,绾墨绶,跨属城之雄,冠百里之首……

一派忙不迭的样子,哪管山川的悲凉!他是想来就来想走就走,可是我山川呢?于是移文又道:

[①] 曹道衡、沈玉成:《南北朝文学史》,人民文学出版社,1998年版,第197页。

使我高霞孤映,明月独举,青松落阴,白云谁侣?涧户摧绝无与归,石径荒凉徒延伫。至于还飙入幕,写雾出楹,蕙帐空兮夜鹄怨,山人去兮晓猿惊。

这是历来为人称道的段落,丽句在全篇并不仅这一处有,如开头"亭亭物表,皎皎霞外"等,但此处的清词丽句,却绝好地道出了周子去后山灵之寂寞,移文的中心得到极佳的表现。山水不仅有清音,亦有灵性,亦有喜怒哀乐之情根,戏谑的文字,也是对山水极爱惜的表达。

不过,既然是戏谑,就得有分寸。文章说"张英风于海甸,驰妙誉于浙右",还是承认周子出仕是有劳绩的。有劳绩是实,山灵之悲是虚,虚实相对,戏谑的味道就自然而现了。前人对此文多有好评。明代评点大家孙矿说:"六朝虽尚雕刻,然属对尚未尽工,下字尚未尽险,至此篇则无不入髓,句必净,字必巧,真可谓精绝之甚。"(见于光华《文选集评》)这是就其声律对仗和句子多变化而言。钱钟书先生也说:"以风物刻画之工,佐人事讥嘲之切,山水之清音与滑稽之雅谑,相得而益彰。"[①]不过说到底,《北山移文》和其他为数不多的几篇文字,是六朝文学特有灵性的代表。说到六朝文章,人们便会自然想到它。

说到南齐的信体文字,不能不谈张融(444—497)。这是一个名士气很重的人,有人说他"此人不可无一,不可有二",就是因为他行为举止怪异。《南齐书》本传评价"融文辞诡激",也是不差的。他因觉家贫想出仕挣俸禄,就写信给从叔张永,说:"世业清贫,民生多待,榛栗枣脩,女贽既长,束帛禽鸟,男礼已大。勉力就官,十年七仕,不欲代耕,何至此事。昔求三吴一丞,虽屡舛错;今闻南康缺守,愿得为之。融不知阶级,阶级亦可不知,融政以求丞不得,所以求郡,求郡不得,亦可复求丞。"实话实说,敞快得很!又作书《与吏部尚书王僧虔》求闲散外职,说:"融,天地之逸民也。进不辨贵,退不知贱,兀然造化,忽如草木。实以家贫累积,孤寡伤心,八侄俱孤,二弟颇弱,抚之而感,古人以悲。岂能山海陋禄,申融情累。

---

① 钱钟书:《管锥编》,中华书局,1979年版,第1346页。

阮籍爱东平土风,融亦欣晋平闲外。"也是一幅屋倒架不塌的神情。

他还有一封《以门律致书周颙等诸游生》谈道佛一致的见地。说:

> 吾门世恭佛,舅氏奉道。道也与佛,逗极无二,寂然不动,致本则同,感而遂通,达迹成异,其犹乐之,不沿不隔。五帝之秘,礼之不袭,三皇之圣岂三。与此皆殊时,故不同其风,异世,故不一其义。安可辄驾庸愚,诬罔神极?吾见道士与道人战儒墨,道人与道士狱是非。昔有鸿飞天道,积远难亮,越人以为凫,楚人以为乙。人自楚越耳,鸿常一鸿乎?夫澄本虽一,吾自俱宗其本;鸿迹既分,吾已翔期所集。汝可专遵于佛迹,而无侮于道本。

是较早的一番三教合一之论。为了加强说理效果,还弄出一个寓言来增强感染力。此外其他言辞如"道士与道人战儒墨,道人与道士狱是非"等语,也颇为爽利。

最能体现张融性情的还是《遗令》和《戒子》的临终文字。前者说:

> 吾生平所善,自当凌云一笑。三千买棺,无制新衾。左手执《孝经》、《老子》,右手执小品《法华经》。妾二人,哀事毕,各遣还家。
> 以吾半生之风调,何至使妇人行哭失声,不须暂停闺阁。

"自当凌云一笑"对死后"生活"充满信心,兀傲自喜的派头跃然纸上。后一句是补充条款,是显示自己大丈夫精神的。《戒子》则说:

> 手泽存焉,父书不读!况文音情,婉在其韵。吾意不然,别遗尔音。吾文体英绝,变而屡奇,既不能远至汉魏,故无取嗟晋宋。岂吾天挺,盖不颣家声。汝若不看,父祖之意欲汝见也。可号哭而看之。

临死号召儿子读自己的"手泽",这固然是出于对自己文体的自信,但要求"号哭而看之",就是张融特有的"诡激"了。

魏晋以来,戏谑的奇特文风始于孔融,大成于嵇康,然而都是疏放的名士派作风,至张融则变为怪诞诡异,真就是"不可有二"了。

王僧虔(426—485)的《诫子书》也值得一提。此书重心在苦口规劝儿子踏实向学,如下面一段:

> 往年有意于史,取《三国志》聚置床头百日许,复徙业就玄,自当小差于史,犹未近彷佛。曼倩有云:"谈何容易。"见诸玄,志为之逸,肠为之抽,专一书,转诵数十家注,自少至老,手不释卷,尚未敢轻言。汝开《老子》卷头五尺许,未知辅嗣何所道,平叔何所说,马、郑何所异,《指》、《例》何所明,而便盛于尘尾,自呼谈士,此最险事。设令袁令命汝言《易》,谢中书挑汝言《庄》,张吴兴叩汝言《老》,端可复言未尝看邪?

意思无多,只在强调为学不易。给人印象深刻的是申申劝詈的语态,爱之深责之切。从中既可以看到清谈之风在南朝延续,也可以看到清谈场上无真人,以至竖子流行。这才是南朝清谈衰落的实况。

梁代是文学创作的一个高潮,书信体文章佳作较多。萧统、萧纲、丘迟等是其代表。萧统(501—531)写过《锦带书十二月启》,专门为书信写作示范,他的书信如《答湘东王求〈文集〉及〈诗苑英华〉书》,就颇能实践自己的理论。如信中如下的段落:

> 或日因春阳,其物韶丽,树花发,莺鸣和,春泉生,暄风至,陶嘉月而嬉游,藉芳草而眺瞩。或朱炎受谢,白藏纪时,玉露夕流,金风多扇,悟秋山之心,登高而远托。或夏条可结,倦于邑而属词,冬云千里,睹纷霏而兴咏。

此段和《锦带书十二月启》中十二月的景物描写要求一致。

简文帝萧纲(503—551)喜欢在书信中表达文学见解,这一点很像曹丕。如《诫当阳公大心书》曰:"立身之道,与文章异,立身先须谨重,文章且须放荡。"又在《答张缵谢示集书》中对文章推崇倍加:"窃尝论之,日月参辰,火龙黼黻,尚且著于玄象,章乎人事,而况文辞可止,咏歌可辍乎?不为壮夫,杨雄实小言破道,非谓君子,曹植亦小辩破言,论之科刑,罪在不赦。"那么"不可辍"的"咏歌"又指的是何等的"咏歌"呢?信继续说:

> 至如春庭落景,转蕙承风,秋雨且晴,檐梧初下,浮云生野,明月入楼,时命亲宾,乍动严驾,车渠屡酌,鹦鹉骤倾,伊昔三边,久留四战,胡雾连天,征旗拂日,时闻坞笛,遥听塞笳,或乡思凄然,或雄心愤薄。是以沉吟短翰,补缀庸音,寓目写心,因事而作。

这样的说法,其意恰可以用陆机《文赋》"遵四时以叹逝,瞻万物而思纷"来概括,是"感物"的文学观念,再往上追,可以溯源到《礼记·乐记》的"人生而静,感物而动"之说。

萧纲最重要的信当为《与湘东王书》。此信讨论文学和当时作家长短。首先对当时"京师文体"提出批评:

> 比见京师文体,儒钝殊常,竞学浮疏,争为阐缓,玄冬修夜,思所不得,既殊比兴,正背《风》、《骚》。若夫六典三礼,所施则有地,吉凶嘉宾,用之则有所,未闻吟咏情性,反拟《内则》之篇,操笔写志,更摹《酒诰》之作,迟迟春日,翻学《归藏》,湛湛江水,遂同《大传》。

学者研究,这是针对当时以裴子野为代表重视儒家教化功能的文学观念而提出的。[①] 无疑萧纲所说更接近文学的本质。继而书信又谈到文学古今变化和效法前人问题:

> 但以当世之作,历方古之才人,远则杨马曹王,近则潘陆颜谢,而观其遣辞用心,了不相似。若以今文为是,则古文为非,若昔贤可称,

---

① 罗宗强:《魏晋南北朝文学思想史》,中华书局,1996年版,第423页。

则今体宜弃,俱为盍各,则未之敢许。又时有效谢康乐、裴鸿胪文者,亦颇有惑焉。何者?谢客吐言天拔,出于自然,时有不拘,是其糟粕。裴氏乃是良史之才,了无篇什之美。是为学谢则不届其精华,但得其冗长,师裴则蔑绝其所长,惟得其所短,谢故巧不可阶,裴亦质不宜慕,故胸驰臆断之侣,好名忘实之类,方分肉于仁兽,逞却克于邯郸,入鲍忘臭,效尤致祸,决羽谢生,岂三千之可及,伏膺裴氏,惧两唐之不传。故玉徽金铣,反为拙目所嗤,《巴人》、《下里》,更合郢中之听,《阳春》高而不和,妙声绝而不寻,竟不精讨锱铢,核量文质,有异巧心,终愧妍手。

认为世易时移,文风自亦不同,是今非古或相反都是不可取的。又说到有人效仿谢灵运和裴子野,学谢不得其精华,反而落得冗长之病,而裴子野长于史学,学他的文字根本就找错地方。所有这一切都是因"胸驰臆断"和"好名忘实"引起的,导致的结果是文坛上雅俗不分。信继而转入对谢朓、沈约和陆倕的个人文章长短的品评。整篇信都很像《典论·论文》,只是气格有别。看得出作者对当时文坛上的一些现象早已心存不满,所以话说得较为尖锐,文字虽然不失温雅,但有话要说、一吐为快的感觉还是流动于字里行间的。也因此颇有可读写性。

同时代沈约(441—513)有《与徐勉书》,是晚年之作。据《梁书》本传,晚年沈约有志于台司,梁武帝不许,求外职,又不可,于是致信徐勉,陈述心情。当时徐勉任吏部尚书。信的内容单纯,说只想致仕回家。其中说到自己的身体状态,有如下的叙说:

> 开年以来,病增虑切,当由生灵有限,劳役过差,总此凋竭,归之暮年,牵策行止,努力祗事。外观傍览,尚似全人,而形骸力用,不相综摄。常须过自束持,方可俛免。解衣一卧,支体不复相关,上热下冷,月增日笃,取暖则烦,加寒必利,后差不及前差,后剧必甚前剧。百日数旬,革带常应移孔;以手握臂,率计月小半分。以此推算,岂能支久?若此不休,日复一日,将贻圣主不追之恨。

调子颇为哀婉。沈约另有《答陆厥书》,是讨论声律的。沈约之外,王僧孺的《与何炯书》也是一篇追踪汉魏之风的书信。张充有《与王俭书》,因王俭阻碍作者之父任官而责怪他,信写得颇见性格。刘孝仪出使东魏归来后致书萧扬,即《北使还与永丰侯萧扬书》,谈出使北方所见,有"马衔苜蓿,嘶立故墟,人获蒲萄,归种旧里"句,颇工致。

丘迟(464—508)的《与陈伯之书》,则是梁代书信的名篇。这封信所以出名,与信中如下的段落密切相关:

> 暮春三月,江南草长,杂花生树,群莺乱飞。见故国之旗鼓,感平生于畴日,抚弦登陴,岂不怆悢!所以廉公之思赵将,吴子之泣西河,人之情也。将军独无情哉?

对江南春光的描写,真可谓"动魂悦魄",在南朝书信写景文字中可居前茅。但此书信之成功,绝不仅限于上述绝妙好词,或者说,上述绝妙好词只有放到整篇书信中才显出其"动情"的力道。

陈伯之先为南齐将领,有封爵,后齐梁禅代奔北魏,魏亦委以高官,掌兵权。梁天监四年梁军北讨,欲争取陈伯之而有此书,据说,陈得此书信后"拥众归",可知这是一封"心理战"的书信。要争取陈伯之必须从内心打动他,也是此信的功力所致之地。书信先是夸赞陈伯之在齐时的功爵,以此与他北奔后"闻鸣镝而股战,对穹庐以屈膝"形成鲜明对比。很明显这是在利用当时南方人自奉"文化正朔"的优越感,从大处拆毁对方心理的地基。接着,书信表明梁对陈伯之这样人的政策是"推赤心"、"安反侧",还说在梁看来,陈没有太大罪过。更具诱导作用的是说陈伯之北奔后,对他和他的家属,梁朝仍然是"将军松柏不翦,亲戚安居。高台未倾,爱妾尚在",祖坟、亲戚特别是爱妾也都无恙。高步瀛先生说得好:"松柏不翦数语,极中庸人痛痒处。"[①]丘迟的心理学功夫实在不错。接着信又

---

① 高步瀛:《南北朝文举要》,中华书局,1998年版,第486页。

说:"以慕容超之强,身送东市;姚泓之盛,面缚西都。"前面是诱导,现在则威逼,一诱一威软硬兼施之后,就是那段"江南草长"的浸染到骨的一段丽语,头几句好似"江南好"之类小调唱词。前面是"势"和"利"左右开弓,现在则是乡关美景动之以情——热风、冷风和香风交替吹拂。最后又说:"白环西献,枯矢东来,夜郎滇池,解辩请职,朝鲜昌海,蹶角受化。"明示天下大势浩浩荡荡。字面上还是客气地让对方自己选择去从,但该说的道理已经讲得是再明白不过了。全文中断离合,妙不可言。信很美,其底里却是老辣,有扳倒军心的大气力。

不过,有学者据《梁书·陈伯之传》说他"不识书……得文牒辞讼,作大诺而已,有事典签传口语",否认此书产生的实际效果。① 高步瀛先生对此有辩说,谓陈伯之不识字,难道就无左右为他详细解释?陈伯之归梁固不可全赖此书,但此书应是有帮助作用的。② 此外,还有一点应该考虑进去,南北朝崇尚文辞,连目不识丁的武人也受熏陶而能风雅。如刘宋时的沈庆之,《宋书》本传说他也是"不知书,眼不识字",可照样在群臣聚会时来上几句意思不错的"辞荣此圣朝,何愧张子房"之句。以此类推,因陈伯之"不知书"就推定他不能欣赏丘迟来信,就难免有见树不见林之嫌了。无论如何,在整个南朝的书信写作中,这封书信在说服的力量上,真有力扫千军的强势。

《与陈伯之书》写江南春色,而当时以描写江南佳山水著称的书信,还有陶弘景和吴均的几封。如陶弘景(456—536)《答谢中书书》:

> 山川之美,古来共谈。高峰入云,清流见底。两岸石壁,五色交晖;青林翠竹,四时俱备。晓雾将歇,猿鸟乱鸣;夕日欲颓,沉鳞竞跃。实是欲界之仙都。自康乐以来,未复有能与其奇者。

前人评价此文有"仙气",确实如此。陶弘景的另外一篇书信《答虞中

---

① 张云璈《选学胶言》即有此说,钱钟书《管锥编》沿之而有所发挥。
② 高步瀛:《南北朝文举要》,中华书局,1998年版,第479页。

书书》也写得不错。

吴均(469—520)的书信,如《与施从事书》云:

> 故鄣县东三十五里有青山,绝壁干天,孤峰入汉,绿嶂百重,青川万转。归飞之鸟,千翼竞来。企水之猨,百臂相接。秋露为霜,春梦被径。风雨如晦,鸡鸣不已。信足荡累颐物,悟里散赏。

说青山之形色已经很亮丽,形容山中霜露为"春梦",十分超奇。不过他最为人称道的还是《与朱元思书》。信云:

> 风烟俱净,天山共色,从流飘荡,任意东西。自富阳至桐庐,一百许里,奇山异水,天下独绝。水皆缥碧,千丈见底;游鱼细石,直视无碍。急湍甚箭,猛浪若奔。夹峰高山,皆生寒树,负势竞上,互相轩邈,争高直指,千百成峰。泉水激石,泠泠作响;好鸟相鸣,嘤嘤成韵。蝉则千转不穷,猨则百叫无绝。鸢飞戾天者,望峰息心;经纶世务者,窥谷忘反。横柯上蔽,在昼犹昏;疏条交映,有时见日。

文学至齐梁,诚如罗宗强先生在《魏晋文学思想史》中所说,进入多元化的发展阶段。这也表现在书信写作上,从曹魏以来,书信点染景物,成为一种常规路数,直到南朝。但是,就这些景物而言,像丘迟信里的"暮春三月,江南草长"之类,是写景,但无须专门关于景象的熟悉和感受,是可以"想"出来的,但在吴均和陶弘景的书信中的美景,就非对佳山丽水不熟知者能写得出来了。他们的书信需要观察,是"看"出来的。此类的写景,在信中说,实际是与朋友分享山水经历,是书信游记化,或游记书信化。两位书信作者,都有隐逸趣味,他们以南朝山水文学兴趣为背景,发展了南朝文学的景物描写,发展的极致就是《与朱元思书》。好明净的山水,好明净的文笔!从意蕴上说,清泠泠的山水胜境,偏于仙,偏于道,正与"春庭落景,转蕙承风"的世界形成对比。就文学的实际情况而言,南朝山水文学因有了陶、吴之作,而到达完整地步。

吴均还有《与顾章书》的短信，写自己所居石门山光景，有"森壁争霞，孤峰限日，幽岫含云，深溪蓄翠"之语，也是风采宜人。

在结束谈梁代书信之前，有一封信得说，那就是何逊（472？－519？）的《为衡山侯与妇书》，全信如下：

> 昔人邀游洛汭，会遇阳台，神仙仿佛，有如今别。帐前微笑，涉想犹存；而幄里余香，从风且歇。掩屏为疾，引领成劳。镜想分鸾，琴悲别鹤。心如膏火，独夜自煎；思等流波，终朝不息。始知萋萋萱草，忘忧之言不实；团团轻扇，合欢之用为虚。路迩人遐，音尘寂绝。一日三秋，不足为喻。聊陈往翰，宁写款怀？迟枉琼瑶，慰其杼轴。

前人评价此书："风流旖旎，六朝极笔。"[1]明明是写给夫人的信，从"帐前微笑"到"琴悲别鹤"数句，却处处从夫人念自己处来悬想。简短的家书，曲折中见姿色。整体风格轻柔得很，艳丽得很。

三、以徐陵为代表的陈朝书信

梁陈之际，因侯景之乱，一些文士的北上，造成文学在内容、格调上的再一次变化，在书信而言，徐陵的写作，是其代表。

陈朝的皇室喜爱文学，一如前朝。而且还有陈后主（553－604）这样的亡国皇帝文学家。他在书信写作上也是一位高手。他有一封《与江总书悼陆瑜》，是写信给江总哀吊陆瑜的，当时作者还是太子。信中除称道陆瑜的才学外，还回忆了和陆瑜的文学交往，有"琴樽间作，雅篇艳什，迭互锋起，每清风明月，美景良辰，对群山之参差，望巨波之滉瀁，或玩新花，时观落叶，既听春鸟，又聆秋雁……间以嘲谑，俱怡耳目，并留情致"云云，在书信点染的格套化的光景里，嵌入人的活动，小小变化，信就不显得僵直。其"间以嘲谑"又显示出当时文人交往活动的特点，后主身边有"狎客"。

---

[1] 高步瀛：《南北朝文举要》，中华书局，1998年版，第489页。

陈暄(？—607？)就是"狎客"之一。他的《与兄子秀书》就是其性格展现。叔叔给侄子写信，即使不做"教子"之态，起码也得庄重一点。陈暄此信则不然。先是因为侄子跟别人痛心批评陈暄"饮酒过差"，于是引来陈暄关于自己的一番癫狂醉语。如其中有如下数语：

郑康成一饮三百杯，吾不以为多。然洪醉之后，有得有失，成厩养之志，是其得也。使次公之狂，是其失也。吾常譬酒之犹水，亦可以济舟，亦可以覆舟，故江咨议有言："酒犹兵也，兵可千日而不用，不可一日而不备，酒可千日而不饮，不可一饮而不醉。"美哉江公，可与共论酒矣！

把饮酒的事数说得有根有据，有论有理，一幅佯狂之态。不过，信中所说："吾既寂漠当世，朽病残年，产不异于颜原，名未动于卿相，若不日饮醇酒，复欲安归？"看来也是醉翁之意不在酒，在乎志向不酬。此信的写作在早期，后来陈叔宝当位为君，他就成了"狎客"了。这位自奉为"陈故酒徒陈君"最后不是醉死，而是受后主折磨"发悸而死"，也是异数。

陈朝的书信中，伏知道(生卒年不详)的《为王宽与妇义安主书》的短信，也很动人。信中有：

……轻扇初开，欣看笑靥，长眉始画，愁对离妆……速望人归。镜台新去，应馀落粉；熏炉未徙，定有馀烟。泪滴芳衾，锦花长湿；愁随玉轸，琴鹤恒惊。已觉锦水丹鳞，素书稀远。玉山青鸟，仙使难通。彩笔试操，香笺遂满。行云可托，梦想还劳。九重千日，讵想倡家，单枕一宵，便如荡子。当令照影双来，一鸾羞镜，勿使窥窗独坐，姮娥笑人。

谭献评价此书曰："六朝小启,五代填词。"①非常贴切。

梁朝末年的战乱动荡,使得许多作家经历了艰难困苦,也使五十年太平造就的文坛之盛风吹云散。他们不少人被迫滞留北方,成为离群孤雁;有的幸运返乡,成为新朝人士;有的则永留北方,徒作乡关之思。这个时期的书信,就反映了这样的情况,是书信写作的又一次新变。徐陵(507—583)是这方面的书信大家。不过,他最后是幸运地回到南方,且佐命新朝,成为陈的重臣。另外一些作家无他那样的幸运,如王褒,就长期留在北方终其一生。他的《与周弘让书》写自己在北方的情况曰:

> 顷年事道尽,容发衰谢,芸其黄矣。零落无时,还念生涯,繁忧总集。视阴愒日,犹赵孟之徂年;负杖行吟,同刘琨之积惨。河阳北临,空思巩县;霸陵南望,还见长安。所冀书生之魂,来依旧壤;射声之鬼,无恨他乡。白云在天,长离别矣。会见之期,邈无日矣。

信中有乡关之思,不过把乡关之思和嗟叹老境放在一起,表达的是一点人之常情,绝不像庾信的乡关那样浓郁。《周书》本传说他忘掉乡关之思,应非全是虚语。

可是身在南方的周弘让(约498—577)的《答王褒书》,情调则全是另一番样子。一开始就是:

> 甚矣悲哉,此之为别也,云飞泥沉,金铄兰灭,玉音不嗣,瑶华莫因。家兄至自镐京,致书于穷谷,故人之迹,有如对面,开题申纸,流脸沾膝。

这固然是对老友的思念之情,但也许是想到对方身处北方就悯惜不已,所以要用深情之词慰以藉之。总之南北差异,特别是南方文化的优越感,常常在关乎南北的文学中隐隐然起作用。

---

① 高步瀛:《南北朝文举要》,中华书局,1998年版,第650页。

前面说过,徐陵是此期书信的大家。他的《与齐尚书仆射杨遵彦书》就是最著名的一封。信全用骈体,洋洋洒洒,在魏晋书信中属少有的长篇。此信要求北齐放还自己。北齐不放徐陵南返,有一系列的理由,信中对此,抽丝剥茧,一一辩驳,所谓"八未喻也"。但是,辩驳绝无辩驳之态,只是对对方理由进行抽丝剥茧式的拆解,通通透透,把道理含于情感之中,以"情理"动人。如其中第三个"未喻"的文字:

> 又晋熙庐江,义阳安陆,皆云款附,非复危邦。计彼中途,便当静晏。自斯以北,桴鼓不鸣,邻憬所通;自此以南,王灵未缺。如其境外,脱殒轻躯,幸非边吏之羞,何在匹夫之命?又此宾游,通无货殖,忝非韩起聘郑,私买玉环,吴札过徐,躬要宝剑。由来宴锡,凡厥囊装,行役淹留,皆已虚罄,散有限之微财,供无期之久客,斯可知矣。且据图刿首,愚者不为,运斧全身,庸流所鉴,何则?生轻一发,自重千钧,不以贾盗明矣。骨肉不任充鼎俎,皮毛不足入货财,盗有道焉,吾无忧也。又公家遣使,脱有资须,本朝非隆平之时,游客岂皇华之势。轻装独宿,非荣聚囊之仪,微骑间行,宁望辎轩之礼?归人将从,私具驴骡,缘道亭邮,唯希蔬粟。若曰留之无烦于执事,遣之有费于官司,或以颠沛为言,或云资装可惧,固非通论,皆是外篇,斯所未喻三也。

是辩驳北齐道路危险和路资花费的理由。先说南方大片的州郡都归了北朝,而北朝境内更是安全;北齐境外就是不安全,自己万一出事,也不是北齐的耻辱。这样说当然不够,于是另辟蹊径,从盗贼无伤害自己之理说:此次南返,不像那些豪华使者,无钱无财,哪有招贼的道理?最后又点明:自己返回费用全由私人承担,走的路也是安全的国道,不用官方的费用。那些"颠沛为言"、"资装可惧"也就没了根据。对方的理由,信给化除了;对方没想到的理由,书信给说出了。如此,对方也就不能再作为理由提出了。观此一段,此封书信针紧线密、滴水不漏的特点,已见一斑了。还不仅于此,"八未喻"之外,书信又提出两条:羁留使者乃是乱世所为,不令回家养亲不合北齐孝治天下大法。然后又是以私情相感,先是从"天伦"一边说,再从杨仆射通情达理说,拉近私人距离。

此信也是一封"心理战"的书信,在情理的感染力方面也有移山填海之势。就其说理的绵密周至、意味隽永而言,在南朝书信中独树一帜。《南北朝文举要》引蒋心余说:"祈请之书至数千言,可谓呕出心肝矣,然无一语失体。"①在语言方面,此文固然是骈体,而且此信徐陵又是六朝骈体追求对偶、隶事和声律的巅峰之作,骈俪的特征十分明显,然而,正如孙德谦《六朝丽指》所说,骈俪文字加以单行散句,则可以使文章气脉疏越。此信注意到了这一点,如第"四未喻"中"至于礼乐沿革,刑政宽猛,讴歌已远,万舞成风,不知手之舞之,足之蹈之也。安在摇其牙齿,为间谍者哉",在璎珞严矜的骈体中加入这样浅显的句子,确实使文章在崇山峻岭之中,偶露平坦小路,增添活络的趣味。

此文使用骈体的成功,成为后来护卫骈文的理据法宝。崇尚古文的桐城派,指责骈体不能像荀、孟、庄周、司马迁古文那样"尽意"。确实,与散体古文相比,骈体文就如同一副金缕玉衣,因其沉重,才力孱弱的人穿上它很难行走,但是,在一些才气高妙之士如庾信、徐陵等,不但能行走自如而且还能翩然起舞:"尽意"还成问题? 然而五谷不熟不如荑稗,一般才力的人穿起这副沉重铠甲就不易了,遑论其他? 不能"尽意"是很自然的。只是不能一概而论而已。张溥在《汉魏六朝百三家集题辞》中说:"然夫三代以前,文无声偶,八音自谐,司马子长所谓铿锵鼓舞也。浸淫六季,制句切响,千英万杰,莫能跳脱,所可自异者,死生气别耳。历观骈体,前有江任,后有庾徐,皆以生气见高,遂称俊物。"徐陵之骈文之所以有"生气",当然有才气的原因,更重要的是以情生文,有此等之情感方有此等文字。辞藻均生于充沛之情感之中,怎能不活?

徐陵有《与王僧辩书》,是请求王僧辩出面以使自己南返。此信先赞王僧辩平定侯景、辅佐梁元帝之大功德,再诉自己稽留北齐之哀痛。情文相生,摇笔波涌,跌宕起伏。留北时,还有《与王吴郡僧智书》和《与宗室

---

① 高步瀛:《南北朝文举要》,中华书局,1998年版,第580页。

书》,也多哀苦之词。回到南方后,在陈任官时,还有一些出色的书信,如《答李那书》,是写给北周大臣李昶的(昶小名那)。北周使者殷不害使陈,徐陵得见李昶诗和碑文,写信加以称赞。南方文人瞧不起北方诗文,此信对李昶盛加赞美,背后大概颇有政治上与北周交好的考量。但此信文字属对工稳,辞藻华赡,后人有"神骨甚清"之赞。

徐陵的《答周处士书》颇有意思。隐士周弘让向主持吏部的徐陵推荐另一位名叫方圆的处士。徐陵看出这只是一个把戏,处士若拒绝朝廷征聘,名声会因此而高涨。周弘让的推荐书信,就玩的是这一套。于是回信周处士,对弘让的隐居多有嘲笑,云:

> 承归来天目,得肆闲居,差有弄玉之俱仙,非无孟光之同隐。优游俯仰,极素女之经文;升降盈虚,尽轩皇之图艺。虽复考盘在阿,不为独宿,讵劳金液,唯饮玉泉,比夫煮石纷纭,终年不烂,烧丹辛苦,至老方成,及其得道冥真,何劳逸之相悬也。

周弘让带着老婆隐居修道,书信就从这点着笔加以揶揄,说他修道并修房中,比一般人修道得道要容易且舒服得多了。然后言归正传,说到推荐方圆之事,先是说像方圆这样的高人,一定拒绝征聘。实际是暗示:你们的曲线成名的把戏我知道。但不说破,不说破是因为可以顺此对周处士再讽刺一下:你这样的高人既然"粪土夔龙,膻腴名器,已行所不欲,非应及人",为什么要推荐别人入官?这不是把别人推向"火坑"吗?书信逢场作戏,格调排宕。

徐陵还有一封书信《答诸求官人书》。《陈书》载:"天康元年,迁吏部尚书,领大著作。陵以梁末以来,选授多失其所,于是提举纲维,综核名实。时有冒进求官,喧竞不已者,陵乃为书宣示曰……自是众咸服焉。时论比之毛玠。"可知此信的背景是徐陵为吏部尚书整顿梁末任官混乱时作,类似公开信。信所说的道理今天看颇奇特,说爵位俸禄得与不得关乎天命,书信要大家各自安命。实际的意思是现在不同梁末混乱,谁都可以侥幸任职。信的价值还在对梁朝末年政治情况的描述:

尔时州州自帝，郡郡称王，天下干戈未息，尚无条序，兼以府库空虚，赏赐悬乏，白银之宝难得，黄纸之板易营，权以官阶，代于钱绢，义存抚绥，无计多少。又有非旧非勋，非地非才，托节将而求官，因时人以买位，卖官既贱，皆为清显。致令员外常侍，路上比肩，咨议参军，市中无数，四军五校，车载斗量，岂是朝章，应其如此？

是说天下混乱，可以拿钱换官职，现在对此要加以整顿了。梁陈之际的政局混乱，可见一斑。这封书信的风调也不像其他书信一味追求隶事，浅显易懂，显示徐陵文章因事而变、体态多姿的一面。

第五节　北朝书信

北朝大致从北魏明元帝泰常五年（420年）开始，这一年刘宋开国。延续到隋朝统一之前，共约150年。

南北朝文学有较大的区别。《隋书·文学传序》言："彼此好尚，互有异同。江左宫商发越，贵于清绮，河朔词义贞刚，重乎气质。气质则理胜其词，清绮则文过其意，理深者便于时用，文华者宜于咏歌，此其南北词人得失之大较也。"以"清绮"和"贞刚"评价南北差异。颜之推《颜氏家训》说："南方水土和柔，其音清举而切诣，失在浮浅，其辞多鄙俗，北方山川深厚，其音沉浊而钅屯钝，得其质直，其辞多古语。"①这是从地域风土来解释南北文风不同。

实际上南北文学的不同，绝不能单从风土来解释。永嘉南迁，是中原文化的南迁，当然也是当时士大夫文化的南迁。要知道，文学创作的中心与政治中心是连得很紧的。北方虽也有不少世家大族留下来，然而其势力既弱，又受新入主中原边地文化相对落后人群的长期统治，文学风尚远不像南方那样可以沿魏晋文学新风尚前进。但是，文化中心南移，却不妨碍北方人对南方文化的向往和学习。随着北魏政治稳定、走上正轨，特别是孝文帝改革以后，北方文学在南方文学的影响下，大步前行，颇有迎头赶上之势。刘师培在《南北学派不同论》之"南北文学不同论"中进一步指出南北文学互相区别又互相交流的现象："梁陈以降，文体日靡，惟北朝文人舍文尚质。……自子山、总持身旅北方，而南方轻绮之文渐为北人所崇尚。又初明、子渊身居北土，耻操南音，诗歌劲直，习为北鄙之声。而六朝文体亦自是而稍更矣。"②这只是就大体而言。北方学习南方是不平衡的，甚至与北魏分裂后出现"反汉化"潮流一致，在北周，还出现过政令文

---

① 颜之推：《颜氏家语·音辞》，见原国学整理社辑《诸子集成》（第8册），中华书局，2006年版，第40页。
② 刘师培：《清儒得失论——刘师培论学杂稿》，中国人民大学出版社，2004年版，第256~257页。

章大力复古的现象。同时,在东魏和它的后继者北齐,仿效南方的势力却始终没有大的变化。

一、北方书信之一般

北魏孝文帝改革以前的书信大多尚质朴,不太注意语言上的修饰,是典型的"直抒其意"的行文手法。如太武帝拓跋焘(408—452)作《又与宋主书》是写给宋文帝刘义隆的。书云:

> 彼此和好,居民连接,为日已久,而彼无厌,诱我边民,其有往者,复之七年。去春南巡,因省我民,即使驱还。自天地启辟已来,争天下者,非唯我二人而已。今闻彼自来,设能至中山及桑干川,随意而行,来亦不迎,去亦不送。若厌其区宇者,可来平城居,我往扬州住,且可博其土地。彼年已五十,未尝出户,虽自力而来,如三岁婴儿,复何知我鲜卑常马背中领上生活。更无馀物可以相与,今送猎白鹿马十二匹并毡药等物。彼来马力不足,可乘之。道里来远,或不服水土,药自可疗。

信笔而出,直白如画,粗豪之中见安闲,颇能体现作书者的气度。此后有高允《答宗钦书》,云:

> 顷因行李,承足下高问,延伫之劳,为日久矣。王途一启,得叙其怀,欣于相遇,情无有已。足下兼爱为心,每能存顾,养之以风味,惠之以德音。执玩反覆,铭于心抱。吾少乏寻常之操,长无老成之致,凭赖贤胜,以自克勉,而来喻褒饰,有过其分。既承雅赠,即应有答,但唱高则难和,理深则难酬,所以留连日月,以至于今。今往诗一篇,诚不足标明来旨,且表以心。幸恕其鄙滞,领其至意。

整篇文章不重繁华,稍有对偶,并不刻意。张溥在《汉魏六朝百三家题辞》中说:"观彼生平,求友分深,爱敬终始,不独于君臣有情也。"由此信可见。又说:"集中文字如……皆耿介有声,余亦整而不污。"此书即有"整而不污"的特点。

北朝书作与南朝书作还有一大区别,就是其中很少见山水之描写。这固然是由于南北景物之别,究其原因,恐怕与文士南迁,且老庄之学不盛有关。不过到北魏实施汉化政策以后的东魏、北齐,就有了模山范水的作品,如祖鸿勋(生卒年不详)《与阳休之书》中就有较成功的山水描写。云:

> 阳生大弟:吾比以家贫亲老,时还故郡,在本县之西界,有雕山焉。其处闲远,水石清丽,高岩四匝,良田数顷。家先有野舍于斯,而遭乱荒废,今复经始,即石成基,凭林起栋,萝生映宇,泉流绕阶,月松风草,缘庭绮合,日华云实,傍沼星罗,檐下流烟,共霄气而舒卷,园中桃李,杂椿柏而葱茜,时一褰裳涉涧,负杖登峰,心悠悠以孤上,身飘飘而将逝,杳然不复自知在天地间矣。……既览老氏谷神之谈,应体留侯止足之逸。若能翻然清尚,解佩捐簪,则吾于兹山庄,可办一得。把臂入林,挂巾垂枝;携酒登岳嶙,舒席平山。道素志,论旧款,访丹法,语玄书。斯亦乐矣,何必富贵乎?去矣阳子,途乖趣别,缅寻此旨,杳若天汉。已矣哉,书不尽意。

此信是祖鸿勋劝阳休之归隐所作,文中对田园景色极力描写,颇能体现作者居此之乐。其句法修饰明显受到了南朝山水描写的影响。

北朝之时的诫子书和南朝此类书作有明显区别。北朝诫子书无南朝书中传授处世哲学、明哲保身之内容,而是以儒家礼教勤勉;同时北朝此类书不重文采,并不刻意求工整、偶对,给人一种质朴之感。如崔休有《诫诸子》云:"汝等宜皆一体,勿作同堂意,若不用吾言,鬼神不享汝祭祀。"十分简洁,后面两句是借鬼神之威来迫使儿子听从遗言。又如源贺有《遗令敕诸子》云:

> 吾顷以老患辞事,不悟天慈降恩,爵逮于汝。汝其毋傲吝,毋荒怠,毋奢越,毋嫉妒;疑思问,言思审,行思恭,服思度;遏恶扬善,亲贤

> 远佞;目观必真,耳属必正;诚勤以事君,清约以行己。吾终之后,所葬时服单椟,足申孝心,刍灵明器,一无用也。

很明显此书语言内容上都取法《礼记·曲礼》、《礼记·少仪》之类。劝勉儿子"诚勤以事君",显示浓厚的儒教气息。这与北方儒风崇尚礼教是一致的。

二、别致的《为阎姬与子宇文护书》

北朝书作的代表是无名氏的《为阎姬与子宇文护书》。据《周书·晋公护传》记载,宇文护之母及诸戚属,并没在北齐,后护居北周宰相,多方遣使询问,北齐之人许诺归还,并让人以阎氏之口吻作书与宇文护。其书在叙述自己的年龄、生育子女情况、亲戚、生活起居以及北齐对自己如何关照之后,又详细述说自己与宇文护是如何分离的:

> 汝与吾别之时,年尚幼小,以前家事,或不委曲。昔在武川镇,生汝兄弟,大者属鼠,次者属兔,汝身属蛇。鲜于修礼起日,吾之阖家大小,先在博陵郡住。相将欲向左人城,行至唐河之北,被定州官军打败。汝祖及二叔,时俱战亡。汝叔母贺拔及儿元宝,汝叔母纥干及儿菩提,并吾与汝六人,同被擒捉入定州城。未几间将吾及汝送与元宝掌。贺拔、纥干各别分散。宝掌见汝,云:"我识其祖翁,形状相似。"时宝掌营在唐城内。经停三日,宝掌所掠得男夫、妇女,可六七十人,悉送向京。吾时与汝同被送限。至定州城南,夜宿同乡人姬库根家。茹茹奴望见鲜于修礼营火,语吾云:"我今走向至本军。"既至营,遂告吾辈在此。明旦日出,汝叔将兵邀截,吾及汝等,还得向营。汝时年十二,共吾并乘马随军,可不记此事缘由也?于后吾共汝在受阳住。时元宝、菩提及汝姑儿贺兰盛洛,并汝身四人同学。博士姓成,为人严恶,汝等四人谋欲加害。吾与汝叔母等闻之,各捉其儿打之。唯盛洛无母,独不被打。其后尔朱天柱亡岁,贺拔阿斗泥在关西,遣人迎家累。时汝叔亦遣奴来富迎汝及盛洛等。汝时著绯绫袍,银装带,盛

洛著紫织成缅通身袍,黄绫裹,并乘骡同去。盛洛小于汝,汝等三人并呼吾作"阿摩敦"。如此之事,当分明记之耳。今又寄汝小时所著锦袍表一领,至宜检看,知吾含悲戚,多历年祀。

很明显信是阎姬口述他人代笔的。老妇回忆当年,自然絮絮叨叨。但是信尽量保留其絮叨之态,详详细细地述说当年的一切,却是精心设计的。这要从书信的具体背景理解。《周书》记载,当时手握北周大权的宇文护,联合突厥,派将"破齐长城,至并州而还。期后年更举,南北相应。齐主大惧"。身在北齐的宇文护的母亲,就是军事斗争之外的一个筹码。《周书》说:"齐主以护既当权重,乃留其母,以为后图",并使之作书与护。既如此,若是不说出自己几个孩子都什么属相,当年怎么被掠、被救,宇文护小时上学怎么淘气、怎么挨打,几个小孩子怎么称呼自己,离别时穿戴什么、骑马还是骑骡等,这些若不说得清清楚楚,如何取信于宇文护? 修辞立其诚,此信有之矣! 这是信在文学上的显著特色。钱钟书先生在《管锥编》中说:"虽非错比藻翰之'文',而自是感荡心灵之文;'笔'虽非'文'而可为文,此篇堪示其例。"①在语言上,此信大致是文言,但掩盖不住的是古白话的气息,如"被定州官军打败"的"打败",至今还在使用。又如"各捉其儿打之"等。同时值得注意的是"可不记此事缘由也"的发问,口吻毕肖。

信是别人代笔,且出于特殊的政治目的。信中就有一种特殊味道。如说宇文护小时上学"欲加害"博士(老师的俗称)而挨打的旧事,就没有顾及现在身为一国之相的宇文护的颜面。老妇述说或及此等少年糗事,但代笔稍加注意,即可不写得这样清楚。又如下面的一段:

> 世间所有,求皆可得,母子异国,何处可求。假汝位极王公,富过山海,有一老母,八十之年,飘然千里,死亡旦夕,不得一朝暂见,不得一日同处,寒不得汝衣,饥不得汝食,汝虽穷荣极盛,光耀世间,汝何

---

① 钱钟书:《管锥编》,中华书局,1979年版,第1513页。

用为？于吾何益？吾今日之前，汝既不得申其供养，事往何论。今日以后，吾之残命，唯系于汝，尔戴天履地，中有鬼神，勿云冥昧，而可欺负。

貌似思子心切，其实是要挟之词。揆诸常情，这就未必是阎姬的本意了。总之此信在古代众多的信体文章中独树一帜，除它亦真亦假的情感之外，成功之因就在它的不同一般的语言。古代书面的文言与口语分途，但是偶然也有一些口语白话得以保留下来，如《奏弹刘整》中苦主的陈说，还有就是这封书信中难掩的古白话气息了。陈说者的语态口吻及其文言和白话的协调后的风调，都使它在南北朝众多书信中别致地花发一枝。

三、庾信的书信

由南入北最有名气的文人当数庾信(513－581)，成就也最高。今存庾信书信大多是各种答谢北周皇亲贵族赏赐之启：如《谢明皇帝赐丝布等启》、《谢赵王赉丝布等启》、《谢赵王赉犀带启》、《谢赵王赉干鱼启》、《谢赵王赉米启》、《谢滕王赉猪启》等，由此可见庾信当时在北周深受上层阶级之赏识。

如《谢赵王赉马并伞启》云：

> 某启：奉教，垂赉紫骝马，并银钉乘具，紫油伞一张。上天降雨，特垂深泽；若水流光，偏蒙私照。回兹翠盖，事重刘基之恩；降此青骊，荣深李忠之赐。北部丹帷，便须高卷；西河竹马，即已郊迎。在命之轻，鸿毛浮于弱水；知恩之重，鳌背负于灵山。况复惊鸿别水，但见徘徊，黄鹤去关，唯知反顾。栖恋之心，事同于此。

只是感谢所赐马和伞，却行文婉转，对马和伞再三描述，却不觉得理不胜辞。沈德潜说："子山于琢句中，复饶清气，故能拔出流俗中，所谓轩鹤立鸡群者耶!"①这本是对其诗歌的评价,形容其书信也是得当的。

再如《谢滕王赉猪启》云:

> 某启:奉教,垂赉肥豕一腔。白腹见珍,度辽东之水;赤鬣为重,对襄阳之城。忽降全恩,谨充炮烙。孙弘牧于淄水,唯以求钱;卜式养于上林,岂知其味。谨启。

信文多举历代关于猪之典故,曲回再三,以文辞赞美所赐之物,谢意自然在其中。文采好,格调也很得体。

庾信书信多是应酬之作,能够保存下来,大概主要是因为他的文学成绩。宇文逌《庾信集序》说:"信降山岳之隆,蕴烟霞之秀……妙善文词,尤工诗赋,穷缘情之绮靡,尽体物之浏亮。诔夺安仁之美,碑有伯喈之情,箴似杨雄,书同阮籍。"对庾信的文学成就推崇备至。可以想象,当时如滕王宇文逌、赵王宇文招得到他的书信时一定是再三欣赏,宝之不置。进一步推想,之所以这些贵族向庾信馈赠再三,也是想得到他妙笔摇曳的书信吧。就是说,庾信那些内容无甚可取的书信能保留下来,与北方贵族对他文学的崇拜关系甚大。

---

① 见北京大学中国文学史教研室选注:《魏晋南北朝文学史参考资料》(下册),中华书局,1962年版,第729~731页。

第五章　魏晋南北朝序文

第一节　序体文概说

　　徐师曾《文体明辨序说》:"按《尔雅》:'序,绪也。'字亦作'叙',言其善叙事理,次第有序,若丝之绪也。"序有开始端绪的意思。序文作为一种文体,始于儒家经典,如《易传》有《序卦》等。刘勰《文心雕龙·宗经》说:"故论、说、辞、序,则《易》统其首。"所说的"序",就是指《序卦》,认为这是序这一文体的起源。另外,《毛诗》有《大序》和《小序》,《尚书》有《尚书序》等。这些序,在古人的眼里很神圣,因为他们认为这些经典的序不是孔子就是孔门高足弟子作的。正是因为序与圣人或圣人门徒有关,就引发了古代文人好作序的习惯。在自己文章或文集的前面,或自己作序,或请名人作序;能给他人作序,很荣耀。序本来是附在文章或著作之上的。但是,大致从魏晋开始,文士们诗酒风流聚会,或帝王主持下的君臣诗文雅集,也要作序,而且做序者都是声望高的文坛领袖人物。他们对客挥毫,临场成文,更是风流俊雅的表现。

　　序在一开始,如儒家的经典之序,多是贴着经典的内容宣明大义。到汉代,如司马迁的《史记》之后就附有《太史公自序》,叙说史家的家族来历、创作动机和著作提要等介绍,序的文体发生变化。文体为之一变。这也成了后来著述家的习惯,班固的《汉书》之后,王充的《论衡》结尾,都有这样的序。到魏晋时期,序更开始向文学之体裁方面大步迈进,最明显的表现就是石崇《金谷诗序》的出现。它既不是一篇作品的序,也不是一部著作的序，而是一次为了送别聚会所作的序言。篇末"故具列时人官号姓名年纪，又写诗著后。后之好事者，其览之哉。凡三十人，吴王师、议郎、关中侯、始平武功苏绍，字世嗣，年五十，为首"云云，表明这次文人雅集的诗是有集子的，但是金谷聚会的诗篇，远不如这篇序言流传广泛。到王羲之的《兰亭集序》，似乎是不待雅集的诗文编书，就先成了序文。而序的佳美，也绝不是由于介绍诗，相反，是因为描述了雅集风流际会的时地、风光和诗酒之际的人生感慨。序文至此，有了跳跃性的发展。到了南朝，三月三日的曲水流觞的诗酒活动又有新的变化，帝王、太子往往是禊饮活动的主持人，于是活动的序文写作，在体式内容上也发生了显著变化。

  序文源于经典。如《毛诗》，不仅有序，而且还有大小之分。遵循这样的习惯，单篇的文字，如诗、赋之作，往往也有序，有的研究者称这样的序为"小序"。这样的小序到了魏晋南北朝也有明显变化。如陆机的《豪士赋》的序，远远长于正文的赋，而且神采飞扬、词锋俊美，以至《文选》摒赋而取其序。同时，左思的《三都赋》不但自己写序，还有别人为之作序，之后还有人为赋的注释本作序。单篇文字有序，至南北朝的庾信发展到高峰，就出现了《哀江南赋序》这样的大文章。

第二节 魏晋序文

一、"三国"时的序文

魏晋序体之文可以从曹操这位改造文章的祖师说起。戎马一生的曹操爱读兵书,曾注释《孙子》十三篇并自为其序,就是《孙子兵法序》,文曰:

> 操闻上古有弧矢之利。《论语》曰:"足食足兵。"《尚书》:"八政曰师。"《易》曰:"师贞丈人吉。"《诗》曰:"王赫斯怒,爰征其旅。"黄帝、汤、武,咸用干戚以济世也。《司马法》曰:"人故杀人,杀之可也。"恃武者灭,恃文者亡,夫差、偃王是也。圣贤之于兵也,戢而时动,不得已而用之。吾观兵书战策多矣,孙武所著深矣。孙子者,齐人也,名武,为吴王阖闾作《兵法》一十三篇,试之妇人,卒以为将,西破强楚入郢,北威齐晋。后百岁余有孙膑,是武之后也。审计重举,明画深图,不可相诬,而但世人未之深亮训说;况文烦富,行于世者,失其旨要,故撰为《略解》焉。

这是一篇很典型的序体。先引经据典,说明战争现象的由来已久,进而简说战争哲学:"恃武者灭,恃文者亡。"然后说在诸多兵书战策中《孙子》的优胜,进而又说到孙膑。作为序,很得体要。文章脉络清晰,一贯而下,文风陡峻、简切,引经据典而不觉繁琐,有清峻之风。

曹丕、曹植的序文,多为诗文之前的序。曹丕的《玛瑙勒赋》、《车渠碗赋》各有一序:

> 玛瑙,玉属也。出自西域,文理交错,有似马脑,故其方人因以名之。或以系颈,或以饰勒。余有斯勒,美而赋之。命陈琳、王粲并作。
> 车渠,玉属也。多纤理缛文,生于西国,其俗宝之,小以系颈,大以为器。

就是对于两种名贵美玉产地、形色、用途的逐一介绍。这类赋序在魏晋南北朝比比皆是。

曹植有一篇《前录序》,是自己的文集序:

> 故君子之作也,俨乎若高山,勃乎若浮云,质素也如秋蓬,摛藻也如春葩。泛乎洋洋,光乎皓皓,与《雅》《颂》争流可也。余少而好赋,其所尚也,雅好慷慨,所著繁多,虽触类而作,然芜秽者众,故删定,别撰为《前录》七十八篇。

此序可能是残篇,倒还保留了集序最基本的内容——编纂过程。序文关于文学审美标准的论说颇精彩,或许是曹植对自己作品的评价。词采华茂的文字,也是曹植本色。

曹丕的《典论》虽然散佚,但保存下来的《自叙》还是颇有特色的。此文先从五岁时所经历的乱世写起,其意在突出自己为人的特点:"夫文武之道,各随时而用。生于中平之季,长于戎旅之间,是以少好弓马,于今不衰,逐禽辄十里,驰射常百步,日多体健,心每不厌。"继而又写自己的武功和业余"戏弄之事"特长,写到自己的武功时,说:

> 尝与平虏将军刘勋、奋威将军邓展等共饮。宿闻展善有手臂,晓五兵,又称其能空手入白刃,余与论剑良久,谓言将军法非也。余顾尝好之,又得善术,因求与余对。时酒酣耳热,方食芊蔗,便以为杖,下殿数交,三中其臂。左右大笑。

写出了曹丕日常生活通脱的一面,有其父之风。通观此文,对自己长于武功,善于"戏弄"写得过多,有失稳重。文字整体的格调因此也显得琐碎。

三国时期的序言文字还有魏刘劭的《人物志序》《新律序略》,王肃的《孔子家语解序》和吴国韦昭的《国语解叙》等。刘劭《人物志》,以金木水火土五种属性为人才行的标准观人,其序言是对前代圣贤观人选拔人才的论述的提要勾勒,是全书的引子。曹魏时期王朝法治又有变化,需制定新律,刘劭是主要的制定者。序言就是为新律加以说明。王肃有《孔子家语解序》,是总说《孔子家语解》的。王肃攻击郑玄的学说,认为郑玄学说流行,就是:"圣人之门,方壅不通;孔氏之路,枳棘充焉。岂得不开而辟之哉?"而《孔子家语》的发现帮了他的大忙。序说他从"孔子二十二世孙有孔猛"那里见到这部书,"与予所论,有若重规叠矩"。就是说,这部书可以完全支持他平常对郑玄的攻击。作者认为这是"天未欲乱斯文"的表现,所以为这部书作"解",申明此书的重要价值。字里行间,流动的是对郑学之说的不满,发现《孔子家语》的兴奋,以及将此书推介给世人的热切,所以有较高的可读性。前人曾以为《孔子家语》是王肃造伪,随着出土文献的出现,证明造伪的说法是有问题的。这篇序的情感流露,也就不能看做是作者为欺世而装腔作势了。

二、两晋的序作

进入晋代,文人吟诗作赋更注意写序,在长度上也有所增加。文士们诗文雅集的活动,还出现了石崇、王羲之等人的著名作品。

传统意义上的著作序两晋都有,如西晋的裴秀《禹贡九州地域图序》指出"制图之体有六焉",在文化史上有重要地位。杜预的《春秋左氏传序》,言辞简要,被选入《文选》。杜预还有《春秋左氏传后序》,讲自己著作此书的经历,以及相关的史料如当时新出文献的问题。一部专著有序和后序,表明当时较诸前代更注重著作序的写作。同时还有陈劭的《周礼论序》,是讨论周礼的。当时玄学兴盛,有两篇专著的序言与此有关,那就是郭象的《庄子序》、鲁胜的《墨辩序》。前者言作者所理解的《庄子》的大旨,后者说:"名者所以别同异,明是非,道义之门,政化之准绳也……墨子著书,作《辩经》以立名本,惠施、公孙龙祖述其学,以正别名显于世。"当时玄学的一个重要内容是校练名理,《墨子》这部冷门的著作因此受到关注。两晋之际道家人物葛洪著《抱朴子》,书有自序,另外葛洪又作《关尹子序》,都是弘扬道家、道教的。东晋的著作序有郭璞的《山海经序》、《方言序》、《尔雅序》以及范宁的《春秋穀梁传集解序》和张湛的《列子注序》。同时,佛教经典翻译本的序言也明显多起来了。

上述这些序文,虽在文学上价值有限,却可以由此观察那个时代的学术状况。南北朝这样的著作序言就远不如此期之多种多样了。

单篇的诗赋序,两晋有长足发展。如傅玄(217—278)《七谟序》:

> 昔枚乘作《七发》,而属文之士若傅毅、刘广世、崔骃、李尤、桓麟、崔琦、刘梁、桓彬之徒,承其流而作之者纷焉,《七激》、《七兴》、《七依》、《七款》、《七说》、《七蠲》、《七举》、《七设》之篇,于是通儒大才马季长、张平子亦引其源而广之,马作《七厉》,张造《七辨》,或以恢大道而导幽滞,或以黜瑰夸而托讽咏,而扬辉播烈,垂于后世者,凡十有余篇。自大魏英贤迭作,有陈王《七启》、王氏《七释》、杨氏《七训》、刘氏《七华》、从父侍中《七诲》,并陵前而邈后,扬清风于儒林,亦数篇焉。世之贤明,多称《七激》工,余以为未尽善也。《七辨》似也,非张氏至思,比之《七激》,未为劣也。《七释》佥曰"妙哉",吾无间矣。若《七依》之卓轹一致,《七辨》之缠绵精巧,《七启》之奔逸壮丽,《七释》之精密闲理,亦近代之所希也。

回顾"七体"这一特殊的赋类,可视为一篇"七体"小史。陆机的《遂志赋序》曰:

> 昔崔篆作诗以明道述志,而冯衍又作《显志赋》,班固作《幽通赋》,皆相依仿焉,张衡《思玄》,蔡邕《玄表》,张叔《哀系》,此前世之可得言者也。崔氏简而有情,《显志》壮而泛滥,《哀系》俗而时靡,《玄表》雅而微素,《思玄》精练而何惠,欲丽前人,而优游清典,漏《幽通》矣。班生彬彬,切而不绞,哀而不怨矣。崔蔡冲虚温敏,雅人之属也。衍抑扬顿挫,怨之徒也。岂亦穷达异事,而声为情变乎!余备托作者之末,聊复用心焉。

此序不仅是小史,而且是"遂表"之类赋作题材风格变化的小史。

此类赋序还有向秀的《思旧赋序》、陆云《岁暮赋序》等。如向秀(约227—272)《思旧赋序》云：

> 余与嵇康、吕安居止接近，其人并有不羁之才。然嵇志远而疏，吕心旷而放，其后各以事见法。嵇博综技艺，于丝竹特妙，临当就命，顾视日影，索琴而弹之。余逝将西迈，经其旧庐，于时日薄虞渊，寒冰凄然，邻人有吹笛者，发声寥亮。追思曩昔游宴之好，感音而叹，故作赋云。

《思旧赋》是向秀途经嵇康旧居时闻笛声而悲凉之作，序言交代嵇康、吕安时特意点出嵇康的"于丝竹特妙"，是为下文铺垫。就其格调而言，夕阳西下的黄昏时节的点出，增添了无限伤感，是很深沉的。陆云的《岁暮赋序》也颇带情感。这些序文单从篇幅上看，已经较三国时期长了。

左思的《三都赋序》和陆机的《豪士赋序》是西晋赋作序文中较重要者。《三都赋序》今天所见一篇是当时的著名学者皇甫谧写的，另一篇是左思自己写的。皇甫谧的那一篇从赋的定义说起，一方面说"赋也者，所以因物造端，敷弘体理，欲人不能加也。引而申之，故文必极美；触类而长之，故辞必尽丽。然则美丽之文，赋之作也"，强调赋应该是"美丽之文"，这一点颇高明。另一方面，又强调教化："将以纽之王教，本乎劝戒也。"就是既要美丽，又要有助于"王教"。持这样的标准，他批评宋玉是"淫放之文"，肯定荀子以及汉代的贾谊以下不少赋家如司马相如、扬雄、班固、张衡和王延寿等。又说司马相如以下赋家都"初极宏侈之辞，终以约简之制，焕乎有文，蔚尔鳞集，皆近代辞赋之伟也"，观点还是相当开明的。文辞略带偶俪，读来顺畅。

左思的《三都赋序》不论从观点还是辞藻，都要较皇甫所作差一些。另外西晋序文还有卫权《左思三都赋略解序》和刘逵的《注左思蜀都吴都赋序》，赞美《三都赋》"言不苟华，必经典要，品物殊类，禀之图籍；辞义瑰玮，良可贵也"，又称赞其"至若此赋，拟议数家，傅辞会义，抑多精致，非夫研核者不能练其旨，非夫博物者不能统其异"，观点与左思序倡导的征实原则相应。

西晋文人重视赋序的写作,出现了赋序的篇幅和文学色彩都高于赋本身的情况,陆机的《豪士赋序》可为代表。这篇文字洋洋洒洒千余字,确实是一篇警策之文。正文赋的字数却不足二百。据《晋书》本传记载,八王之乱时,齐王"冏既矜功自伐,受爵不让,机恶之,作《豪士赋》以刺焉"。整篇大旨在警告齐王持盈戒满。序文先是说有些大功的获得,是时势所造,不要贪天之功为己功。序文说:

> 落叶俟微风以陨,而风之力盖寡;孟尝遭雍门以泣,而琴之感以末。何者?欲陨之叶无所假烈风,将坠之泣不足繁哀响也。是故苟时启于天,理尽于民,庸夫可以济圣贤之功,斗筲可以定烈士之业。故曰"才不半古,而功已倍之",盖得之于时势也。历观今古,徼一时之功而居伊、周之位者有矣。

前面的文字都是在打比喻:该陨落的叶子用不了多大风,要哭的人是不用多悲伤的音乐。得出的结论是就是坐上了伊尹、周公位子的人,也难免是侥幸而得的。这一句归结的话,说得很辛辣。显露出的是陆机"鬼子敢尔"一样火辣的性情。序文至此早已脱离传统的精神了。继之而来的一段:

> 夫我之自我,智士犹婴其累;物之相物,昆虫皆有此情。夫以自我之量而挟非常之勋,神器晖其顾眄,万物随其俯仰,心玩居常之安,耳饱从谀之说,岂识乎功在身外,任出才表者哉!且好荣恶辱,有生之所大期,忌盈害上,鬼神犹且不免,人主操其常柄,天下服其大节,故曰天可仇乎。而时有袨服荷戟,立于庙门之下,援旗誓众,奋于阡陌之上,况乎世主制命,自下裁物者哉!广树恩不足以敌怨,勤兴利不足以补害,故曰代大匠斫者必伤其手。且夫政由宁氏,忠臣所以慷慨;祭则寡人,人主所不久堪。是以君奭鞅鞅,不悦公旦之举;高平师师,侧目博陆之势。而成王不遣嫌吝于怀,宣帝若负芒刺于背,非其

然者欤?

先是一段道理的议论:自以为是,耍弄权威,是无智慧的表现,是与天为仇,是大匠伤手。而"政由宁氏"以下,则以周公、周亚夫、霍光、魏相等人的例子相警醒:专权弄威,会遭人侧目而视;就是周公、霍光那样的大德、大功之人,也是"仅以身免",何况其他!接着又说:

> 况乎饕大名以冒道家之忌,运短才而易圣哲所难者哉!身危由于势过,而不知去势以求安;祸积起于宠盛,而不知辞宠以招福。见百姓之谋己,则申宫警守,以崇不畜之威;惧万民之不服,则严刑峻制,以贾伤心之怨。然后威穷乎震主,而怨行乎上下,众心日陊,危机将发,而方偃仰瞪眄,谓足以夸世,笑古人之未工,忘己事之已拙,知囊勋之可矜,暗成败之有会。是以事穷运尽,必有颠仆;风起尘合,而祸至常酷也。圣人忌功名之过己,恶宠禄之逾量,盖为此也。

指出弄权作威,是犯了道家的禁忌,而且越要固权就越危险。这又显得陆机是苦口婆心了。最后表出了文章的主旨:"知尽不可益,盈难久持,超然自引,高揖而退……大欲不止于身,至乐无愆乎旧,节弥啬而德弥广,身逾逸而名逾劭。"不过一番功成身退的道理。

这篇序在文字上也有许多特点,立意警策之外,最突出的是骈俪化,四六成句,是南朝骈体的先声。典故很多,这也是后来成熟的骈体文特点。

赋体文学之外,其他诸多文体,如碑诔等,正文前有序的情况在两晋以前就有了,只是到了晋代有序文篇幅越来越长的趋势。如潘尼的《乘舆箴序》,从如何君临天下,讲到箴谏的意义与要求,对《虞人箴》等前代作品作了回顾,最后又重申个人关于箴谏的观点,点明作此箴的目的,篇幅虽然极长,然而极富层次,序文言:"尼以为王者膺受命之期,当神器之运,总万机而抚四海,简群才而审所授,孜孜于得人,汲汲于闻过,虽廷争面折,犹将祈请而求焉。至于箴规,谏之顺者,曷为独阙之哉?"立论平正。张溥曾说"其为人也,无诡随,其为文也,无戏谑"。① 确为的论。其他颂、赞、铭、箴等也多有序文。

东晋诗赋等各种单篇文章的赋作,以孙绰和陶渊明为代表。孙绰(314—371)《游天台山赋序》历来被作为山水游记的雏形。序云:

> 天台山者,盖山岳之神秀者也。涉海则有方丈蓬莱,登陆则有四明天台,皆玄圣之所游化,灵仙之所窟宅。夫其峻极之状,嘉祥之美,穷山海之瑰富,尽人神之壮丽矣。所以不列于五岳,阙载于常典者,岂不以所立冥奥? 其路幽迥,或倒景于重冥,或匿峰于千岭,始经魑魅之涂,卒践无人之境,举世罕能登陟,王者莫由禋祀。故事绝于常篇,名标于奇纪,然图像之兴,岂虚也哉? 非夫遗世玩道、绝粒茹芝者,乌能轻举而宅之? 非夫远寄冥搜、笃信通神者,何肯遥想而存之? 余所以驰神运思,昼咏宵兴,俯仰之间,若已再升者也。方解缨络,永托兹岭,不任吟想之至,聊奋藻以散怀。

文字虽然不长,意思却转折数次。开始至"尽人神之壮丽矣",极言天台壮丽;"其路幽迥"至"王者莫由禋祀"极言其窈邈。这一切,都是在为这样的思致铺垫:只有"遗世玩道"、"远寄冥搜、笃信通神者",才能发现这样神奇壮丽的、被遗忘的世界。山水是文的外形,表达超旷者的别有天地,则是文章的内核。眼见之景与虚想之境并出,写景与议论融合,也是此序的特点。

陶渊明的序作,可以《感士不遇赋序》为代表。序言:

> 昔董仲舒作《士不遇赋》,司马子长又为之。余尝以三余之日,讲习之暇,读其文,慨然惆怅。夫履信思顺,生人之善行;抱朴守静,君子之笃素。自真风告逝,大伪斯兴,闾阎懈廉退之节,市朝驱易进之心。怀正志道之士,或潜玉于当年;洁己清操之人,或没世以徒勤。

---

① 张溥:《汉魏六朝百三家集题辞注》,中华书局,2007年版,第169页。

故夷皓有安归之叹,三闾发已矣之哀。悲夫!寓形百年,而瞬息已尽;立行之难,而一诚莫赏。此古人所以染翰慷慨,屡伸而不能已者也。夫导达意气,其惟文乎?抚卷踌躇,遂感而赋之。

这篇赋序也与西晋傅玄、陆机某些序作一样,带有小文学史的特点。不同的是序的内涵,把士人"不遇"主题作了翻新。前人的"不遇"之感总是牢骚于官运不济,有志难酬。此序则将"不遇"之由来归因于世风的变化,即所谓"真风告逝,大伪斯兴"。此序的重要还在了解陶渊明的归隐不是因为无是非,而是有是非,而且是是非特分明。他是把"士"在现实的"不遇"理解为必然之事以后才毅然归隐的。序文的议论,告诉了我们这一点。

其他一些作家如东晋早期李充(生于西晋末年,卒年在349至369之间)《学箴》,立意在使学者协调儒、道,以道家"无为"为本,以儒家"仁义"为末。故在序中先对两种思想作了必要说明,以使"学箴"之"箴"有的放矢。序是一篇典型的玄言作品,云:

《老子》云:"绝仁弃义,家复孝慈。"岂仁义之道绝,然后孝慈乃生哉?盖患乎情仁义者寡而利仁义者众也。道德丧而仁义彰,仁义彰而名利作,礼教之弊,直在兹也。先王以道德之不行,故以仁义化之,行仁义之不笃,故以礼律检之;检之弥繁,而伪亦愈广,老庄是乃明无为之益,塞争欲之门。夫极灵智之妙,总会通之和者,莫尚乎圣人。革一代之弘制,垂千载之遗风,则非圣不立。然则圣人之在世,吐言则为训辞,莅事则为物轨,运通则与时隆,理丧则与世弊矣。是以大为之论以标其旨。物必有宗,事必有主,寄责于圣人而遗累乎陈迹也。故化之以绝圣弃智,镇之以无名之朴。圣教救其末,老庄明其本,本末之涂殊,而为教一也。

人之迷也,其日久矣!见形者众,及道者鲜,不觌千仞之门而逐适物之迹,逐迹逾笃,离本逾远,遂使华端与薄俗俱兴,妙绪与淳风并绝,所以圣人长潜而迹未尝灭矣。惧后进惑其如此,将越礼弃学而希无为之风,见义教之杀而不观其隆矣。略言所怀,以补其阙。引道家之弘旨,会世教之适当,义不违本,言不流放,庶以祛困蒙之蔽,悟一往之惑乎!

在玄学所谓"正始之音"中,一个十分重要的问题就是如何协调孔、老关系。在本书论说文体部分,已经谈到过王弼对这一个问题的解决。从思想的规模上说,李充的观点仍不出王弼所论的范围。但这不是说此序就了无新意。序文的中心不是有、无之辩,而在如何理解老子的"绝仁弃义,家复孝慈"这一点上。序要表达的是这样一点:老子"绝圣弃智"的说法不过是说当人们把"仁义"当作谋取名声利益的工具时,真正的"道德"就丧失了。这样解释老子,实际是将老子儒家化,与王弼有无之辩把孔子老子化截然相反。"箴"这一文体一般要句式整齐的四言,还要押韵,清楚地表达哲理非其所长。如此散体的序就显得颇为必要了。当然,作为一篇序,还要交代作箴的原委,这在序的下半段也都有了。至此可以看出,序文之体已经无所不达,或叙说,或议论,或写景,千姿百态。这就是序体到东晋时候的所达境地。

真正代表新变的,还应当属于石崇的《金谷诗序》和王羲之的《兰亭序》。

石崇(249—300)的《金谷诗序》,是为一次文士们为送别友人的聚会诗篇所写的序。文曰:

> 余以元康六年,从太仆卿出为使,持节监青、徐诸军事、征虏将军。有别庐在河南县界金谷涧中,去城十里。或高或下,有清泉茂林、众果竹柏、药草之属,金田十顷、羊二百口,鸡猪鹅鸭之类,莫不毕备。又有水碓、鱼池、土窟,其为娱目欢心之物备矣。时征西大将军祭酒王诩当还长安,余与众贤共送往涧中,昼夜游晏,屡迁其坐,或登高临下,或列坐水滨,时琴瑟笙筑,合载车中,道路并作。及住,令与鼓吹递奏,遂各赋诗,以叙中怀。或不能者,罚酒三斗。感性命之不永,惧凋落之无期。故具列时人官号姓名年纪,又写诗箸后。后之好

事者,其览之哉!凡三十人,吴王师议郎、关中侯、始平武功苏绍,字世嗣,年五十,为首。

历来都把《金谷诗序》当作著作集的序言看待,某种程度上说这是正确的,但是这样做也容易忽略它不同于一般集序的特性。一般集序,正如前面所讲到的,重点在介绍文集或著作的内容、写作原委。然而,在《金谷诗序》,其重点不在此次雅集作品写了什么,而在这次雅集是因何而进行,在哪里进行,进行的地点风光如何,进行时具体情形如何;而"感性命之不永,惧凋落之无期"的感伤之语,也不是针对作品,而是针对此次雅集的难得而言。而且"或不能者,罚酒三斗"这一后来文人雅集的常规,更强调了诗文的即兴创作——请注意,不是所创作的作品——在这样的文人雅集中是多么的重要。据以上所说,若把《金谷诗序》当作一般的集序看,就难免有买椟还珠之讥了。

《金谷诗序》还有值得注意的地方是它所涉及景物,属于大地产庄园。而且作者在历数金谷园所有的一切时,"金田十顷、羊二百口,鸡猪鹅鸭之类",难免还有夸豪斗富的嫌疑。有人将此文所写景物作为山水文学之前导,需要注意的是,哲理的"山水"还局限在地产庄园范围内。沿此而论,此文的光景所透露的意识,与东汉末年仲长统《乐志论》所表现的美好追求相去不远,距离曹丕等诗文中的田园光景也相距甚近。这是他与后来山水文学的不同,尽管它对后来山水文学影响颇大。

石崇还有《思归叹》(《文选》作"思归引"),也是对金谷庄园的描述,其中"却阻长堤,前临清渠。百木几于万株,流水周于舍下。有观阁池沼,多养鱼鸟。家素习技,颇有秦赵之声。出则以游目弋钓为事,入则有琴书之娱。又好服食咽气,志在不朽,傲然有凌云之操"云云,意在以写景来表述自己晚年有良田美景的适意,是仲长统《乐志论》的"实现"版。

文人雅集的序文,至东晋有王羲之《兰亭序》,又向前迈进了。文曰:

> 永和九年,岁在癸丑,暮春之初,会于会稽山阴之兰亭,修禊事也。群贤毕至,少长咸集。此地有崇山峻岭,茂林修竹。又有清流激

湍，映带左右。引以为流觞曲水，列坐其次。虽无丝竹管弦之盛，一觞一咏，亦足以畅叙幽情。是日也，天朗气清，惠风和畅。仰观宇宙之大，俯察品类之盛，所以游目骋怀，足以极视听之娱，信可乐也。夫人之相与，俯仰一世，或取诸怀抱，晤言一室之内；或因寄所托，放浪形骸之外。虽趋舍万殊，静躁不同，当其欣于所遇，暂得于己，快然自足，曾不知老之将至。及其所之既倦，情随事迁，感慨系之矣。向之所欣，俯仰之间，已为陈迹，犹不能不以之兴怀。况修短随化，终期于尽。古人云："死生亦大矣。"岂不痛哉！每览昔人兴感之由，若合一契，未尝不临文嗟悼，不能喻之于怀。固知一死生为虚诞，齐彭殇为妄作。后之视今，亦犹今之视昔。悲夫！故列叙时人，录其所述，虽世殊事异，所以兴怀，其致一也。后之览者，亦将有感于斯文。

此文对于中国读书人太熟悉了，可谓"家弦户诵"，最起码对其中某一段或某句话都能出口成诵。如果说《金谷诗序》在一定程度上还可以被看做是"集序"，此文则全然不应该那样看了。《金谷诗序》的写作情形从文字看似乎是聚会之后诗集编定时写的，而《兰亭序》则是当众挥毫，乘兴为序，就全然不同于传统著作或单篇之序了。它实际是风流雅集的一个组成部分。在各逞诗才之际，由一位领袖地位的雅士挥毫为序，成了雅集活动必有的节目，或许可以说是使雅集达到高潮的节目。据《世说新语》载王羲之曾因人称道此文如石崇《金谷诗序》而得意。实则不论就此序水准、此文在序体文演进过程中的地位而言，都远非《金谷诗序》所可比。只是到了王羲之《兰亭序》出现，序文文体才彻底从传统的集序、单篇文序独立出来，成为文士特有的诗文活动的"序言"，并在南朝得到延伸，成为与一个时代特有的士人风流倜傥的"文学活动"相关的文体。魏晋南北朝是才子兴盛的时代，还有比雅集中的当场赋诗、当场为序，更代表那个时代的文采风流吗？再从文体发展角度看，更后来如"赠序"等完全与传统的序言无关的文章，正是沿着王羲之此文方向前行而达到的新地界。《兰亭序》开山立统，承先启后。

关于《兰亭序》，还有一个《文选》为何不选入的问题。前人或以为文中"丝竹管弦"意单词复,"天朗气清"违背时令,或以为其"一死生为虚诞,齐彭殇为妄作"之说与昭明见解不合等,钱钟书先生则以为羲之此序"真率萧闲,不事雕琢,寥寥短篇词意重沓。如云'畅叙幽情……惠风和畅';'仰观宇宙之大,俯察品类之盛,所以游目骋怀,足以极视听之娱,信可乐也';'夫人俯仰一世……向之所欣,俯仰之间已为陈迹,犹不能不以之兴怀'……古人云:'死生亦大矣!……每览昔人兴感之由,若合一契……所以兴怀,其致一也。'"应属可信。所以如此,钱先生的推测:"岂抟心揖志在乎书法,文章本视为余事耶?"①

在今天看入不入《文选》无所谓,但关于《兰亭序》还有波澜。早有学者说王氏家族相信"五斗米"天师道,钱钟书先生在《管锥编》中顺此认证《兰亭序》"一死生为虚诞,齐彭殇为妄作"是相信长生久视可以做到,因而指的是老庄"道德之言"。又说:"究其心蕴,析以理据,反杀风景。"②到底是王羲之"杀风景",还是作如此之析文"杀风景",还不好说呢!如真像钱先生这样理解,那么"欣于所遇,暂得于己……每览昔人兴感之由,若合一契,未尝不临文嗟悼,不能喻之于怀"这一段,又该怎么理解呢?是挑出一两句话与他的宗教信仰比附,还是把这两句话放回到具体上下文去解释,如何做是确当的,相信必有知之者!

关于《兰亭序》还有一点应该交代,那就是在《世说新语》刘孝标注释中还提出了另一个版本,题目不是"兰亭",而是"临河叙",文字上也颇有差异,且结尾处多出"将军司马太原孙丞公等二十六人赋诗如左,前余姚令会稽谢胜等十五人不能赋诗,罚酒各三斗"数句。严可均《全晋文》所加按语说"盖刘孝标从本集节录者",是可以接受的。就是说,结尾多出的句子,当时书写时未写,编辑文集时又加上几句以合于序言的体要。不过,法帖若加上那几句,就有累赘之感了。

---

① 钱钟书:《管锥编》,中华书局,1979年版,第1113页。
② 钱钟书:《管锥编》,中华书局,1979年版,第1114~1116页。

第三节　南朝序文

如前所说,序这种文体,源于经典解释,其实就是源于学术。看一个时代的序文写作可以看出一代文士的学问情况。从这一点说,南朝的学术性序文较两晋明显减少,内容的类别也不多。经典阐释专著的序文只有皇侃《论语义疏叙》,史学方面的著述书序有《史记集解序》、刘昭《注补续汉书八志序》。这一时期明显增多的是文集序,与此相关,像《文心雕龙序》、《诗品序》的出现,则又标志有关文学的研讨繁荣。同时,图书种类增多,载籍的分类也就有新发展,表现在序文,就有阮孝绪的《录序》。各种单篇文章序文的篇幅变长,也是一个明显趋势。雅集的序文虽然在数量上增加不甚明显,但随雅集人员的变化序作的内容却有不同。佛教在这个时期传播深入,观《弘明集序》、《出三藏记集序》等,可以一叶知秋。南朝序文就内容而言,与时代的学术、士人的风尚密切相关。序文在艺术方面,骈俪化的倾向也是重要的特点。

一、元嘉三大家的序文

刘宋时期的谢灵运、颜延之和鲍照所谓"元嘉三大家",都写有不少的序文。谢灵运的序有《山居赋序》、《撰征赋序》和《拟魏太子邺中集诗序》等,前两篇是为他的赋所作序,交代写作缘起。有特点的是他的《拟魏太子邺中集诗序》,序文模拟曹丕编辑《邺中集》,又为之作序。有总序,也有邺下文士个人序。其总序说:

> 建安末,余时在邺宫,朝游夕宴,究欢愉之极。天下良辰美景,赏心乐事,四者难并。今昆弟友朋,二三诸彦,共尽之矣。古来此娱,书籍未见,何者?楚襄王时有宋玉、唐、景,梁孝王时有邹、枚、严、马,游者美矣,而其主不文;汉武帝徐乐诸才,备应对之能,而雄猜多忌,岂获晤言之适?不诬方将,庶必贤于今日尔。岁月如流,零落将尽。撰文怀人,感往增怆。

仿效曹丕的文字传神。于此可对于文体有另一层领悟,古人心目中的文章体式,还有劲、味、神等抽象层次的内容。

总序之外,他还有对各位诗人的特点的点评式的序,如称王粲"家本秦川,贵公子孙,遭乱流寓,自伤清多";称刘桢"卓荦偏人,而文最有气,所得颇经奇"也是准确的,特点不在观点,而在语气、文字。

谢灵运之外,鲍照的《河清颂》是一代名文。《宋书·符瑞志下》载:"宋文帝元嘉二十四年二月戊戌,河济俱清,青冀二州刺史杜坦以闻。"(又见《宋书临川王道规传附鲍照传》)黄河水清,在古代看来是大祥和之瑞兆,是圣贤君主出世的象征。鲍照此颂即因此而作。《河清颂》的正文之前有序,先说古代祥瑞虽小必有颂,继言刘宋开国后德行之盛且谦谦为德,于是天降祥瑞:

> 岁宫乾维,月躔苍陆,长河巨济,异源同清,澄波万壑,洁澜千里。斯诚旷世伟观,昭启皇明者也。语曰:"影从表,瑞从德,此其效焉。宣尼称凤鸟不至,河不出图。"《传》曰:"俟河之清,人寿几何?"皆伤不可见者也。然则古人所未见者,今殚见之矣。孟轲曰:"千载一圣,是旦暮也。"岂不信哉!

写景只有四个短句,但所道出的光景甚是清和奇伟。这篇序文虽总体上是谀扬当朝,但黄河水清毕竟是一大奇特的现象,事出有因。在文章风格上,鲍照的风格一般是惊挺警策,此序行文却一改故辙,出之以相当平舒和畅的调子。前面说过,古人关于文体的理解,一个重要的方面就是体统。此序是对国家的颂赞,文章格调也因而和缓典重,这也是文章体要。

谢灵运不受刘宋王室喜爱,鲍照身份低,三大家中能与高层挂钩的就是颜延之了。表现在文章上,就是他的《三月三日曲水诗序》。"三月三"在古代是春天较隆重的节日,远可上溯到《诗经》时代。不过在魏晋以前只属于民俗节日;魏晋以后,这个节日的"士大夫"特点开始变得明显,曲水流觞、即席赋诗都是士大夫雅趣的表现。东晋王羲之等王谢子弟以及诸大名士的兰亭雅集,使文士对此节日的兴趣更大。因而到了南朝,这个节日的参加者除文士外,还有帝王,后者还是节日诗酒风流的主持者。因此,为这样的节日聚会作一篇序,就是文坛地位的象征了。颜延之的这篇序,据《文选》卷四十六李善注引裴子野《宋略》曰:"文帝元嘉十一年三月丙申,禊饮于乐游苑,且祖道江夏王义恭、衡阳王义季,有诏会者咸作诗,诏太子中庶子颜延年作序。"可知此序是奉诏之作,也是临场挥毫之作。

照说既然节日一样,颜延之此序与王羲之《兰亭序》应该没有太大的分别。其实不然,区别相当大。据当代史家的研究,东晋是典型的门阀时代,是"王与马,共天下"的时代。聚会最明显的分别,是兰亭集会参加者都是名士且多王谢子弟;现在则不然,节日是奉诏举办的,"乐游苑"(在今南京市区内)也是皇家的园子。王羲之是当时士林的天然领袖,而颜延之作序却是"奉"了"诏"的。如此,都决定了颜延之的序,不比王序。它一上来就是:

> 夫方策既载,皇王之迹已殊;钟石毕陈,舞咏之情不一。虽渊流遂往,详略异闻,然其宅天衷,立民极,莫不崇尚其道,神明其位。拓世贻统,固万叶而为量者也。

意思是古代帝王皆有宴乐。上来就指出此次节日聚会是国家行为。接着就是对皇朝的一番热烈赞美。皇朝伟大,过节日才万民同庆。文章这样写是为了求得自身的严密。接着就是说:"日缠胃维,月轨青陆,皇祇发生之始,后王布和之辰,思对上灵之心,以惠庶萌之愿。加以二王于迈,出饯戒告,有诏掌故,爰命司历,献洛饮之礼,具上巳之仪。"下诏过节并且为二王饯行。接着就是节日准备,排场颇大:

> 南除辇道,北清禁林,左关岩隥,右梁潮源。略亭皋,跨芝廛,苑太液,怀曾山。松石峻垝,葱翠阴烟,游泳之所攒萃,翔骤之所往还。于是离宫设卫,别殿周徼,旌门洞立,延帷接枑,阅水环阶,引池分席。春官联事,苍灵奉涂,然后升秘驾,胤缇骑,摇玉鸾,发流吹,天动神

移,渊旋云被,以降于行所,礼也。

一副皇家气派,结尾处一句"礼也",十分注意为文体统,实际是典型的修辞立其"伪"。一个民俗的节日经皇家这么一过,兴师动众,排山倒海,文章所尽力加以表现的正是这样的气派。正因如此,它就与《兰亭序》去之甚远了!

接着写到禊饮赋诗的光景,还写到了都人来观的众多。最后"则夫诵美有章,陈信无愧者欤",文体周备。前人评价此文"开阖动宕,情文相生,俪体之上驷也",就文章写作而言确实如此。只不过今人读之,对其中的"情",会有不同理解。再从语言看,人称颜文有"雕绘满眼"特点,此文最可证明。总之此文是左说右说、上纲上线,把一次皇家出资的春日野餐活动夸弄得意义了不得,其思致就比《兰亭序》差远了。相伴的是骈俪达到一个新地步。

颜延之还有两篇诔文的序,都入了《文选》,一篇是《阳给事诔序》,一篇是《陶徵士诔序》。前一篇写本朝不降而战死的武臣阳瓒,序简叙他抗敌的忠勇始末和朝廷表彰的命令。后一篇更为人重视,是写陶渊明的。颜延之在做始安郡守时与陶渊明有交往,李善注引《晋中兴书》说他到陶渊明舍饮酒"自晨达昏",看来交谊颇厚。以此,序文也写得颇有情致。序文开始先说当时隐逸之风的虚伪,反跌下文,接着说到陶渊明隐居的大概:

> 有晋徵士寻阳陶渊明,南岳之幽居者也,弱不好弄,长实素心,学非称师,文取指达。在众不失其寡,处言愈见其默。少而贫病,居无仆妾,井臼弗任,藜菽不给。母老子幼,就养勤匮。远惟田生致亲之议,追悟毛子捧檄之怀。初辞州府三命,后为彭泽令,道不偶物,弃官从好,遂乃解体世纷,结志区外,定迹深栖,于是乎远。灌畦鬻蔬,为供鱼菽之祭;织絇纬萧,以充粮粒之费。心好异书,性乐酒德,简弃烦促,就成省旷。殆所谓国爵屏贵,家人忘贫者与?

简明扼要,看得出对陶十分了解,而且雕绘的文字,读来却颇平实妥帖,很难得。最后说:"询诸友好,宜谥曰靖节徵士。"也是很别致的收尾。

元嘉三大家之外,谢惠连(397或407－433)的《祭古冢文序》也颇有意思。曰:

> 东府掘城北堑,入丈余,得古冢,上元封域,不用砖甓。以木为椁,中有二棺,正方,两头无和。明器之属,材瓦铜漆,有数十种,多异形,不可尽识。刻木为人,长三尺许,可有二十余头。初开见,悉是人形,以物栊拨之,应手灰灭。棺上有五铢钱百余枚,水中有甘蔗节,及梅李核瓜瓣,皆浮出不甚烂坏。铭志不存,世代不可得而知也。公命城者改埋于东冈,祭之以豚酒。既不知其名字远近,故假为之号曰冥漠君云尔。

祭文是一篇对着无名尸骸发幽古之思的。序则用笔简洁,全用散文语句,颇似一篇小小的发掘报告。

宗炳(375－443)是一位好游历名山大川的人,也是南北朝著名的画家。他有一篇《画山水序》,是讲如何画山水的。文章述说了自己画山水是因对山水游历之不足,故形诸笔墨以志之:"眷恋庐衡,契阔荆巫,不知老之将至。愧不能凝气怡身,伤跕石门之流。于是画象布色,构兹云岭。"情感十分真挚。对于如何画山水,也提出在当时颇为精到的见解,由之可了解当时的画艺。其"诚由去之稍阔,则其见弥小",已经体会到透视的原理。文末:

> 峰岫峣嶷,云林森渺,圣贤映于绝代,万趣融其神思。余复何为哉,畅神而已。神之所畅,孰有先焉?

是说自己在画山水中神思与山水相融合的超旷乐趣,也很动人。

二、齐梁陈时期的序文

南齐时期的序文不多,类别也少。王俭(452—489)有《太宰褚彦回碑文序》,文颇长。序文先是历数褚渊的家世,以及他本人为官经历。一边叙述,一边赞美,如:"出为司徒右长史,转尚书吏部郎。执铨以平,御烦以简。裴楷清通,王戎简要,复存于兹。"说了一大套,要点只是做吏部的长官为政清通简要而已。序文如此,也是由碑志文章的特点决定的。其中写桂阳王谋反一段,较有波澜:

> 桂阳失图,窥窬神器。鼓棹则沧波振荡,建旗则日月蔽亏。出江派而风翔,入京师而雷动。鸣控弦于宗稷,流锋镝于象魏。虽英宰临戎,元渠时殄;而余党实繁,官庙忧逼。公乃总熊罴之士,不贰心之臣,戮力尽规,克宁祸乱。康国祚于缀旒,拯王维于已坠。诚由太祖之威风,抑亦仁公之翼佐。可谓德刑详,礼义信,战之器也。

褚渊一生大概此次事件中最有作为,序文也极言其中流砥柱的作用。文中最有名的句子是"风仪与秋月齐明,音徽与春云等润"。有学者据王勃《滕王阁序》句称此为"落霞句式"。① 此一句式的源头可追到上古,但毕竟那还只是大辂椎轮,其正式出现,王俭此句当是较早的。就是说,南朝许多作家好作这样的句式,王俭起码是有推波助澜之功的。

王俭的从侄王融(467—493)有《三月三日曲水诗序》,题目和颜延之的一样。《南齐书·王融传》:"(永明)九年,上幸芳林园,禊宴朝臣,使融为《曲水诗序》,文藻富丽,当世称之。"写作的背景也与颜延之一样。正因这样的一致,王融此文在立意和为文格局上都处处要与颜序有所分别。首先字数长了许多,颜文八百余字,而王融序则长达一千五百余字。格局上颜文简要,只是说皇朝政治清明,于是在三月三这一天下诏禊饮,之后就是准备活动以及禊饮场面的描绘。王序一上来就高标是"与民同乐"的

---

① 李士彪:《魏晋南北朝文体学》,上海古籍出版社,2004年版,第232页。

大义,说前朝的许多游乐都"不与万民同"。在文法上,是反衬;在运思上则是深化主题。以下就是"大齐"功德的赞美,从内政到外交睦邻,较诸颜延之文要周至得多。继之而来的文字,省掉了下诏禊饮的内容,却用更多笔墨描述赞美芳林园,一派风光旖旎。前人评价此序文混同于赋,正以这一部分为最显著。正式描写禊饮的文字不多。"尔乃回舆驻罕,岳镇渊渟,睟邃容有穆,宾仪式序"云云,也有过于典重的感觉。《南北朝文举要》引何义门之说谓"其藻愈腴,其味愈薄,使人思颜之妙"是不差的。[①]

其他方面的序文有张融(444－497)的《门律自序》,是家诫的序。此文的特点不谈作《门律》的缘起,只谈文章写作问题。如其中说:

> 吾文章之体,多为世人所惊,汝可师耳以心,不可使耳为心师也。夫文岂有常体,但以有体为常,政当使常有其体。

先是赞美自己的文章体式不同凡响,然后又说文章体式的"有体"与"无体"问题,看法颇精到。教育后代只谈文章,在当时"诫子书"中颇为奇特。

江淹在南齐永明年间写过一篇《铜剑赞》,前有一篇颇长的序。这篇序的特点是它的学术味很浓,很像对古代以铜为剑历史的考据。还说自己在吴兴凿池"获铜箭镝数十枚。时有人复于彼山中伐木,得铜斧一口",文章大多用散句,行文并不因引经据典而窒塞,是一篇学术性较强的序文。

前面说过,南朝序文多文集之序。南齐就有一篇虞炎(生卒年不详)的《鲍照集序》。鲍照因为门第低,不受重视,死后文集散乱。集序说齐的皇太子好"博采群言",于是对鲍照的诗文"备加研访,年代稍远,零落者多,今所存者,傥能半焉"。看来在南齐时鲍照集就散佚了不少。序在简要叙述鲍照生平之后,也对鲍照的文章做了如下评价:"照所赋述,虽乏精典,而有超丽。""精典"是对内容的评价,"乏精典"的说法明显带有时代偏

---

① 高步瀛:《魏晋文举要》,中华书局,2000年版,第174页。

见。说鲍照"超丽"是正确而传神的说法。

任昉(460—508)《王文宪集序》的写作也应该在南齐永明年间王俭去世后不久。这篇序言中规中矩,详细地述说王俭的生平道德学问,边叙边赞,仿佛碑文体式。到最后流露出一点感情:

> 昉行无异操,才无异能,得奉名节,迄将一纪。一言之誉,东陵侔于西山;一眄之荣,郑璞逾于周宝。士感知己,怀此何极!出入礼闱,朝夕旧馆。瞻栋宇而兴慕,抚身名而悼恩。

也是不温不火的。所以,善于笔札的任昉给中规中矩的序文立了一个平实的榜样。

梁陈集序的写作篇什既多,样式也多。这个时期集部的编纂,除了作家的别集,还有像《文选》、《玉台新咏》那样的总集,另外文学理论也出现了《文心雕龙》、《诗品》那样的系统专著。这些著作的序也呈现出新貌。

先来看别集序。

检诸严可均《全梁文》和《全陈文》计有萧统《陶渊明集序》,萧纲和刘孝绰分别作的《昭明太子集序》,沈约《武帝集序》,王僧孺《詹事徐府君集序》、《临海伏府君集序》,刘师知《侍中沈府君集序》等,集序篇数在南朝各序文中所占比例较大。

萧统这个人文学趣味不低,表现之一就是能欣赏陶渊明。陶渊明诗文被世人认可乃至崇拜,经历过一个相当长的时间。当初颜延之为陶作诔时,也只是赞其节操,说渊明好酒、好"异书"而已,并未及其文。陶身后最早向世人推介陶渊明诗文的当属昭明太子,此即《陶渊明集序》之所为。序文先讲"道存而身安,道亡而身害",之后又大谈世人溺于权势地位,唯圣贤能超越流俗。这已隐然将陶比作圣贤了。然后就是评价陶渊明的文学,说:

> 有疑陶渊明诗,篇篇有酒。吾观其意不在酒,亦寄酒为迹者也。其文章不群,辞彩精拔,跌宕昭彰,独超众类,抑扬爽朗,莫之与京。

横素波而傍流,干青云而直上。语时事则指而可想,论怀抱则旷而且真。加以贞志不休,安道苦节,不以躬耕为耻,不以无财为病,自非大贤笃志,与道污隆,孰能如此乎?

对陶集中"篇篇有酒"说法至今仍是不刊之论。至于赞语陶渊明文学"清拔"、"抑扬爽朗",说在当时"莫之与京",也绝无一点夸诞。文章接着又说:

余素爱其文,不能释手,尚想其德,恨不同时。

文字虽短,但对陶文学的深爱之情已经溢于言表了。这也是此文最具价值的地方。出于喜爱而为序文,是为情造文的文字。所以此文的长处在两点:有见识,笔带情感。

萧统去世后,萧纲为《昭明太子集》作序,历述萧统"十四德",中间除了说太子好学、好收揽图书之外,都不着边际。连萧统一生最重要的编选《文选》在"十四德"都是黯而不彰的,非知言之序。关于昭明太子的文集,刘孝绰(481-539)也有一篇同名序。刘孝绰是昭明太子文集的编纂者,此序较萧纲的一篇稍好。先拿昭明太子与曹丕相比,说曹丕邺下聚会文人时还不是真正的太子,不像昭明大聚儒雅之士时太子身份已经货真价实。以此来赞颂大梁,是没话找话。之后就是述说太子在辅佐之余如何讲论道艺,如何善于为文等。与萧纲一样,对萧统真正可以称道的业绩囫囵带过。由此可知当时人对《文选》的编纂,尚未觉得有什么了不起。

沈约有《武帝集序》,写得一般。陈朝的刘师知(生卒年不详)所作《侍中沈府君集序》是为沈炯的集子作序。沈炯曾经在梁陈之际被俘北上,后得返回,返回的集子称后集。刘师知的这篇序言写得颇带感情,如写沈炯去世后:

遂使褐裘莫计,宝剑无追,痛此生刍,同兹宿草,九原方远,百身宁赎。若乃帐悬秋月,一雁孤飞,花落春风,数莺争弄,伯牙之弦,寂寥长绝,山阳之管,惆怅徒闻。

悲伤的文字颇有风采。

现在来看看总集的序文。总集是按照一定体例收录不同作者诗文作品的文集。"文籍日兴,散无统纪,于是总集作焉"。① 前面说过,萧统虽才华有限,但文学品位不低,所以,由他组织一批文士选文是很合适的。他的《文选序》主要表达了他对文学、文学史以及文体等方面的认识。他的文学本体论的基调是沿着《易传》"观乎人文,化成天下"而来的,这一点上与刘勰无根本区别。其实质就是承认人有"文",是人与动物的基本区别。至于他所看重的"文"是什么,还得从他对文学史上作品的具体评价看:

> 尝试论之曰:《诗序》云,《诗》有六义焉:一曰风;二曰赋;三曰比;四曰兴;五曰雅;六曰颂。至于今之作者,异乎古昔。古诗之体,今则全取赋名。荀宋表之于前,贾马继之于末。自兹以降,源流实繁。述邑居,则有凭虚亡是之作;戒畋游,则有《长杨》、《羽猎》之制。若其纪一事,咏一物,风云草木之兴,鱼虫禽兽之流,推而广之,不可胜载矣。又楚人屈原,含忠履洁,君匪从流,臣进逆耳,深思远虑,遂放湘南。耿介之意既伤,壹郁之怀靡诉。临渊有怀沙之志,吟泽有憔悴之容。骚人之文,自兹而作。诗者,盖志之所之也。情动于中,而形于言。《关雎》、《麟趾》,正始之道著;桑间、濮上,亡国之音表。故《风》、《雅》之道,粲然可观。

可以看出,《诗经》之后的"贾马"之作汉大赋,他是肯定的;屈原的及以后的楚辞,他也是肯定的。受儒家的影响,他认为诗应该走"风雅"之道,不应该作"桑间濮上"之音,这也没有错,文学史的观念正确。至于标准,他说:

---

① 纪昀等:《钦定四库全书总目》,中华书局,1997年版,第2598页。

自姬汉以来,眇焉悠邈;时更七代,数逾千祀。词人才子,则名溢于缥囊;飞文染翰,则卷盈乎缃帙。自非略其芜秽,集其清英,盖欲兼功太半,难矣。若夫姬公之籍,孔父之书,与日月俱悬,鬼神争奥,孝敬之准式,人伦之师友,岂可重以芟夷,加之剪截。老、庄之作,管、孟之流,盖以立意为宗,不以能文为本。今之所撰,又以略诸。若贤人之美辞,忠臣之抗直,谋夫之话,辨士之端,冰释泉涌,金相玉振。所谓坐狙丘,议稷下,仲连之却秦军,食其之下齐国,留侯之发八难,曲逆之吐六奇,盖乃事美一时,语流千载,概见坟籍,旁出子史,若斯之流,又亦繁博。虽传之简牍,而事异篇章。今之所集,亦所不取。至于记事之史,系年之书,所以褒贬是非,纪别同异,方之篇翰,亦已不同。若其赞论之综缉辞采,序述之错比文华,事出于沉思,义归乎翰藻,故与夫篇什,杂而集之。

　　自西周以来文献那么多,他以为能作为"文"选入集子的不是周公、孔子、老、庄、管、孟著作,因为他们"盖以立意为宗,不以能文为本"。用今天的话说,他们不是有意作"文"。史学著作,也不选,他们也不是要作"文"。那些忠臣、义士、谋夫、辩士的佳言好语,也不选,因为他们不成"篇章"。说史学不选,可是史著中的"赞论"、"序述"却要选,因为他们合乎"事出于沉思,义归乎翰藻"的标准。至此,《文选》的选择标准可以大致清楚:首先是"篇章",而且是有意为之的"篇章",首尾完备独立成文。有意为"文",就是"沉思"过的,仔细谋篇布局过的。此外就是"文采",用萧统的话说就是"翰藻",准确说是华美的辞藻。这跟今天编选文章的标准不同,代表了当时对"篇什"的看法。萧统的标准不是纯文学的,代表的是古人的"文章"概念。古人的"文章"首先是作为一个士大夫写出的东西要实用,产生实际功效,一封奏议,能改变朝局,就是"大文章"。"大文章"当然得深思熟虑,可仅讲究实用,"大文章"就难以真"大"。还得好看,显示出才学气度。这就得"沉思"还要加上"翰藻"。至于此篇序言的文字色彩,"沉思"有之,"翰藻"就较为一般,但字里行间一片温文尔雅,也算得上"大文章"了。

与萧统的《文选序》相比,徐陵(507—583)作梁代的《玉台新咏序》,就色彩光鲜得多了。梁朝不仅有宫体诗、宫体赋,还有宫体文。此篇即是。开卷序文甚为绮丽——首先以绮文丽字对一位深宫"丽人"的居室、出身、外貌、才艺极尽描摹铺陈之能事,如:

> 其人五陵豪族,充选掖庭,四姓良家,驰名永巷;亦有颖川新市,河间观津,本号娇娥,曾名巧笑。楚王宫里,无不推其细腰;卫国佳人,俱言讶其纤手。阅诗敦礼,岂东邻之自媒;婉约风流,异西施之被教。弟兄协律,生小学歌;少长河阳,由来能舞。琵琶新曲,无待石崇;箜篌杂引,非关曹植。传鼓瑟于杨家,得吹箫于秦女。至若宠闻长乐,陈后知而不平;画出天仙,阏氏览而遥妒。至如东邻巧笑,来侍寝于更衣;西子微颦,得横陈于甲帐。陪游馺娑,骋纤腰于结风;长乐鸳鸯,奏新声于度曲。妆鸣蝉之薄鬓,照堕马之垂鬟。反插金钿,横抽宝树。南都石黛,最发双蛾;北地燕支,偏开两靥。亦有岭上仙童,分丸魏帝;腰中宝凤,授历轩辕。金星将婺女争华,麝月与嫦娥竞爽。惊鸾冶袖,时飘韩掾之香;飞燕长裾,宜结陈王之佩。虽非图画,入甘泉而不分;言异神仙,戏阳台而无别。真可谓倾国倾城,无对无双者也。

对女子"细腰"、"纤手"、"薄鬓"、"垂鬟"之类的描述,以及两个"至如"引起句群的排宕法,无不是宫体赋的手法。其句法是骈文,其格局则是赋,是宫体赋的精髓。夸赞过美貌之后,文章一转,"加以天时开朗,逸思雕华,妙解文章,尤工诗赋",进入到"才情"赞美,也点明《玉台新咏》的佳篇正出于佳人之手:

> 无怡神于暇景,惟属意于新诗。庶得代彼皋苏,微蠲愁疾。但往世名篇,当今巧制,分诸麟阁,散在鸿都。不藉篇章,无由披览。于是然脂暝写,弄笔晨书,撰录艳歌,凡为十卷。曾无参于《雅》、《颂》,亦

靡滥于风人。泾渭之间,如斯而已。

文章至此,全盘托出了当时欣赏女子的两条理想标准:貌和才。这与传统的"唯酒食是议"的传统女子观念不同。不过不同不一定就更好,这样的才貌双全,其实表达的是一种新的趣味倾向:视女子为娼。不过,作者可不想给人这样的感觉,于是赶紧说入选的诗歌"曾无忝于雅颂,亦靡滥于风人。泾渭之间,若斯而已",也是强调这些才情绝代的佳人也有"亦靡滥于风人"的卓品。这就与"温柔敦厚"的诗教搭上联系了。

就序文的写法而言,此文确实不一般,华丽之外,还在于它的"破体为文",完全突破了序体文字直叙径言作者、作品的抒写方式,而选择了一种充满艺术气息的象征手法,将总集的成书经过、编者的选录标准婉转呈现。不过,这样做的漏洞也不小。《玉台新咏》从入选的作品说,不一定都出自女子,选编者更不是。然而序文给人的印象则完全相反。

魏晋南北朝最为重要的两部文学评论《文心雕龙》与《诗品》均有序文。

《文心雕龙·序志》开篇解题:"夫文心者,言为文之用心也",继以自述两个充满神秘色彩的梦,以表自己当仁不让的著述精神。"唯文章之用,实经典枝条……详其本源,莫非经典",然而"去圣久远……离本弥甚",因此有必要重申宗经明道,"于是搦笔和墨,乃是论文",至此交待出写作此书的缘起。刘勰特别评述了"近代之论文者"的不足之处,为其著述的必要做铺垫。接下来一一介绍全书创作宗旨、体例、提纲、篇目,充分展示了《文心雕龙》体大思精的特征。最后结以自谦自赏之词。

《诗品序》则是完全不同的写法。序文也逐一说明了选录标准与体例,如谓"一品之中,略以世代为先后,不以优劣为诠次。又其人既往,其文克定。今所寓言,不录存者"。不过在文中特别有意义的还是钟嵘对于一系列文学理论问题的探讨。如阐明诗歌的重要性在"动天地,感鬼神","可以群,可以怨";论述五言诗自先秦歌谣至近代的源流条别;论赋比兴三义;辨四言诗、五言诗之异同;论声律问题。序文可谓集中了《诗品》全部诗歌理论的精华。

从文采上看，《诗品序》似乎用心更多些，如下面的句子：

> 若夫春风春鸟，秋月秋蝉，夏云暑雨，冬月祁寒，斯四候之感诸诗者也。嘉会寄诗以亲，离群托诗以怨。至于楚臣去境，汉妾辞宫，或骨横朔野，或魂逐飞蓬，或负戈外戍，或杀气雄边，塞客衣单，霜闺泪尽。又士有解佩出朝，一去忘反；女有扬蛾入宠，再盼倾国。凡斯种种，感荡心灵，非陈诗何以展其义，非长歌何以释其情？故曰："《诗》可以群，可以怨。"

表达时节处境对诗人的感发兴奋作用颇动人。

总之，刘、钟两篇序文对比，可知各有侧重，根本原因就在于两部著作的特点各异。《文心雕龙》"究文体之源流，而评其工拙"，《诗品》"第作者之甲乙，而溯厥师承"，体例不同，序文也就不同。《文心雕龙》是体大思精之作，各种理论问题分篇论述已详，因此《序志》无需重复，提纲挈领即可，写法类似一篇书序或总集序。《诗品》的特点是分品论诗人诗歌，品第之中重微观具体，不涉宏观大论，因此需在序文中率先表明文学立场，作为其品评的根据，写法有论文的特征。由此可见，诗文评序的创作因为诗文评类著作的体例多，并无一定之规，总之以与文本相互发明为上。

汉晋以来，士大夫文化还包括书法。关于书法的赋、论有不少，此外还有像《诗品》那样的书法研究著作。例如庾肩吾就有《书品》，并且作者还为《书品》作序。其中形容书法字体有云：

> 龟若浮溪，蛇如赴穴。流星疑烛，垂露似珠。芝英转车，飞白掩素。参差倒薤，既思种柳之谣；长短悬针，复想定情之制。蚊脚傍低，鹄头仰立，填飘板上，谬起印中。波回堕镜之鸾，楷顾雕陵之鹊。并以篆籀重复，见重昔时……

精巧的对偶、绵密用典，运思细密地形容字的体形状态，其中"垂露"、"悬针"比喻笔画为后来的习语。显示的是梁代的靡丽精巧的文风。

梁朝是一个编纂书籍的年代,如梁元帝(508—554),他的序有《职贡图序》、《丹阳尹传序》、《怀旧志序》、《全德志序》、《孝德传序》、《忠臣传序》、《忠臣传死节篇序》、《忠臣传谏争篇序》、《金楼子序》、《追思张缵诗序》、《法宝联璧序》、《内典碑铭集林序》等,可见其对编纂之事热衷之一般了。这些序言中,颇有清丽之语,《职贡图序》有如下的文字:

> 皇帝君临天下之四十载……坐岩廊而彰万国,梯山航海,交臂屈膝,占云望日,重译至焉。自塞以西,万八千里;路之峡者,尺有六寸。高山寻云,深谷绝景。雪无冬夏,与白云而共色;冰无早晚,与素石而俱贞。

十分工丽,最后两句还有点突破"落霞句"的意思。《金楼子序》是为自己"立言"之作写书。序先说自己"三废学、二不解",是说自己有许多方面不懂,既如此还要著述,是因为"窃重管夷吾之雅谈,诸葛孔明之宏论,足以言人世,足以陈政术,窃有慕焉",就是要"立言"。《内典碑铭集林序》是对自己所选的有关佛教碑文选集作的序,其中谈到碑文的写作规矩:

> 夫世代亟改,论文之理非一;时事推移,属词之体或异。但繁则伤弱,率则恨省;存华则失体,从实则无味。或引事虽博,其意犹同;或新意虽奇,无所倚约。或首尾伦帖,事似牵课;或翻复博涉,体制不工。能使艳而不华,质而不野;博而不繁,省而不率;文而有质,约而能润;事随意转,理逐言深。所谓菁华,无以间也。

提出"艳而不华"等准则,其实也适用其他文章。前人说此文"音节可诵",是其特点。

前文说过,梁朝的序文较多,除上述之外,顾野王的《玉篇序》是关于字书的,阮孝绪的《七录序》是关于图书编纂的,王嘉《拾遗记》是关于小说的,等等。还有一篇序,就是萧纲的《三月三日曲水诗序》。这篇文章见诸《艺文类聚》,似乎有删减。除去这个因素,此文较诸王俭、王融同名之作,也显得气势萎缩。或因此次禊饮是昭明太子主持的,不好再像颜延之、王融的序文那样,把一次禊饮游乐写得太过张皇。可是不那样写,在如何生发主题上又无好办法,所以就成了现在的样子。总之,读这篇文章,有此类序文做到头了的感觉。

综上,南朝序种类多,篇章多。写作上还出现了"复"和"变"的交错。就前一点而言,似乎南朝新创作文回到传统的为一本书作序的故辙上去了,这以梁最突出。与"三月三日"活动相关的序,把一个节日的轻松逸兴弄没了。这是"复",至于"变",就是文体或更准确地说是语体的骈俪化,到了浓得化不开的地步,写作的心思主要用在讲究词采音律和对仗之事上。风华绝代的两晋士大夫气少了,词采骈俪的文士气多了。这庶几可以概括南朝的序作。

第四节　北朝序文

一如其他文体,北朝的序文不如南朝,早期更是这样。庾信滞留北周所导致的文风变化,又使得北朝后期南北文学态势出现明显的消长。序文的创作也是如此。兹从北魏早期的序文说起。

崔浩(381—450)是太武帝拓跋焘时期的作家。他有《注易叙》和《食经叙》两篇序文。前一篇是学术性的,后一篇是为自己家一本食谱类记录文字作序。后一篇序文说:"余自少及长,耳目闻见,诸母诸姑,所修妇功,无不蕴习酒食。朝夕养舅姑,四时供祭祀,虽有功力,不任童使,常手自亲焉。"读此,汉代以来大家族生活的一些习惯可得其一斑。序文又说后来遭遇丧乱,粗粮蔬菜,生活艰苦。"先妣虑久废忘,后生无所知见,而少不习业书,乃占授为九篇,文辞约举,婉而成章,聪辨强记,皆此类也"。序文还说,现在国家太平,自己位高权重,"衣则重锦,食则粱肉",可是再见到先母当年口授的这份食谱,不觉之间心生感动,于是写序,垂戒后人。文字很简朴,情感在对先母勤劳的简要叙说中油然而生。

北魏汉化早在孝文帝之前就已经走了很远的路。其间重要的举措就是拓跋焘时期曾征请三十五位著名汉族士大夫来朝廷。高允就是此事的重要参与者。多年后,高允(390—487)为这件事写了《征士颂》,文前有一篇序。序言首先把当时征请的名士一一列举,然后说明征请之事的背景原委,最后有这样的文字:

> 昔与之俱蒙斯举,或从容廊庙,或游集私门,上谈公务,下尽忻娱,以为千载一时,始于此矣。日月推移,吉凶代谢,同征之人,凋殒殆尽。在者数子,然复分张。往昔之忻,变为悲戚。张仲业东临营州,迟其还返,一叙于怀,齐衿于垂没之年,写情于桑榆之末。其人不幸,复至殒殁。在朝者皆后进之士,居里者非畴昔之人,进涉无寄心之所,出入无解颜之地。顾省形骸,所以永叹而不已。

说自己老境已至,回首当年,当时征请的人物连最近有过交道的,也都谢世了。文字很质朴,寂寞、感伤之情溢于言表。

北魏汉化,放弃游牧生活而改从农耕是其重要表现。正是在这个时候,一部记载农桑生活技术的重要农学著作《齐民要术》产生了。作者贾思勰(386－543)为自己的著作写了一篇两千五百余字的序。贾思勰首先是官员,然后才是农桑技术的搜集整理者,他的序文就体现了这样的特点。谈农耕的重要,谈官员对农桑之事的督责,基本就是序言的内容,甚至认为对于懒惰的小民,"笞之可也"。贾思勰很钦佩汉代的"黄霸为颍川,使邮亭乡官皆畜鸡豚,以赡鳏寡贫穷者","龚遂为渤海,劝民务农桑,令口种一株榆,百本薤,五十本葱,一畦韭,家二母彘五母鸡"的循吏。其中如下的议论,颇值得肯定:

> 神农、仓颉,圣人者也,其于事也,有所不能矣。故赵过始为牛耕,实胜耒耜之利;蔡伦立意造纸,岂方缣牍之烦;且耿寿昌之常平仓,桑弘羊之均输法,益国利民,不朽之术也。谚曰:智如禹汤,不如常耕。是以樊迟请学稼,孔子答曰:吾不如老农。然则圣贤之智,犹有所未达,而况于凡庸者乎?

赞美那些在"益国利民"的实际技术方面做了贡献的人士,有"圣贤"不可比的学问,且将他们的事业称赞为"不朽",这样的见识颇为超拔。另外郦道元的《水经注序》在学术上很重要,只是文学上较一般。

北魏分裂后,北齐有两篇序文:邢劭(496－?)的《萧仁祖集序》和杨衒之(生卒年不详)的《洛阳伽蓝记序》。后者言北魏时期洛阳的佛寺佛塔之盛时说:

> 于是招提栉比,宝塔骈罗,争写天上之姿,竞模山中之影,金刹与灵台比高,宫殿共阿房等壮,岂直木衣绨绣,土被朱紫而已哉!

又写丧乱多年后的洛阳:

> 余……重览洛阳,城郭崩毁,宫室倾覆。寺观灰烬,庙塔丘墟。墙被蒿艾,巷罗荆棘。野兽穴于荒阶,山鸟巢于庭树。游儿牧竖,踯躅于九逵;农夫耕老,艺黍于双阙。始知麦秀之感,非独殷墟,黍离之悲,信哉周室。

文字虽不长,实用今昔对比的手法,较好地表达了苍凉之感。

邢劭是北方著名作家,诗文有意学南朝沈约,其《萧仁祖集序》是为梁末北奔的萧悫文集作序。今所见序文应是残篇,曰:

> 萧仁祖之文,可谓雕章间出。昔潘陆齐轨,不袭建安之风;颜谢同声,遂革太原之气。自汉逮晋,情赏犹自不谐;江北江南,意制本应相诡。

在说过萧仁祖文风"雕章"之后,接着说文风因时因地而异,似乎是不赞成萧悫的文风,又似乎是在承认萧悫文风的南方特色。可以肯定的是在"本应相诡"中对北方文风的肯定和自信。

北齐还有颜之推的《颜氏家训序》。这篇序文的特点在其口气,家训是写给家中小辈的,序文的语气很符合这一点。如说:

> 吾今所以复为此者,非敢轨物范世也。业以整齐门内,提撕子孙。夫同言而信,信其所亲;同命而行,行其所服。禁童子之暴谑,则师友之诫不如傅婢之指挥;止凡人之斗阋,则尧舜之道不如寡妻之诲谕。吾望此书,为汝曹之所信,犹贤于傅婢寡妻尔。

"吾望"、"汝曹"云云,就是一副训导的口吻。这在诸多的序文中是很特殊的。

北周序要比北齐好,原因是有庾信。而庾信文学上的"追星族"宇文逌(生卒年不详)为庾信的文集写的《庾信集序》,其文固不足以比庾信之作,也不是一无可称。此篇序言的特点在结构。文集的序言一般要涉及集子主人的生平,此序对庾信生平没有像一般的写法从头说来,而是先说他在北周所任官职和业绩,然后再说他在南朝的经历。这样写既符合庾信的特殊生活遭际,也符合作序者的身份。这是此序与其他序文不一样的地方。至于对庾信文章的赞美:

> 妙善文词,尤工诗赋,穷缘情之绮靡,尽体物之浏亮。诔夺安仁之美,碑有伯喈之情,箴似杨雄,书同阮籍。少而聪敏,绮年而播华誉,韶岁而有俊名。

放在其他作家,很容易成为俗套的谀颂,形容庾信,则没有问题。

庾信(513—581)的序,有单篇作品的"小序",也有为人文集所作的"大序"。大序如《赵国公集序》,是应酬之作。不过其中像"方之珪璧,涂山之会万重;譬似云霞,赤城之岩千丈"之类精拔的骈句,也显示着庾信文的特点。他的"小序"如《伤心赋序》:

> 余五福无征,三灵有谴,至于继体,多从夭折。二男一女,并得胜衣,金陵丧乱,相守亡殁。羁旅关河,倏然白首,苗而不秀,频有所悲。一女成人,一外孙孩稚,奄然玄壤,何痛如之!既伤即事,追悼前亡,唯觉伤心,遂以"伤心"为赋。

此序对理解正文,必不可少。其中的情绪,也很感人。

《哀江南赋序》是南北朝骈体的代表作。全文可分为两大部分,第一部分从开始到"追为此赋,聊以记言,不无危苦之词,唯以悲哀为主"。主要说明做赋的缘起。其中:

> ……公私涂炭。华阳奔命,有去无归。中兴道销,穷于甲戌。三日哭于都亭,三年囚于别馆。天道周星,物极不反。傅燮之但悲身世,无所求生;袁安之每念王室,自然流涕。昔桓君山之志事,杜元凯

之平生,并有著书,咸能自序。潘岳之文彩,始述家风;陆机之词赋,先陈世德。信年始二毛,即逢丧乱;藐是流离,至于暮齿。燕歌远别,悲不自胜;楚老相逢,泣将何及?畏南山之雨,忽践秦庭;让东海之滨,遂餐周粟……

写当年丧乱爆发时的狼狈,以及多年后对于亲身所遭重大事变的反顾反思,"楚老相逢"以下几句,意在表达自己多年未曾忘怀的乡关之情,是此篇赋要表达内容的中心。读序文到此,以为下面就进入赋的正文了,其实不然,接着而来的是序的第二部分,就是"日暮途远"至结尾的部分。这里,两大部分之间,文气颇让人感觉有点接不上。前人说序与正文重复,实在也与这里的文气不畅有关。或许作者有意如此,看下面这一点可以清楚。下面的序文倒十分精彩:

日暮途远,人间何世?将军一去,大树飘零;壮士不还,寒风萧瑟。荆璧睨柱,受连城而见欺;载书横阶,捧珠盘而不定。钟仪君子,入就南冠之囚;季孙行人,留守西河之馆。申包胥之顿地,碎之以首;蔡威公之泪尽,加之以血。钓台移柳,非玉关之可望;华亭唳鹤,岂河桥之可闻?

这一段虽是说自己被羁留北方,其实还是乡关之思。需要注意的是这里的用典,前人有指责"申包胥之顿地,碎之以首"的"碎"字不当,殊不知活用典故,由典故联想开去,杠上开花,使典故旧意翻新,正是庾信隶事用典的特色。就文义说,申包胥为了救国,恨不得磕碎了头,有什么不可以呢?当然,用典最体现庾信特色的是"将军一去,大树飘零"的句子,用"大树将军"的典,可是大树将军的故事只是说将军在大树底下坐,现在则演绎为将军离开后的光景,旧典故一经这里的活用,意思也随之大变,变出一番新境界。一般用典,多比喻,现在则将一个典故"砸"开了用,从原意中生发出一种新光景。这样的用典实在不多见。继而一段夹着议论的文字,也精彩无比:

孙策以天下为三分,众裁一旅;项籍用江东之子弟,人唯八千;遂乃分裂山河,宰割天下。岂有百万义师,一朝卷甲,芟夷斩伐,如草木焉！江淮无涯岸之阻,亭壁无藩篱之固,头会箕敛者合从缔交,锄耰棘矜者因利乘便。将非江表王气,终于三百年乎？

偶句中加以疏荡的散句,用典而不隔塞,议论中是一股抑郁不平的情绪,十分感人。

至此,可以设想,假如把"日暮途远"的一段,和"孙策"领起的一段,放到正文中去表达,是否有湮没不彰的可能呢？宁可牺牲一点文气而将其放在开始,或者是骨鲠在喉不先吐不快,许是为了将自明心志的内容凸显出来,或两者兼而有之。不论如何,从表达的效果上说还是值得的。

第六章　魏晋南北朝箴铭颂赞

箴铭颂赞与下一章的诔碑哀祭文一样,在魏晋南北朝都属于"有韵为文"的文,为当时士人所重视。虽不像是诗、赋那样繁盛,也出现了一些佳作名篇。

第一节　文体概说

关于箴,《文心雕龙·铭箴》说:"箴者,所以攻疾防患,喻针石也。"由此可知箴的本义,是古代以针石治病;作为文体之一箴,也还延续着"箴"字的本义,其内容多属规讽、劝诫性质。徐师曾《文体明辨序说》中也说:"按《说文》:'箴者,戒也。'盖医者以箴石刺病,故有所讽刺而救其失者为之箴,喻箴石也。"①《文心雕龙·铭箴》说:"斯文之兴,盛于三代,夏商二箴,余句颇存。"的确,《逸周书》、《吕氏春秋》、《尚书大传》等书保留了一些残章剩句。现在看到最早的完整箴文载于《左传·襄公四年》的《虞人之箴》。据说是周初的虞人(田猎官)用夏代后羿迷于田猎耽误国事的故事来劝诫周武王。箴文四言韵文,委婉而不失规讽,刘勰称之为"体义备焉",成为后代箴文的规范。不过,这篇箴文不会作于周初,更可能是春秋或更晚一点的文字。汉代扬雄曾模仿《虞人之箴》作《十二州箴》、《二十五官箴》,共三十七篇,后亡佚九篇,经东汉崔骃、崔瑗、胡广补作,成四十八篇,称作《百官箴》。刘勰称之为"指事配位,鞶鉴可征,信所谓追清风于前

---

① 徐师曾:《文体明辨序说》,人民文学出版社,1998年版,第140页。

古,攀辛甲于后代者也"。

东汉时,箴文创作较为有名的还有崔琦的《外戚箴》、皇甫规的《女师箴》、傅干的《皇后箴》等,都能对官署有所箴戒,义正词严。如崔琦的《外戚箴》,据《后汉书·崔琦传》:"少游学京师,以文章博通称。初举孝廉,为郎。河南尹梁冀闻其才,请与交。冀行多不轨,琦数引古今成败以戒之,冀不能受,乃作《外戚箴》。"箴文列举了三代以来外戚的盛亡,最后总结说:"无谓我贵,天将尔摧;无恃常好,色有歇微;无怙常幸,爱有陵迟;无曰我能,天人尔违。患生不德,福有慎机。日不常中,月盈有亏。履道者固,仗势者危。微臣司戚,敢告在斯。"针砭时弊,有为而发,言之有物,饱含规讽之意。

铭,是题刻在器物上的文字。《文心雕龙·铭箴》:"铭者,名也,观器必名焉。"铭文可以题刻在青铜彝器上,称器铭文;后又"以石代金"(《文心雕龙·诔碑》)刻于碑版上,称碑铭;有勒刻在名山大川的,称山川铭;也有题刻在日常器物或居室上,可称器物居室铭;还有题刻后置于身边座旁,以备随时观览自警的,称为座右铭;还有书而不刻,不附着于器物的铭体文字。可见,铭所施之器物十分广泛,如碑铭已蔚为大观,可独立为一类了。就铭文的内容性质来分,"其体不过有二:一曰警戒,二曰祝颂"。[①]

《文心雕龙·铭箴》曰:"昔帝轩刻舆几以弼违,大禹勒笋簴而招谏。成汤盘盂,著日新之规;武王户席,题必戒之训。周公慎言于金人,仲尼革容于欹器。则先圣鉴戒,其来久矣。"可见,警戒铭文很早,现存的如《礼记·大学》记载所谓商汤作的《盘铭》:"苟日新、日日新,又日新。"是警戒自己要日新,不断进步。《大戴礼记·武王践阼》曰:"王闻书之言,惕若恐惧,退而为戒书。"于是,在席、几、鉴、盥盘等十四件器物上刻题铭文,如《鉴铭》:"见尔前,虑尔后。"《弓铭》:"屈伸之义,废兴之行,无忘自过。"此类铭文,以物寓意,从器物的性质、功用体悟出人事的准则,短小精辟,富有哲理。至于这些流传下来的铭文,是否像刘勰所说其时代要早到成汤、周武时期,现代学者对此是有疑问的。大体而言,它们不会晚于春秋战

---

① 徐师曾:《文体明辨序说》,人民文学出版社,1998年版,第142页。

国,还是可以肯定的。

两汉时期,警戒铭文的制作很多,如东汉李尤,《李尤集序》说:"尤好为铭赞,门阶户席,莫不有铭。"著铭百二十篇,存八十四铭,其中如《琴铭》、《几铭》、《麈尾铭》、《镜铭》、《屏风铭》、《书案铭》、《围棋铭》、《权衡铭》等,皆托物言志,义含警策,但仍难免"文多秽病"(《文章流别志》)、"义俭辞碎"(《文心雕龙·铭箴》)之讥。另外,东汉崔瑗有《座右铭》,吕延济说:"瑗兄璋为人所杀,瑗遂手刃其仇。亡命,蒙赦而出,作此铭以自戒,尝置座右,故曰座右铭。"崔瑗在铭文中劝诫自己谨慎、淡泊、守愚,将铭文置于座右,随时观览警戒。崔瑗的《座右铭》十分著名,后人多有模拟,"座右铭"也成为警戒铭文中相当流行之一体,魏晋时卞兰、支遁都有创作。

不过,在刘勰看来,两汉以来的警戒铭文鲜有得体的。《文心雕龙·铭箴》:"至如敬通杂器,准矱武铭,而事非其物,繁略违中。崔骃品物,赞多戒少,李尤积篇,义俭辞碎。蓍龟神物,而居博弈之下;衡斛嘉量,而在臼杵之末。曾名品之未暇,何事理之能闲哉!"品物与义理都乱了体例,或者所托之物,猥亵不正;或者铭文与物不相应,详略不当;或者因袭模仿;或者赞多戒少;或者义浅辞繁。由此可见,一篇好的警戒铭文,对它的文辞、义理及其所附属的器物都有很高的要求,尤其是对警诫之意的兴发,更是铭文的核心。丧失对这一精神要领的把握,则流于物而不反,丧失警戒铭文的本色了。

颂德纪功也是铭文应有之事。《左传》襄公十九年记载臧武仲言:"夫铭,天子令德,诸侯言时计功,大夫称伐。"《礼记·祭统》:"铭者,论譔先祖之有德善功烈勋庆赏声名列于天下。"今天看到的大量商周铜器铭文,其内容也不外乎纪功颂德二端。所以,《文心雕龙·铭箴》说,铭与箴同有警戒之用,但"铭兼褒赞,故体贵弘润,其取事也必核以辨,其摘文也必简而深",道出了铭文兼有祝颂的性质,其文体风格追求弘润,事博文约,即陆机《文赋》所谓"铭博约而温润"。

秦汉的祝颂铭文,制作繁富,其中可称道者有班固《封燕然山铭》。此文的特征是铭前有三百余字的长序,故刘勰说它"序亦盛矣"(《文心雕龙·铭箴》)。因为铭文多用四言韵语,文句简约,不便于记事,在铭前冠以序,交代事情始末,从而做到事理具备,虚实相彰。若班固此铭,以骚体行之,典重肃穆;其序则条理顺畅,节骨锵然,庶几符合刘勰"其取事也必核以辨,其摛文也必简而深"的要求。序的加入,使得铭文的体制更为宏大,这在魏晋南北朝的铭文中更为普遍,故《文章流别志》说:"夫古之铭至约,今之铭至繁。"

秦汉铭文,文体已大体具备。到了魏晋南北朝,铭文在内容、体制、形式、风格上都有了新的发展。现在来看颂。

颂,最早是《诗经》"六义"之一,《诗大序》说:"颂者,美盛德之形容,以其成功告于神明者也。"不过,这一概念,在《诗经》中即已未必然了,颂的内容未必要"美盛德",如《周颂》之《闵予小子》、《小毖》等诗就含有劝勉戒慎之意;所颂对象也未必"告神明",如《鲁颂》多颂美僖公,不都是祭神之词。大体言之,颂的本义是颂美功德(包括在世的生人),但其变体则兼含劝诫,其外延甚广。黄侃《文心雕龙札记》说:"颂之谊,广之则笼罩成韵之文,狭之则唯取颂美功德。至于后世,二义俱行。"①所以《文心雕龙·颂赞》说:"晋舆之称《原田》,鲁民之刺《裘鞸》,直言不咏,短辞以讽,丘明子高,并谓为颂,斯则野诵之变体,浸被乎人事矣。"先秦时的颂,表现人事,义含劝讽,脱离了《诗经》时代颂对乐舞的依赖。"及三闾《橘颂》,情采芬芳,比类寓意,又覃及细物矣"。后来从歌功颂德,到称美物类,并藉此寓怀抒情,是又颂之一体。纪昀评曰:"此颂之初成。"刘师培也说:"盖虽非述德告神,而与'美'之旨弗悖焉。三代之时,赋颂二体,皆诗之附庸;自兹而后,蔚为大国。"②

可以说,战国之际,具有独立文体意义的颂已经形成了,到了两汉时期,颂体文学又有新的发展。据严可均《全上古三代秦汉三国六朝文》记载,现存的西汉颂作有七篇,东汉二十七篇,这三十四篇中保存完整的只有二十篇,从中可看出颂体文学在汉代的发展、流变。首先,在内容上,汉颂进一步将题材从告神颂主扩充到颂功臣,如王褒的《圣主得贤臣颂》,扬

---

① 黄侃:《文心雕龙札记》,中华书局,2006年版,第88页。
② 刘师培:《文心雕龙讲录》,辽宁教育出版社,1997年版,第146页。

雄的《赵充国颂》，史岑的《出师颂》《和熹邓后颂》，班固的《安丰戴侯颂》等；还扩展到颂山川，如董仲舒的《山川颂》；扩展到颂祥瑞，如蔡邕的《五灵颂》；扩展到颂器物，如王褒的《碧鸡颂》、崔骃的《杖颂》、应场的《天子冠颂》、繁钦的《砚颂》、王粲的《灵寿杖颂》等；还有颂社会现象、风俗的，如东方朔的《旱颂》、崔瑗的《南阳文学颂》，更是前所未见。从中可见出两汉颂体文学包罗之广、创作之盛。其次，在形式上，颂也获得自由发展。行文除了四言韵文外，还有大量杂言、骚体、散体之颂。颂文前增加了序，如崔瑗《南阳文学颂》、蔡邕《京兆樊惠渠颂》、仇靖《析里桥郙阁颂》，交代作颂缘由、始末，增加了颂的内容含量，提高了颂文的表现力。而最大的突破是，颂与赋的结合。颂、赋在文体上不甚区分。马融《长笛赋》说"颂曰"，王褒《洞箫赋》，潘岳《藉田赋》等皆是。刘勰对此的评价是"弄文而失质"（《文心雕龙·颂赞》）。

刘勰论说颂之正体："原夫颂惟典懿，辞必清铄，敷写似赋，而不入华侈之区；敬慎如铭，而异乎规戒之域。揄扬以发藻，汪洋以树义。"（《文心雕龙·颂赞》）颂体文学带有强烈的国家意志和时代精神，是政治、文化、思想、学术等社会因素在文学上的回声。魏晋以下，政治、社会、思想、文化各方面都经历巨大的转变，这对颂文创作的题材内容、形制风格也造成了重大的影响。

现在谈谈"赞"。关于这一文体，刘勰《文心雕龙·颂赞》说："赞者，助也。""赞"的本义是"助"，如说孔子"赞周易"，就是发明《周易》古经的奥义，帮助读者理解。至于这种文体的起源，刘勰把它追溯到了唐尧虞舜。西汉"相如属笔，始赞荆轲"，这篇文字已经不存了。东汉班固在《汉书》每个人物传记之后，总要提纲挈领地"赞"上几句，与孔子赞《周易》还很像，都是发明一下大义，有助于把握人物最重要的东西。魏晋南北朝时期，刘勰关于赞体之文谈得很少，正面的讨论，只提到了郭璞的《尔雅赞》，说郭璞的"赞"："动植必赞，义兼美恶，亦犹颂之变耳。"就是说到郭璞写赞就差不多与"颂"合流了。这样说有其道理，也有不足。确实，郭璞的"赞"，对所赞有褒贬，而且文体上与"颂"无分别。但是这样的"赞"不是从郭璞开始的，起码三国曹植等就有这样的作品了。再有，"赞"的文字，观南北朝作品的大流主要以人物和人物图像为主,这一点刘勰也没有指出来。至于"赞"的篇章体式,刘勰说:"本其为义,事生奖叹,所以古来篇体,促而不广,必结言于四字之句,盘桓乎数韵之辞,约举以尽情,昭灼以送文,此其体也。"是说赞的文体要有所赞美,有所感叹,篇章要短,押韵而且四字为主。关于这一时期的作品,有的虽名为"赞",如三国时薛莹的《桓帝赞》和《灵帝赞》等,却多含批评内容。这样的"赞",仍遵循的是旧体制。魏晋以后这样的赞就少了。更多的是作者对自己企慕的人物的"赞",称扬的内容就占上风了。刘勰最后又说:"发源虽远,而致用盖寡,大抵所归,其颂家之细条乎!"这句话明显是对赞这一文体的不大重视,与《文选》选录赞体之文很少有相似性,显示的应是梁代较普遍的意识。所以,这一时期的赞文较少,远不能和赞体写作的高峰时期——两晋——相比。

以上是对四种文章体式的说明,下面分"箴铭"和"颂赞"两节,分别叙之。

第二节　魏晋南北朝箴铭

魏晋(220～420)箴文,严可均《全上古三代秦汉三国六朝文》录有二十八篇,其中魏二篇,晋二十六篇。魏晋时箴文的代表作,首先是《文选》所收唯一一篇箴文,即张华(232－300)的《女史箴》。西晋惠帝昏庸无能,贾皇后专政,妒暴淫虐,"华惧后族之盛,作《女史箴》以为讽"(《晋书·张华传》)。女史,是宫廷中侍奉皇后左右、专门记载其言行和维护后宫嫔妃生活准则的女官。张华以女史的口气讲述了历史上各代先贤圣女的事迹,以此规劝、教育宫中妇女应遵循妇德节操,宣扬尊夫敬神的女性戒条。全文行以四言韵文,言辞恳切,义理严正,被当时奉为"苦口陈箴,庄言警世"的名篇。东晋著名画家顾恺之为此作《女史箴图》,图文并茂,更使此箴流传甚广。

魏晋箴文的成就,刘勰在《文心雕龙·铭箴篇》中说:"至于潘勖《符节》,要而失浅;温峤《侍臣》,博而患繁;王济《国子》,引多而事寡;潘尼《乘舆》,义正而体芜:凡斯继作,鲜有克衷。"这四篇箴文是魏晋箴文中的代表作,在一定的程度上代表着魏晋箴文的总体艺术水平。潘勖的《符节箴》、王济的《国子箴》已佚,难得其详。温峤(288－329)的《侍臣箴》曰:

> 勿谓其微,覆篑成高;勿谓其细,巨由纤毫。故曰:善不积,不足以成名;话言如丝,而万里来享;无以处极,而利在永贞。是以太子之在东宫,均士抗礼,以卑厥情。入学齿齿,言称先生,不以贤自臧,不以贵为荣。思有虞之蒸蒸,尊周文之翼翼。晨昏靡违,夙兴晏息。师傅是瞻,正人在侧。屏彼佞谀,纳此亮直。故傅敬德义,臣思尽忠。或稽古训导,惟道之不融。或造膝诡辞,惧咎之蕴崇。惴惴兢兢,思二雅之遗风。鉴乎九三,天禄永终。近臣司规,敢告常从。

据《晋书·温峤传》:"及在东宫,深见宠遇,太子与为布衣之交。"此箴即温峤规讽时为太子的明帝司马绍,劝其"不以贤自臧,不以贵为荣","屏彼佞谀，纳此亮直"。此文词严义正，是箴文之正体，《晋书》评曰："甚有弘益。"刘勰对其"博而患繁"的评论，认为有失公允。

至于潘尼（约250—311）的《乘舆箴》，洋洋洒洒，近一千五百字，而且箴前冠以长序，刘勰谓其"义正体芜"，应该就是指箴文篇幅过于芜杂繁冗。这一分析切中要害，箴文以规诫为主，行文应以简洁剀切为上，若文辞过于繁冗，反而淹没了其中的大义。不过，序文的出现，也算是魏晋箴文的新变。箴文作为一种应用性极强的文体，其实用范围主要是君臣、僚友之间的进谏，而箴文的文体一般是四言韵语，偶夹杂言。就表现上说，这种语体对于明示缘事而发、因谏而作的写作理由是有局限的，有了以散体为主的序文的加入，就能更清晰地交代文章的创作缘由了。仍以潘尼《乘舆箴》为例，在序文中，潘尼首先论说君臣之道，认为君者应该"无欲而至公"，"人主所患，莫甚于不知其过；而所美，莫美于好闻其过"；接着论述了"官箴王阙"的意义，说：

> 箴规之兴，将以救过补阙，然犹依违讽喻，使言之者无罪，闻之者足以自诫。先儒既援古义，举内外之殊，而高祖亦序六官，论成败之要，义正辞约，又尽善矣。自《虞人箴》以至于《百官》，非唯规其所司，诚欲人主斟酌其得失焉。

之后，又阐述自己作此箴的本意，说：

> 尼以为王者膺受命之期，当神器之运，总万机而抚四海，简群才而审所授，孜孜于得人，汲汲于闻过，虽廷争面折，犹将祈请而求焉。至于箴规，谏之顺者，曷为独阙之哉？是以不量其学陋思浅，因负担之余，当试撰而述之。不敢斥至尊之号，故以"乘舆"目篇。

序文写得文思缜密，条理清晰，既交代了作箴的本意，更显示出潘尼寻求政治言说合理性的努力，其意义反倒盖过了后面的箴辞。这是魏晋箴文的新开拓，如傅咸的《御史中丞箴》、李重的《吏部尚书箴》、李充的《学箴》、陆云的《逸民箴》等都采用了箴前有序这一形式。这种合理发展,刘勰认为不合体例,"鲜有克衷",是不够合理的。

魏晋箴文的另一新变是私箴的出现。箴,最早是一种政治行为,所谓"王官箴阙"。到两汉时,规诫范围由君王扩大到百官。不过,这两类都还属于官方政治范畴。到魏晋,箴诫对象进一步扩大到作者自身,产生了私箴。如王朗(？—228)的《杂箴》,今只能在《艺文类聚》卷八十中看到下面数句:

> 家人有严君焉,井灶之谓也。俾冬作夏,非灶孰能？俾夏作冬,非井孰闲。

作者就井、灶的品性做了论述,只言片语,已难看出作者所寓托的箴诫之意。此前的箴文或者规诫君臣,或者针砭时弊,没有注意到作者切身的人伦日常。王朗《杂箴》却从"巾履"、"水火井灶"中体悟出人生道理,用以规诫、指导自身的言行举止、为人处世。这是箴文的另一开拓,它的出现代表着箴文发展的新趋势。刘勰评论《杂箴》说:"至于王朗《杂箴》,乃置巾履,得其戒慎,而失其所施;观其约文举要,宪章武铭,而水火井灶,繁辞不已,志有偏也。"所谓"志有偏也",张立斋《文心雕龙注订》说:"上言'失其所施'者,戒慎于己,义不及人,故云志有偏而近私。"[1]客观而论,刘勰仍是囿于传统的官箴概念,而未能对新兴的私箴有公允的认识。

魏晋以下,箴诫君王的箴文数量明显减少,南北朝更是难见箴诫最高统治者的箴文了。官箴与私箴的兴替,与当时高压的政治环境、频繁的朝代更替等社会原因是直接相关的。私箴将社会生活中的个人纳入规诫的范围,代表箴文转向生活、转向自我的趋向,使得箴文更加平实、切身,丰富了箴文的内容,提高了箴文的表现力。魏晋作为私箴的滥觞期,对唐代以下尤其是明清时期私箴创作大盛,其开拓之功是不可没的。

南北朝(420—589)的箴文创作,总体上处于一种相对沉寂的状态,不

---

[1] 张立斋:《文心雕龙注订》,国家图书馆出版社,2010年版,第96页。

仅在篇目数量上大量减少,据严可均《全上古三代秦汉三国六朝文》现存仅十一篇,而且内容与形式上也无新的突破。刘勰在《文心雕龙·铭箴》中感慨说:"矢言之道盖阙,庸器之制久沦,所以箴铭寡用,罕施后代。惟秉文君子,宜酌其远大焉。"纪昀评曰:"此为当时惟趋诗赋而发。"从中可见南北朝文体兴废的趋势。箴文以攻疾防患,全在御过,其文又剀切核要,不足炫美,所以在当时的政治环境与社会审美风尚下逐渐式微了。

现在来看魏晋南北朝铭文的情况。首先,铭文文体的表现功能得到扩展。如本章第一节所述,此前铭文不外警诫、祝颂二体,且各体与所附属的器物也比较固定。到了魏晋南北朝,警诫铭和祝颂铭发生了互相渗透和交叉性的嬗变,发展出了劝诫类的山川铭,其代表作是西晋张载(生卒年不详)的《剑阁铭》。刘勰对此铭评价很高:"其才清采,迅足骎骎,后发前至,勒铭岷汉,得其宜矣。"(《文心雕龙·铭箴》)其辞曰:

岩岩梁山,积石峨峨。远属荆衡,近缀岷嶓。南通邛僰,北达褒斜。狭过彭碣,高逾嵩华。惟蜀之门,作固作镇。是曰剑阁,壁立千仞。穷地之险,极路之峻。世浊则逆,道清斯顺。闭由往汉,开自有晋。秦得百二,并吞诸侯。齐得十二,田生献筹。矧兹狭隘,土之外区。一人荷戟,万夫趑趄。形胜之地,匪亲勿居。昔在武侯,中流而喜。山河之固,见屈吴起。兴实在德,险亦难恃。洞庭孟门,二国不祀。自古迄今,天命匪易。凭阻作昏,鲜不败绩。公孙既灭,刘氏衔璧。覆车之轨,无或重迹。勒铭山阿,敢告梁益。

据《晋书·张载传》:"张载,字孟阳,安平人也。父收,蜀郡太守。载性闲雅,博学有文章。太康初,至蜀省父,道经剑阁。载以蜀人恃险好乱,因著铭以作诫。"铭文先写剑阁山势地形,突出了剑阁作为"蜀门"、"一人荷戟,万夫趑趄"的重要地位;次引古史,说明"兴实在德,险亦难恃"的道理;最后以"勒铭山阿,敢告梁益"收尾,点明撰铭的旨意,告诫蜀人以历史为鉴,毋蹈重迹,不可恃险作乱。此铭被誉为"文章典则"(张溥《张孟阳景阳集题辞》),文字省净典雅,体制纯正,收合有度,"巍巍剑阁,宛然在目。

然勒铭之意,正为险不可恃。归重'德'字,深得古今制胜长策,通体典质,可与山川争寿"。①

其次,铭文从颂德纪功转向颂美记胜。魏晋南北朝时期,山水的审美意识开始自觉,文人纵情山水,雅好自然,山水游记文写作也在这时方兴未艾。山川铭文也一改过去对山川神圣、威严的赞颂,即使寓意警诫的《剑阁铭》也只算是小插曲,风尚所趋,始转为对山水审美情态的礼赞。最早在铭文中抒写山川胜美的是东晋孙绰(314—371)的《太平山铭》:

巍峨太平,峻逾华霍。秀岭樊缊,奇峰挺崿。上干翠霞,下笼丹壑。有士冥游,默往寄托。肃形枯林,映心幽漠。亦既觏止,涣焉融滞。悬栋翠微,飞宇云际。重峦寒产,回溪萦带。被以青松,洒以素濑。流风伫芳,翔云停蔼。

此铭状景记胜,清新秀丽,富有神韵,与两汉时的山川铭引经据典,冠冕堂皇,动辄天地神灵、尧舜禹汤,已经大异其趣。这里的山水没有沉重的功德颂赞,没有谨严的道德训诫,②呈现的是本然的清纯可爱。再如东晋湛方生(生卒年不详,中期作家)的《灵秀山铭》:

岩岩灵秀,积岨幽重。傍岭关岫,乘标挺峰。桂柏参干,芝菊乱丛。翠云久映,爽气晨蒙。笼笼疏林,穆穆闲房。幽室冬暄,清荫夏凉。神木奇生,灵草真香。云鲜其色,风飘其芳。可以养性,可以栖翔。长生久视,何必仙乡。

铭文对自然山水作了细腻的描写,语言典丽,意境清新,"可以养性,可以栖翔。长生久视,何必仙乡",蕴涵着几分玄思。这时的铭文已从实用性的文体变成纯审美情趣的美文。

---

① 詹锳:《文心雕龙义证》,上海古籍出版社,1989年版,第408页。
② 可以参比东汉李尤的《河铭》、《洛铭》、《鸿池陂铭》、《函谷关铭》,见严可均《全上古三代秦汉三国六朝文》卷五十。

南北朝时期,此类山水铭更是大兴,其中最为著名的要数鲍照和庾信。鲍照(?—466)有《石帆铭》,曰:

> 应风剖流,息石横波,下漷地轴,上獢星罗。吐湘引汉,歃蠡吞沱,西历岷冢,北泻淮河。眇森泓蔼,积广连深,沦天测际,亘海穷阴。云旗未起,风柯不吟;崩涛山坠,郁浪雷沉。在昔鸿荒,刊启源陆。表里民邦,经纬鸟服,瞻贞视晦,坎水巽木,乃剡乃铲,既刳既斫,飞深浮远,巢潭馆谷。涉川之利,谓易则难。临渊之戒,曰危乃安。泊潜轻济,冥表勤言,穆戒遂留,昭御不还,徒悲猿鹄,空驾沧烟。君子彼想,祗心载惕。林筒松括,水采龙鹢。觇气涉潮,投祭沉璧,揆检含图,命辰定历。二崤虎口,周王凤趋,九折羊肠,汉臣电驱。潜鳞浮翼,争景乘虚,衡石赪鳐,帝子察殂,青山断河,后父沉躯,川吏掌津,敢告访途。

据刘宋盛宏之《荆州记》云:"武陵舞阳具有石帆山,若数百幅帆。"此铭形象地描绘了石帆山雄浑奇特的美景,属对精核,下字新警,极富表现力。许梿《六朝文絜》评之曰:"奇突古兀,锤炼异常。昔人论鲍诗谓得景阳之俶诡,合茂先之靡嫚,吾于斯铭亦云。"①谭献则称其"不尽巧,故为大方"。铭中虽也有"涉川之利,谓易则难;临渊之戒,曰危乃安"等数句诫世之语,但铭中对山水胜景的赞美,其清俊峭立的文笔,竞爽明朗的气势,与《登大雷岸与妹书》一样,堪称山水文中的佳构。

相比之下,庾信(513—581)所作《终南山义谷铭》、《玉帐山铭》、《吹台山铭》、《至仁山铭》、《明月山铭》、《梁东宫行雨山铭》六铭,才是真正达到了"庶美必臻,微瑕必去"的至美境界。试看其《梁东宫行雨山铭》:

> 山名行雨,地异阳台。春人无数,神女羞来。翠幔朝开,新妆旦起。树入床头,花来镜里。草绿衫同,花红面似。开年寒尽,正月游

---

① 江荫香:《白话句解六朝文絜》,大达图书供应社,1935年版,第82页。

春。俱除锦帔,并脱红纶。天丝剧藕,蝶粉生尘。横藤碍路,弱柳低人。谁言洛浦,一个河神。

此铭从山名"行雨"二字兴发出去,神女仙境,曼妙传神,笔意轻灵,秀骨天成,情思流动,宛如画境,真如许梿所评:"华炼而情韵绵牵,山灵有知,想应色然心喜。"①

再如他的《明月山铭》:

竹亭标岳,四面临虚。山危檐回,叶落窗疏。看橡有笛,对树无风。风生石洞,云出山根。霜朝唤鹤,秋夜鸣猿。堤梁似堰,野路疑村。船横埭下,树侠津门。宁殊华盖,讵识桃源。

读来真是沁人心脾,满口余香。

此外,这一时期梁简文帝《明月山铭》、《秀林山铭》,梁元帝《东宫后堂仙室山铭》等,都写得笔意纤巧,音调清灵,都可作山水小品读。

魏晋南北朝时,不仅山水铭走向了这种审美化的追求,一般的器物铭文也一扫颂赞或警诫意味,转为对器物的题咏,也走向了审美化的道路。如刘宋孙康(生卒年不详)的《团扇铭》:"有圆者扇,诞此秀仪,晞露濯色,拟日定规,朗姿玉畅,惠气兰披。"通篇都是以扇子为描摹题咏对象,无一警诫之语和告诫之意。北朝后赵王度(生卒年不详)《扇上铭》:"牛明赫离光,启片来清风,服绤嗽云露,体夷神自融。"直是一首五言咏物诗。再如,刘宋沈怀远(生卒年不详)《博罗县簜竹铭》:"簜竹既大,薄且空中,节长一丈,其直如松。"刘宋时张悦(?—470)《玳瑁麈尾铭》:"移珍西岳,费藻南溃。凝华淡景,摇采争云,夷心似镜,色象斯分。"王叔之(生卒年不详,晋宋间人)《兰菊铭》:"兰既春敷,菊又秋荣,芳薰百草,色艳群英。孰是芳质,在幽愈馨。"这些铭都带有鲜明的咏物性质,辞藻华丽,字磨句研,摹写物色,曲尽密附。不过,其流弊则难免耽于物而不自反,如刘勰所说"蓍龟

---

① 江荫香:《白话句解六朝文絜》,大达图书供应社,1935年版,第87页。

神物,而居博弈之中;衡斛嘉量,而在臼杵之末。曾名品之未暇,何事理之能闲哉",在物类与义理上丧失了铭文文体的本色。

魏晋南北朝铭文还有一个显著的特征,即"铭刻"行为逐渐虚化。铭文本来是铭刻于具体的器物之上,到东汉严遵、崔瑗所作《座右铭》,乃是抄录铭文置于座右,而不是题刻在座上,这已显示出铭文疏离器物的倾向了。至魏晋南北朝,这一趋势更为明显。从铭文的篇名,即可以看出这一点,如晋成公绥(231—273)的《蔽髻铭》、《菊铭》、《椒华铭》,楼含的《菊花铭》,齐竟陵王萧子良(460—494)的《耳铭》、《口铭》、《眼铭》,王叔之作有《兰菊铭》。显然,蔽髻、菊、椒华、眼、耳、口等都是无法题刻的。

随着对"铭刻"行为的悬置,魏晋南北朝的铭文也逐渐摆脱对器物的依赖。如鲍照的《飞白书势铭》,写的是无固态形制的"飞白"———一种书法字体,又称"草篆"。铭文叙写飞白书体之奇、姿势之妙、布置之工,盛赞其轻重有节、浓淡相宜、疏密错落之神韵。如其中"秋毫精劲,霜素凝鲜。沾此瑶波,染彼松烟",以及"轻如游雾,重似崩云。绝锋剑摧,惊势箭飞。差池燕起,振迅鸿归"等句,都富于想象力地把字体与自然之物相联系,满纸生色。这全然是对一种虚化的艺术形式的体悟,在无形之中感觉飞白中的气韵生动。这是铭文挣开了"题刻意识"的束缚,在写作题材上的一大突破。而更为虚化的表现,还有庾信的《思旧铭》,其辞曰:

> 风云上惨,舟壑潜移,骏骏霜露,君子先危,纪侯大去,怀王不返,玉树长埋,风流遂远。荀卿旧县,庆封余邑,万里归魂,修门诓入。城横武库,山枕庐龙,思归道远,返葬无从。徒留送雁,空靡长松,平陵之东,无复梧桐,松声萧瑟,长起秋风。畴昔隆贵,惨舒语默,托情秘琴,风云相得,有酒如渑,终温且克。朝阳落凤,大野伤麟,佳城郁郁,流寓于秦,山阳相送,唯余故人。孀机孽纬,独鹤孤鸾,闺深夜静,风高月寒。生平已矣,怀旧何期,匣中弦断,邻人笛悲,昔为幕府,今成缌帷。

倪璠《庾子山集注》说:"《思旧铭》者,悼梁观宁侯萧永作也。观宁之卒,王褒有送葬之诗,子山著思旧之铭。……子山与萧、王二君同时羁旅,是篇皆其乡关之思。"①铭前有长序,追叙了萧永的生平大略,感怀今昔,喟叹苍茫,百感交集;铭文则极尽怀思伤悼之情,沉郁痛彻,开合顿挫,声声入破,令人动容。此铭文辞凄美,感情真挚,不仅有别于警诫、祝颂铭文的论理议事,也异于咏物铭文的摹写刻画,而是纯粹的情感抒发,一任内心真情的流露,故而李兆洛《骈体文钞》说:"此亦哀诔之文,非施于碑志者。"可见,铭文发展到庾信,已完全逸出了原有的铭文文体范畴。抒情铭文虽然并非铭文的主流,但其深挚的感染力和审美价值,却足为铭文的绝调。

以上是对箴铭的讨论,那么,这一时期的颂赞之文又如何呢?

---

① 倪璠:《庾子山集注》,中华书局,1989年版,第684页。

第三节　魏晋南北朝颂赞

首先,与之前相比魏晋南北朝隐逸神仙颂,方兴未艾。

在追求隐逸神仙的时风下,相关内容的颂文大量出现,如潘岳(247—300)的《许由颂》:

> 邈哉许公,执真履贞。辞尧天下,抱朴隐形。川停岳峙,澹泊无营。栖迟高山,与世靡争。虚薄忝任,来宰斯城。愧无惠化,豹产之政。峨峨治所,乐慕景名。登基逍遥,来过墓庭。通于时宪,顷匡不盈。恨无旨酒,奠公之灵。死而不朽,公有其荣。聊述雅美,杨公馨声。

潘岳早年"才名冠世",但久沉下僚,难以施展才智,因而对仕途产生厌倦情绪,于是有《许由颂》之作。颂文赞扬了许由"辞尧天下"、"栖迟山林,与世靡争"的操守,"恨无旨酒,奠公之灵","聊述雅美,扬公馨声",更是表达了潘岳对许由由衷的敬仰和神往。另如,西晋李充(?—349至365)有《九贤颂》,颂郭有道"峨峨有道,英风霞爽。玄览洞照,慧心秀朗";颂管征君"管生含道,养志颐神。抱璞秉和,履稚依仁";颂嵇中散"肃肃中散,俊明宣哲。笼罩宇宙,高蹈玄辙";等等。牵秀(?—304)有《老子颂》,颂老子"研精玄奥,幽赞神微。抱朴怀素,蕴宝藏辉"。东晋谢万(321—361)有《八贤颂》,颂屈原"皎皎屈原,玉莹冰鲜。舒采翡林,摛光虬船";颂楚老"楚老潜一,寂玩无为。含贞内外,载葺羽仪"。这些颂文赞颂先贤澹泊素远的节操,和光同尘的气象,文字简洁,情思隽雅,玄远通彻,在敬肃的庙堂颂作之外开拓出新的颂文体质。

这一类颂文中,比较富有文学特色的是"竹林七贤"之一刘伶(生卒年不详)的《酒德颂》:

> 有大人先生者,以天地为一朝,万期为须臾,日月为扃牖,八荒为

庭衢。行无辙迹,居无室庐,幕天席地,纵意所如。止则操卮执觚,动则挈榼提壶,唯酒是务,焉知其馀。有贵介公子,缙绅处士,闻吾风声,议其所以,乃奋袂攘襟,怒目切齿,陈说礼法,是非锋起。先生于是方奉罂承槽,衔杯漱醪,奋髯箕踞,枕曲藉糟。无思无虑,其乐陶陶,兀尔而醉,慌尔而醒。静听不闻雷霆之声,熟视不见太山之形,不觉寒暑之切肌,利欲之感情。俯观万物,扰扰焉如江汉之载浮萍。二豪侍侧焉,如蜾蠃之与螟蛉。

颂中虚设大人先生,一开始就以宏大的手笔描写了大人先生旷放纵肆,"唯酒是务";然后又假言"贵介公子,缙绅处士"以"礼法"非难先生;最后阐述酒德。返璞归真,超然物外,不为礼法所缚,追求本真的自然流露,这是大人先生酒德的归旨所在。刘伶嗜酒成性、放浪形骸,颂中的大人先生即其自况。何焯评此颂曰:"撮庄生之旨,为有韵之文,仍不失潇洒自得之趣,真逸才也。"①其文笔之清俊、立意之通脱,前所未见,真是颂文中神品。

魏晋六朝时期道教养生求仙的风气在士大夫中也十分盛行。那些历史传说中长生不老、羽化成仙的人物也应运成为颂文颂赞的内容。如牵秀有《彭祖颂》,称颂彭祖"穷神知化,妙物通灵","托神玄妙,游心泰素。享年七百,宝降其祚";同时,也祈求"惠我无疆,伦道作故",能够长生不老;又有《王乔赤松颂》,称颂羽化升仙的王乔、赤松"含精握气,灵德是遂",向往"遨游八维,跨腾九冥"的境界。再如,陆云(262-303)的《登遐颂》,其文曰:

> 夫死生存亡,二理之已然者也。而世有神仙登遐之言,千岁不死之寿,其详固难得而精矣。列仙之道,作者既集,而登遐未有焉。庄周有言:"我试妄言之,子试妄听之。"彼之有无,盖难以理求;我之妄听,顾可以言寄之,遂为颂云尔。

---

① 高步瀛:《魏晋文举要》,中华书局,1989年版,第96页。

作者首先提出了人世难以回避的"死生存亡"的命题,而"神仙登遐之言,千岁不死之寿",正是解答这一人生命题的办法。虽然列仙之道、登遐之事未必实有,但作者"以言寄之",世人也姑妄听之。这说明,当时士大夫面对险恶政治环境,试图从羽化长生的虚妄中获得片时的安心与慰藉。隐逸神仙颂的产生大体皆可以作如是观。这种时代病症下的精神纠结,是两汉颂文所不具有的。

这时期符瑞颂司空见惯。所谓符瑞,是将自然中某些奇异现象加以政治化的解读,将其比附为帝王受命的征兆。符瑞作为迎合现实政治而有的媚说,它的流行,更见出现实政治生态的紊乱。

魏晋南北朝时期社会动荡不安,兼并战争不断,篡逆僭弑之事屡见,政权更迭频仍,从魏至隋三百六十余年间,竟有三十多个大小王朝交替兴灭。为了证明政权的合理性,符瑞成为最好的工具,因此各种符瑞横兴,黄龙、麒麟、凤凰、驺虞、神雀等神兽频现人间,嘉禾、甘露、河清等异事也被穿凿附会,或用以美饰政治,或用以遮羞掩丑,极其荒诞虚妄,于是符瑞颂的创作不断涌现,三国时期何晏有《瑞颂》,薛综有《麟颂》、《凤颂》、《驺虞颂》、《白鹿颂》、《赤乌颂》、《白乌颂》;西晋挚虞有《连理颂》、王赞有《梨树颂》;东晋张浚有《白兔颂》,湛方生有《木连理颂》,李颙有《麒麟颂》;南朝宋武帝有《芳春琴堂橘连理颂》,江夏有《嘉禾甘露颂》,何承天有《白鸠颂》,沈演之有《嘉禾颂》,鲍照、张畅有《河清颂》,梁武帝有《宝马颂》,刘孝威有《白雀颂》,虞寄有《瑞雨颂》,褚洊有《芳林园甘露颂》;北朝齐邢劭有《甘露颂》;后魏董绍有《御天马颂》;等等。

可以简单地举几个例子说明符瑞颂的概貌。如有关神兽的颂文,一般包括描写禽兽的形貌以见其特异,如薛综(176—243)《白鹿颂》:"皎皎白鹿,体质驯良。其质皓曜,如鸿如霜。"又张浚(生卒年不详)《白兔颂》:"其毛春素,纤毫秋黑。点缀五采,渐染粉墨。"皆是。此外是写神兽之难得,是当今盛德流行感召瑞应。如张浚《白兔颂》:"盖久隐时见,应世德也。徐疾备体,达消息也。资质皓朗,民之则也。被白含文,好无极也。秦失鹿于近郊,晋得兔于远境。"用意也是颂赞本朝有盛德。

再看异事颂,有嘉禾、甘露、河清、瑞雨、木连理等题材。此类颂文多是一套冠冕堂皇的美饰之辞,鲜有出彩的,鲍照的《河清颂》算是其中的佳作了。序先言古代圣王,祥瑞虽小,必有歌颂;然后写河清祥瑞,是宋德盛行的休应,表明了作颂之意。吴汝纶评价序文说:"序欲远追扬、马,颂乃六朝常制。"高步瀛也说:"序语瑰丽,犹有扬、马余风,铭词亦矜创,在六朝文中自当首出。"①全文引经据典,上采天文星象,下览人文地理,辞采清壮。孙德谦说:"气体恢宏,从汉文出。"谭献亦说:"辟灌之功,光辉斯发。开张工健,无一闲冗之句。序亦有顿挫节族,未可与简文并论。"②可见,鲍照《河清颂》在六朝诸颂中成就之高。

同时,"美细物"之颂也在魏晋南北朝蔚为壮观。称美物类的颂最早要数屈原的《橘颂》。刘勰说:"及三闾《橘颂》,情采芬芳,比类寓意,又覃及细物矣。""美细物"与颂功德、符瑞虽有大小的差别,但都是称美性质。刘师培说:"至于屈平《九章》之《橘颂》,美及细物,乃颂之变体矣。……盖虽非述德告神,而与'美'之旨弗悖矣。"③刘师培又说:"汉魏之际,此类最多。"实则汉代细物颂作少,且篇幅短小,如崔骃《杖颂》、班昭《欹器颂》。真正细物颂的兴盛,还是要到魏晋南北朝。现存于严可均《全上古三代秦汉三国六朝文》的细物颂有:曹植《柳颂》、《宜男花颂》,成公绥《菊颂》,黄士度《屏风颂》,苏彦《女贞颂》,辛萧《芍药花颂》、《菊花颂》、《燕颂》,左九嫔《菊花颂》、《郁金颂》,陈参《正旦献椒花颂》、《五时画扇颂》,孔宁子《井颂》,颜延之《赤槿颂》、《碧芙蓉颂》,江淹《草木颂十五首》,阙名《柑颂》等二十余篇。其题材包括日常器物、花草树木蔬果、飞禽等,大大扩大了颂文的题材范围。

细物颂的行文逻辑,一般先着眼于器物状貌、性能等物质层面的特征,再由此提升到器物的政治、道德层面的象征寓意。如辛萧(生卒年不详)的《菊花颂》,先写菊花的形状色香,"春茂翠叶,秋曜金华","阳芳吐馥,载芬载葩";再写菊花可以泡酒、服佩的功能及其美好寓意:"爰采爰拾,投之醇酒。御于王公,以介眉寿。服之延年,佩之黄耇。文园宾客,乃

---

① 高步瀛:《南北朝文举要》,中华书局,1998年版,第83页。
② 钱仲联:《鲍参军集注》,上海古籍出版社,1980年版,第116页。
③ 刘师培:《文心雕龙讲录》,辽宁教育出版社,1997年版,第146页。

用不朽。"又如成公绥《菊颂》颂菊"味之不已,松乔等福",左九嫔(？－300)《郁金颂》称颂此花"明德惟馨,淑人是钦……永重名实,旷世弗沈",孔宁子(？－425)《井颂》赞美水井"惟益有作,德远事兼,明王用汲,人具尔瞻"等,都是典型的对所颂之物"比德"的提升。这类颂文,都是由物器本身性能出发,进而揭示、颂赞物器的象征寓意,正是颂文写作的一般规矩。

此外,一些咏物颂以纯粹的感观描绘为主,少作道德生发,如辛萧《芍药花颂》,其辞云:

晔晔芍药,植此前庭。晨润甘露,昼晞阳灵。曾不逾时,茌苒繁茂。绿叶青葱,应期吐秀。缃蕊攒挺,素华菲敷。光譬朝日,色艳芙蕖。媛人是采,以厕金翠。发彼妖容,增此婉媚。惟昔风人,抗兹荣华。聊用兴思,染翰作歌。

此文以散淡的笔法,描摹了芍药花的花叶姿色,潜吟低咏,饶有兴味。尤其是最末一句:"聊用兴思,染翰作歌",作者并非俗套的"曲终奏雅",做一番道德阐发,而是将前面的咏物归结为审美、娱情。其后,江淹(444－505)《草木颂十五首》更以抒发作者感情为先务,这一点从序文中可以清楚看出:

仆一命之微,遭万代之幸,不能镌心砺骨,以报所事,擢翼骧首,自至丹梯,爰乃恭承嘉惠,守职闺中；且仆生人之乐,久已尽矣,所爱两株树十茎草之间耳。今所凿处,前峻山以蔽日,后幽晦以多阻,饥猿搜索,石濑戋戋,庭中有故池,水常决,虽无鱼梁钓台,处处可坐,而叶饶冬荣,花有夏色,兹赤县之东南乎？何其奇异也。结茎吐秀,数千余类,心所怜者,十有五族焉,各为一颂,以写劳魂。

一般颂文序言,多是将作颂置于宏大的时代背景或事件上,且多是承诏或应邀而作,而江淹此篇序文,却从个人的遭际、感遇出发,"仆生人之乐,久已尽矣,所爱两株树十茎草之间耳",更是将欣赏草木视为人生仅有的乐事。闽中"奇异"草木,足以寄情托兴,于是他从数千余种草木中选取心所怜爱的十五种,各为作颂,以抒发自己劳顿的心魂。从序文可知,江淹不仅以一己的喜好来择取写作对象,因而其所观照的草木也带有鲜明的个人情感色彩。如《杨梅颂》"为我羽翼,委君玉盘",《薯蓣》"君谓无妄,我验衡山"等。在行文上,江淹超越了咏物颂简单地描摹物器,而是以诗性的笔法将草木置于山林川泽之境,活现草木的生机灵性,如写金荆:

江南之山,叠障连天。既抱紫霞,亦漱绛烟。金荆嘉树,涵露宅仙。㛒节讵及,幽意谁传。

写相思:

竦枝碧涧,卧根石林。日月断色,雾雨恒阴。绿秀八熖,丹实四临。公子不至,山客徒寻。

写木莲:

迸采泉壑,腾光渊丘。缃丽碧巘,红艳桂洲。山人结侣,灵俗共游。时至不采,为子淹留。

山水、草木融为一体,互为增色,饶有意境。寥寥几笔,即将草木的神韵疏密错落地表现出来,笔意隽永,音调清越,韵味悠长。可以说,江淹的颂文创作,已经兼采山水诗、咏物诗之长,形成了怡情写意的抒情风范。

佛教思想观念和思维方式的输入传播,也对魏晋南北朝颂体文学产生重大影响,僧人、文人士大夫都有大量佛教题材的颂作,所涉内容十分广泛:或阐述佛理,如菩提达摩(?－536)《真性颂》;或颂赞佛像或记颂造像之事,如慧远(334－416)《襄阳丈六金像颂》、谢灵运(385－433)《无量寿佛颂》、沈约(441－513)《千佛颂》等。北朝兴修石窟,大造佛像,因而多立碑作颂,如后魏《季洪演造像颂》,北齐《朱昙思等造塔颂》、《洛阳合邑诸人造像铭颂》、《邑义造丈八大像颂》,详记造塔铸像始末,并表对佛的赞颂之情;或记述讲经说法的盛况。后一项在重义理、尚清谈的南朝尤其盛行,如梁简文帝(503—551)《玄圃园讲颂》、《大法颂》、《菩提树颂》等,都是鸿篇巨制。还有佛徒之间的相互赠答,如鸠摩罗什(344—413)《赠沙门法和颂》;出家更名,在佛徒看来是可纪念之事,也有颂作,如赵正《出家更名颂》。颂文中表现佛教思想、佛法活动,从而在固有的颂作之外,开出了另一广阔领域。

现在来看"赞"体之文的情况。

后汉蔡邕《焦君赞》、《太尉陈公赞》和《赤泉侯五世像赞》为以后的人物及人物像赞,导夫先路。此后,曹植有《画赞》,杨戏(? —261)有《季汉辅臣赞》,都是这一时期赞体之文的代表作。曹植的《画赞》所关人物,从远古传说的庖牺一直到汉代的班婕妤。另有《长乐观画赞》、《禹庙赞》等。汉代石刻艺术发达,这些赞辞,点出刻像人物的品德功业,正与石刻艺术密切相关。杨戏的《季汉辅臣赞》所赞人物为蜀国刘备、诸葛亮等君臣,如其中诸葛亮赞辞:

> 忠武英高,献策江滨。攀吴连蜀,权我世真。受遗阿衡,整武齐文。敷陈德教,理物移风。贤愚竞心,金忘其身。诞静邦内,四裔以绥。屡临敌庭,实耀其威。研精大国,恨于未夷。

概括诸葛亮投奔刘备阵营之后的文治武功,还是很合乎实际的。同时期繁钦还有《砚赞》,其中称道砚台:

> 或薄或厚,乃圆乃方。方如地象,圆如天常。班采散色,沤染豪芒。点黛文字,耀明典章。施而不德,吐惠无疆。浸渍甘液,吸受流光。

贴切形象。就艺术而言,用很短的韵文,将所赞对象的特征精彩而传神地道出,是赞体文字的最高标准。繁钦的《砚赞》有这样的意思了。

曹魏后期嵇康(224—263)有《琴赞》一文,赞美琴"体具德贞"之外,"情和自然,澡以春雪,澹若洞泉,温乎其仁,玉润外鲜"。从风神上赞琴,很精彩。

赞体文字的高潮在两晋。傅玄(217—278)有《古今人物赞》,人物包括孙武以下至东汉马皇后。文字相对古朴,形容得宜。潘岳有《故太堂任府君画赞》,陆机(261—303)有《孔子赞》、《王子乔赞》等,除了文字对偶更加讲究之外,不甚出奇。陆云有《荣启期赞》,正文之前有序,言"荣启期三乐",可知赞辞传达的是对隐逸的赞叹。其中"景遁琼辉,响和绝音。恋彼丘园,研道之微。思乐寒泉,薄采春蘱。鸣弦清泛,抚节高徵"云云,颇为清丽。西晋最有代表性的赞文当为夏侯湛(244—292)的《东方朔画赞》。此文有序,其中有言:

> 先生瑰玮博达,思周变通,以为浊世不可以富贵也,故薄游以取位;苟出不可以直道也,故颉颃以傲世。傲世不可以垂训也,故正谏以明节。明节不可以久安也,故诙谐以取容。洁其道而秽其迹,清其质而浊其文。弛张而不为邪,进退而不离群。若乃远心旷度,赡智宏材。倜傥博物,触类多能……夫其明济开豁,包含弘大,凌轹卿相,嘲哂豪杰,笼罩靡前,跆籍贵势,出不休显,贱不忧戚,戏万乘若寮友,视俦列如草芥。雄节迈伦,高气盖世,可谓拔乎其萃,游方之外者已。

"以为"以下几个分句鱼贯而出,气势浩荡、生龙活虎,恰切地勾勒出东方朔的性情,文字本身也是少有的个性鲜明的篇章,字里行间流溢着作者对东方朔的钦敬之情。其正文,也颇为警策,曰:

> 矫矫先生,肥遁居贞。退不终否,进亦避荣。临世濯足,希古振缨。涅而无滓,既浊能清。无滓伊何? 高明克柔。能清伊何? 视污若浮。乐在必行,处沦罔忧。跨世凌时,远蹈独游。瞻望往代,爱想遐踪。邈邈先生,其道犹龙。染迹朝隐,和而不同。栖迟下位,聊以

从容。我来自东,言适兹邑。敬问墟坟,企伫原隰。墟墓徒存,精灵永戢。民思其轨,祠宇斯立。徘徊寺寝,遗像在图。周旋祠宇,庭序荒芜。榱栋倾落,草莱弗除。肃肃先生,岂焉是居。是居弗形,悠悠我情。昔在有德,罔不遗灵。天秩有礼,神监孔明。仿佛风尘,用垂颂声。

全赞可分为两个部分,开始至"聊以从容"为一部分,主要赞美东方朔的"退不终否,进亦避荣"的性格,"无滓"、"能清"两组问答句很活泼。下半部分,写作者来到东方朔的故乡,瞻仰东方先生的向往之情,感情充沛。

东晋大学者郭璞(276－324)注释《尔雅》、《山海经》等,这两部书,古代都有相应的图画与文字并行,而郭璞《尔雅图赞》和《山海经赞》正是为这些图配置文字的赞词。前面谈到,汉代以来的画赞是对石刻人物图像的文字描述,现在郭璞则做了一次转变,就是把赞文给了典籍的图画。《尔雅图赞》正如刘勰所说,所赞涉及"动植",此外还有器物。如《尔雅图赞·释器·鼎》:

九牧贡金,鼎出夏后。和味养贤,以无化有。赫赫三事,鉴于覆𫗧。

先说鼎的制造,继而说鼎的政治象征意义,再以《周易·鼎卦》的典故,对人臣提出警告,追求内容的有裨于世教。文字妥帖,朗朗上口。又如《尔雅图赞·释木·枣》:

建国辨方,外朝九棘。因材制义,赤心鲠直。蔼蔼卿士,亮此衮职。

以"赤心鲠直"赞枣木,是一种品格的赋予,也符合枣木特有的神采。《山海经图赞》更是郭璞赞文的大篇,对《山海经》各部分山川、名物、怪兽、草木等都有赞词。其中如对大象的赞说:"体巨貌诡,肉兼十牛,目不逾豕。望头如尾,动若丘徙。"很传神,而且富于情趣。

东晋写赞的作家还有庾阐,其《孙登赞》相当成功,如其中这样的句子:

> 灵岩霞蔚,石室鳞构。青松标空,兰泉吐漏。笼荟可游,芳津可漱。玄谷萧寥,鸣琴独奏。先生体之,寂坐幽岸。凝冰结朴,熙阳靡煖。潜真内全,飞荣外散。凌崖高啸,希风朗弹……

赞人而写景,突出环境的清幽高雅,然后写隐者在其中的弹琴啸歌,是融情入景的写法,特点是十分明显的。

顾恺之(348—409)有《画赞》,所涉人物有王衍,赞词有"岩岩清峙,壁立千仞"之语;其《水赞》"湛湛若凝,开神以质。乘风擅澜,妙齐得一"之语也辞清意美,可惜今存残篇。戴逵(326—396)有赞数篇,其《松竹赞》:"猗欤松竹,独蔚山皋。肃肃修竿,森森长条。"文短兴长。郭元祖(生卒年不详)有《列仙传赞》多篇,所赞数十隐逸之士,其《赤松子赞》:"眇眇赤松,飘飘少女。接手翻飞,泠然双举。纵身长风,俄翼玄圃。妙达巽坎,作范司雨。"有仙风神气。在众多东晋赞文中,羊孚(生卒年不详)的《雪赞》可称短赞中的神品:

> 资清以化,乘气以霏;遇象能鲜,即洁成晖。

四句之中,一句一传,字字锤炼,句句精彩,写出了雪的精神。庾阐之子庾肃之(生卒年不详)也有《雪赞》,就差一些了。不过他的《水赞》:"湛湛涵渌,清澜澄浚;妙质柔明,云深液润。"《松赞》:"流润飞津,沈精幽结,贞蕤含芳,仰拂素雪。"都是经过锤炼的,隽永工丽。东晋作家中陶渊明(365—427)也有赞多篇,其《读史述九章》,其实就是赞体之文本。另外陶渊明还歌颂孝子,为帝王、诸侯和庶人孝子作赞。这些赞辞都言简意赅。当然东晋最著名的赞要数袁宏的《三国名臣序赞》。

袁宏(约328—约376)为学者,著有《后汉纪》。他不仅有史学之作,对历史人物还有其独到理解。名臣有作为,离不开与君主的关系。看袁宏《三国名臣序赞》,就可以体会到他对当时君臣关系的感受了:

> 是以古之君子不患弘道难,患遭时难;遭时匪难,遇君难。故有道无时,孟子所以咨嗟;有时无君,贾生所以垂泣。夫万岁一期,有生之通涂;千载一遇,贤智之嘉会。遇之不能无欣,丧之何能无慨。古人之言,信有情哉!余以暇日常览《国志》,考其君臣,比其行事,虽道谢先代,亦异世一时也。

这是此篇赞的感情基调。在这样的基调下,《三国名臣序赞》对所赞述的人物,就能报以同情的理解。如荀彧,序文说他:"怀独见之明,而有救世之心。论时则民方涂炭,计能则莫出魏武,故委面霸朝,豫谋世事。举才不以标鉴,故人亡而后显;筹画不以要功,故事至而后定。虽亡身明顺,识亦高矣。"指出荀彧的事曹是出于救世之心的不得已,所以他可以帮助曹操平定北方却不赞成曹操称王。袁宏的理解是妥当的,充满同情的。如此他的赞,就语带感情。还以荀彧赞为例,曰:

> 火德既微,运缠大过。洪飙扇海,二溟扬波。虬虎虽惊,风云未和。潜鱼择渊,高鸟候柯。赫赫三雄,并回乾轴。竞收杞梓,争采松竹。凤不及栖,龙不暇伏。谷无幽兰,岭无亭菊。英英文若,灵鉴洞照。应变知微,探赜赏要。日月在躬,隐之弥曜。文明映心,钻之愈妙。沧海横流,玉石同碎。达人兼善,废己存爱。谋解时纷,功济宇内。始救生人,终明风概。

大意与序无大分别,只是赞词的情感更加浓郁,遣词造句更讲求色彩,整篇赞文深沉蕴藉,见地和情感是交融在一起的。

全篇赞文共涉及魏蜀吴三国二十位大臣,赞的词语有长有短。上举荀彧的赞是长的;如对王经的赞:"烈烈王生,知死不挠。求仁不远,期在忠孝。"只有短短四句。总之,拿《三国名臣序赞》与三国杨戏的《季汉辅臣赞》相比,成色高下立见。

　　刘宋时的赞文,谢惠连(397 或 407－433)有多篇。其中《松赞》:"松惟灵木,拟心云端。迹绝玉除,形寄青峦。子欲我知,求之岁寒。"形神兼备,有所寄托。谢庄(421－466)《竹赞》:"瞻彼中唐,绿竹猗猗。贞而不介,弱而不亏。杳袅人表,萧瑟云崖。推名楚潭,美质梁池。"也颇为清雅有寄。颜延之也有短小赞文若干。其《蜀葵赞》:"井维降精,岷络升灵。物微气丽,夫草之英。渝艳众葩,冠冕群英。类麻能直,方葵不倾。"写植物,从它的"不倾"显示其性格正直,其中"物微气丽"造语精致。另外何承天有《天赞》、《地赞》,题材很大。殷景仁(390－440)有《文殊像赞》,标志着赞文题材的一种新变。魏晋以来,多赞高士、隐逸,佛家的圣贤像赞,到南朝是越来越多了。宋齐之际的江淹有几首赞文,有的用五言,俨然是五言诗。梁朝时期作家在铭和赞两体之间似乎更喜欢铭,而不是赞。梁元帝有几篇赞,水平一般。沈约有几篇赞多是写佛家人物的,其《雪赞》为五言。从现有梁代赞体文的情况看,刘勰和萧统都不甚看重赞体,正是时风的表现。

第七章　魏晋南北朝诔碑哀祭

本章所说的碑诔哀祭一类的文章,包括碑、诔、哀策、祭、吊等小类,主要是一些围绕人死后的丧葬、吊祭和怀念等礼俗而产生的文体。死生事大,关于死,古人在礼俗上更为重视,所以这方面的文体也颇发达。

第一节　文体概说

这些文体,刘勰《文心雕龙》有《诔碑》和《哀吊》两篇加以讨论,可见其重视程度。

关于"诔",刘勰说"诔者,累也。累其德行,旌之不朽也。"说得很明切,"诔"就是一样一样地历数、评价死者的品德。刘勰这样说,来自《礼记·曾子问》:"诔,累也,累列生时行迹,读之以作谥。"一言以蔽之,是盖棺定论用的。至于诔的体制,刘勰说:"诔之为制,盖选言录行,传体而颂文,荣始而哀终。论其人也,暧乎若可觌;道其哀也,凄焉若可伤。"也是两层要求。文章构成上必须写到死者的好言善行,要有所选择。诔文骨子里应该是传,要实事求是、客观如实;表现在语言层面,则与碑一样是"颂体",就是要用押韵的文字。简单地说就是"传底颂面"。至于文章体要层面上的要求,就是论死者的文字,一定要使读者有亲切生动的感觉,在表达哀伤上,应该能让读者悲伤。另外从刘勰对曹植《文帝诔》"百言自陈,其乖甚矣"的评价,诔是不能写得太长的。在这一点上,后人是有异议的。

关于"碑",《文心雕龙》说:"碑者,埤也。上古帝王纪号封禅,树石埤岳,故曰碑也。"是说碑的起源是上古时代封禅祭天地活动,为了纪念,树立石头。另外,刘勰又说,在宗庙中树立一桩木头,也称为碑。后来在埋葬死者时,树一木在坟前,作为拴系棺木绳索的支撑,后来变为用石,刻写上死者的籍贯,就成了碑文的起源。不过,看魏晋南北朝碑文的实际,刻写一块碑文又绝不仅限于为死者这一端。一次祭祀、一次重要宴飨,或者修一座庙,或者哪个地方出现奇异现象等,都可以立碑,或纪念,或安抚神异。魏晋南北朝碑文,除了为死者写的之外,其他种类的也实在不少。"碑"可以读作"埤","增益"的意思。人死了,要为他说些好话,"增益"他的名声,其他活动树立一个碑文也都是为某一次活动彰其影响。刘勰还谈到碑的演变,特别指出:"自后汉以来,碑碣云起。"是说人死后写碑在汉末成为一大风气。这是符合实事的。蔡邕、孔融都是这方面的高手,特别是蔡邕的碑文被尊为典范,为后来作者所追摹。至于碑文的文体要求,刘勰说:"夫属碑之体,资乎史才,其序则传,其文则铭。标序盛德,必见清风之华,昭纪鸿懿,必见峻伟之烈,此碑之制也。"是说碑文的两个层次,一是从文章规矩上说,应该是先叙述碑主人的生平,这是碑文前面的"序"的要求。至于碑的正文,要对死者值得颂扬的事迹加以歌颂,这部分的体式要用韵文。就是说,碑文由"序"和"颂"两个部分组成。此外,还有一个要求,就是"序"须写得"见清风之华","颂"要写得"必见峻伟",就是要把碑中主人的高风亮节突出出来。以上两个层次才是碑文的体统。

　　碑、诔的文体要点是:它们不是抒发立碑者的情感,虽然抒情成分可以含在文中;它们要以死者的生平德行记载为主,所以刘勰说碑诔与"传"有关。但自汉末蔡邕以来的碑文,对死者的叙说跟传记体的文字还是有明显区分的:碑和诔关于死者生平德行的记述要概括,赞叹、形容之词较多,写法不能像传记体式的文字那样质实。那样的话,韵律上就会差,也易流于琐碎,因而显得不太庄重。

　　可以抒发个人情感的是哀祭之文。晋代挚虞(250－300)《文章流别论》曰:"哀辞者,诔之流也。崔瑗、苏顺、马融等为之率,以施于童殇夭折不以寿终者。建安中,文帝与临淄侯各失稚子,命徐幹、刘桢等为之哀辞。哀辞之体,以哀痛为主,缘以叹息之辞。"谈到了哀辞的源流和体式。《文心雕龙》还有《哀吊》一篇,说"哀"文"不在黄发,必施夭昏",就是专门用来悲伤那些夭折、甚至连名字还没起就去世的小孩子的。由此,其写作的基本规矩就是:"情主于伤痛,而辞穷乎爱惜。"这是写法上的限定,与挚虞说法一致。夭折的人,什么作为也谈不上,在写作用心上刘勰是反对"奢体为辞",也就是反对过分地赞美。"吊"的文体,源于春秋时列国间在发生灾难或不幸时的相互慰问,原来是慰问生者的言辞,"吊"的本义就是"到",与使者来慰问有关,后来发展成为怀念死者的文体。刘勰指出,"吊"变成华美的文体,是从贾谊的《吊屈原赋》开始的。其文体的要求是:"宜正义以绳理,昭德而塞违,割析褒贬,哀而有正,则无伦夺矣。"就是所说的道理要正确,表达要精确,褒贬尺度要端正,哀伤而不失体统。在魏晋南北朝,一般而言,"吊"有"凭吊"之义,"吊某某"的文章往往施之于时间隔得较远的人,如贾谊的《吊屈原赋》、陆机的《吊魏武帝文》等。而"祭"往往施之于新近去世者,如陶渊明《祭程氏妹文》等。这会决定两者的文章体要上的差异。亲故刚刚去世,悲哀之情居多,可是对于属于过去时期的人,祭吊他们往往就是怀念他们,或者是作家现有某种情绪需要借助一些特定的古人来抒发。所以,这样的伤吊文字,与一般的哀、诔、祭文不同,一般多议论、抒怀。还有些标题为"祭某某"之文,虽也祭吊古人,但往往是用在古人坟墓之前的,如晋宋之交周祇的《祭梁鸿文》等。另外,有些文章虽不标"祭"名,而是"伤"、"悼"、"吊"、"哭"、"告"等,其实都可归到祭文的范围。

以上刘勰《文心雕龙》关于四种文体的论析,是研究这些文体的出发点。例如"哀"亦即"哀策"文,从文体确立的初始逻辑上说是悲伤那些短命者,可是到后来的许多"哀策"都施之于成年。但成年死了,也可以因死者的人品好,让人觉得命短,作"哀策"也是可以的。总之是不离此种文章的原初规矩的。

曹魏时期政府严令禁止民间滥作碑文,所以一种碑文的替代品出现了,那就是墓志铭,其实文体与碑文是一样的。这些碑诔哀祭之类的文字,最大的问题是廉价赞美太多,让死人都脸红。早在曹魏时期桓范(?—249)著《世要论》,其中《铭诔》篇,就专门谈到了在碑文等写作上的坏风气,说:

夫谄世富贵,乘时要世,爵以赂至,官以贿成。视常侍黄门宾客假其气势,以致公卿牧守所在宰莅,无清惠之政而有饕餮之害,为臣无忠诚之行而有奸欺之罪,背正向邪,附下罔下,此乃绳墨之所加,流放之所弃。而门生故吏,合集财货,刊石纪功,称述勋德,高邈伊周,下陵管晏,远追豹产,近逾黄邵,势重者称美,财富者文丽。后人相踵,称以为义,外若赞善,内为己发,上下相效,竞以为荣,其流之弊,乃至于此,欺曜当时,疑误后世,罪莫大焉!且夫赏生以爵禄,荣死以诔谥,是人主权柄而汉世不禁,使私称与王命争流,臣子与君上俱用,善恶无章,得失无效,岂不误哉!

曹魏禁止私立碑刻,应该与此处的议论有关。总之这些文体,与古代中国"慎终追远"的社会生活观念密切相关。碑诔等作虽由来已久,在整体文学发展的背景下,魏晋碑文仍是有其明显的时代特点。魏晋哀诔文对生命的伤悼,是魏晋文学伤悼主题的组成部分,而哀诔文由颂述亡者德勋转变为抒发个体伤悼之情,也呈现了魏晋文学个体化的演进历程。①至南朝,诔碑文体在语言上更加骈俪;北朝碑文则整体上因袭汉魏,较为质朴。南北朝时期出现了文学大家庾信,他的碑志与蔡邕的碑文并为后世范本。

---

① 黄金明:《汉魏晋南北朝诔碑文研究》,人民文学出版社,2005年版,第6～7页。

第二节　魏晋诔碑哀祭文

下面就按诔、碑、哀、祭的顺序,对魏晋(220－420)时期作品加以讨论。

一、魏晋诔文

从数量上看,魏晋的诔文较诸前代和后来的南朝都要多。篇幅上,魏晋的诔文创作基本上篇幅较短小,不似南朝的诔文篇幅长。语言上,与当时其他文体一致,总体向绮丽甚至繁缛方向前行。内容上,遵循述德、叙哀兼容的格式又有所创新。太康文学的代表作家有陆机、陆云、潘岳、张华、成公绥、卢谌等人。女性作家也介入诔文创作,如左九嫔、王氏等。这都说明,诔文在魏晋特别是西晋很盛行,当时文人对诔文熟悉,而且积极创作。无论从哪个角度,魏晋诔文创作都达到了高峰。

魏晋诔文,偏重叙哀是其基本倾向。这个时期,人们也知道"铭诔尚实"(《典论·论文》),即诔应当如实反映死者德行,但写作时还是把更多精力投入到了抒情上面。

曹丕(187－226)有《曹苍舒诔》,文曰:

> 惟建安十有五年五月甲戌,童子曹苍舒卒,呜呼哀哉! 乃作诔曰:
>
> 于惟淑弟,懿矣纯良。诞丰令质,荷天之光。既哲且仁,爰柔克刚。彼德之容,兹义肇行。猗欤公子,终然允臧。宜逢介祉,以永无疆。如何昊天,雕斯俊英? 呜呼哀哉! 惟人之生,忽若朝露。促促百年,蓥蓥行暮。矧尔既夭,十三而卒。何辜于天,景命不遂? 兼悲增伤,侘傺失气。永思长怀,哀尔罔极。贻尔良妃,襚尔嘉服。越以乙酉,宅彼城隅。增丘峨峨,寝庙渠渠。姻嫔云会,充路盈衢。悠悠群司,岌岌其车。倾都荡邑,爰迄尔居。魂而有灵,庶可以娱。呜呼哀哉!

从诔的文体要求上说,此文没有对死者生平多说什么,因为死者年纪太轻无事可说;所以文章在称述苍舒的行迹上只有"诞丰令质"、"爱柔克刚"而已,而抒发浓郁的哀悼情感才是此篇的重点。这符合刘勰对"哀"词的说法。

曹植(192—232)的诔文善于抒发哀悼之情。如他的《文帝诔》:

惟黄初七年五月七日,大行皇帝崩,呜呼哀哉!于时天震地骇,崩山陨霜。阳精薄景,五纬错行。百姓吁嗟,万国悲伤。若丧考妣,恩过慕唐。擗踊郊野,仰想穹苍。余曰何辜,早世殒丧。呜呼哀哉!悲夫大行,忽焉光灭。永弃万国,云往雨绝。承问荒忽,悁懵哽咽。袖锋抽刃,叹自僵毙。追慕三良,甘心同穴。感惟南风,惟以郁滞。终于偕没,指景自誓。考诸先记,寻之哲言。生若浮寄,惟德可论。朝闻夕逝,孔志所存。皇虽壹没,天禄永延。何以述德?表之素旃。何以咏功?宣之管弦。乃作诔曰……

这是序文部分,用四言句式渲染曹丕之死带来的悲伤,表示自己恨不得也像当年"三良"那样自杀殉死。情绪的抒发已经是非常强劲。诔的正文部分曰:

(A)皓皓太素,两仪始分。中和产物,肇有人伦。爰暨三皇,实秉道真。降逮五帝,继以懿纯。三代制作,踵武立勋。季嗣不维,网漏于秦。崩乐灭学,儒坑礼焚。二世而殄,汉氏乃因。弗求古训,嬴政是遵。王纲帝典,阒尔无闻。求光幽昧,道究运迁。乾坤回历,简圣授贤。乃眷大行,属以黎元。

(B)龙飞启祚,合契上玄。正行定纪,改号革年。明明赫赫,受命于天。仁风偃物,德以礼宣。祥惟圣质,岿在幼妍。研几六典,学不过庭。潜心无罔,抗志青冥。才秀藻朗,如玉之莹。听察无响,瞻睹未形。

(C)其刚如金,其贞如琼。如冰之洁,如砥之平。爵公无私,戮违无轻。心镜万机,揽照下情。思良股肱,嘉昔伊吕。搜扬侧陋,举汤代禹。拔才岩穴,取士蓬户。惟德是萦,弗拘祢祖。宅土之表,道义是图。弗营厥险,六合是虞。齐契共遵,下以纯民。恢拓规矩,克绍前人。科条品制,褒贬以因。乘殷之辂,行夏之辰。金根黄屋,翠葆龙鳞。绋冕崇丽,衡纮维新。尊肃礼容,瞩之若神。方牧妙举,钦于恤民。虎将荷节,镇彼四邻。朱旗所剿,九壤被震。畴克不若?孰敢不臣?县旌海表,万里无尘。房备凶彻,乌殪江岷。摧若涸鱼,干腊矫鳞。肃慎纳贡,越裳效珍。条支绝域,侍子内宾。德侪先皇,功侔太古。上灵降瑞,黄初俶祐:河龙洛龟,陵波游下。平钧应绳,神鸾翔舞。数英阶除,系风扇暑。皓兽素禽,飞走郊野。神钟宝鼎,形自旧土。云英甘露,瀸涂被宇。灵芝冒沼,朱华荫渚。回回凯风,祁祁甘雨。稼穑丰登,我稷我黍。家佩惠君,户蒙慈父。图致太和,洽德全义。将登介山,先皇作俪。镌石纪勋,兼录众瑞。方隆封禅,归功天地。宾礼百灵,勋命视规。望祭四岳,燎封奉柴。肃于南郊,宗祀上帝。三牲既供,夏禘秋尝。元侯佐祭,献璧奉璋。鸾舆幽蔼,龙旗太常。爰迄太庙,钟鼓锽锽。颂德咏功,八佾锵锵。皇祖既飨,烈考来享。神具醉止,降兹福祥。天地震荡,大行康之。三辰暗昧,大行光之。皇纮绝维,大行纲之。神器莫统,大行当之。礼乐废弛,大行张之。仁义陆沉,大行扬之。潜德隐凤,大行翔之。疏狄遐康,大行匡之。在位七载,元功仍举。将永太和,绝迹三五。宜作物师,长为神主。寿终金石,等算东父。

(D)如何奄忽?摧身后土。俾我茕茕,靡瞻靡顾。嗟嗟皇穹,胡宁忍务?呜呼哀哉!明监吉凶,体远存亡。深垂典制,申之嗣皇。圣上虔奉,是顺是将。乃创玄宇,基为首阳。拟迹谷林,追尧慕唐。合山同陵,不树不疆。涂车刍灵,珠玉靡藏。百神警侍,来宾幽堂。耕禽田兽,望魂之翔。于是俟大队之致功兮,练元辰之淑祯。潜华体于梓宫兮,冯正殿以居灵。顾望嗣之号咷兮,存临者之悲声。悼晏驾之既疾兮,感容车之速征。浮飞魂于轻霄兮,就黄墟以灭形。背三光之昭晰兮,归玄宅之冥冥。嗟一往之不反兮,痛冈闵之长扃。咨远臣之渺渺兮,成凶讳以怛惊。心孤绝而靡告兮,纷流涕而交颈。思恩荣以横奔兮,闵阙塞之峣峥。顾衰经以轻举兮,迫关防之我婴。欲高飞而遥憩兮,惮天网之远经。遥投骨于山足兮,报恩养于下庭。慨拊心而自悼,惧施重而命轻。嗟微躯之是效兮,甘九死而忘生。几司命之役籍兮,先黄发而陨零。天盖高而察卑兮,冀神明之我听。独郁伊而莫诉兮,追顾景而怜形。奏斯文以写思兮,结翰墨以敷诚。呜呼哀哉!

诔文的主体部分可分为A、B、C、D四个层次,其中C层之内又分成若干小的层次。刘勰谓此诔:"体实繁缓,文皇诔末,百言自陈,其乖甚矣。"(《文心雕龙·诔碑》)是说有两点瑕疵:一,繁复;二,诔末尾"自陈"有点过分。这是照着汉代诔文一般写法来批评曹植,汉代作品刘勰提到过苏孝山(名顺),我们来看看苏顺的《和帝诔》,就知道曹植作品的分别处了。《和帝诔》曰:

天王徂登,率土奄伤。如何昊穹,夺我圣皇?恩德累代,乃作铭章。其辞曰:

(C)恭惟大行,配天建德。陶元二化,风流万国。立我蒸民,宜此仪则。厥初生民,三五作刚。载籍之盛,著于虞唐。恭惟大行,爰同其光。自昔何为,钦明允塞。恭惟大行,天覆地载。无为而治,冠斯往代。往代崎岖,诸夏擅命。爰兹发号,民乐其政。奄有万国,民臣咸秩。大孝备矣,冈官有恤。由昔姜嫄,祖妣之室。本枝百世,神契惟一。(D)弥留不豫,道扬末命。劳谦有终,实惟其性。(E)衣不制新,犀玉远屏。履和而行,威棱上古。洪泽滂流,茂化沾溥。(D)不憖少留,民斯何怙。歔欷成云,泣涕成雨。昊天不吊,丧我慈父。

两者相比,可以看出如下几点:一,曹植A、B两段的意思,苏顺文中没有。二,C段两者都有,繁简不同,都是赞美皇帝的行迹。三,D段都说到诔主的死,但曹植接着而来的是悲悼,而苏顺则是评价。四,苏文中的

E层评价皇帝功德,是曹植没有的,曹植文中是一味哀伤。五,苏顺与曹植文中D段内容一致,笔法却是变化很大,曹植文先是四言,然后是骚体。

曹植诔文所以多开头两层,一是因为曹丕是禅让皇帝,所以要有一个帽子。二是对曹丕好学聪明等等的赞美,为的是表白作诔者的爱戴钦佩。其他几点的差异,如给曹丕一生做个评价这样的事情,大概是曹植不敢当的。所以他只好一味表达悲痛哀伤。就曹植当时的处境而言,也只有如此了。对刘勰给《文帝诔》的批评,前人也有不同说法。清代李兆洛就说:"予谓文之繁缓,诚如所讥,使彦和见江、谢之篇,更不知作何挥诋。至其'旨(百)言自陈',则思王以同气之亲,积讥逸之愤,述情切至,溢于自然,正可以副言哀之本致,破庸冗之常态。诔必四言,羌无前典,固不得援此为例,亦不宜遽目为乖也。"①曹植实则开启了诔文创作的新篇章。曹植被选入《文选》的《王仲宣诔》,对后来影响更大。此诔有序。"诔曰"部分叙述王粲的先世和他的生平,符合诔文的格式。其中"文若春华,思若涌泉。发言可咏,下笔成篇",最见王粲才情,而如下的段落:

> 吾与夫子,义贯丹青。好和琴瑟,分过友生。庶几遐年,携手同征。如何奄忽,弃我夙零。感昔宴会,志各高厉。予戏夫子,金石难弊。人命靡常,吉凶异制。此欢之人,孰先殒越?何寤夫子,果乃先逝!又论死生,存亡数度。子犹怀疑,求之明据。倘独有灵,游魂泰素。我将假翼,飘摇高举。超登景云,要子天路。

回忆自己与王粲的交际情谊,特别提到当年互论生死,引发出作者"要子天路"的想法,不言悲伤,而悲伤之情油然而生,确实是代表当时诔文写作水准的名篇。

在晋代的诔作者中,潘岳(247—300)可当之无愧地居榜首。《晋书》本传载潘岳"美姿仪,辞藻绝丽,尤善为哀诔之文"。首先从传世的篇章数

---

① 李兆洛:《骈体文钞》,上海古籍出版社,2001年版,第78页。

量看,潘岳诔文十三篇,其中《杨荆州诔》、《马汧督诔》、《杨仲武诔》、《夏侯常侍诔》四篇入《文选》,另外有些已成残篇。潘岳诔作的对象有帝王、官员、亲戚,涉及广泛。诔文创作是要超出与之齐名的陆机的,在诔文流变历史上是承上启下的人物。

潘岳的诔,有的属于应景之作,合乎款式,真情少,如《世祖武皇帝诔》。但《杨荆州诔》则不同,诔文中的主人是杨肇,为潘岳的岳父,对潘岳还有赏识之恩,因此诔文情感相当浓郁。正文部分追溯杨肇的显赫族属,描述其明德才智、浩浩功绩;其中"翰动若飞,纸落如云"的语言颇工致;其叙写哀情部分曰:

> 君辟恸怀,邦族挥泪。孤嗣在疚,寮属含悴。赴者同哀,路人增欷。呜呼哀哉!余以顽蔽,覆露重阴。仰追先考,执友之心。俯感知己,识达之深。承讳忉怛,涕泪沾襟。岂忘载奔,忧病是沉。在疾不省,于亡不临。举声增恸,哀有馀音。呜呼哀哉!

言杨肇之死,不仅"群辟"、"邦族"哀伤,甚至连"路人"亦为之"增欷";之后,再表自己哀伤。笔触荡得开,收得回,前人评价其诔文"情文相生"是不错的。这篇诔文表现上突出的特点是语言的对仗。如"昭穆繁昌,枝庶分流","族始伯乔,氏出杨侯","鸟则择木,臣亦简君","纂戎洪绪,克构堂基","目睇毫末,心算无垠","奋跃渊涂,跨腾风云","孝实蒸蒸,友亦怡怡","草隶兼善,尺牍必珍","足不辍行,手不释文","翰动若飞,纸落如云","闻善若惊,疾恶如仇","示威示德,以伐以柔"等都是对仗句。显示出西晋文学语言发生的新变。另外,残篇《庚尚书诔》则全是对仗句。

《夏侯常侍诔并序》内容上的特点更为突出。夏侯湛与潘岳是一对郁郁不得志的"连璧"之友。潘岳"才名冠世,为众所疾,遂栖迟十年"(《晋书》本传),而夏侯湛《晋书》说他也是"累年不调,乃作《抵疑》以自广"。所以《晋书》中将二人同传。诔文最大特点也在叙述诔主与作者自己的交往部分,曰:

乃眷北顾,辞禄延喜。余亦偃息,无事明时。畴昔之游,二纪于兹。班白携手,何欢如之!居吾语汝,众实胜寡。入恶隽异,俗疵文雅。执戟疲杨,长沙投贾。无谓尔高,耻居物下。子乃洒然,变色易容。慨焉叹曰:道固不同。为仁由己,匪我求蒙。谁毁谁誉?何去何从?莫涅匪缁,莫磨匪磷。

刘勰说诔的文体要求是"传体而颂文",此篇的特色就在于这段的叙述,不同于一般诔文的泛泛而言,而是专就自己与夏侯湛的一次谈心来写;虽是四言韵文,实为一段动人故事的记述。诔文是颂功德的,但这篇诔文却很像怀念的文字,对汉代以来"传底颂面"诔文格局形成明显的突破。至于如下的文字:

望子旧车,览尔遗衣。恸抑失声,涕泗交挥。非子为恸,吾恸为谁?呜呼哀哉! 日往月来,暑退寒袭。零露沾凝,劲风凄急。惨尔其伤,念我良执。适子素馆,抚孤相泣。前思未弭,后感仍集。积悲满怀,逝矣安及!呜呼哀哉!

看到老友的旧衣、素馆以及孤子,悲从中来,是典型的情文相生,十分感人。而"如彼随和,发彩流润。如彼锦绣,列素点绚","日往月来,暑退寒袭","零露沾凝,劲风凄急"等文句,清新亮丽,很优美,是潘岳文章的本色。

《马汧督诔》是潘岳诔文最好的篇章。张溥云:"余读潘安仁《马汧督诔》,恻然思古义士,犹班孟坚之传苏子卿也。"(张溥《汉魏六朝百三家集·晋潘岳集题词》)全文一千二百余字,其中序言部分就有七百余言,简洁、周致而又生动地叙述督守关中侯马敦在官军失利敌众我寡情况下拼死力战拯救城池的功勋,以及他在战后因嫉妒者罗织罪名而入狱并冤死狱中的前因后果。文曰:

昔乘丘之战,县贲父御鲁庄公,马惊败绩。贲父曰:"他日未尝败绩,而今败绩,是无勇也。"遂死之。圉人浴马,有流矢在白肉。公曰:"非其罪也。"乃诔之。汉明帝时,有司马叔持者,白日于都市手剑父仇,视死如归。亦命史臣班固而为之诔。然则忠孝义烈之流,慷慨非命而死者,缀辞之士,未之或遗也。天子既已策而赠之,微臣托乎旧史之末,敢阙其文哉?

这样的文字在诔序中是较少见的,宏壮了诔文的声势,是此篇诔文的一个高潮,也表明此篇诔文之作乃是基于家国大义。正文开首就说:"知人未易,人未易知。"这样写,刘师培说:"二句将马敦之冤枉总絜纲领。"[1] 马敦在战前"位末名卑",所以必须得这样写。之后转入力战守城之功的颂赞。这部分文字深得陪衬反跌之妙。先说马敦以"眇身"而守边危之城,再以"婪婪群狄,豺虎竞逐……声势沸腾,种落煽炽。旌旗电舒,戈矛林植,彤珠星流,飞矢雨集"形容敌人之凶炽;又以"惴惴士女,号天以泣。爨麦而炊,负户以汲。累卵之危,倒悬之急"铺陈小民之恐惧和城池之危殆。然后正面描述马敦守城之方略,其中"精冠白日,猛烈秋霜;棱威可厉,懦夫克壮。沾恩抚循,寒士挟纩",既表其勇猛,又言其对民众有恩,突出了马敦的大将风范,文辞也十分壮丽。这一段还写到马敦"駉然马生,傲若有余",一个"傲"字,突出马敦才智的绰有余裕;而"守不乏械,枥有鸣驹",正与"傲"字相应,写出了马敦所守城池的安稳。之后,诔文进入了陪衬的段落,写其他将军的失败被杀,意在突出马敦之功。然后诔文又说:

我虽末学,闻之前典。十世宥能,表墓旌善。思人爱树,甘棠不翦。矧乃吾子,功深疑浅。两造未具,储隶盖鲜。孰是勋庸,而不获免?

叹息马敦下场的冤恨。继而转入对因嫉妒而害死马敦的奸邪之人的

---

[1] 刘师培:《中古文学论著三种》,辽宁教育出版社,1997年版,第160页。

抨击和哀叹。刘师培说:"此段文章,声调甚美。"①总之这篇诔文立意好,文势曲折跌宕,格调上有激昂顿挫之美。前人评价:"槃互纡轸,拔奇于汉魏之外。"②是确当的。

潘岳之外,陆机(261—303)也有一些诔文。有些应作于三国时期,入晋以后的篇章有《愍怀太子诔》等。这篇诔文的序也是四言,不同一般的诔序。正文诔词有些地方也颇带情感。如下面的一段:

> 如何晨牝,秽我朝听?仰索皇家,惟尘明圣。惴惴太子,终温且敬。衔辞即罪,掩泪祇命。显加放流,潜肆鸩毒。痛矣太子!乃离斯酷。谓天盖高,诉哀靡告。鞠躬引分,顾景摧剥。呜呼哀哉!凡民之丧,有戚有姻。太子之殁,傍无昵亲。踽踽严宫,绝命禁闱。幽柩偏寄,孤魂曷归?呜呼太子!生冤殁悲。

"晨牝"指迫害晋太子的惠帝贾皇后,言太子遇上这样的败家妇人,也只有"掩泪祇命",继而写太子遭贾后陷害时的哀哀无告和无助,文章还拿小民之死与太子的死作比,突出他死时的孤单。文字哀婉动人,在陆机诔文中较为出色。

东晋的诔文少且多残篇,僧肇为鸠摩罗什所作的诔文较完整,是合乎款式的诔文。

二、魏晋碑文

如上所说,碑文写作在汉末出现高潮,到魏晋出现曲折,因为政府开始禁碑。

禁碑始于曹操。《宋书·礼志》云:"建安十年(205年),魏武帝以天下凋弊,下令不得厚葬,又禁立碑。"《宋书·礼志》又载晋武帝咸宁四年(278年)下禁碑令:"此石兽碑表,既私褒美,兴长虚伪,伤财害人,莫大于

---

① 刘师培:《中古文学论著三种》,辽宁教育出版社,1997年版,第161页。
② 高步瀛:《魏晋文举要》,中华书局,1998年版,第125页。

此,一禁断之。其犯者虽会赦令,皆当毁坏。"曹操、司马炎禁碑,与当时社会动荡凋敝有关。两汉强盛,风行厚葬。汉末动荡,偷坟掘墓现象很严重。有一位将军死时令其儿子不要厚葬自己,遗书中说到当年他自己曾挖毁过人家的坟,以获取构筑工事的木材。话是这么说,到底掘坟还有什么其他用意,只有说者自己知道了。曹操和袁绍都干过这样的事。天下稍微安定,偷坟掘墓在古人观念中是最不能接受的,所以政府就不得不出面干涉了。曹操一反自己当年的做法,也下令禁碑了。同时,曹魏禁碑,也与碑文写作的虚滥有关。随便一个什么人,即使一辈子最大的"作为"就是出生和死去,结果一上碑文,好话一大堆,在文章是坏文风,在政府眼里则是太阿倒提、权柄外移。褒贬人物就是"给名分",应该属于权力机关,现在却操持在一班不相干的文人秀才手里,政府看了如何顺心?所以禁止厚葬,连碑文也一块禁止掉也就很自然了。不过,遭禁的只是不够资格的小人物的碑,达官显贵死后,碑还是照竖不误。

实际的情况也是如此。《晋书·杜预传》载:"预好为后世名,常言'高岸为谷,深谷为陵',刻石为二碑,记其勋迹,一沉万山之下,一立岘山之上,曰:'焉知此后不为陵谷乎!'"《晋书·唐彬传》载:"彬初受学于东海阎德,门徒众多,独目彬有廊庙才。及彬官成,而德已卒,乃为之立碑。"同书《江统传》、《陶侃传》等也记录了类似的情况。这样,一方面是帝王禁令,一方面是以铭碑传名于后世的欲望,于是为了逃避禁令,魏晋时期的人们开始"撰录行事,刊之于墓之阴",把碑石缩小,放入墓室中,促进了另一种碑铭形式——墓志这一新文体的出现。曹魏碑保存下来的只有十几种,两晋碑文据严可均所辑录,近三十篇,又大多不全。兹从三国魏地的碑文说起。

邯郸淳(约132—221)有《孝女曹娥碑》,其文曰:

> 孝女曹娥者,上虞曹盱之女也。其先与周同祖,末胄荒沈,爰来适居。盱能抚节案歌、婆娑乐神。以汉安二年五月,时迎伍君,逆涛而上,为水所淹,不得其尸。时娥年十四,号慕思盱,哀吟泽畔,旬有七日,遂自投江死,经五日,抱父尸出。以汉安迄于元嘉元年,青龙在

辛卯,莫之有表,度尚设祭诔之。辞曰:

伊惟孝女,晔晔之姿。偏其反而,令色孔仪。窈窕淑女,巧笑倩兮。宜其家室,在洽之阳。待礼未施,嗟丧慈父。彼苍伊何,无父孰怙?诉神告哀,赴江永号。视死如归,是以眇然。轻绝投入,沙泥翩翩。孝女乍沉乍浮,或泊洲屿,或在中流。或趋湍濑,或还波涛。千夫失声,悼痛万余。观者填道,云集路衢。流泪掩涕,惊恸国都。是以哀姜哭市,杞崩城隅。或有克面引镜,劓耳用刀。坐台待水,抱树而烧。於戏孝女,德茂此俦。何者大国,防礼自修。岂况庶贱,露屋草茅。不扶自直,不镂而雕。越梁过宋,比之有殊。哀此贞厉,千载不渝。呜呼哀哉! 乱曰:

名勒金石,质之乾坤。岁数历祀,丘墓起坟。光于后土,显照天人。生贱死贵,利之义门。何怅华落,雕零早分。葩艳窈窕,永世配神。若尧二女,为湘夫人。时效仿佛,以昭后昆。

碑文又由"序"、"颂"和"乱"组成。碑文而有"乱",是汉代的作法,①后来就少见了。碑序部分交代人物地望、姓名,然后介绍其姓氏祖先,这是碑文的固定套路,一般都是要讲究的。然后就是死者主要业绩。这篇碑文文辞简练,颇得碑文体要。最后交代作碑的缘起。序文虽层次多,行文却简明扼要。碑颂部分,很奇特,文字形式上是四言、杂言并出,而且详细描写孝女投江救父的场景,有主有次。这里的详写,又与前面的序文简略互补,是碑文经心之处。或许正因为碑颂文部分是叙说,所以再加一个"乱"辞来颂扬。整篇碑文古朴大方。另外在用典上,按刘勰说法,碑文诔文的典故都需要"熔铸经诰",就是用语讲究引用经书,这样碑文才显得庄重。此碑是遵循了这一点的。不过,到南北朝,就引用其他典故了。邯郸淳还有《陈纪碑》,写得也很符合款式。

曹魏时期的《大飨碑》,一说曹植所作,一说卫觊之文。碑文开始说:"惟延康元年八月旬有八日辛未,魏王龙兴践阼,规恢鸿业。"延康之年就

---

① 刘师培:《中古文学论著三种》,辽宁教育出版社,1997年版,第140页。

是曹丕禅位的黄初元年。碑文名为大飨,是因为曹丕率大军向吴、蜀示威,"次于旧邑,观衅而动",于是"大飨六军,爰及谯县父老男女"。因此而作碑纪念。碑文很善于铺陈大飨的场面和气派,如曰:

> 临飨之日,陈兵清除,庆云垂覆,乃备伴御,整法驾,设天官之列卫,乘金华之鸾路。达升龙于太常,张天狼之威弧。千乘风举,万骑龙骧。威灵之饰,震曜康衢。既登高坛,荫九增之华盖,处流苏之幄坐;陈旅酬之高会,行无算之酬饮。旨酒波流,肴蒸陵积。瞽师设县,金奏赞乐。六变既毕,乃陈秘戏:巴俞丸剑,奇舞丽倒;冲夹逾锋,上索踊高。舩鼎缘橦,舞轮挺镜。骋狗逐兔,戏马立骑之妙技;白虎青鹿,辟非辟邪。鱼龙灵龟,国镇之怪兽,瑰变屈出,异巧神化。自卿校将守以下,下及陪台隶圉,莫不歆淫宴喜,咸怀醉饱。虽夏启均台之飨,周成岐阳之蒐,高祖邑中之会,光武旧里之宴,何以尚兹!是以刊石立铭,光示来叶。

先表法驾光临,之后是登坛旅酬,之后是"乃陈秘戏",之后再表全军的欢欣,最后落到"刊石"之意。场面阔大,热闹非常,颇似大赋的铺排,也为后来南朝写"三月三日"的皇家节日提供了蓝本。以上是作为碑文必要部分的序,下面的"颂"则是用的三言句式。在汉代的碑文中有这样用的,魏晋以后就少了。

曹魏时期还有嵇叔良(生卒年不详)《魏散骑常侍步兵校尉东平相阮嗣宗碑》。碑文写作,在魏晋时期蔡邕有崇高地位,为世所效。这篇碑,也是效法蔡邕的。套路化地叙说了碑主人的出处、祖先之后,就是对碑主的形迹传写,曰:

> (A)先生承命世之美,希达节之度。得意忘言,寻妙于万物之始;穷理尽性,研几于幽明之极。和光同尘,群生莫能属也;确不可拔,当涂莫能贵也。或出或处,与时升降;或默或语,与世推移。(B)望其形者犹登岳涉海,荡然无以究其高、测其深;览其神者,犹旁璞亲

珪,肃然无不钦其宝而伟其奇也。不屑夷、齐之洁,故其清不可尚也;不履惠连之污,故其道不可屈也。蘙瑷升降于卷舒,宁武去就于愚智,顾盼二子,不亦泰如?(C)危宗庙之牺,安不灵之龟,故无孤愤之逼而有涂中之广。观屈谷鸣雁,是以处才不才之间;察巨瓠纬带,是以游有用之际。夸大辨而御之以讷,资大白而洿之以辱。为无为而名不能累也,事无事而世不能役也。访垂天之翼于寂寞之域,投芒刀之颖于有解之会,固恢恢必余地,岂若接舆被张以养生,於陵观园以求实,龌龊近步,修轨辙而已哉!尼父议老氏于游龙,卫赐譬重仞于日月,揆之先生,其殆庶几乎!方将攀逸驾于洪涯,邀遐轨于巢州。跨宇宙以高挹,陵云霄以优游。享年如干,遘病而卒。(D)于是远鉴之士,有识之徒,先生之没,夫岂不慨然!临豪杰而存惠子之间,运斤斫而思郢人之工,乃探赜索隐以叙雅操,使将来君子知庄生之迹,略举其志。坤之曰……

若把蔡邕(133—192)的《郭泰碑》作一比较,是很清楚的:

(A)先生诞应天衷,聪睿明哲,孝友温恭,仁笃慈惠。夫其器量弘深,姿度广大,浩浩焉,汪汪焉,奥乎不可测已。若乃砥节厉行,直道正辞,贞固足以干事,隐括足以矫时。遂考览《六经》,采综《图》、《纬》,周流华夏,随集帝学,收文武之将坠,拯微言之未绝。(B)于时缨绫之徒,绅佩之士,望形表而影附,聆嘉声而响和者,犹百川之归巨海,鳞介之宗龟龙也。尔乃潜隐衡门,收朋勤诲,童蒙赖焉,用祛其蔽。州郡闻德,虚己备礼,莫之能致。(C)群公休之,遂辟司徒掾,又举有道,皆以疾辞。将蹈鸿涯之遐迹,绍巢许之绝轨,翔区外以舒翼,超天衢以高峙,禀命不融,享年四十有二,以建宁二年正月乙亥卒。(D)凡我四方同好之人,永怀哀悼。靡所冀念,乃相与惟先生之德,以谋不朽之事,佥以为先民既没,而德音犹存者,亦赖之于见述也。今其如何,而阙斯礼?于是树碑表墓,昭明景行,俾芳烈奋乎百世,令问显于无穷。其辞曰……

两文中的 A、B、C、D 标识段落符号,为笔者所加。可以看出,嵇叔良的碑文,大体是沿着蔡邕的体制走的,但也有明显的不同,这主要在 B、C 两部分。郭林宗是大名士,对士人名望地位升降荣辱有吹枯嘘生之力。又,郭泰曾拒绝官府征辟;而阮籍则是大隐于朝,所以写法上必须有所分别。如说他"无孤愤之逼而有涂中之广","资大白而洿之以辱"等等,用道家典故,赞美碑主,这样做突破了"熔铸经诰"的规矩,但也得其所宜。两篇碑文在形容夸赞的手法上则是一样的,只是嵇叔良碑文形容夸赞多,所以文长。这又是变化。还有值得注意的一点,阮籍做过官,碑文却一点也不写,表明作者的用心。

西晋的碑文数量今天所见也不多。夏侯湛(243—291)撰有《张平子碑》,从碑文开始介绍张衡"南阳此县人也"可知碑应树于南阳张衡故乡。恰好后汉后期崔寔也有《河间相张平子碑》,两下相较,夏侯湛碑文在碑序部分对张衡的各方面业绩的介绍要详细得多,尤其对其文学方面的业绩用笔更多。还有一个更大的差异,就是夏侯湛碑文个人情感的抒发:

> 南阳相夏侯湛,自涉境以经于诸邑,每县咨其故老,访其先贤,有兆者表其墓,经坟者揖其魂。涂出鲁阳,行次西鄂,眄狐山颂□英,历兹邑而怀天子。暨路过茔域,止驾衢首,睹封树之萧条,观高碑之称美。于是慨然永思,怆尔长怀。若死者可起,吾其与归!

这在以前的碑是极少见的。这样写,反映了当时对张衡的崇拜心理,魏晋以下文人心目中的偶像是张衡和蔡邕,合称"张蔡"。看来崔寔写张衡碑时,还不如此。陆机《文赋》云"碑披文而相质"。王闿运注曰:"以文述事,而不可以事为主。相质者,饰质也。"陆机之说强调、突出了碑文"文"的特征。夏侯湛的碑文中有较浓郁的抒情,亦可见晋代碑文向抒情化迈进的足音。

潘岳的碑文比较完整的是《荆州刺史东武戴侯杨使君碑》,碑主人是杨肇。潘杨两家为世亲。此文合乎规矩,但亮点不明显。另外潘尼(约250—311)也有一篇《益州刺史杨恭侯碑》。西晋后期李兴(生卒年不详)

撰《晋故使持节侍中太傅钜平成侯羊公碑》，写羊祜，颇得蔡邕之法。如下面段落：

> 以江寇未夷，乃命公都督荆州诸军侍中车骑将军，开府辟命，乃养民募财，开斥国界，创筑五城，以防寇卫境。然后阐敷皇风，怀远以德，知大同之业，思王化之则；齐其土人，均其利泽，军无虞警，民不疲劳，农功盈畴，百姓布野，群黎被德，殊俗望风，吴人感服，襁负而至者，四万余口。

写的是羊祜镇守荆州与吴国将军陆抗对峙的经历，文字十分简括。试将此段文字与《晋书·羊祜传》中对同一经历记载加以对比，就可以领略什么是史书的传，什么是碑文的"序"。碑文语句工致，又富有变化，行文连贯，很符合碑文的体式。

东晋碑文写得最好的，当推孙绰(314—371)。刘勰《文心雕龙》言："孔融所创，有慕伯喈……及孙绰为文，志在于碑；《温》、《王》、《郗》、《庾》，辞多枝杂，《桓彝》一篇，最为辨裁矣。"在承认孙绰志在碑文的时候，也说他文辞多"枝杂"。刘师培说："东晋以碑铭擅长者，当推孙绰、袁宏为最。"并云孙绰碑文"文笔之雅虽逊伯喈，而辞句清新，叙事简括，转折直接，皆得力于伯喈者为多"。并对"枝杂"之说不以为然。[①] 孙绰所写碑文，《晋书》本传载："绰少以文才垂称，于时文士，绰为其冠。温、王、郗、庾诸公之薨，必须绰为碑文，然后刊石焉。"如《丞相王导碑》(残文)概括王导的行迹：

> 玄性合乎道旨，冲一体之自然，柔畅协乎春风，温而俸于冬日，信人伦之水镜，道德之标准也。惠、怀之际，运在大过，皇德不建，神器再绝，狯犹孔炽，凶类焱起。公见机而作，超然玄悟，遂扶翼蕃王，室协东岳，弘大顺以一群后之望，仗王道以应天人之会。于时乾维肇

---

① 刘师培：《中古文学论著三种》，辽宁教育出版社，1997年版，164页。

振,创制理物,中宗拱己,雅仗贤相,尚父之任,具瞻在公。存烹鲜之义,殉易简之政,大略宏规,卓然可述。公雅好谈咏,恂然善诱。虽管综时务,一日万机,夷心以延白屋之士,虚己以招岩穴之俊,逍遥放意,不峻仪轨。公执国之钧三十余载,时难世故,备经之矣。夷险理乱,常保元吉,匪躬而身全,遗功而勋举,非夫领鉴玄达,百炼不渝,孰能莫忤于世而动与理会者哉?

先形容表象绘其玄鉴,这是老规矩,然后叙惠、怀之际,"公见机而作,超然玄悟,遂扶翼蕃王";之后叙王导之为政,"存烹鲜之义,殉易简之政,大略宏规,卓然可述",至为简括而确当。继而又叙说其执政三十年"公雅好谈咏,恂然善诱。虽管综时务,一日万机,夷心以延白屋之士,虚己以招岩穴之俊,逍遥放意,不峻仪轨"。从精神上凸显王导迈达冲虚、玄鉴劭邈的风神。行文也大体遵循汉代以来规矩,边叙边形容,如"于时乾维肇振,创制理物,中宗拱己,雅仗贤相"之后,加一句"尚父之任,具瞻在公":前边是叙,后面是形容;其中用典也是"熔铸经诰",行文庄重。文以偶句为主,兼行散句,句法灵活,文气疏朗。此文总体上显示出东晋碑文清丽的特点。孙绰碑文今存者还有《太宰郗鉴碑》、《太尉庾亮碑》等,风格大体一致,但不如《王导碑》丰腴。

东晋碑文还有庾阐(生卒年不详,东晋初期人)《右光禄大夫西平靖侯颜府君碑》。此碑文的特点是记载人物言行较具体,就是说它的风格向史传趋近。碑文也有套路性的出处、姓字乃至祖上的描写,也有一般行迹的述说与形容并行,不同的是他就一两件显示人物个性的事进行了较详细的描述:

> 兄畿,患亡更生,君弃绝人事,蓬首屏气,以就唅养者,十有三年,次(阙)繁钦孙,老而失明,合药须髯蛇胆,有青衣童子持裹授君,出户化成青鸟飞去。……冯怀欲为王导降礼,君不从。曰:"王公虽重,故是吾家阿龙。"君是王亲丈人,故呼王小字。王处明君之外弟,为子允之求君女婚,桓温君夫人从甥也。求君小女婚,君并不许。曰:"吾与

茂伦于江上相得,言及知旧,抆泪叙情。茂伦曰:'唯当结一婚姻耳。'吾岂忘此言?温负气好名,若其大成,倾危之道,若其(阙)败也,罪及姻党,尔家书生为门,世无富贵,终不为汝树祸。自今仕宦不可过二千石。(阙)婚嫁不须贪世位家。"时议者以君审裁。

文中"次(阙)繁钦孙"句,校诸《晋书》本传,或为"次嫂樊氏"之误。此段文字先是写他孝养"死而更生"的老父,关于颜父的死而复生《晋书》记载要详细得多,但碑文只是一语带过,显示作者剪裁的用心。另一件事就是服侍盲目年迈的次嫂,语涉荒诞,是当时神怪思想作怪。较精彩的是写他对"降礼"王导的态度及其为家庭子女所立的婚配条件。如此的笔触,确与传统碑文写作的体式发生了偏离。

三、魏晋哀、祭文

魏晋哀、祭之文也颇有可称述者。曹操(155—220)的《祀故太尉桥玄文》在文体上就有首创之功。其文曰:

> 故太尉桥公,诞敷明德,泛爱博容。国念明训,士思令谟。灵幽体翳,邈哉晞矣!吾以幼年,逮升堂室,特以顽鄙之姿为大君子所纳,增荣益观,皆由奖助,犹仲尼称不如颜渊,李生之厚叹贾复。士死知己,怀此无忘。又承从容约誓之言:"殂逝之后,路有经由,不以斗酒只鸡过相沃酹,车过三步腹痛勿怪。"虽临时戏笑之言,非至亲之笃好,胡肯为此辞乎?匪谓灵忿,能诒己疾,怀旧惟顾,念之凄怆。奉命东征,屯次乡里,北望贵土,乃心陵墓。裁致薄奠,公其尚飨!

此文作于建安七年(202年),曹操率军南征,驻扎家乡谯县,专门派人去桥玄墓地致祭,于是作此祭文。祭文开始赞美桥玄的德行,之后就说到了桥玄对自己的知遇之恩。据《三国志·武帝纪》记载,桥玄曾对曹操说过"天下将乱……能安之者,其在君乎"的话。祭文的光彩处是写桥玄当年和作者的那段"戏笑之言",显示出两人的亲近融洽。多少年过去了,当时的戏言,初想想,发笑;再想一想,就是悲哀了!文字善于生情,就在这里。而且,现在的致祭又是兑现当年的约定,这样写情致活泼。这都是曹操文章的特色。从形式上说,文字虽多四言,但仍是散文的体统。从祭祀文章的发展看,此文是首次以"祀(祭)某某"命名的篇章,而且结尾的"尚飨",也成了后来祭文遵守的结尾形式。所以,在文体上此文有开创的意义。

曹丕的哀祭类文有《武帝哀策文》,曰:

> 痛神曜之幽潜,哀鼎俎之虚置。舒皇德而咏思,遂腼臆以荐事。矧乃小子,夙遭不造。茕茕在疚,呜呼皇考!产我曷晚,弃我曷早。群臣子辅,夺我哀愿。猥抑奔墓,俯就权变。卜葬既从,大隧既通。漫漫长夜,窈窈玄宫。有晦无明,曷有所穷。卤簿既整,三官骈罗。前驱建旗,方相执戈。弃此宫庭,陟彼山阿。

文中能生情之处,一在言因体制群臣不让作者亲自送葬墓地之事,一在对"漫漫长夜,窈窈玄宫"的想象。

曹植有几篇哀辞,都是写给早夭的孩子的,符合"哀"这一文体的要求。其《曹仲雍哀辞》是给曹丕的儿子写的。《金瓠哀辞》是写自己早夭的"首女"的,文曰:

> 予之首女,虽未能言,固以授色知心矣。生十九旬而夭折,乃作此辞。曰:
>
> 在襁褓而抚育,向孩笑而未言。不终年而夭绝,何见罚于皇天?信吾罪之所招,悲弱子之无愆。去父母之怀抱,灭微骸于粪土。天地长久,人生几时?先后无觉,从尔有期。

"曰"之前是小序,之后是正文。这是"哀"辞通常的体式。说到小孩子的早亡,文章把责任推到大人——作者自己——头上,说这是自己的罪责所招。这也成为后来哀辞常有的内容。结尾说将来在地下见面,也为后来所遵循。这都是曹植此篇哀辞在文体上的影响。文章表达的是一种天伦损伤的悲哀,是人之常情。小孩子刚会笑,还不会说话,就离开人世,抓住这一点写,就足以引人哀伤了。又如曹植的《行女哀辞》:

行女生于季秋,而终于首夏,三年之中,二子频丧。

伊上灵之降命,何短修之难裁?或华发以终年,或怀妊而逢灾。感前哀之未阕,复新殃之重来。方朝华而晚敷,比晨露而先晞。感逝者之不追,情忽忽而失度。天盖高而无阶,怀此恨其谁诉?

文字也很短,但读到"感前哀之未阕,复新殃之重来",谁不同情?读到"方朝华而晚敷,比晨露而先晞",谁不怜惜?而"天高"、"谁诉"的语句,真情毕露,令人欷歔!

哀祭之文在西晋潘岳和陆机那里,也有不错的作品。《晋书》本传称潘岳"藻饰绝丽,尤善哀诔之文"。潘岳的哀辞之文,有代别人写的,又有写给自己的亲人的。他的"善哀诔之文",就"哀"辞讲,可能与他有锥心刺骨伤子之痛的经历有关。这一点很像曹植。例如《金鹿哀辞》、《伤弱子辞》、《哭弟文》、《哀妹辞》等,先言子息之悲,后言手足之丧,擅长"哀"辞,绝不是人生之福。他的《哭弟文》、《哀妹辞》都已残缺,《伤弱子辞》则写于元康二年,《西征赋》中说到过此事,时值潘岳前往长安任职途中。文曰:

惟元康二年春三月壬寅,弱子生。夏五月,余之长安。壬寅,次于新安之千秋亭。甲辰而弱子夭,越翼日乙巳,瘗于亭东,感嬴博之哀,乃伤之曰:

奈何兮弱子,邈弃尔兮丘林。还眺兮坟瘗,草莽莽兮木森森。伊遂古之遗胄,逮祖考之永延。咨吾家之不嗣,羌一适之未甄。仰崇堂之遗构,若无津而涉川。叶落永离,覆水不收。赤子何辜?罪我之由。

全文有序、有辞,其最后两句明显由曹植的《金瓠哀辞》而来。另外一篇《金鹿哀辞》曰：

> 嗟我金鹿，天资特挺。鬒发凝肤，蛾眉蛴领。柔情和泰，朗心聪警。呜呼上天，胡忍我门？良嫔短世，令子夭昏。既披我干，又剪我根。槐如瘣木，枯荄独存。捐子中野，遵我归路。将反如疑，回首长顾。

体式上很符合《文心雕龙》对哀体之文的要求，读文至"良嫔短世，令子夭昏"，原来潘女是在其妻子去世之后的不久夭折的。作者的这一悲伤之情就油然而生了！其披干、剪根的比喻也贴切自然。潘岳还有一篇《为任子咸妻作孤女泽兰哀辞》，是为别人写的：

> 泽兰者，任子咸之女也。涉三龄，未没衰而殒，余闻而悲之，遂为其母辞：
> 茫茫造化，爰启英淑。猗猗泽兰，应灵诞育。鬒发蛾眉，巧笑美目。颜耀荣苕，华茂时菊。如金之精，如兰之馥。淑质弥畅，聪惠日新。朝夕顾复，夙夜尽勤。彼苍者天，哀此矜人！胡宁不惠，忍子眇身？俾尔婴孺，微命弗振。俯览衾裯，仰诉穹旻。弱子在怀，既生不遂。存靡托躬，没无遗类。耳存遗响，目想余颜。寝席伏枕，摧心剖肝。相彼鸟矣，和鸣嘤嘤。矧伊兰子，音影冥冥。彷徨丘垄，徙倚坟茔。

写法上，明显比为自己儿女而哀伤的文字要更为铺陈。刘勰说哀辞在写作上应该是："幼为成德，誉止于察慧；弱不胜务，故悼加乎肤色。"（《文心雕龙·哀悼》）潘岳是坚持了这样的原则的。本文与上文的显著分别，是对孩子去世后母亲心意恍惚无所止依的刻画，颇能情文相生。刘勰在《文心雕龙·哀悼》中特意提到以上两篇，称其"直义而文婉，体旧而趣新"，是符合文章实际的。

潘岳还有《哀永逝文》，据《文选》五臣注吕延济注："辞岳伤妻之词。"

文章从启殡前夕起笔,写到入土后的"反哭"结束。如写上葬和反哭两段:

> 中慕叫兮擗摽,之子降兮宅兆。抚灵榇兮诀幽房,棺冥冥兮埏窈窕。户阖兮灯灭,夜何时兮复晓?
>
> 归反哭兮殡宫,声有止兮哀无终。是乎非乎何皇?趣一遇兮目中。既遇目兮无兆,曾寤寐兮弗梦。既顾瞻兮家道,长寄心兮尔躬。

前一节突出人死如万古灯灭,永入黑暗之境。后一节写生人回家后的空怀想念,感人至深。全文没有一句对妻子德行及音容笑貌的具体描述,只是顺着丧葬礼仪的各环节一路写来,如仪哀哭。以至于初看上去,好像是对人世所有出殡下葬之礼的描述。这正是文章的特点。不论是出于有意还是无意,文章的特有写法客观上都产生这样的效果:它不是突出某个死者的行迹,而是人的死亡这样一个普遍现象。显示出这篇文章是表达丧妻之痛的,是它的结尾文字:

> 重曰:已矣!此盖新哀之情然耳。渠怀之其几何?庶无愧兮庄子!

用《庄子》"鼓盆而歌"的典故。这是强打精神,反衬得丧主是凄凉无比!这就是潘岳的"善为哀"的地方。另外,诔文的语言,用的是《楚辞·九歌》的语调,句子在五六字之间,句法多变。在曹植的哀词,就可以发现他的诔体文章用四言,哀则用骚体六言的现象。这一点在潘岳这里得到继承,而且更加讲究。

潘岳也有祭吊之文,如《吊孟尝君》、《为诸妇祭庾新妇文》,但总体而言,这些文字就远不如陆机的了。陆机最著名的祭吊就是《吊魏武帝文》。文章序言说:"元康八年,机始以台郎出补著作,游乎秘阁,而见魏武帝遗令,忾然叹息,伤怀者久之。"曹操临死的遗嘱,由下文交代可以知,英雄气短,儿女情长。这让陆机起了大的感慨。感慨什么呢?吊文序言说:

夫日食由乎交分，山崩起于朽壤，亦云数而已矣。然百姓怪焉者，岂不以资高明之质，而不免卑浊之累，居常安之势，而终婴倾离之患故乎？夫以回天倒日之力，而不能振形骸之内；济世夷难之智，而受困魏阙之下。已而格乎上下者，藏于区区之木；光于四表者，翳乎蕞尔之土。雄心摧于弱情，壮图终于哀志。长算屈于短日，远迹顿于促路。

这段文字，绕来绕去，绕出的是这样一个意思：人生是一个悲剧！开始是打比喻，日有日食，山有崩坏，以喻人之有死。人之有死，不论贤愚贵贱，不论有回天之力的，有救世平难大功勋的，那些上天入地、光芒照世的，到头来都是一个"死"来了结。曹孟德盖世大英雄，不免于死，更难免于俗。序文接着说，看他那些絮叨的遗嘱，有的说得很好，有的就很没意思，有的甚至毫无道理。死是大限，也是考验，看吊文的序言，其实是曹孟德在死亡面前的有好有坏表现，激发了陆机。在讨论陆机赋的时候，就已经看到，陆机是一个敏感多愁的人。读曹操的遗嘱，激发了他对死亡这件事情的思考。这正是此文的价值。魏晋南北朝，士大夫信黄老，道教佛教都盛行，这些现象的实质是想解决生死问题，在很大程度上，是对死亡恐惧的消除，或更准确地说，是对死亡这事的有意忘掉——当人们相信道、佛可以延续生命或者死后有个好去处时，不都是在掩盖"人都要死掉"这一基本真实吗？此文的价值就在它不是这样的，而是以一种审视的目光，看一个了不起人物临死时的表现。文章对曹操遗嘱赞成或否定，又都是以有益于人生为理据的。这也实在不简单。

正文的部分是用赋的语体进行的，遵循的是贾谊《吊屈原赋》的路子。就叙述而言，文字颇得跌宕之妙。就是先把曹操平日的英雄盖世突出出来，意在与临死前的儿女情长的"婉转房闼之内，绸缪家人之务"形成对照。其中如下的文字：

抚四子以深念，循肤体而颓叹。迨营魄之未离，假余息乎音翰。执姬女以嚬瘁，指季豹而漼焉。气冲襟以呜咽，涕垂睫而泛澜。

写曹操向几个身边的儿子托付弱子幼女时泪眼婆娑的情形,十分传神。另外如下面文字:

> 惜内顾之缠绵,恨末命之微详。纡家人于履组,尘清虑于余香。结遗情之婉娈,何命促而意长!陈法服于帷座,陪窈窕于玉房。宣备物于虚器,发哀音于旧倡。矫戚容以赴节,掩零泪而荐觞。物无微而不存,体无惠而不亡。庶圣灵之响像,想幽神之复光。苟形声之翳没,虽音景其必藏。徽清弦而独奏,进脯糈而谁尝?悼缥帐之冥漠,怨西陵之茫茫。登爵台而群悲,眝美目其何望?既睎古以遗累,信简礼而薄葬。彼裘绂于何有,贻尘谤于后王。嗟大恋之所存,故虽哲而不忘。

大意是说曹操遗嘱中那些细微周详的内容,如让那些身后的后宫们卖鞋为生,身后留下的香怎么分,铜雀台要有姬妾对着自己的魂灵定时歌舞,等等,写这些,讽刺的意味是十分明显的。但是,"徽清弦"一句至"眝美目"几句,把曹操身后铜雀台作为亡灵寄放之地的凄凉寂寞,渲染得很动人。这样的渲染,到底是讽刺还是哀伤?就不易一句话说清楚了。

总之这篇吊祭的文字,对于贾谊的《吊屈原赋》有所继承,如融叙说、议论、评价于一炉,及语言、体式等;也有突破,那就是它的内容、格调。贾谊吊屈原是伤自己,陆机吊魏武,讽刺内容表明吊者与被吊者拉开了距离。文章真正引起读者共鸣的,倒不是他讽刺了曹孟德死前的少英雄气,而是文章把"死亡"变成了一个主题加以叙写这一点。格调的沉郁凄凉,与这一主题的表达也是相得益彰的。

东晋祭吊的文章也有不少可读的。如王珣(349—400)的《祭徐聘士文》:

> 豫章徐先生,陶精太和,诞膺一德,藏器高栖,确尔特立,贞一足以制群动,纯本足以息浮末。宣尼有言:"不事王侯,高尚其事。"若先

生者,抑亦当之矣。限兹遐路,无由造敬。系伫灵宇,乃情依依。故贡薄祀,昭述宿心。神而有灵,倘垂尚飨!

先简要概括评价徐先生一生,然后表致祭之意。要言不烦,文体合式。这样的祭文还有殷允(生卒年不详)的《祭徐孺子文》,开头"惟太元六年龙集荒落冬十月哉生魄,试守豫章太守殷君谨遣左右某甲奉清酌芗合,一簋单羞,再拜奠汉故聘士豫章徐先生",是祭文的一般格式。

陶渊明(365—427)有《祭从弟敬远文》、《祭程氏妹文》和《自祭文》三篇。《祭从弟敬远文》多用四言,这明显与魏和西晋的多用六言有分别,而且简要叙说从弟生平,又似哀诔,但最终决定该篇还是祭文的,是篇中"惟我与尔,匪但亲友"以下的一大段,因为它历数的是作者与从弟之间的交往和对从弟的了解。述说当中,悲情自见。如:

> 与汝偕行,舫舟同济。三宿水滨,乐饮川界。静月澄高,温风始逝。抚杯而言,物久人脆。奈何吾弟,先我离世。

想到当年一起出游,一起欣赏美景,不禁哽咽哀鸣。又如:

> 呱呱遗稚,未能正言。哀哀嫠人,礼仪孔闲。庭树如故,斋宇廓然。孰云敬远,何时复还?

表"遗稚",言"嫠人",形容人去后"斋宇"的空落,都是突出从弟去世的缺憾,是很令人伤情的文字!

更为动人的祭文是《祭程氏妹文》。据文首"服制再周",应是妹妹去世后十八个月左右写的。程氏妹,就是嫁给程家的妹妹,与陶渊明为同父异母手足。祭文想像妹妹去世后这些日子,她的家庭是"寒往暑来,日月浸疏。梁尘委积,庭草荒芜,寥寥空室,哀哀遗孤",以此话凄凉之境,反显妹妹为人妻、为人母的德行。然后祭文说:

> 嗟我与尔,特百常情。慈妣早世,时尚孺婴。我年二六,尔才九龄。爰从靡识,抚髫相成。

说自己与程氏妹情感深厚,特别写了妹妹生母去世很早,一句"爰从靡识,抚髫相成"写得具体生动,而又亲切。祭文提到自己生母去世后,兄弟之间关系变坏,互不来往,这样写貌似与祭妹无关,实则是以此突出与程氏妹兄妹之情的可贵,也表现出与程氏妹手足情感的笃实坚固。文字的情绪高潮在后半段:

> 黯黯高云,萧萧冬月。白云掩晨,长风悲节。感惟崩号,兴言泣血。寻念平昔,觞事未远。书疏犹存,遗孤满眼。如何一往,终天不返。寂寂高堂,何时复践?藐藐孤女,曷依曷恃。茕茕游魂,谁主谁祀?奈何程妹,于此永已!死如有知,相见蒿里。呜呼哀哉!

这是想像出来的景色,更是妹妹去世后哀祭者眼中风云变色的惨淡世界!手中的"书疏"、心中的"遗孤",痛断肝肠!全文有回忆,有叙述,情文相生,结构极为清晰,感情波澜起伏。文字上,依然是陶渊明固有的恬淡冲和,但是在情感表现上则力度强劲。此文是我国祭文中较早的祭悼胞妹的文字,对后世影响很大。

陶渊明的《自祭文》,也是有开创意义的祭文。曰:

> 岁惟丁未,律中无射。天寒夜长,风气萧索。鸿雁于征,草木黄落。陶子将辞逆旅之馆,永归于本宅。故人凄其相悲,同祖行于今夕。羞以嘉蔬,荐以清酌。候颜已冥,聆音愈漠。
>
> 呜呼哀哉!茫茫大块,悠悠高旻。是生万物,余得为人。自余为人,逢运之贫。箪瓢屡罄,绨绤冬陈。含欢谷汲,行歌负薪。翳翳柴门,事我宵晨。春秋代谢,有务中园。载耘载耔,乃育乃繁。欣以素牍,和以七弦。冬曝其日,夏濯其泉。勤靡余劳,心有常闲。乐天委分,以至百年。惟此百年,夫人爱之。惧彼无成,愒日惜时。存为世

珍,没亦见思。嗟我独迈,曾是异兹。宠非己荣,涅岂吾缁?捽兀穷庐,酣饮赋诗。识运知命,畴能罔眷?余今斯化,可以无恨。寿涉百龄,身慕肥遁。从老得终,奚所复恋。寒暑逾迈,亡既异存。外姻晨来,良友宵奔。葬之中野,以安其魂。窅窅我行,萧萧墓门。奢耻宋臣,俭笑王孙。廓兮已灭,慨焉已遐。不封不树,日月遂过。匪贵前誉,孰重后歌。人生实难,死如之何。呜呼哀哉!

这篇《自祭文》照苏轼的说法是"出妙语于纩息之余","纩"是一种丝绵,古人将它放到要死人的鼻孔前,验证人是否已经去世,称"属纩"。无论如何,这篇文字应该是陶渊明深感自己大限来临之际的文字。在他之前,班婕妤有《自悼赋》、息夫躬有《绝命词》,作文自祭的,陶渊明还是头一次。祭文检点自己的平生,表达了对自己一生的无悔之评。文章说自己一出生就跟一个"贫"字打交道,但从"含欢谷汲"以下到"乐天委分,以至百年",全然一幅安贫乐道的境地。祭文也拿自己的百年与他人作比较,说别人"惧彼无成",自己则是忘怀荣辱,"酣饮赋诗"。对死亡也很超脱,说"不封不树,日月遂过。匪贵前誉,孰重后歌",身后的名声就由他去。祭文的特别处在它能在最后又转出一层:死后的世界是什么样子? 在自祭作者,死好像是一个新的出发点,从此前行是赶赴另一次的人生。这实在是此篇祭文的妙处。陶渊明不愧是一位文体大家!

第三节　南朝诔碑哀祭文

南北朝(420—589)时期诔碑哀祭的文体文章仍然繁盛不已。文字的篇幅变长是一个显著的特点；语言骈俪、用典繁复、声律上更加讲究，是另一突出的特点。

一、南朝诔文

南朝诔文流传下来的大概二十篇左右，字数都在五百字以上，千字以上要占多数。江淹《齐太祖高皇帝诔》是诔文有史以来的最长篇，竟有一千八百一十七字。

南朝诔文在内容和文体上还有一个潮流性的变化，就是释僧诔文的增加。既有文士为得道高僧作诔的，如谢灵运的《庐山慧远法师诔》、《昙隆法师诔》和张畅的《若耶山敬法师诔》；又有擅长文学的释僧为同行作的，如释慧琳的《龙光寺竺道生法师诔》、《武丘法纲法师诔》、《新安寺释玄运法师诔》和释僧肇的《鸠摩罗什法师诔》等，都篇幅庞大。这些在序言和正文内容分配上，明显地偏向于序。序文着意刻画释僧们是如何舍家弃妻、清心寡欲、归隐山林、寻求人生真谛的。如谢灵运(385—433)在《昙隆法师诔》中写昙隆法师"慨然有摈落荣华、兼济物我之志。母氏矜其心，姊弟申其操，遂相许诺，出家求道。一身既然，阖门离世，妻子长绝，欢娱永谢"，"一登石门香炉峰，六年不下岭。僧众不堪其操，法师不改其节"云云。人物的遭遇和秉性历历在目。释慧琳(生卒年不详)《龙光寺竺道生法师诔》详细述说法师辞世日期和地点，更详细追述法师的籍贯和生平，称他"天资聪茂，思悟夙挺，志学之年，便登讲座。于时望道才僧、著名之士，莫不穷辞挫虑，服其精致。……中年游学，广搜异闻。自杨徂秦，登庐蹑霍。罗什大乘之趣，提婆小道之要，咸畅斯旨，究举其奥"。僧肇(384—414)《鸠摩罗什法师诔》在序言开始就是一番议论："夫道不自弘，弘必由人；俗不自觉，觉必待匠。待匠，故世有高悟之期；由人，故道有小成之运。运在小成，则灵津辍流；期在高悟，则玄锋可诣。然能仁旷世期将千载时师邪？心是非竞起，故使灵规潜逝，徽绪殆乱。"后再概括法师的生平大要。"有什法师者，盖先觉之遗嗣也。凝思大方，驰怀高观。审释道之陵迟，悼苍生之穷蔼。故乃奋迅神仪，寓形季俗。继承洪绪，为时城堑。世之安寝，则觉以大音。时将昼昏，乃朗以慧日。思结颓纲于道消，缉落绪于穷运"。以此突出鸠摩罗什法师事业的赫然。这些诔文在语言上与当时其他文体一样华丽，符合当时文风潮流。这以谢灵运两篇释僧诔为最，几乎都是四句一韵，其中不乏对仗句。如《昙隆法师诔》，在历数法师生平、道义之后，曰：

缅念生平，同幽共深。相率经始，偕是登临。开石通涧，剔柯疏林。后眺重叠，近瞩岖嵚。事寡地闲，寻微探赜。何句不研，奚疑弗析。帙舒轴卷，藏拔纸襞。问来答往，俾日馀夕。沮溺耦耕，夷齐共薇。迹同心欢，事异意违。承疾怀灼，闻凶懑悲。孰云不痛，零泪沾衣。呜呼哀哉！行久节移，地边气改。终秋中冬，逾桂投海。永念伊人，思深情倍。俯谢常人，仰愧无待。呜呼哀哉！

回忆自己与法师的交游，黯然神伤！

其他方面的诔文如谢灵运的《武帝诔》《庐陵王诔》，颜延之的《阳给事诔》《陶徵士诔》，江淹的《齐太祖高皇帝诔》，谢庄的《孝武帝宣贵妃诔》，王僧孺《从子永宁令谦诔》和江总(519—594)的《梁故度支尚书陆君诔》等都是代表性作品。谢灵运的《武帝诔》序言简意赅，"九有同悲，四海等哀。矧伊下臣，思恋徘徊。敢遵前典，式述圣徽"。正文都是赞美之词。《庐陵王诔》交叠着四言和骚体，在语体上把诔文句式和哀祭文融合起来，打破了魏晋以来诔文用四言、哀祭多六言的界限。江淹(444—505)的《齐太祖高皇帝诔》体制宏大。齐高祖对于江淹有知遇之恩，此篇诔文的写作很用心力。在语体上，前半段以四言为主，历数齐高帝的行迹，下半段说到齐高帝之死后，改用六言为主的句子，也是诔文加祭文的体式，与谢灵运诔文一样，有突破传统的特点。另外在语言的风调上十分灏畅痛快，显示出江淹文章的本色。

谢庄(421—466)的《宋孝武宣贵妃诔》是南朝诔文的名作,其文叙述武宣妃的容貌才德时曰:

> 元丘烟煴,瑶台降芬。高唐溅雨,巫山郁云。诞发兰仪,光启玉度。望月方娥,瞻星比婺。毓德素里,栖景宸轩。处丽绨绤,出懋苹蘩。修诗赍道,称图照言。翼训姒幄,赞轨尧门。绸缪史馆,容与经闱。陈风缉藻,临象分微。游艺殚数,抚律穷机。踌躇冬爱,怊怅秋晖。

哀诔的是妃子,所用的典故与诔主后宫身份相符,藻饰华丽,显示出作家骈体功夫甚高。其"赞轨尧门"一句,用《汉书·班婕妤传》的典故,据《宋书》谢庄本传载,引起当时东宫太子(后来的废帝)嫉妒,以至登基后要杀谢庄。

其写赴葬及葬讫两段曰:

> 题凑既肃,龟筮既辰。阶撤两奠,庭引双辒。维慕维爱,曰子曰身。……旌委郁于飞飞,龙逶迟于步步。锵楚挽于槐风,喝边箫于松雾。涉姑繇而环回,望乐池而顾慕。呜呼哀哉!

> 晨韬解凤,晓盖俄金。山庭寝日,隧路抽阴。重扃冈兮灯已黯,中泉寂兮此夜深。销神躬于壤末,散灵魄于天浔。响乘气兮兰驭风,德有远兮声无穷。呜呼哀哉!

也是把魏晋的哀祭文的内容融合到诔中来,抒情上更加哀恻凄绝。《南史·后妃传上》载:"谢庄作哀策文奏之,帝卧览读,起坐流涕曰:'不谓当今复有此才。'都下传写,纸墨为之贵。"可见此文的巨大影响。

颜延之(384—456)以《阳给事诔》和《陶徵士诔》最出名。前一篇颇受潘岳《马汧督诔》影响。《阳给事诔》的主人公阳瓒坚守滑台城不降,不幸以身殉国,宋少帝追赠其为给事中。《阳给事诔》以序文略表其事,着重以正文刻画阳瓒坚守的战争场面,其截取人物一生主要勋业片断来加以称述的手法,取法潘岳而有自己特点。《陶徵士诔》则更为流荡动人,因为作者与诔主人有过许多交往,深敬其人。诔文序言介绍诔主生平,语言精巧。颜延之好用典、善"雕绘",如诔中说陶渊明的出处,有"远惟田生致亲之议,追悟毛子捧檄之怀"句,用《韩诗外传》和后汉姜革的典故,十分贴切。又如正文写陶渊明隐居:

> 晨烟暮霭,春煦秋阴,陈书辍卷,置酒弦琴。居备勤俭,躬兼贫病。人否其忧,子然其命。隐约就闲,迁延辞聘。非直也明,是惟道性。

表诔主隐居生活,很得其风神。说陶渊明的隐居实出"道性",亦非皮毛。此段文字可谓形神兼备。以下是写自己与诔主交往的片段:

> 自尔介居,及我多暇。伊好之洽,接阎邻舍。宵盘昼憩,非舟非驾。念昔宴私,举觞相诲:独正者危,至方则碍;哲人卷舒,布在前载;取鉴不远,吾规子佩。尔实愀然,中言而发:违众速尤,迕风先蹶,身才非实,荣声有歇。睿音永矣,谁箴余阙。呜呼哀哉!

回忆自己与陶渊明的一段对话。言犹在耳,斯人已去,文字也善于生情。前人对此文评价很高。高步瀛《南北朝文举要》引浦二田语曰:"以雕文篆组之工,写熨贴清真之旨。最难措笔者,就命辞征也……念往一节,尤俯仰情深矣。"又引谭复堂语谓:"味如醇醪,色若球璧。有道之士,知己之言。"①

王僧孺(465—522)的《从子永宁令谦诔》,写侄子为官在外,客死他乡。序言:

> 况风云万里,间此山川,客思故乡,次房之念何极?轻棺反蜀,允

---

① 高步瀛:《南北朝文举要》,中华书局,1989年版,第36页。

南之思可知，而魂兮眇眇，扁舟靡靡，生人之望已冥，死归之期又阻，痛心伤目，岂伊一事！

这样的特殊情况，增加了悲伤，特别感人。诔文后半部分又说：

> 驱车崎嶝，执手河干。三川萦薄，七岭悠漫。自兹不见，心譬回澜。岁伫会面，日望音翰。欢无一绪，悲有万端。蒙阴遽戢，扶景易残。即斯大暮，为此一棺。山足难晓，垄首易寒。秋虫相叫，暮羽来抟。宿草行没，宰树方攒。昭涂长已，大夜斯安。孰知冥默，徒此泛澜。呜呼哀哉！

说自己等待与从侄的见面，可等来的是棺木。之后又渲染环境，可谓情动于中，举目皆哀，真所谓情至文达！

由上可知，诔文在南朝发生了显著变化。语言骈俪明显，正文部分几乎全部用韵，诔文和哀、祭之体的分别也被打破。另外，诔文施用范围也扩大到释僧、隐士。诔文长篇化，诔序和正文都变长，而且两者所占全篇字数为一半对一半，抒情色彩大大增加。这都表明诔文在南北朝时期进入了脱胎换骨的时代。

二、南朝碑文

刘宋(420—479)时期，又重新禁碑。裴松之(372—451)在其《请禁私碑表》中说：

> 碑铭之作，以明示后昆，自非殊功异德，无以允应兹典。大者道动光远，世所宗推；其次节行高妙，遗烈可纪。若乃亮采登庸，绩用显著，敷化所莅，惠训融远，述咏所寄，有赖镌勒，非斯族也，则几乎僭黩矣。俗敝伪兴，华烦已久。是以孔悝之铭，行是人非；蔡邕制文，每有愧色。而自是厥后，其流弥多，预有臣吏，必为建立，勒铭寡取信之实，刊石成虚伪之常，真假相蒙，殆使合美者不贵，但论其功费，又不

可称。不加禁裁,其敝无已。以为诸欲立碑者,宜悉令言上,为朝议所许,然后听之,庶可以防遏无征,显彰茂实,使百世之下,知其不虚,则义信于仰止,道孚于来叶。

大意是有特殊功勋业绩者才可以立碑,以后人死立碑要奏请朝廷,经许后方可。在这样的情况下两种变化了的形式即墓志铭和行状的写作增多了。其他用途的碑文如修庙、造像等也在增加。南朝碑文仍然以蔡邕碑文为典范。据《南史·豫章文献王嶷传》,嶷薨后,乐蔼为之立碑,并请沈约为文,沈约曰:"郭有道汉末之匹夫,非蔡伯喈不足以偶三绝。谢安石素族之台辅,时无丽藻,迄乃有碑无文。况文献王冠冕彝伦,仪刑宇内,自非一代辞宗,难或与比。"从中不难看出南朝碑文奉蔡邕碑为圭臬。刘师培言:"碑铭之体应以蔡中郎为正宗,然自齐梁以迄唐五代,碑文虽逊于伯喈,其体式则无殊于两汉,盖唯辞采增华,篇幅增长而已。"①

南朝碑文开端,一般典丽工致,多以抒情、议论引领全文。之后是对亡者行迹的边叙边形容的言说,序文篇幅一般较长,如王俭(452—489)有《褚渊碑》,序文先说褚渊祖上及本人行迹。褚渊是一个由宋入齐的人,经历复杂,因此碑文对碑主行迹的述说也长,需要起承转合,此篇文字的特点就是起承转合的运笔自如,为刘师培所称赞。此外,一些语句也颇为精彩。

沈约(441—513)《齐故安陆昭王碑文》也是作于南齐时,与《褚渊碑》框架上一样,在行迹叙说上则结构不同。《褚渊碑》善于起承转合,沈约此碑文讲碑主人的行迹则是扇面排开,一个方面一个方面地讲,然后加以总结。在用笔措辞上,刘师培说它的"好处在妥帖自然"。②

墓志铭实际也是一种碑文。《文选·墓志》李善注引吴均《齐春秋》说:"王俭曰:石志不出礼典,起宋元嘉颜延之为王琳石志。"说墓志铭起于刘宋,不过李善注任昉《刘先生夫人墓志》时,又引《皇览·圣贤冢墓志注》

---

① 刘师培:《中古文学论著三种》,辽宁教育出版社,1997年版,第169页。
② 刘师培:《中古文学论著三种》,辽宁教育出版社,1997年版,第174页。

中就有"墓志"之文,另《全晋文》"阙名"部分有"墓志"一篇,从其"邪恶奔走,千祥百福,永施后焉"看,其作意是辟邪求祥的。再看一些刘宋时期的墓志,如《宋故散骑常侍护军将军临沣侯刘使君墓志》,是把死者从他的曾祖至其儿女及儿女的官职存殁等情况,一一列出。有的还有序,正文四言,与碑诔相似,大多不是很长。一些文学家的此类作品,如任昉的墓志文,文体上很像谢庄写的墓志铭,看来是有所遵循的。总之,墓志起源要早得多,而较早期的墓志之体式与后来的差异不小。颜延之墓志文,今已不存。《文选》选入任昉(460—508)的《刘先生夫人墓志》。文曰:

既称莱归,亦曰鸿妻;复有令德,一与之齐。实佐君子,簪蒿杖藜;欣欣负载,在冀之畦。

居室有行,亟闻义让。禀训丹阳,弘风丞相。籍甚二门,风流远尚。肇允才淑,闻德斯谅。

芜没郑乡,寂寞杨冢。参差孔树,毫末成拱。暂起荒埏,长扃幽陇。夫贵妻尊,匪爵而重。

文分三段。头一段是帽子,用老莱子、梁鸿之妻等典故,说明"妻者,齐也"的意思,好妻子可以成就丈夫的志向。这样说不知是赞美墓志的女主人,还是骂她,因为文中刘先生(名瓛)曾经出妻。接着就是墓志主人的身世,很简单,只说她是琅琊王氏名门之后,与刘的门第相若。之后,又说刘的坟墓很荒芜,长满了各种树木,说现在重新打开墓葬,是要合葬刘夫人王氏。据史载,刘瓛死后梁朝曾下诏立碑,所以夫贵妻荣。墓志写得很简单,或许与刘夫人生前与丈夫关系不好有关。这篇墓志与碑文行文绵密的对比是鲜明的,似乎意味着墓志的写作还在初始时期。不过,据吴讷《文章辨体序》说,这是一篇墓志的变体。再看梁简文帝(503—551)的《徵君何先生墓志》,先是一大段的序言:

先生履玉烛之祯气,应大贤之一期,实生而知机,抚尘斯庶。敬非习起,孝乃因心;聚徒教习,学侣成群。与沛国刘瓛、汝南周颙为友,陆琏、贺玚之徒,更道北面。永明中,王文宪俭受诏撰《礼》,未竟而卒,属在司徒文宣王,王以让先生,因广加刊辑。故以含文燕居,说六典五恩之义。或齐侯所不镇,孟嘉所未知,皆折兹大物,成此良教。小人道长,每讽《考槃》之诗;君子道消,便执天山之筮。乃毁车挂冠,拂衣东岭,始居若耶,来从秦望。今上经纶天地,权舆鼎业,始征为军谋祭酒,实允文若之举,且光彦先之选。又征特进右光禄大夫,高尚其事,确乎不拔,玄缥徒往,束帛虚归。而给白衣尚书禄,固辞不受,卒空乎其山。正衾在殡,嗤镂器与玉衣;《尧典》入棺,耻密章及书绶。知与不知,并怀怆恍。咸以人亡素朴,礼坠文章,洙泗颓经,扶风罢学。关西疑圣之德,自此长沦;高松引风之气,于兹永息。余昔在殊方,亟枉翰迹,钦风味道,迄淹岁时。既而位阻桂宫,涂乖咫尺。不获拥经步至,问春卿之疴;徐轮三反,入杜夷之舍。痛祥云之灭采,悲列曜之晞晖。追勒高乡,乃为铭曰……

文体与碑文序言差不多,以说明墓志主人的行迹品德。继而就是一段有名的四言赞述之辞:

文范高世,玄晏绝伦;复有令德,远之与均。谁与均此?呜呼哲人!第五肥遁,馀轨尚遵;司空开学,其风不泯。传兹孝敬,曰悌且仁。气高琼岳,心虚谷神;括羽儒圃,舟舆席珍。既游慧水,兼引法轮;谈扇犹在,鸣琴尚陈。如何不愁,德素长沦;寂寥岩穴,荒凉渭滨。桥曰只鸡,徐称酹素;余钦夫子,风期夙著。蓄思含毫,传芳写誉;沉础虽贞,玄泉无曙。

墓志到此,实际与碑文已经一样了。

与碑文写作关系密切的还有行状一体。据吴讷《文章辨体序》说人死后为求他人作碑文,先要写好死者的行迹功业即"行状",以便于碑文作者参考。不过,"行状"之起,应该是从一种公文转化而来的。蔡邕《与何进书荐边让》"更以属缺招延,表贡行状,列于王府"。汉桓帝时荀闶《奏事》

也有"条疏行状"之语。据《后汉书》注征引文献,东汉有《先贤行状》。南朝的死者行状以任昉《齐竟陵文宣王行状》和沈约《齐禅林寺尼净秀行状》最为完整。兹只谈前者。

《齐竟陵文宣王行状》之前,有"祖太祖高皇帝,父世祖武皇帝"单提行,又有"南徐州南兰陵郡县都乡中都里萧公,年三十五行状"。这应是行状的固定格式。接下来就是叙说死者的生平。文字似碑,也像传;介乎两者之间,正是行状的文体特点。请看《齐竟陵文宣王行状》如下的文字:

> 初,沈攸之跋扈上流,称乱陕服,宋镇西晋熙王、南中郎邵陵王并镇盆口。世祖毗赞两藩,而任总西戎。公时从在军,镇西府版宁朔将、军主、南中郎版补行参军,署法曹。于时景烛云火,风驰羽檄,谋出股肱,任切书记。迁左军邵陵王主簿记室参军。既允焚林之求,实兼仪形之寄。刀笔不足宣功,风体所以弘益……

从开始到"记室参军",是散文句子,记事也是实的,颇像史传。"既允"之后,就是形容和缘饰,赞述为主且骈俪明显了。更能显示行状特点的是讲述生平之后,还有对状主一番品德上的概括,像竟陵王这样的,还要交代他的著作文章。这就是其他碑文、诔文或者哀祭所没有的了。至于在这样的框架下如何遣词造句,部署内容,那就看作家才性如何了。

总体来看,南朝碑文仍是叙赞结合,但与汉晋碑文相比更为细密。另外因刘宋禁碑,墓志的写作在南朝也有大的发展。行状之文,此时也有了可以作为范本的篇章。

但是,南朝还有与死亡无关的碑文,如王中(巾)[①]的《头陀寺碑》,梁简文帝的《招真馆碑》、《吴郡石像碑》,沈约的《桐柏山金庭馆碑》等,都是关于佛教和道教建筑或石像的;此外徐陵的《司空徐州刺史侯安都政德碑》,是因百姓请求而立的。

王巾(生卒年不详)的《头陀寺碑》顾名思义是关乎佛教寺庙建筑的。

[①] "中"字读法有不同解释,高步瀛《南北朝文举要》、钱钟书《管锥编》等都认为是"巾",从之。

给一座佛庙立碑与给一个死者刻石有其相似性：都是为了纪念。纪念一座庙的新生，王巾的叙述是从佛教的诞生开始的，这和亡者碑从死者祖宗八代说起相似；之后再从大教东来，讲到头陀寺建造前因后果、相关人物等；这也和死者碑有其一致的地方。王巾的碑文写得好，当然在它的结构匀称，前后有秩序，更主要的还在他用典，尤其是用佛教的典故贴实自然。还有，就是景物的描述出彩，如下面的一段：

> 头陀寺者，沙门释慧宗之所立也。南则大川浩汗，云霞之所沃荡；北则层峰削成，日月之所回薄。西眺城邑，百雉纡馀；东望平皋，千里超忽。信楚都之胜地也。
>
> 亘丘被陵，因高就远。层轩延衮，上出云霓。飞阁逶迤，下临无地。夕露为珠网，朝霞为丹腹。九衢之草千计，四照之花万品。崖谷共清，风泉相涣。金资宝相，永藉闲安。息心了义，终焉游集。

都是能状景物的漂亮文字。其碑铭部分，"爱流成海，清尘为岳"，用的是释典习语造句，不落俗套；其"亘丘被陵"以下几句，又分明为王勃《滕王阁序》所借鉴。①

梁简文帝的《招真馆碑》、《吴郡石像碑》两文，前者为道观所作，后者为佛像所为。两者写法大同，不过在文字上，因宗教不同所用典故亦有分别。《招真馆碑》有如下的描写：

> 帷叶彩花，卷舒蹊径。阳桃候枣，荣落岩崖；树息金乌，檐依银鸟。凤将九子，应吹能歌；鹤生七岁，逐节成舞。旭日晨临，同迎若华之色；夕阳斜影，俱成拂镜之晖。玉础微润，应山云于高牖；鸣籁徐响，引和风于空谷。

从山间蹊径写到馆堂本身，一路风光无限，确实为骈体的佳作。前人

---

① 钱钟书：《管锥编》，中华书局，1979年版，第1442页。

以"长笛短箫,一何清绮"[1]来称道此文。《吴郡石像记》亦有可观之处。沈约的《桐柏山金庭馆碑》是代言体,是替一位道教之士写的。桐柏山在今浙江天台。由于金庭馆是受齐高帝之命所建,有为国家祈福的责任,所以沈约用代言体式,利于内容表现。此文风格一如沈约其他文章,靡丽之中见风骨。其"启基桐柏,厥号金庭。乔峰迥峭,擘汉分星。临云置垾,驾岳开榠,涧涂骞产,林祈葱青",精彩地写出道观居高临下之感。

德政碑是为一些为政一方得百姓喜爱的人物表记功德的文字。徐陵(507—583)的《司空徐州刺史侯安都德政碑》就是这方面的名篇。侯安都,《陈书》有传。碑文与亡者碑一样,由序言和碑铭组成,序言也是从先世说起,再历数本人功业,然后落在他为政一方所表现的德治。这是碑文重点,其文字也实在不错,如云:

> 乃授司空公南徐州刺史。于是镇之以清静,安之以惠和,望杏敦耕,瞻蒲劝穑。室歌千耦,家喜万钟,陌上成阴,桑中可咏。春鹛始啭,必具笼筐;秋蜩载吟,竟鸣机杼。或啸拜灵祝,躬瞻舞雩,去驾拥于风尘,还旌阻于飘沐。京坻岁积,非劳楚堰之泉;仓廪年丰,无用秦渠之水。虽复东过小县,夏逐其轻轮,南渡沧江,秋涛弭其张盖,固不得同年而语矣!

"望杏敦耕"以下数句,清新明丽,如诗如画,是骈俪化的绝妙好词。作为德政碑,如下的语句是必须要有的:"于是州民散骑常侍王瑒等拜表宫阙,请扬兹美化,树彼高碑,民欲天从,允彰丝诰……"这与《陈书·侯安都传》中的"吏民诣阙表请立碑,颂美安都功绩,诏许之"相符。

南朝这些亡者碑以外的碑文,总体成就是超过同时的亡者碑文的,正是这些篇章,使南朝碑文写作明显地不同于以往。

---

[1] 高步瀛:《南北朝文举要》,中华书局,1989年版,第294页。

三、南朝的哀、祭文

南朝祭吊哀策的文章也不少,许多作家都有这方面的文字。然而整个南朝时期各种祭文,以见于《文选》的谢惠连《祭古冢文》、颜延之《祭屈原文》和王僧达《祭颜光禄文》为最优。谢惠连(397 或 407－433)《祭古冢文》在本书序文部分曾经谈到。作此文时,谢惠连为彭城王刘义康法曹参军。文系代言,实际的致祭者,据文章为"临漳令亭侯朱林"。祭文正文部分先说明墓葬的发现情况,然后是一系列的发问:"追惟夫子,生自何代?耀质几年?潜灵几载?为寿为夭?宁显宁晦?铭志湮灭,姓氏不传。今谁子后?曩谁子先?功名美恶,如何蔑然?"之后就是关于移葬的说明。一般祭祀对象是亲故熟人,此文的特点是祭祀无主荒冢。祭文固然是安抚被扰乱的无主亡灵,然而一股无名的惆怅流荡于文字之间,是一种独特的幽古之思。文字简短,很得事宜之体。

颜延之的《祭屈原文》是颜延之出任始平县令经过汨潭时,为湘州刺史所作。文人好祭吊屈原,贾谊之后不乏其文。此篇祭文,文字简洁,体式完备,赞美屈原情操,表达敬慕之情,情绪很淡。王僧达(423－458)《祭颜光禄文》也颇简要,但情绪的表达则要浓郁许多,除了称赞亡者之外,祭者还写了自己与亡者的交往以及死亡的突然,曰:

游顾移年,契阔燕处。春风首时,爰谈爰赋。秋露未凝,归神太素。明发晨驾,瞻庐望路。心凄目泫,情条云互。凉阴掩轩,娥月寝耀。微灯动光,几筵谁照?衾衽长尘,丝竹罢调。揽悲兰宇,屑涕松崤。古来共尽,牛山有泪。非独昊天,歼我明懿。以此忍哀,敬陈奠馈。

春风和畅的时节还在一起谈笑作文,秋霜伊始人就没有了,最让人神伤! 之后就是一番人去庐空、物是人非的触景生情。最后又说人死是常情,故作通达之语来镇痛,文意反而多了一层。文章造语讲究,藻饰华丽,却不碍真情流露,颇难能。

南朝时还有一篇值得注意的祭文出自女性之手,那就是梁刘令娴《祭夫文》。刘令娴(生卒年不详)为刘孝绰之妹,徐勉的儿媳妇,是一位才女。据《梁书·刘孝绰传》载,徐勉之子徐悱亡故,徐勉欲作文哀祭,见儿媳妇刘令娴祭文,于是搁笔。这篇祭文不长,以清雅之笔,抒哀恻之情,如写夫妻生活:"简贤依德,乃隶夫君。外治徒举,内佐无闻。幸移蓬性,颇习兰薰。式传琴瑟,相酬典坟。"说夫妻结合之后,自己内助做得不好,又说自己受丈夫的熏陶;最后两句则把夫妻和睦雅致的生活交代出来。进而笔触一转,写到丈夫的死亡:"辅仁难验,神情易促。霣碎春红,霜雕夏绿。躬奉正衾,亲观启足。一见无期,百身何赎。呜呼哀哉!""霣碎"、"霜雕"两句新颖而贴切。又写到祭奠:"敢遵先好,手调姜橘。素俎空干,奠觞徒溢。昔奉齐眉,异于今日。"由眼前的上祭,想到了平日的举案齐眉,不禁悲从中来,正是文章善于生情之处。最后表达了自己的守节之志。全篇文字简短,哀哀婉婉,历来被称赞。

南朝的哀策文,以颜延之《宋文皇帝元皇后哀策文》、谢朓《齐敬皇后哀策文》以及梁简文帝萧纲《大同哀辞》为佳。文体融合,是南朝各种碑诔哀祭之文的基本倾向,表现在颜延之和谢朓的两篇就是名为哀辞,实则诔文。具体表现就是两篇哀策文都历数皇后的家世和她们的德行,以及殡葬时的光景等。在写法上,两篇哀策都是从皇后的死亡时间起笔,然后说起殡之际的祭奠,交代出哀策之文的宣读,之后进入有韵律的正文。因死者的不同,两文写法也有分别,颜延之《宋文皇帝元皇后哀策文》的哀主是新亡故者,所以悲哀的气氛浓烈一些,而且像"霜夜流唱,晓月升魄"的句子,是精心锤炼的结果。谢朓(464—499)《齐敬皇后哀策文》的哀主,死亡久些,而且死亡时身份与移葬时的身份不同;哀策的文字对这些都有繁简得当的交代,因此有"雅赡不缛"的好评。另外在语言的使用上,颜延之的正文部分全用四言,而谢朓则借鉴了曹植等人的笔法,正文在四言之外,也用了六言的骚体,如下面的一段:

陈象设于园寝兮,映舆镂于松楸。望承明而不入兮,度清洛而南游。继池绋于通轨兮,接龙帷于造舟。回塘寂其已暮兮,东川澹而不流。呜呼哀哉！

说棺木经过亡者生前熟悉的宫殿,再也不能回到那里了,然后再用"回塘寂"、"东川澹"的光景,来烘托哀愁的气氛,抒情上颇有效果。

南朝保持了魏晋体式的哀辞是梁简文帝萧纲的《大同哀辞》。这也是因为死者是几个月大的小孩子。尽管如此,文辞上还是明显比曹植和潘岳哀辞的篇幅长。而且,写法上还突出了孩子在未出生时做父亲的对他的期待和兴奋,这是曹植、潘岳的哀辞所没有的。对孩子死后的怀念之情,也表达得十分浓厚,说：

> 忆余态而心楚,想媚质而回肠；药尚残而染地,衣犹襞而在床。卷金屏之四叶,开银函之九羊；忽徘徊而想象,曾何时而不伤。于是风景暮钟,气严晚候；叶蔌蔌而走阶,水戈戈而鸣漏；月半镜而开河,云罗柱而下岫；灯发焰而吐花,火舍光而成就。

借助落叶、残月的光景,来表达哀伤的情绪,十分感人。

第四节　北朝碑祭文

北朝碑祭之文的兴盛，可从书法有"魏碑体"得其仿佛。从北魏到北齐北周，碑祭之文不仅多，而且有自己的鲜明特色。如造像记、铭，就是其一。此等文字关乎佛教、道教，而且始于地方。如孟广达（生卒年不详）《孙秋生等造像记》等。观孟广达之文，造像记之体式可知其一斑。文曰：

> 大魏太和七年，新城县功曹孙秋生、新城县功曹刘起祖二百人等敬造石像一区，愿国祚永隆，三宝弥显。有愿弟子等荣茂春葩，庭槐独秀，兰条鼓馥于昌年，金晖诞照于圣岁。现世眷属，万福云归，洙轮叠驾，元世父母及弟子等来身神腾九空，迹登十地。五道群生，咸同此愿。孟广达文，萧显庆书。（案：此下列名百数十人，不录。）
> 景明三年岁在壬午五月戊子朔廿七日造讫。

讲明造像者的名字，造像祈福的目的以及参与者姓名，是此类文章的基本要素。有的文章前面还会加一个议论的帽子；有的还要有讲究韵律的铭；而有铭的碑文不称"记"，而曰"铭"，如《刘碑造像铭》等。不论是"记"还是"铭"，都是竖在宗教圣像旁边的碑文。造像记始于北魏，大兴于北齐。不言自明，这是因北方佛教大发展导致的文学现象。

其他碑祭之类的文字，北朝的写作也很盛。最早的碑文应该是拓跋焘时李敞（生卒年不详）以皇帝口吻写的《告祭石庙祝文》。"石庙"是北魏南移之前的山洞神圣之地。南迁之后，很长时间都不曾致祭，《魏书·礼志四》："真君（拓跋焘年号）中，乌洛侯国遣使朝献，云石庙如故，民常祈请，有神验焉。其岁，遣中书侍郎李敞诣石室，告祭天地，以皇祖先妣配。"说的就是这篇祝文。奇特的是这篇碑文不仅见于史书，上个世纪七十年代文物普查，考古工作者在大兴安岭北端的嘎仙洞发现它。其文不长，曰：

> 天子焘谨遣敞等用骏足、一元大武敢昭告于皇天之灵。自启辟之初,佑我皇祖,于彼土田。历载亿年,聿来南迁。惟祖惟父,光宅中原。克剪凶丑,拓定四边。冲人纂业,德声弗彰。岂谓幽遐,稽首来王。具知旧庙,弗毁弗亡。悠悠之怀,希仰余光。王业之兴,起自皇祖。绵绵瓜瓞,时惟多祜。敢以丕功,配飨于天。子子孙孙,福禄永延。

讲南迁之后获得的成功,推本缘于故祖先,古朴的文字,透露的是深厚的感念之情。

此后的孝文帝(467—499)有《祭恒岳文》、《祭嵩高山文》、《吊殷比干墓文》等篇,而且这些祭吊文章都与孝文帝的汉化改革息息相关。其《吊殷比干墓文》文字颇长,正文之外,加以"重曰",内容颇为浑厚,多用古语,有意追摹汉碑,是南北朝少有的长篇。其中有如下的段落:

> 惟子在殷,实为梁栋……怀诚贲怒,谠言焉陈。鬼侯已醢,子不见欤?邢侯已脯,子不闻欤?微子去矣,子不知欤?箕子奴矣,子不觉欤?何其轻生,一致斯欤?何其爱义,勇若归欤?遗体既灰,不其惜欤?永矣无返,不其痛欤?呜呼哀哉!呜呼哀哉!

用问句来凸显比干的舍生取义,而询问之间,仿佛是在与比干交谈,感情十分真挚。史载孝文帝多才华,确非虚美之言。

北朝民间为死亡者立碑,也要得到朝廷许可,此制与南朝相同。但对那些达官贵人则不在其例。如温子升(495—547)《常山公主碑》,就是为显贵人物写的碑文。此文(还有《寒陵山寺碑》)据高步瀛先生的看法,多有删节。① 不过就现有文字看,此文作为碑文体制周备,最大的特点在语言的锻造,具体表现就是善于用典,善于活用典故造出新颖的句子,如"昆山西峙,爰有夜光,汉水东流,是生明月",看上去是生动的写景,但是"昆

---

① 高步瀛:《南北朝文举要》,中华书局,1989年版,第664页。

山"、"汉水"、"夜光"和"明月",都是典故,将其牵合成相依相对的语言眷属,则境界全新。又如"类姮娥之依桂树;令淑之至,比光明于宵烛",一个"依"字,把一个典故用活了,"宵烛"其实是人名,与"光明"一对,意思则另一番光景。这样的用典本事,在南北朝大约只有庾信可与之相抗。

温子升的《寒陵山寺碑》也是北朝名文。此碑文与寒(一作"韩")陵山佛家寺庙创建有关,其实是为高欢歌功。高欢与尔朱兆大战此地,高欢大胜,据说战斗间高欢方面得佛佑,所以建立寺庙。碑文中对于战斗场面的描述十分热烈,曰:

> 钟鼓嘈囋,上闻于天;旌旗缤纷,下盘于地。壮士懔以争先,义夫愤而竞起。兵接刃于斯场,车错毂于此地。轰轰隐隐,若转石之坠高崖;硠硠礚礚,如激水之投深谷。俄而雾卷云除,冰离叶散,靡旗蔽日,乱辙满野。楚师之败于柏举,新兵之退自昆阳,以此方之,未可同日。

如此渲染的文字在碑文中很少见。使用典故,因旧成新,文字的渊雅,是当时南北朝文人的普遍追求,温子升这方面的文字功力是不输于南方作家的。这也正是他的文章为梁武帝所喜爱,在吐谷浑颇流传的原因(《魏书·温子升传》)。

温子升由北魏入北齐。北魏之后的北方王朝北周的碑文写作也有不错的成绩。代表作家就是王褒和庾信,特别是庾信。

王褒(生卒年不详)的碑文见于《全后周文》有四篇:《太保吴武公尉迟纲碑铭》、《太子太保中都公陆逞碑铭》、《太傅燕文公于谨碑铭》、《故陕州刺史冯章碑》)。这些碑文序皆为骈语,叙颂自然流畅,用典贴切。

庾信(513—581)由南入北后写了大量碑志作品。《北史》本传记载:"特蒙恩礼……群公碑志多相托焉。"庾信在碑文创作上奉蔡邕作品为圭臬,又有创新之功。宇文逌《庾开府集序》称赞他"碑有伯喈之情",是合乎实际的。钱基博《中国文学史》说到庾信碑文,谓:"碑志之文,自蔡邕后,皆逐节敷写;至有唐韩愈,乃变其体。若庾信则犹守蔡氏矩矱,特蔡氏骈语雅润,而信则四六铿锵耳。"①是说庾信碑文内容结构是蔡邕"逐节敷写"的,在语言层面则使用四六对偶的骈体。这样说固然不差,但忽略了一点:在碑文的体势宏大、风舒云卷上,庾信碑文数百年间无出其右者。同时,在古代,文人的名声越大,碑文写作越多,润笔收入也丰厚。因此许多碑文就难免套路化、格式化,庾信的碑文也有此毛病。钱钟书《管锥编》云庾信"集中铭幽诔墓,居其太半;情文无自,应接未遑,造语谋篇,自相蹈袭。虽按其题,各人自具姓名,而观其文,通套莫分彼此。惟男之与女,扑朔迷离,文之与武,貂蝉兜鍪,尚易辨别而已"。② 实际上这样的毛病就是在后来一些古文大家那里也在所难免。《管锥编》论庾信多批评之语,实则是高看庾信的表现。庾信的碑文固然不是篇篇都好,然而成功篇章的高致之处,确实为魏晋以来的高峰。

如《周上柱国齐王宪神道碑铭》,所写为北周文帝宇文泰之子。"神道碑"之"神道",就是墓葬前空间通道。古人有神道碑可追溯到汉代,如《杨震碑》首题"故汉太尉杨公神道碑铭"即是。碑文从结构看,先是历数碑主的生平业绩,是叙说与形容相伴而行的体式。如其叙表碑主治蜀独当一面的业绩:

> 公时年十有六。王武子以上将开府,未满立年;荀中郎为十州都督,才逾弱冠。方之于公,已为老矣。加复营丘负海,齐桓公受脤之城;岷山导江,汉武帝求仙之地。自非召陵孤竹,声振沉黎,岂得南至穆陵,西登积石。幸无白虎之患,宁待黄龙之盟?邛筰畏威,微卢仰德,生为立庙,刻石颂功。成都有文翁之祀,非谓生前;汉阳有诸葛之碑,止论身后。比之今日,岂可同年而语哉!

就所表达语义而言,不过是年纪轻轻独当大任、治理地方不错及百姓拥戴而已。然而在庾信写来,是层出不穷的典故和形容,文字动人之处绝

---

① 钱基博:《中国文学史》,中华书局,1993年版,第231页。
② 钱钟书:《管锥编》,中华书局,1979年版,第1527页。

不在碑主人的业绩,而在语言层面的典故层出,譬喻不断,是思维的跳动、联想力的活跃,真可谓橐籥之气动而愈出。这固然是华而不实,但是,这不也正是骈体文这一文体自身所特有的要求？许多骈体作家都为满足这要求而努力,但能做得好的,只是少数作家,庾信就是其中之一。在文体上,庾信激发了骈体文的潜能。除上述铺排之外,碑文中如"弱木一枝,旁荫数国;长河一直,自然千里"的惊警之语,也堪称锤炼语言的菁华。此文古人以"雄秀"评之,当之无愧。

尽管庾信众多碑文有套路化的表现,但一些碑文还是笔法各异的。如《周大将军司马裔碑》,其用笔就少铺排,而注意用典的精准,与上举碑文相比,就显出神劲气足的特点。而《周赵国公夫人纥豆陵氏墓志铭》为女性作碑,文字追求华丽秀雅,显示出庾信在碑文上的风格追求。有些碑文,作者借他人之杯浇自己块垒,如《周大将军怀德公吴明彻墓志铭》。碑主一生由梁侍陈,多次北伐,多次获胜,声威赫赫,不想后来战败为北周所擒,并于大象年间去世。写碑主战败后接受北朝官职,碑文曰：

> 拜持节、大将军、怀德郡开国公,邑二千户。归平津之馆,时闻枥马之嘶;舍广城之传,裁见诸侯之客。廉颇眷恋,宁闻更用之期;李广盘桓,无复前驱之望。霸陵醉尉,侵辱可知;东陵故侯,生平已矣!

这在碑文,已经不是形容性的缘饰,而是借题抒情了。写到碑主死去,文字更是哀伤：

> 江东八千子弟,从项籍而不归;海岛五百军人,为田横而俱死焉。呜呼哀哉!毛修之埋于塞表,流落不存;陆平原败于河桥,死生惭恨。反公孙之枢,方且未期;归连尹之尸,竟知何日？游魂羁旅,足伤温序之心;玄夜思归,终有苏昭之梦。遂使广平之里,永滞冤魂;汝南之亭,长闻夜哭。呜呼哀哉!

实际是将作者的乡关之思融到碑文中去了。所以在诸多碑文中,此篇最特殊。前人称庾信碑文"情胜",此篇可为代表。当然,"情胜"也不止这一端,如《周柱国大将军长孙俭神道碑》曰:"昔侍兰苑,今陪杏林,死生契阔,无违一心。风云积惨,山障连阴,陵田野寂,松径寒深。夏婴之陇,桥玄之墓,马见千年,车回三步。左无长乐,前非武库,直望高碑,增悲行路。"这样的文字,用风、云、山、松等意象来渲染墓地的悲凉,再加以今昔对比,足以让人生悲。碑文富于浓郁的悲情,是庾信碑文的显著特征。

第八章　魏晋南北朝山水游记

《四库全书总目》卷七十一《徐霞客游记》提要说:"自古名山大泽,秩祀所先,但以表望封圻,未闻品题名胜。逮典午而后,游迹始盛。六朝文士,无不托兴登临。史册所载,若谢灵运《居名山志》《游名山志》之类,撰述日繁。"在魏晋以前,山水自然或作为受人敬畏、膜拜的宗教力量,或作为道德的取譬对象,并未作为审美的主体在文学中得到充分表现。① 诚如钱钟书先生所言:"诗文之及山水者,始则陈其形势产品,如京、都之赋;或喻诸心性德行,如山、川之颂,未尝玩物审美;继乃山水倚傍田园,若茑萝之施松柏,其趣明而未融。"② 据此,真正意义上以描摹山水风光、叙写游踪、抒发游历体验与思想感情为表现主体的山水游记,③应该肇始于魏晋,并在东晋以降"蔚成大国"。

第一节　山水文概述

山水游记散文的兴起,是山水意识走向审美自觉而有的文学呈现,而

---

① 即使诗歌之"比兴",也只是与自然山水间发生的瞬时、片段、偶然的兴发,汉赋则铺张骋词,其描摹山水多以空间展开,力求面面俱到,未必是作者亲历。这些都不属山水游记范畴。一般认为的山水游记发轫之作的马第伯《封禅仪记》,写他随从汉光武帝于建武三十二年(公元56年)封禅泰山的全过程,虽具备游记所应包含的游踪、风光、情感三要素,但行文目的重点是围绕封禅仪式展开,山水在文中仍不是审美表现的主体。
② 钱钟书:《管锥编》,中华书局,1979年版,第1037页。
③ 有关山水游记的文体界定,学界多有讨论,可以参考王立群《论山水游记的起源和形成》,《南京理工大学学报》(哲学社会科学版),1997年第4期;谭家健《南朝山水游记初探》,《辽宁师专学报》(社会科学版),1999年第1期。

山水审美意识的自觉,则与魏晋六朝尚隐逸、好玄远、好山水的时代思潮与社会风尚密切相关。

山林是隐士隐逸的最佳场所,《庄子·刻意》即说:"就薮泽,处闲旷,钓鱼闲处,无为而已矣。此江海之士、避世之人、闲暇者之所好也。"《知北游》:"山林与,皋壤与,使我欣欣然而乐与!"《外物》说:"大林丘山之善于人也,亦神者不胜。"山水自然,是人心寻得慰藉的精神憩园。尤其在黑暗乱离之世,名士们遁隐山林,纵情山水,他们"或隐居以求其志,或回避以全其道,或静己以镇其燥,或去危以图其安,或垢俗以动其概,或疵物以激其清"(《后汉书·逸民传》),他们"甘心畎亩之中,憔悴江海之上",在自然山水中寻得全身安心的方寸之地。

魏晋南北朝军阀混战,群雄割据,易代频仍,兴亡相续,士大夫生活在这样政治混乱、社会苦痛的时代,"达官失意,穷士失职,乃倡幽寻胜赏,聊用乱思遗老,遂开风气耳"。① 隐逸之风因而大盛。"竹林七贤""游山泽,观鱼鸟"(嵇康《与山巨源绝交书》),"常集于竹林之下,肆意酣畅"(《世说新语·任诞第二十三》),"登临山水,经日忘归"(《晋书·阮籍传》);东晋隐士郭文"爱山水,尚嘉遁。年十三,每游山林,弥旬忘反"(《晋书·郭文传》);刘骥之(约376年前后在世)"少尚质素,虚退寡欲,不修仪操,人莫之知。好游山泽,志存遁逸。尝采药至衡山,深入忘反"(《晋书·刘骥之传》)。他们高蹈遁隐,"专一丘之欢,擅一壑之美"(陆云《逸民赋》),希冀"借山水以化其郁结",在山林水泽中获得精神的舒放和自由。谢灵运贬为永嘉太守,心情抑郁,便游历山水。"郡有名山水,灵运素所爱好。出守既不得志,遂肆意游遨,遍历诸县,动逾旬朔,民间听讼,不复关怀。所至辄为诗咏,以致其意焉"(《宋书·谢灵运传》)。谢灵运为了便于登山,还发明了一种木屐,"上山则去前齿,下山则去其后齿",成为当时的流行风尚。由此一端,可见山水审美旨趣的形成及其流风所及之广。

风气所渐,即使那些仕途得意,位高权重的达官贵人,也往往身处庙堂,心存林泉,以遨游山水为尚,因而有所谓的朝隐、肥遁之风。羊祜(221

---

① 钱钟书:《管锥编》,中华书局,1999年版,第1036页。

—278)手握重兵,镇守一方,也不忘流连光景,"乐山水,每风景,必造岘山,置酒言咏,终日不倦"(《晋书·羊祜传》);石崇(249—300)身为重臣,富甲天下,晚年以事去官,纵情山水,"晚节更乐放逸,笃好林薮,遂肥遁于河阳别业"(石季伦《思归引序》);谢安(320—385)"寓居会稽,与王羲之及高阳许询、桑门支遁游处,出则渔弋山水,入则言咏属文,无处世意"(《晋书·谢安传》);孙统(约326年前后在世)"居职不留心碎务,纵意游肆。名山胜川,靡不穷究"(《晋书·孙统传》)。不论是真隐还是假隐,大隐还是小隐,全隐还是半隐,寄情山水,崇尚自然,已经不单单是为了避世远祸,而是以追求山水美感和恬淡宁静生活为旨趣。优游山水,流连光景,成为文人士大夫普遍的生活风尚和兴趣追求。诚如隐士戴逵(326?—396)《闲游赞》中说:"虽援世之彦,翼教之杰,放舞雩以发咏,闻乘桴而懔厉。况乎道乖方内,体绝风尘,理楫长谢,歌凤逶巡,荡八疵于玄流,澄云崖而颐神者哉?然如山林之客,非徒逃人患、避争门,谅所以翼顺资和,涤除机心,容养淳淑,而自适者尔。"

士人不仅在山水自然之美中怡情自适,寻求慰藉,更于其中澄怀观道。体玄悟道,成为魏晋玄学的主要旨趣之一。玄学追求宅心玄远,虚旷超然,率真任性,清淡无为,而自然山水正好为此提供了广阔的自由天地。"越名教而任自然"(嵇康《释私论》),藉山水来摆脱世俗的羁绊拖累,在投入自然饱览山水的尽兴中放浪形骸,得意忘形,袒露本真之性。阮籍(210—263)率意出游,途穷而返;嵇康(224—263)放游山水,忽焉忘还;王子猷雪夜访戴,既至门前,不入而返。此中体现的率性、任性、潇散的魏晋风度,无一不是玄学精神的体现。山水不仅是美的体现者,还是自然之道的体现者,故阮籍《达庄论》说:"山静而谷深者,自然之道也。"郭象《庄子注》说:"自然之理,有寄物而通也。"孙绰《游天台山赋》说:"太虚辽廓而无阂,运自然之妙有,融而为川渎,结而为山阜。"宗炳(375—443)《画山水序》说:"山水以形媚道。"大自然中的山川草木,作为宇宙本体"道"的外化对象,人们优游其间,"以山水为理窟",把山水作为"悟道"的媒介,品察万物,契悟玄机,总揽宇宙,"仰观宇宙之大,俯察品类之盛"(王羲之《兰亭集序》),在自然的清虚静默中观照自我,实现人与自然大道的浑然圆融。孙绰《太尉庾亮碑》曰："公雅好所托,常在尘垢之外,虽柔心应世,蠖屈其迹,而方寸湛然,固以玄对山水。"以玄学的思辨态度来对待山水,在自然山水中寻求玄学物我合一的玄通境界。

可以说,山水作为玄学的物化对象,使自然获得了人格化的观照。《世说新语·言语第二》曰："简文入华林园,顾谓左右曰:'会心处不必在远。翳然林水,便自有濠、濮间想也。觉鸟兽禽鱼,自来亲人。'"他们在大自然中"游目骋怀","会心林水",为山川之美所吸引,因而感到审美愉悦和精神自由,山水自然已经内化成他们性灵的一部分,如谢灵运所说:"夫衣食,人生之所资;山水,性分之所适。"(《游名山志序》)山水自然被视为人性本真之一部分,因而人格也常被赋予了自然化的体认,如时人即多以山水自然比拟人物音容形貌,最经典的莫过于曹植《洛神赋》中所描绘:"其形也,翩若惊鸿,婉若游龙,荣曜秋菊,华茂春松,仿佛兮若轻云之蔽月,飘摇兮若流风之回雪。远而望之,皎若太阳升朝霞;迫而察之,灼若芙蕖出渌波。"《世说新语·容止篇》也以自然山水为评骘人物的参照对象,如说嵇康"肃肃如松下风,高而徐引","岩岩若孤松之独立;其醉也,傀俄若玉山之将崩",王恭"濯濯如春月柳",这些都是融山水自然于人物品藻,此时的山水皆成为审美的观照对象,并内化为人的品质之一。人的风采神韵,得益于现实生活中优游山水的陶冶,也可以由此推出,因而有谢鲲与庾亮(289—340)相比,说"端委庙堂,使百僚准则,臣不如亮;一丘一壑,自谓过之"(《世说新语·品藻》),其自诩之情毕现。诸如此类,都说明山水自然对魏晋南北朝审美心灵影响之深刻。

山水之美的发现,打开了士大夫的心灵世界,如宗白华所说:"晋人向外发现了自然,向内发现了自己的深情。"[1]山水自然与内心相契合,迸发出艺术的火花,"目观之不足,而心之摹之,手之追之,诗文、绘画,此物此志尔"。[2] 所以,宗炳(375—443)在《画山水序》中说:"余眷恋庐、衡,契阔荆、巫,不知老之将至。愧不能凝气怡身,伤跕石门之流。于是画象布色,

---

[1] 宗白华:《论〈世说新语〉和晋人的美》,见《艺境》,北京大学出版社,1987年版,第131页。
[2] 钱钟书:《管锥编》,中华书局,1979年版,第1037页。

构兹云岭。"山水画所记录的正是登览山水那一刻的感动和留恋之情。山水文学的兴起,其初衷也与此相同。文人优游山水,感怀于心,因而倾诉于笔端,正如《文心雕龙·神思》所说"登山则情满于山,观海则意溢于海"。因此《文心雕龙·物色》又曰:"山林皋壤,实文思之奥府。"《文选序》也说:"风云草木之兴,鱼虫禽兽之流,推而广之,不可胜载矣。"可见,山水游兴之盛对文学题材、形式、风格的深远影响,甚而如《世说新语·赏誉第八》所载:"孙兴公(绰)为庾公参军,共游白石山。卫君长在坐,孙曰:'此子神情都不关山水,而能作文。'"山水,成为文学关注的题材,并成为文学与人物品位优劣的参照标准。在这样的社会风尚之下,魏晋南北朝的山水文学犹如一树奇葩,灿烂夺目,引后人无尽的向往。

山水游记,是山水文学的一大宗,它应具备模山范水的风光描摹、时空换移的游踪叙写以及旅行体验的情感抒发三大文体要素。"风光",自是其文体重心,而"游踪"与"情感"二端则为其文体独立的关键,使得"风光"成为富有人情味的、具体而活泼的景致。这一点可从山水文作者自叙的创作缘起上看出,如《南齐书·宗测传》:"又尝游横山七岭,著衡山、庐山记。"《梁书·萧几传》:"为新安太守,郡多山水,特其所好,适性游履,遂为之记。"又《梁书·刘俊传》:"复以疾去,因游东阳紫岩山,筑室居焉,为《山栖志》,其文甚美。"这些都是爱好山水、亲自游览山水并有所契悟而有的山水游记创作。其特殊的文学史意义,更可从袁山松(?—401)《宜都山川记》所载中看出:

> 山松言:常闻峡中水疾,书记及口传,悉以临惧相戒,曾无称有山水之美也。及余来践跻此境,既至欣然,始信之耳闻不如亲见矣。其叠崿秀峰,奇构异形,固难以辞叙。林木萧森,离离蔚蔚,乃在霞气之表。仰瞩俯映,弥习弥佳,流连信宿,不觉忘返,目所履历,未尝有也。既自欣得此奇观,山水有灵,亦当惊知己于千古矣。

历来只称此峡水疾而险,"曾无有称山水之美也",而作者亲临其境,秀峰林木,美不胜收,令人忘返。这是作者所发现的山水之美,是一种审美的眼光与心态。"仰瞩俯映,弥习弥佳,流连信宿,不觉忘返,目所履历,未尝有也",是发现山水之美的欣喜,只有亲历艰险才能够珍惜、留恋这一美境。"既自欣得此奇观,山水有灵,亦当惊知己于千古矣",是以人心度山水之心,山水与人亦当同样感慨相亲相知的神会,这已达到了物我相亲、浑然融合为一的境界。钱钟书先生评价袁文说:"游目赏心之致,前人抒写未曾","人于山水,如'好美色',山水于人,如'惊知己';此种境界,晋、宋以前文字中所未有也。"①

正是在这将山水内化为人的精神与审美需要的情况下,山水游记应运而兴,并呈现出丰富的文本表现形态。本书即分诗序山水文、书札山水文、山水记、地记山水文四类,来讨论魏晋南北朝山水游记在思想内容与艺术特色上所取得的成就。

---

① 钱钟书:《管锥编》,中华书局,1999年版,第1037~1038页。

第二节　序、书信等文体中的山水

魏晋南北朝之际,文人名士集会游赏活动大兴,他们往往结伴优游,赋诗作文,相互酬唱,形成名士与文人集团。"三曹"与"建安七子"等聚游南皮、邺下;"竹林七贤"于洛阳附近山阳、苏门山等地"竹林之游";石崇、贾谧(？－300)、潘岳(247－300)、陆机(261－303)、左思(250？－305)等"二十四友"和"金谷园名士群"优游洛阳山水;王羲之(321－379)、谢安、孙绰(314－371)、许询(生卒年不详)、支遁(314－366)等四十二人于兰亭修禊,曲水流觞,即兴赋诗;慧远诸道人聚游庐山石门;等等。

所谓"以文章赏会,共为山泽之游"(《宋书·谢灵运传》),魏晋六朝诸文学集团,多在山水优游雅集,情同此境,多有抒怀唱和,遂将其辑为卷帙,诗序亦应此而作。诗序叙其篇章之所由作,交代著作缘由、内容、体例、目次等情况,而更多的则是叙写与雅集相关的游踪、山水胜境以及兴会寄托。山水诗序成为序文在魏晋南北朝时开创了新面貌。

这一时期出现的诗序山水文中较著名的有石崇的《金谷诗序》、王羲之的《兰亭集序》、慧远的《庐山诸道人游石门诗序》、陶渊明《游斜川诗序》。

金谷园建于晋惠帝元康元年(公元291年),为西晋石崇的私苑,《晋书·石崇传》云:"崇有别馆在河阳之金谷,一名梓泽。"金谷故址在洛阳北邙山高地上,据《水经注·谷水》载:"谷水又东左会金谷水。水出太白原东南流,历金谷,谓之金水。东南流经晋卫尉卿石崇之故居也。"石崇建成金谷园后,常邀当时名士到金谷园中游赏宴乐,谈论文学,吟诗作赋。这群文人学士共二十四位,时人称之为"金谷二十四友",潘岳、左思、陆机、陆云(262－303)、挚虞(250－300)等文坛名家皆在其列。他们在金谷中所作诗篇,集为诗卷,石崇作《金谷诗序》,其文曰:

　　余以元康六年,从太仆卿出为使持节监青、徐诸军事、征虏将军,有别庐在河南县界金谷涧中,去城十里,或高或下,有清泉茂林、众果竹柏、药草之属,金田十顷、羊二百口,鸡猪鹅鸭之类,莫不毕备。又有水碓、鱼池、土窟,其为娱目欢心之物备矣。时征西大将军、祭酒王诩当还长安,余与众贤,共送往涧中,昼夜游晏,屡迁其坐,或登高临下,或列坐水滨。时琴瑟笙筑,合载车中,道路并作。及住,令与鼓吹递奏。遂各赋诗,以叙中怀。或不能者,罚酒三斗。感性命之不永,惧凋落之无期。故具列时人官号姓名年纪,又写诗箸后。后之好事者,其览之哉。凡三十人,吴王师、议郎、关中侯、始平武功苏绍,字世嗣,年五十,为首。

写了游会的具体时间、地点,简明描绘了金谷园中的景胜品物,然后交代了此次宴游文会的缘起,是为送征西大将军、祭酒王诩还长安,接着再叙写宴乐及赋诗的情形,并附署了与会者的官号、姓名、年纪等。全文写得紧致有序,尤其是对园中景致、游乐情形的描写,已具有山水游记的面貌。

需要注意的是,这里的"山水"是东汉以来大土地所有者庄园中的人工景物。石崇词文很容易让人联想到汉魏之际仲长统(180—220)《乐志论》对于人生适意之境地的憧憬:

使居有良田广宅背山临流,沟池环匝,竹木周布,场圃筑前,果园树后。舟车足以代步涉之难,使令足以息四体之役……良朋萃止,则陈酒肴以娱之;嘉时吉日,则烹羔豚以奉之。蹰躇畦苑,游戏平林,濯清水,追凉风,钓游鲤,弋高鸿。讽于舞雩之下,咏归高堂之上……与达者数子,论道讲书,俯仰二仪,错综人物。弹《南风》之雅操,发清商之妙曲。逍遥一世之上,睥睨天地之间。不受当时之责,永保性命之期。如是,则可以陵霄汉,出宇宙之外矣。岂羡夫入帝王之门哉!

此文道出的心声大概就是当时文士的共同追求。仲长统的"乐志"说得实在,是有"良田广宅"之基础上的逍遥,也是后来许多诗赋关于"山居"描写的实质。石崇的文章,也是如此,它显示的是掌握了大量土地的豪富文士的生活,是实现了的"乐志论"。当然,文章适意之余,还会来点悲伤,这也是魏晋以下为文的常见方法:"感性命之不永,惧凋落之无期。"从游赏与雅集中绅绎出人生的感悟,道出了那个时代放浪形骸、纵情山水背后不可抹去的人生悲凉。

永嘉(307)南渡之后,东晋政治文化中心进一步南移,玄学名士和文人们也避居江左,他们虽有江山寥落的凄惘与北复中原的悲壮,但江南的名山秀水却也颇使他们流连忘返。《晋书·王羲之传》云:"羲之雅好服食养性,不乐在京师,初度浙江,便有终焉之志。"王羲之对江南形胜的陶醉可谓东晋名士的典型。会稽形胜,为江南之冠,《世说新语·言语》曰:"顾长康从会稽还,人问山川之美,顾云:'千岩竞秀,万壑争流,草木蒙笼其上,若云兴霞蔚。'"又,"王子敬云:'从山阴道上行,山川自相映发,使人应接不暇。若秋冬之际,尤难为怀。'"刘孝标注引《会稽郡记》曰:"会稽境特多名山水,峰崿隆峻,吐纳云雾。松栝枫柏,擢干竦条。潭壑镜澈,清流泻注。王子敬见之,曰:'山水之美,使人应接不暇。'"《晋书·王羲之传》亦云:"会稽有佳山水,名士多居之,谢安未仕时亦居焉。孙绰、李充、许询、支遁等皆以文义冠世,并筑室东土,与羲之同好。尝与同志宴集于会稽山阴之兰亭,羲之自为之序以申其志。"这就是著名的永和九年(353)三月三日王羲之与谢安、孙绰、支遁等四十一人修禊于会稽山阴兰亭之事。会上文人轮流赋诗,各抒情怀,编为《兰亭集》,王羲之、孙绰各有《三月三日兰亭诗序》一篇,其中王羲之描叙兰亭景致、雅集盛况尤有山水游记的风貌:

> 永和九年,岁在癸丑,暮春之初,会于会稽山阴之兰亭,修禊事也。群贤毕至,少长咸集。此地有崇山峻岭,茂林修竹,又有清流激湍,映带左右,引以为流觞曲水,列坐其次。虽无丝竹管弦之盛,一觞一咏,亦足以畅叙幽情。是日也,天朗气清,惠风和畅,仰观宇宙之大,俯察品类之盛,所以游目骋怀,足以极视听之娱,信可乐也。

时间、地点、人物、事件,一一点明,山川自然之美,更是点染如画,良辰美景、赏心乐事,难得备齐。这篇诗序,文笔清新淡雅,明丽宜人,是写景记游文中的上品。兰亭诗,今存三十七首,学界多认为是由玄言诗向山水诗过渡中的一种变体玄言诗,《文心雕龙·明诗》说:"宋初文咏,体有因革,庄老告退,而山水方滋。"玄言诗与山水诗的诗史嬗变,在宋初方始完成,而相比之下,山水文作为文人游历的叙记,其耳目之所接,情志之所感,可以以更为直截、灵活的方式展现出来。在山水诗兴起之前,诗序山水文率先发出了山水文学的先声。

东晋文士另一游览中心是庐山,主要为释慧远等莲社诸人与陶渊明等浔阳三隐的游居之地。

隆安四年(公元400年)仲春二月,慧远(334—417)、慧永(332—414)等三十余人游庐山石门,吟咏山水,体玄悟道。慧远《庐山诸道人游石门诗序》一文对此有细致的记述,为古今咏庐山之第一文。序文一开始介绍了石门得名的由来:"石门在精舍南十余里,一名障山。基连大岭,体绝众阜。辟三泉之会,并立而开流;倾岩玄映其上,蒙形表于自然,故因以为名。"有关游访景点地望、传说、风俗等的记载,是游记的一般应有的内容。接着写:"此虽庐山之一隅,实斯地之奇观。皆传之于旧俗,而未睹者众。将由悬濑险峻,人兽迹绝,径迥曲阜,路阻行难,故罕经焉。"如此,慧远一行人跋山涉水,开途辟径,其探险访幽的心情就更为可贵了。接着写诸道人的游踪,"释法师以隆安四年仲春之月,因咏山水,遂杖锡而游。于时交徒同趣三十余人,咸拂衣晨征,怅然增兴","援木寻葛,历险穷崖,猿臂相引,仅乃造极,于是拥胜倚岩,详观其下,始知七岭之美,蕴奇于此"。其历尽艰险后的喜悦之情,溢于言表。接着,描写了石门山水胜景:

> 双阙对峙其前,重岩映带其后,峦阜周回以为障,崇岩四营而开宇。其中则有石台石池宫馆之象,触类之形,致可乐也。清泉分流而合注,渌渊镜净于天池。文石发彩,焕若披面,柽松芳草,蔚然光目,其为神丽,亦已备矣。斯日也,众情奔悦,瞩览无厌。游观未久,而天气屡变,霄雾尘集,则万象隐形;流光回照,则众山倒影,开合之际,状有灵焉,而不可测也。乃其将登,则翔禽拂翮,鸣猿厉响,归云回驾,想羽人之来仪,哀声相和,若玄音之有寄。虽仿佛犹闻,而神以之畅;

虽乐不期欢,而欣以永日。当其冲豫自得,信有味焉,而未易言也。退而寻之,夫崖谷之间,会物无主,应不以情,而开兴引人,致深若此,岂不以虚明朗其照,闲邃笃其情邪?并三复斯谈,犹昧然未尽。俄而太阳告夕,所存已往,乃悟幽人之玄览,达恒物之大情,其为神趣,岂山水而已哉!于是徘徊崇岭,流目四瞩,九江如带,丘阜成垤。因此而推,形有巨细,智亦宜然,乃喟然叹:宇宙虽遐,古今一契。灵鹫邈矣,荒途日隔。不有哲人,风迹谁存?应深悟远,慨焉长怀。各欣一遇之同欢,感良辰之难再,情发于中,遂共咏之云尔。

根据游踪展开,移步换形,层次井然,平易舒畅,物色新奇。作者从山林水泽中骋怀观道,体悟宇宙、人生的玄思理趣,反映了那个时代人的山水情怀和精神气质。"神以之畅"、"神趣",正是宗炳《画山水序》"山水以形媚道"、"畅神"说的先声。而"信有味焉,而未易言也",也只是"冲豫自得"而已,正是"言不尽意"后物我趣融的境界。这种悟彻入微,寂照感应于有无之际,心体澄明如镜的山水意识与精神境界,与"即色悟空"的佛学思想是密切相关的。同时,山水也不仅仅是感官"神趣"的欣赏对象,更是玄悟宇宙、喟叹人生、幽怀古今的参照,于是"悟幽人之玄览,达恒物之大情","各欣一遇之同欢,感良辰之难再"。古人登临山水,俯仰古今,反复流连,常有不胜其哀者,这一难以抹去的人生悲凉,乃是有感于"有待之身,及时行乐,则深感于时光之逝而莫留、乐事之后难为继"。[①]《金谷诗序》、《兰亭集序》都表达了同一情怀,这几乎成为山水诗文共同的主题,是两晋景物描述中的常态。《文心雕龙·物色》言:"窥情风景之上,钻貌草木之中。吟咏所发,志惟深远;体物为妙,功在密附。"此文可以当之。

"浔阳三隐",据萧统《陶渊明传》:"时周续之入庐山,事释惠远,彭城刘遗民(程之),亦遁迹匡山,渊明又不应征命,谓之'浔阳三隐'。"浔阳,在鄱阳湖之西,庐山之北。"浔阳三隐"时常出入庐山,《宋书·陶渊明传》载:"义熙末,征著作佐郎,不就。江州刺史王弘欲识之,不能致也。潜尝

---

① 钱钟书:《管锥编》,中华书局,1979年版,第1116页。

往庐山,弘令潜故人庞通之赍酒具,于半道栗里要之。潜有脚疾,使一门生二儿舆篮舆,既至,欣然便共饮酌,俄顷弘至,亦无忤也。"(《宋书》卷九十三)此次游庐山,或即是义熙十四年(418)斜川之游,斜川在庐山北。①《游斜川诗序》记叙了此次游览的情形:

> 辛丑正月五日,天气澄和,风物闲美。与二三邻曲,同游斜川。临长流,望曾城,鲂鲤跃鳞于将夕,水鸥乘和以翻飞。彼南阜者,名实旧矣,不复乃为嗟叹。若夫曾城,傍无依接,独秀中皋,遥想灵山,有爱嘉名。欣对不足,率尔赋诗。悲日月之遂往,悼吾年之不留,各疏年纪乡里,以记其时日。

此文写得自然从容,清闲悠远,是陶公本色。而"悲日月之遂往,悼吾年之不留",又是不可拂去的时光漂流、人生苦短的喟叹。还有一点可注意者,《游斜川》诗中景物描写也明朗如画,令人神往,如"气和天惟澄,班坐依远流。弱湍驰文鲂,闲谷矫鸣鸥。迥泽散游目,缅然睇曾丘"。读其序,诵其诗,相互辉映,相得益彰,孰不怅然而遐想!这跟《兰亭诗》与《兰亭集序》之叙事、描写与议论相分离已有不同,反映了山水田园诗所开拓的新的诗歌表现手法。

综上,已能见出诗序山水文的内容、形貌之大概,另如桓玄《南游衡山诗序》、湛方生《庐山神仙诗序》、袁山松《白鹿诗序》、萧子良《行宅诗序》,皆能融山水风光、游踪、情感于序文之中,可知诗序山水文实为魏晋南北朝山水游记之一大类。

魏晋六朝名士之优游山水,诗文唱和,已如上述;而或有不能同时、同地、同此情境,遂有将所游景致、风物及其所兴会感悟叙于书札,以寄同

---

① 斜川之游的时间,龚斌《陶渊明集校笺》从邓安生《陶渊明年谱》说,以为《游斜川诗序》应作于"辛丑正月五日"。辛丑为干支纪日,东晋义熙十四年戊午(公元418年)正月五日为辛丑。斜川之所在,蒋薰评《陶渊明集》卷二云:"序中南阜,旧注匡庐山,则曾城当在庐山北。"龚斌从之,按曰:"渊明居处数迁,皆距浔阳城不远,疑斜川在庐山北。"参见龚斌《陶渊明集校笺》,上海古籍出版社,1996年版,第86页。

道,这就是书札山水文。在往来书札中不忘盛称山水之好,可见魏晋六朝时游牧山水风气之盛,这与山水诗序一样,也反映了魏晋六朝时人共同的审美情趣与精神指归。我们看《宋书·王弘之传》所载:

> 始宁沃川有佳山水,弘之又依岩筑室。谢灵运、颜延之并相钦重。灵运与庐陵王义真笺曰:"会境既丰山水,是以江左嘉遁,并多居之。但季世慕荣,幽栖者寡,或复才为时求,弗获从志。至若王弘之拂衣归耕,逾历三纪;孔淳之隐约穷岫,自始迄今;阮万龄辞事就闲,纂成先业。浙河之外,栖迟山泽,如斯而已。既远同羲、唐,亦激贪厉竞。殿下爱素好古,常若布衣,每意昔闻,虚想岩穴,若遣一介,有以相存,真可谓千载盛美也。"

谢灵运、颜延之(384—456)与王弘之并游山水,并相钦重,谢灵运在给庐陵王义真的信笺中盛称王弘之隐居之志,并表示:"殿下爱素好古,常若布衣,每意昔闻,虚想岩穴,若遣一介,有以相存,真可谓千载盛美也。"(《与庐陵王义真笺》)此中传达的不仅是相邀同游隐栖的款款情意,更是希望在山水中实现人与自然、人与人之间共鸣、知己的求友之情。正是这份寄托,成为支持书札山水文这一表现形式与其内容、主题的内在情感动力。

在书信中记游,建安时期就有,吴质(177—230)《在元城与魏太子笺》,先简笔表达了对昔日与曹丕从游的追忆,然后,"即以五日到官,初至承前,未知深浅。然观地形,察土宜,西带恒山,连冈平代,北邻柏人,乃高帝之所忌也。重以泜水,渐渍疆宇,喟然叹息:思淮阴之奇谲,亮成安之失策。南望邯郸,想廉、蔺之风;东接钜鹿,存李、齐之流"云云,则是写初到元城,以所闻见之景物、风土、人情相寄告。笺末"古今一揆,先后不贸,焉知来者之不如今?聊以当觐,不敢多云",则是岁月不息、各在一方、聊相存问的忧叹之辞。这与曹丕《与吴质书》追念"南皮之游"后"节同时异,物是人非"的慨叹一样,乃是书札山水文常有的情怀!

不过,此时的书札中虽有不少山水景致描写,但议论、说理之辞也不在少数,更有如东晋习凿齿(？－383?)《与桓秘书》借游襄阳山水抒发怀古之幽情,而其"西望"、"东眺"、"北临"、"南眷"、"纵目"、"肆睇",这些观望动作与赋文动辄言东南西北的空间展开是一样的,并非所见风光、游踪的实录。真正山水游记意义上的书札,在东晋末期以后才更为多见起来,其较著者有朱超石的《与兄书》、鲍照(414？－466)的《登大雷岸与妹书》、陶弘景(452－536)的《答谢中书书》、吴均(469－520)的《与施从事书》、《与朱元思书》、《与顾章书》三书,等等。

朱超石,朱龄石(377－417)之弟,《宋书·朱超石传》载:"龄石弟超石,亦果锐善骑乘,虽出自将家,兄弟并闲尺牍。"其所作尺牍现多已失传,严可均《全晋文》卷一百四十一辑了《与兄书》六条:

> 登北邙远眺,众美都尽。光武坟边杏甚美,今奉送其核。
> 洛水道路本好,青槐映荫可爱。
> 桥去洛阳宫六七里,悉用大石,下圆以通水,可受大舫过也。
> 千金堤旧堰穀水,魏时更修,谓之千金坞。
> 陆云台上有奇井,望之幽然,投一石子,掷之久方闻声。
> 石经大都其碑高一丈许,广四尺,骈罗相接。

皆是以所游名胜风光之语相寄,只言片语,却也零落成趣。尤其是第一条,寄赠杏核,其心挚诚可爱。与此相类,陆云《答车茂安书》告以"东海之俊味,肴膳之至妙",谢灵运《答弟书》"前月十二日至永嘉郡,蛎不如鄞县,车螯亦不如北海",皆以所过游之地的风土、出产寄告,晋人潇散之性与审美情趣于此可概见。

书札山水文中,鲍照的《登大雷岸与妹书》可算得上皇皇巨制。宋文帝元嘉十六年(439),临川王义庆出镇江州,引鲍照为佐吏。是年秋,鲍照从建康(今南京)西行赶赴江州,至大雷岸(今安徽望江县附近)作此书致妹令晖。信中描绘了四望所见九江、庐山一带的山容水貌。其写庐山突起之势:

> 西南望庐山，又特惊异，基压江潮，峰与辰汉连接。上常积云霞，雕锦缛，若华夕曜，岩泽气通，传明散彩，赫似绛天。左右青霭，表里紫霄。从岭而上，气尽金光；半山以下，纯为黛色。信可以神居帝郊，镇控湘、汉者也。

庐山下拔起于平川，上接天际，有弥合天地之势。鲍照更从山色一端，刻画庐山承接天光的奇丽朗瑞之象，"上常积云霞"、"左右青霭"、"从岭而上"、"半山以下"，色彩繁复而又富有变化，其观察、描摹之细致入微，有如画工。许梿(1787—1862)评论说："烟云变灭，尽态极妍，即使李思训数月之功，亦恐画所难到。句句锤炼无渣滓，真是精绝。"[1]

信中有一段江水描写，也同样令人称绝：

> 其中腾波触天，高浪灌日，吞吐百川，写泄万壑。轻烟不流，华鼎振杳。弱草朱靡，洪涟陇蠚。散涣长惊，电透箭疾。穿溢崩聚，坻飞岭覆。回沫冠山，奔涛空谷。磴石为之摧碎，碕岸为之鳌落。

以夸张、比喻的惊人之笔，写出了波浪的壮大浩荡、江流的湍急迅猛，笔法奇峭，骨气超绝，吴汝纶(1840—1903)评鲍照此书"奇崛惊绝，前无此体"，"明远创为之"，[2]可以见出鲍照开创雄奇恣肆一派山水文的地位。在奇诡浩荡的描写后，自然之象转为沉静，"夕景欲沉，晓雾将合，孤鹤寒啸，游鸿远吟，樵苏一叹，舟子再泣"。作者的心境亦为之悲忧，严霜悲风，去亲为客，苦于行役，心生凄怆；信末对妹妹的勉慰、关切，其情感人。鲍照文章的体物之奇崛，入理动情之细微，由此可见。

魏晋南北朝书札山水文中，《登大雷岸与妹书》的壮阔雄浑毕竟特异，更多的还是简明晓畅的山水短札，尤以梁时的陶弘景、吴均山水小品为后世著称。

---

[1] 钱仲联：《鲍参军集注》，上海古籍出版社，1980年版，第94页。
[2] 钱仲联：《鲍参军集注》，上海古籍出版社，1980年版，第94页。

陶弘景,齐、梁时著名隐士,《梁书·处士传》载其:"遍历名山,寻访仙药。每经涧谷,必坐卧其间,吟咏盘桓,不能已已……特爱松风,每闻其响,欣然为乐。有时独游泉石,望见者以为仙人。"陶弘景有《答谢中书书》一文:

> 山川之美,古来共谈。高峰入云,清流见底;两岸石壁,五色交晖;青林翠竹,四时俱备;晓雾将歇,猿鸟乱鸣;夕日欲颓,沉鳞竞跃。实是欲界之仙都。自康乐以来,未复有能与其奇者。

如前文所述,与知音相与共赏,是书札山水文兴起的原因之一。"山川之美,古来共谈",正可说明这一心理寄寓,即以自然山水为人世知己的中介;文末"自康乐以来,未复有能与其奇者",即使康乐在世,亦当与我同赞此奇景,上接古人,以今度古,亦是藉山水自然以交际人我、沟通古今;陶弘景《答虞中书书》中"春华来被,草石开鲜,辞动情端,志交衿曲,信知邻德之谈,无虚往牒","举世悠悠,孰云同此?傥遇知己,相与共忧",亦是此意。全文不足二百字,不用典,不雕琢,风格雅淡,观其状写山水,能得画理,寥寥数语,已将山水石壁、青林翠竹、啼猿跃鳞、晓雾夕阳不同时空的景致悉数纳入,言辞虽无惊人之语,也无刘勰所说"情必极貌以写物,辞必穷力而追新"(《文心雕龙·明诗》)的弊病,清新隽永,飘逸绝尘,富有生气和趣味,读来凡心皆无,身在物外,心清神明,自具仙气。许叔夏评曰:"演迤澹沱,萧然尘埃之外。"[①]诚不虚也。

吴均,是南朝梁时著名文学家,《梁书·吴均传》说他"文体清拔有古气",在当时颇有影响,时称"吴均体",其所作《与朱元思书》即是南朝山水书札中的精品:

> 风烟俱净,天山共色。从流飘荡,任意东西。自富阳至桐庐,一百许里,奇山异水,天下独绝。水皆缥碧,千丈见底,游鱼细石,直视

---

① 高步瀛:《南北朝文举要》,中华书局,2005年版,第445页。

无碍。急湍甚箭,猛浪若奔。夹岸高山,皆生寒树。负势竞上,互相轩邈,争高直指,千百成峰。泉水激石,泠泠作响。好鸟相鸣,嘤嘤成韵。蝉则千转不穷,猿则百叫无绝。鸢飞戾天者,望峰息心;经纶世务者,窥谷忘反。横柯上蔽,在昼犹昏;疏条交映,有时见日。

文章前四句营造了清幽淡远的意境,其后以"奇山异水,天下独绝"八字总起下文,写水之"异",流缓处则清澈见底,湍急处则迅猛如飞箭奔马;写山之"奇",视听交错,目及之山、树与耳闻之泉响、鸟鸣、蝉叫、猿啸并写;而后,"鸢飞戾天者"四句,由景生情,因情明志,写山水之能荡凡涤俗,净化人心;最后又以景收结,"横柯"、"疏条",明暗交替,澹远悠长。文章简练省净,条理分明,绘声绘色,文句整饬匀称,节奏疏宕谐婉,意境清幽淡远。蒋心余评论此文"妙在笔底有闲韵",[1]是也。

吴均又有《与施从事书》:"故鄣县东三十五里有青山,绝壁干天,孤峰入汉,绿嶂百重,青川万转。归飞之鸟,千翼竞来。企水之猿,百臂相接。秋露为霜,春萝被径。风雨如晦,鸡鸣不已。信足荡累颐物,悟衷散赏。"短短六十九言,即是一幅清秋山水画卷,作者构图写意之功可见一斑。又《与顾章书》一文:

仆去月谢病,还觅薜萝。梅溪之西,有石门山者,森壁争霞,孤峰限日,幽岫含云,深溪蓄翠。蝉吟鹤唳,水响猿啼。英英相杂,绵绵成韵。既素重幽居,遂葺宇其上,幸富菊华,偏饶竹实。山谷所资,于斯已办,仁智所乐,岂徒语哉?

亦是一洗六朝繁缛、凝滞的风气,而能清新自然,晓畅省练,如许叔夏所评:"简澹高素,绝去饾饤之习。吾于六朝,心醉此种。"[2]

吴均三书,实为山水书札中的精品,一些词句并为后世诗文所袭用。

---

[1] 高步瀛:《南北朝文举要》,中华书局,1998年版,第496页。
[2] 高步瀛:《南北朝文举要》,中华书局,1998年版,第497页。

而且,以之为代表的山水书札,其精简省净、清新洗练的文风,也在山水文中别具一格,钱钟书先生将之与《水经注》相比,有很精到的论述:

> 吴之三书与郦道元《水经注》中写景各节,轻倩之笔为刻划之词,实柳宗元以下游记之具体而微。……然郦《注》规模弘远,千山万水,包举一编,吴《书》相形,不过如马远之画一角残山剩水耳。幅广地多,疲于应接,著语不免自相蹈袭,遂使读者每兴数见不鲜之叹,反输只写一丘一壑,匹似阿閦国之一见不再,瞥过耐人思量。①

山水书札在山水文的特殊风貌,也可从钱先生的论述中得到更到位的认识。其他书札山水文,还有如张种(504—573)的《与沈炯书》、祖鸿勋的《与阳休之书》,皆有可观之处,不再详论。

---

① 钱钟书:《管锥编》,中华书局,1979年版,第1456~1457页。

第三节 行记、游记和地记

山水记是山水游记散文的正宗。"记"这一文体,"《文选》不列其类,刘勰不著其说,则知汉魏以前,作者尚少,其盛自唐始也"。① 不过,汉魏六朝时,以"记"名篇的山水游记已经十分多见,其中可分行记与游记两类。

一、行记

行记,即旅行记,主要记述游行途中的见闻,包括山川景胜、先贤旧闻、民物风俗等,多是以"行"的空间转移、道里行程、游历踪迹为行文线索展开。据《隋书·经籍志》"地理类",此期的行记,如郭缘生撰《述征记》,戴延之撰《西征记》,江德藻(509—565)撰《聘北道里记》、《魏聘使行记》,刘师知撰《聘游记》、《朝觐记》,诸葛颖(536—612)撰《北伐记》、《巡抚扬州记》、《并州入朝道里记》等,其文虽已散佚,但从篇名亦可看出,其内容主要是出征、聘使、为宦、巡守、还乡等道里行记,主要侧重与"行"相关的游踪记叙,如郭缘生《述征记》:

> 山下自华岳庙列柏,南行十一里,又东回三里,至中祠。又西南出五里至南祠。南入谷口七里,又至一祠。(凡欲升山者皆祈祷焉。)又南一里至天井。天井才容人上,可长六丈余。出井如望空视明,如在室窥窗矣。出井东南二里,至峻坂斗上,又东上百丈崖,皆须攀绳挽葛而后行。又西南出六里,又至一祠,名胡越寺神。又行二里,便届山顶。上方七里,有灵泉二所,一名蒲池,一名太上泉。池北有石鼓,尝闻其鸣。其上有三峰直上,晴霁可睹。

游踪的叙写线索清晰,质直无华,并没有细致的叙景赋物之语。行记

---

① 徐师曾:《文体明辨序说》,人民文学出版社,1998年版,第145页。

的中心内容,或叙述游踪,或叙述地名的来历,或叙述珍异之物和传说,而纯粹关于山水描写的内容则极为少见,即使偶有述及,其眼光也主要是朝向山水中的古迹与珍异之物的,山水之美,似乎并非他们所关心。① 即使雅好山水的谢灵运,其所著《游名山志》,从顾绍柏所辑的三十条来看,②也多是记叙性的地名介绍之语,寥寥数语,平直少文,以下两条算是稍富文采的了:

楠溪入一百三十里有石室,北对清泉,高七丈,广十三丈,深六十步,可坐千人。状如龟背,石色黄白,扣之声如鼓。沿山石壁,高十二丈。古老传云是石室步廊。

凡此诸山多龙须草。以为攀龙而坠,化为此草。又有孤石,从此特起,高三百丈,以临水,绵连数千峰,或如莲花,或似羊角之状。

但即便如此,与诗序山水文、书札山水文相比,行记文仍缺少作者主观情思的抒发。有学者就据此认为行记并不能视为山水游记,③但因为文献散佚,而类书编撰以类相从,也多有断章取义,所以我们现在看到并非行记文的全貌。不过,行记作为作者亲自游历的记载,属于游记文学应该是没有问题,只是在表现内容上有所侧重,更何况行记中一些篇名本身就以"游某某记"来名篇,如王羲之的《游四郡记》,这明确揭示了行记的游记文学属性。

二、游记

与行记不同,游记是以纯粹的山水游赏为目的的创作,因而在写景、抒情上更贴近我们所说的山水游记散文。如《南齐书·宗测传》所云:"又尝游横山七岭,著衡山、庐山记。"《梁书·萧几传》云:"为新安太守,郡多

---

① 小尾郊一:《中国文学中所表现的自然与自然观》,邵毅平译,上海古籍出版社,1989年版,第259页。
② 顾绍柏:《谢灵运集校注》,中州古籍出版社,1987年版,第272~284页。
③ 王立群:《中国古代山水游记研究》,中国社会科学出版社,2008年版,第118页。

山水,特其所好,适性游履,遂为之记。"这些游记,描写的是作者的亲身游历,体现了作者的风雅志趣,寄托了作者对自然、人生、宇宙的思考。自然山水与人,不论是在悠游,还是赋诸文墨,两者都是浑然合一的,这就与抽身山水自然之外、以旁观姿态的行记不同,游记在描摹山水及情感兴托上,显然更为纯粹、深远。

这一时期游记中,现存的慧远《庐山记》、刘峻(462—521)《东阳金华山栖志》可谓六朝山水游记的上乘之作。

慧远于晋太元六年(381)结庐庐山,三十余年始终影不出山,迹不入谷,每送客游履,也只以庐山虎溪为界。常与诸道人同好悠游庐山,隆安四年(400)石门之游,有《庐山诸道人游石门诗序》一文记之,已见前文。又有《庐山记》一文,文曰:"自托此山二十三载",则是在元兴二年(403)左右,在隆安之游之后,故文末有"再践石门"云云。《庐山记》开首云:

> 山在江州浔阳南,南滨宫亭,北对九江。九江之南为小江,山去小江三十里馀。左挟彭蠡,右傍通州,引三江之流而据其会。《山海经》云:"庐江出三天子都,入江彭泽西,一曰天子障。"彭泽也,山在其西,故旧语以所滨为彭蠡。有匡续先生者,出自殷、周之际,遁世隐时,潜居其下。或云,续受道于仙人,而适游其岩,遂托室岩岫,即岩成馆,故时人感其所止为神仙之庐而名焉。

先介绍了庐山的地理位置及其得名之由,这是山水散文应有的一般内容。山水游记的这一行文习惯,与行记、地记是一致的,都带有史籍地理志的性质;与此相比,诗序、书札山水文,山水作为直入本心的媒介,寄情山水,因而作者更直接地进入对山水自然的描摹和抒情言志。

接着,慧远对庐山的"七岭"作了细致的描摹刻画。"七岭"之总体形势,则云:

> 圆基周回,垂五百里。风雨之所摅,江山之所带,高岩仄宇,峭壁万寻,幽岫穿崖,人兽两绝。……七岭同会于东,共成峰崿,其岩穷

绝,莫有升之者。

在众岭中,又以第三岭尤为高峻,人所罕至,文曰:

  太史公东游,登其峰而遐观,南眺五湖,北望九江,东西肆目,若登天庭焉。其岭下半里许有重岩,上有悬崖,古仙之所居也。其后有岩,汉董奉复馆于岩下,常为人治病,法多神验,病愈者令栽杏五株,数年之间,蔚然成林。计奉在人间近三百年,容状常如三十时,俄而升仙,绝迹于杏林。

这里,作者也引了司马迁(前145？—前91后)游历情形以及董奉的传说,在名胜古迹上追怀先贤旧迹、畅想历史传说,也是我们现在游记写作常有的内容,古今同此。下文:"昔野夫见人著沙弥服,凌云直上,既至,则踞其峰,良久乃与云气俱灭,此似得道者,当时能文之士,咸为之异。"亦是此类。山水之游,本是托体丘壑,借此悟玄观道,而历史、传说又是沧海桑田、宇宙洪荒中可值深思感慨者,所以,山水游记中谈及此,使得兴游中既有模山范水的当下观照,也有古今人事的历史追怀,自然、人生、宇宙、历史并包其中,体现了游记丰富的内容与广阔的表现空间,这一点也是山水短札、诗序所不具备的。

庐山云烟氤氲,雾雨蒸笼,是其一绝。慧远《庐山记》以灵动的笔法将庐山云烟之态描摹得十分精致:

  天将雨,则有白气先抟,而缨络于山岭下。及至触石吐云,则倏忽而集,或大风振岩,逸响动谷,群籁竞奏,其声骇人,此其化不可测者矣。……东南有香炉山,孤峰独秀,起游气笼其上,则氤氲若香烟,白云映其外,则炳然与众峰殊别。将雨,则其下水气涌出如马车盖,此龙井之所吐。

从中可见,慧远对自然瞬息变化的细微观察与捕捉。全文多见这种细节表现,在描摹物色上,代表了当时山水文的新成就。另外,本文几乎全在赋物写景,几无言情说理之语,这是与《庐山诸道人游石门诗序》大不相同的,可见,作为一篇纯粹的游记散文,其侧重之所在。山水游记散文的不同形态在表现内容和风貌上的差异也从中更清楚地显示出来。

刘峻,以注释《世说新语》闻名于世,而其文章亦擅美当时。他生平坎坷,不得志而归隐浙江东阳紫岩山,《梁书·刘峻传》曰:"游东阳紫岩山,筑室居焉,为山栖志。"

《东阳金华山栖志》开头,写了自己生长山野,性爱自然,隐居于东阳郡金华山;接着交代了东阳的地理位置、历史传说,金华山的得名之由以及山色、道路等。从山麓登山,"至山将半,便有广泽大川,皋陆隐赈。予之葺宇,实在斯焉"。其下便开始介绍自己的山间别墅:

> 所居三面,皆回山周绕,有象郛郭。南则平野萧条,目极通望,东西带二涧,四时飞流。泉清澜微濆,滴沥生响;白波跳沫,汹涌成音。并漕渎通引,交渠绮错。悬溜泻于轩甍,激湍回于阶砌。供帐无绠汲,盥漱息瓶盆。

写了房屋的周边环境,南边是辽阔平野,可以极目远望,东西则有二涧,清流白波,殊有好音。引流过宅,既便汲用,也使得山屋更添雅趣。树木花草果蔬,千族万种,争奇斗妍,色香生动,令人陶醉。又写鸟虫蛙猿的吟叫之声,各具特色:

> 肃肃毛羽,关关好音,皆驯狎园池,旅食鸡鹜。若乃鸿日伺辰,响类钟鼓。鸣蚭候曙,声像琴瑟。玄猿薄雾清啸,飞猱乘烟永吟,嘈囋嘹亮,悦心娱耳。谅所以跨蹑管籥,韬轶笙簧。

所谓"非必丝与竹,山水有清音"(左思《招隐诗》),自然之声,胜于丝竹人声,其刻画之细致,用心之细微,皆能见出作者遁隐山林、雅好自然的乐趣所在。

作者接着写了宅东的佛寺、道观,它们建于临近崖壑的险要之地,烟云生祥,法鼓清俗。寺观之前更有修竹良田,各种果蔬鱼禽,应有尽有,"养给之资,生生所用,无不阜实藩篱,充牣崖巘"。作者陶醉于这样自在无忧的田园生活中,并同田家野老共享此乐:

> 岁始年季,农隙时闲,浊醪初挤,醽清新熟,则田家野老,担壶共至。班荆林下,陈樽置酌。酒酣耳热,屡舞喧哗。盛论箱庾,高谈谷稼。嗢噱讴歌,举杯相抗。人生乐耳,此欢岂訾。若夫蚕而衣,耕而食,日出而作,日入而息。晚食当肉,无事为贵。不求于世,不忤于物,莫辨荣辱,匪知毁誉。浩荡天地之间,心无怵惕之警。岂与嵇生齿剑,杨子坠阁,较其优劣者哉?

作者隐居田园,躬耕陇亩,与世无争,表达了作者高尚的节操和高远的寄托。全文语言清新自然明畅,较少雕琢,绘声绘色,怡然明畅,洋溢着轻松愉快之情,读来令人欣然向往。而此文将田园主题引入山水散文之中,与田园诗继踵山水诗一样,在当时的山水情趣之外又荡出一层新意,在文学史上具有重要意义。

三、地记山水文

地记,又名地志,最早现于两汉,至魏晋南北朝时期,盛极一时。① 对于这一时期地方志盛行的原因,日本学者青山定雄分析说:"盖三国至晋地方文化发展,各族作为乡党的名望家与领导者,渐渐拥有牢固的势力。他们凭借自己的文化教养,记录乡土的地理历史,流传后世,或夸耀本地文化,又有出而任官时以之作为治理参考的意图,故编地方志,盖以僚属任其事。"②

---

① 据王毓藺统计,地记在三国时有14种,两晋时达76种,南北朝更是多达88种。参见《魏晋南北朝方志初探》,载《中国历史地理论丛》,2007年第4期。
② 青山定雄:《六朝时代地方志编纂的沿革》,《池内博士还历纪念东洋史论丛》,转引自小尾郊一《中国文学中所表现的自然与自然观》,第238页。

地记的内容涵盖十分广泛,包括某地的地理沿革、山川形胜、津梁关隘、风土物仪、天文气候、艺文方言、先贤耆旧等。这中间,有关山水形胜的地记尤其蔚为大观,这与这一时期文人雅士寄情山水、追崇释道的风尚相关,如王庸所言:"魏晋以降,释道盛行,寺观多在山林之中,加以老庄思想亦风行当时,文人学士多倾向于自然风景之欣赏,以是两晋时描述山水之作尤多。"① 在众多山水地记中,又以袁山松《宜都山川记》、盛宏之《荆州记》、郦道元(？—527)《水经注》尤富盛名,在山水散文史上具有重要的地位。

袁山松《宜都山川记》现已亡佚,散见于《水经注》、《艺文类聚》、《太平御览》等。从这些佚文中,可知袁山松所记,乃是亲历其境后的实录之言,如前所举《水经注》卷三十四"江水"引"山松言":"及余来践跻此境,既至欣然,始信之耳闻不如亲见矣。"又曰:

江南岸有山孤秀,从江中仰望,壁立峻绝。袁山松为郡,尝登之瞩望焉。故其记云:今自山南,上至其岭,岭容十许人。四面望诸山,略尽其势。俯临大江,如萦带焉,视舟如凫雁矣。(《水经注》卷三十四"江水""又东过夷陵县南"条)

袁山松言:江北多连山,登之望江南诸山,数十百重,莫识其名。高者千仞,多奇形异势。自非烟褰雨霁,不辨见此远山矣。余尝往返十许过,正可再见远峰耳。(同上)

《宜都山川记》为山水游记,由此可确知。② 其所记景胜,若非亲历,不能如此细致真切。不过,虽曾亲自探访过诸名山大川,但在山水地记中,我们确乎很少看到有关作者游踪的记叙,也很少有作者情感思想的主观抒发,其主要成就还在于山水的描写上,这也是地记山水文的一般特征。我们来看《宜都山川记》的几个片段:

---

① 王庸:《中国地理学史》,上海书店,1984年版,第143页。
② 小尾郊一:《中国文学中所表现的自然与自然观》,邵毅平译,上海古籍出版社,1989年版,第230页。

自黄牛滩东入西陵界至峡口百许里,山水纡曲,而两岸高山重障,非日中夜半,不见日月。绝壁或千许丈,其石彩色形容,多所象类。林木高茂,略尽冬春,猿鸣至清,山谷传响,泠泠不绝。所谓三峡,此其一也。(《水经注》卷三十四"江水""又东过夷陵县南"条)

　　登勾将山南望,见宜都、江陵近在目前,沮、潭、沔、汉诸山,嵲嵲时见。远眺云梦之泽,晶然与天际,四顾总视众山数千仞者,森然罗列于足下。千仞以还者,嶚嶤如丘浪势焉。今在上洛县西北。(《太平御览》卷四十九)

　　自西陵东北陆行百二十里,有方山。其岭四方,素崖如壁。天清朗时,有黄影似人像,山上有神祠场,特生一竹,茂好,其摽垂场中,场中有尘埃,则风起动此竹,拂去如洒扫者。(《艺文类聚》卷七)

其描写山水,文笔清俊自然,句法活泼,简洁明快,全无繁缛凝滞之感。山水地记之摹山状水多用白描、比喻,或工笔,或写意,重在把握山水情趣,虽无主观的情语,但又无处不流露着作者的情愫与审美,因而寥寥数语即能营造出隽永悠长的韵味,令人心驰神迷。

与袁山松一样,在地记中对山水描写作出重大贡献的还有盛宏之的《荆州记》。① 我们来看其中几条:

　　缘城堤边,悉植细柳。绿条散风,清阴交陌。(《艺文类聚》卷八十九、《太平御览》卷九百五十七)

　　九疑山,盘基数郡之界,连峰接岫,竞秀争高,含霞卷雾,分天隔日。(《太平御览》卷四十一)

　　南崖有重岭叠起,最大高崖间有石,色如人负刀牵牛,人黑牛黄,成就分明。此崖既大,加以江湍萦纡,回途经宿,犹望见之。行者歌

---

① 《荆州记》已散佚,清人王谟和陈运溶并有辑本,参见王谟《汉唐地理书钞》、陈运溶《麓山精舍辑本》,中华书局,1961年版。

曰:朝发黄牛,暮宿黄牛,三日三夜,黄牛如故。(《太平御览》卷五十三)

衡山有三峰,其一名紫盖,每见有双白鹤回翔其上;一峰名石囷,下有石室,寻山径,闻室中有讽诵声;一曰芙蓉,上有泉水飞流,如舒一幅白练。(《太平御览》卷三十九)

新阳县惠泽中,有温泉。冬月,未至数里,遥望白气浮蒸如烟,上下采映,状若绮疏。又有车轮双辕形。世传昔有玉女乘车,自投此泉。今人时见女子,姿仪光丽,往来倏忽。(《艺文类聚》卷九)

稠木旁生,凌云交合,危楼倾崖,恒有落势。风泉传响于青林之下,岩猿流声于白云之上。游者常若目不周玩,情不给赏,是以林徒栖托,云客宅心,泉侧多结道士精庐焉。(《水经注·沮水注》卷三十三)

以上虽是片断,但从这些片断中也可以看出,作者对山水的审美眼光的细腻。行文简明流畅,文字洗丽雅驯,字凝句练,骈散结合,富有韵律,尤其是不少比喻,运用得十分巧妙,准确抓住了山水的典型特征。

又,《太平御览》卷五十三"地部""峡"门云:

盛宏之《荆州记》曰:旧云,自二峡取蜀,数千里中,恒是一山,此盖好大之言也。唯三峡七百里中,两岸连山,略无阙处。重岩叠嶂,隐天蔽日。自非停午夜分,不见日月。至于夏水襄陵,沿溯阻绝。或王命急宣,有时云朝发白帝,暮至江陵,其间一千二百里,虽乘奔御风,不为疾也。春冬之时,则素湍渌潭,回清到影。绝巘多生怪柏,悬泉瀑布飞其间。清荣峻茂,良多雅趣。每晴初霜旦,林寒涧肃,常有高猿长啸,属引凄异,空岫传响,哀转久绝。故渔者歌曰:巴东三峡巫峡长,猿鸣三声泪沾裳。

这是《荆州记》中最优秀的记述,李白《早发白帝城》诗就出典于此。短短几百字,毕形毕肖地描绘了三峡山水自然的奇险俊逸。"清荣峻茂,良多雅趣"二语,既是山水自然本身所蕴含的风韵,也是人们受山水自然陶冶浸润的风韵,山水地记所展现的文学风貌也有得于此:自然与人心相互契合,却不留人工的痕迹,三笔两笔,略加点染,笔墨之外,自有意趣。

另外,我们也发现,此期的众多地记山水文也出现了一定的叙述模式,在内容、文字上出现一定的因袭。以荆湘地区为例,除了袁山松《宜都山川记》、盛宏之《荆州记》外,据陈运溶(1858—1918)《麓山精舍丛书》所辑,尚有晋范汪(生卒年不详)《荆州记》、晋罗含(293—369)《湘中山水记》等"荆湘地记二十九种",《长沙图经》、《永州图经》等"荆湖图经三十六种",① 它们中有不少对同一事物的描述,如宜昌佷山县一带多石穴,袁山松《宜都山川记》描述说:

> 自盐水西北行五十余里,有一山独立峻绝,名为难留城。从西面上,里余得石穴。行百许步,得石碛。有二文石,并在穴中。(《北堂书钞》卷一百五十八)

盛宏之《荆州记》与此大同,并有补充:

> 佷山县有一山,独立峻绝。西北有石穴,以烛行百步许二大石,其间相去一丈许。俗名其一为阳石,一为阴石。水旱为灾,鞭阳石则雨,鞭阴石则晴。(《北堂书钞》卷一百五十八)

同时,无名氏的《荆州图副》也有与盛弘之全然相同的记载:

> 宜都有石穴,穴有二石,相去一丈。俗云:其一为阳石,其一为阴石。水旱为灾,鞭阳石则雨,鞭阴石则晴。(《艺文类聚》卷六)

又《荆州图经》中也说:

> 宜都有穴,穴有二大石,相去一丈。俗云:其一为阳石,其一为阴

---

① 陈运溶:《麓山精舍辑本》,中华书局,1961年版。

石。水旱为灾,鞭阳石则雨,鞭阴石则晴,即廪君石是也。但鞭者不寿,人颇畏之,不肯治也。(《太平御览》卷五十二)

或许他们本来就是同临此境,将此珍物奇事记录下来,不过,其间发生一定的因袭也是有的,因而有学者认为,其中某一种或是祖本,其余的则将此祖本置于左右以供参考。① 而作为集大成的《水经注》,它采撷六朝地记的精华,也必是经过一番文献综合工作,如伿山石穴载见《夷水注》,即是综合了诸地记的记载而有新的修饰加工。正因为此,钱钟书先生评《水经注》说:"固惟即目所见,不避累同,或岂呕心欲尽,难出新异乎?"②郦道元《水经注》多"自相蹈袭",从这个角度也就不难理解了,钱先生举了两个例子:"前举郦《注》形容处几有匡格,他如《河水》:'孟津……水流交冲,素气云浮,常若雾露沾人。'《清水》:'黑山瀑布……散水雾合。'《淇水》:'激水散氛,暖若雾合';又如《渭水》:'崩峦倾反,山顶相捍,望之恒有落势。'《沮水》:'盛弘之云:危楼倾崖,恒有落势。'《延江水》:'倾崖上合,恒有落势'"③尤其是《沮水》条引用了盛宏之《荆州记》文,而《渭水》、《延江水》二处又明显是袭用盛文而又反复用之。再如,《水经·洏水注》有"绿水平潭,清洁澄深,俯视游鱼,类若乘空",《夷水注》有"其水虚映,俯视游鱼,如乘空也,浅处多五色石",亦相蹈袭;至于其用心精巧,为人所称道,认为是柳宗元《小石潭记》"潭中鱼可百许头,皆若空游无所倚"之所本(杨慎《丹铅总录》卷十八),其实,郦道元《水经注》也是本于《宜都山川记》,其文云:"大江清浊分流,其水十丈见底,视鱼游如乘空,浅处多五色石。"两者的源流关系是十分明显的。王维、柳宗元、苏舜钦等诗文中多袭用这一妙喻,④更可见出六朝山水地记在文学史上的重要地位,它在丰富山水审美意识、创造山水形象、散文语言等方面,都给后代游记作家以极

---

① 小尾郊一:《中国文学中所表现的自然与自然观》,邵毅平译,上海古籍出版社,1989年版,第245~247页。
② 钱钟书:《管锥编》,中华书局,1999年版,第1457页。
③ 钱钟书:《管锥编》,中华书局,1999年版,第1457页。
④ 钱钟书:《管锥编》,中华书局,1999年版,第1457~1458页。

大的启发。

这里就涉及《水经注》的性质问题了。关于《水经注》的成书,《魏书》和《北史》都记载道:"道元好学,历览奇书,撰注《水经》四十卷。"(《魏书》卷九十,《北史》卷二十七)郦道元《水经注序》亦自道:"少无寻山之趣,长违问津之性。"可见,《水经注》并非亲自游历山水的结果,乃是在综览众书基础上的集大成地记著作。① 如此看来,《水经注》似乎不属于我们所讨论的山水游记散文的范畴,但是,这样一部恢宏壮阔的巨著,其成书过程是复杂的,尤其是当时南北分裂,郦道元难以亲游南土,自然需借助于南方诸地记,而其记述北方川流,不唯详实,其中亦不乏亲历其境的山水描写。如:

> 自城北出,有高坂,谓之白道岭。沿路惟土穴,出泉,挹之不穷。余每读《琴操》,见《琴慎相和雅歌录》云"饮马长城窟",及其跋涉斯途,远怀古事,始知信矣,非虚言也。(《水经注》卷三"河水""又东过云中桢陵县南"条)

正是"读万卷书,行万里路",知行相验的自述之语。又如:

> 余为尚书祠部,与宜都王穆黑同拜北郊,亲所经见。(《水经注》卷十三"漯水""出雁门阴馆县东北过代郡桑乾县南"条)
>
> 余生长东齐,极游其下。于中阔绝,乃积绵载。后因王事,复出海岱。(《水经注》卷二十六"淄水""又东过利县东"条)
>
> 余登其上,人马之迹无闻矣,惟庙像存焉。(《水经注》卷三十二"肥水""北入于淮"条)
>
> 先公以太和中作镇海岱,余总角之年,侍节东州。至若炎夏火

---

① 上文所述郦道元《水经注》之蹈袭,正是因此之故。再如王谟所说:"江水东过秭归县南,至东南守夷道县以北,皆宜都郡治中。引《宜都记》者三,袁山松者五。"陈运溶也说:"以《水经注》互校其事实,相类者约八十余事,虽详略不同,实则录其书而隐其名。"参见王谟《汉唐地理书钞》、陈运溶《麓山精舍辑本》,中华书局,1961年版,第354、379页。

流,闲居倦想,提琴命友,嬉娱永日,桂笋寻波,轻林委浪,琴歌既洽,欢情亦畅,是焉栖寄,实可凭衿。小东有一湖,佳饶鲜笋,匪直芳齐芍药,实亦洁并飞鳞,其水东北流入巨洋,谓之薰冶泉。(《水经注》卷二十六"巨洋水""又北过临朐县东"条)

可见,郦道元亦曾漫游各地,所以《水经注》中也有不少亲历其境的叙景之语,如:

水隍多行石涧中,出药草,饶松柏,林薱绵蒙,崖壁相望,或倾岑阻径,或回严绝谷。清风鸣条,山壑俱响,凌高降深,兼惴栗之惧,危蹊绝径,过悬度之艰。未出谷十余里,有别谷在孤山。谷有清泉,泉上数丈有石穴二口,容人行。入穴丈余,高九尺许,言是昔人居山之处,薪爨烟墨犹存。谷中林木致密,行人鲜有能至矣。又有少许山田,引灌之踪尚存。出谷有平丘,面山傍水,土人悉以种麦,云此丘不宜殖稷黍而宜麦,齐人相承以殖之,意谓麦邱所栖愚公谷也,何其深沉幽翳,可以托业怡生如此也!余时径此,为之踟蹰,为之屡眷矣。(《水经注》卷二十四"汶水""汶水出泰山莱芜县原山,西南过其县南"条)

前写山谷深幽之美,又可以"托业怡生",故而令作者"踟蹰"、"屡眷"。这样的山水描写,不仅是山水游记,其即景抒情、情境交融的描写、抒情手法更是山水游记中的妙笔。

以上这些材料,可以证明《水经注》中也不乏山水游记性质的语段。郦道元受时风影响,爱好山水,欣赏山水自然之美,他笔下的山水正是出于这种审美的山水意识,而显得更加曼妙多姿。这一山水审美情怀,在《水经注》中亦多有表现,如:

余六世祖乐浪府君,自涿之先贤乡爰宅其阴,西带巨川,东翼兹水,枝流津通,缠络墟圃,匪直田渔之赡可怀,信为游神之胜处也。

（《水经注》卷十二"巨马水""又东南过容城县北"条）

阜上有故宫庙楼榭，基雉尚崇。每至鹰隼之秋，羽猎之日，肆阅清野，为升眺之逸地矣。（《水经注》卷十三"㶟水""出雁门阴馆县"条）

绿水澄澹，川亭远望，亦为游瞻之胜所也。（《水经注》卷十三"㶟水""过广阳蓟县北"条）

又东带绿萝山。绿萝蒙幂，颓岩临水。实钓渚渔咏之胜地。其迭响若钟音，信为神仙之所居者。（《水经注》卷三十七"沅水""又东北过临沅县南"条）

沅水又东历三石涧。鼎足均峙，秀若削成。其侧茂竹便娟，致可玩也。（《水经注》卷三十七"沅水""又东北过临沅县南"条）

两岸连山，石泉悬溜，行者辄徘徊留念，情不极已也。（《水经注》卷三十九"耒水""又北过其县之西"条）

其水分纳众流，混波东逝，径定阳县，夹岸缘溪，悉生支竹芳枳、木连，杂以霜菊、金橙，白沙细石，壮如凝雪，石溜湍波，浮响无缀。山水之趣，尤深人情。（《水经注》卷四十"渐江水""北过余杭，东入于海"条）

可见，郦道元之注《水经》，很多都是亲历其地，进行实地的山水考察，而且是带有明确的游览意识的，是怀有浓郁的审美情趣的。在郦道元眼里，"山水之趣，尤深人情"，这与袁山松叹称"山水之美"、"山水有灵"，视山水为"知己"一样，都是山水地记文所开创出的新的山水意味。这是一种物我相亲的自在平等的状态。山水不再作为证道玄览的象征，而是直接作为纯粹的审美对象，走近人心，因而获得更自由、灵活多面的展现。

《水经注》之可归为山水游记的范畴，其文学性质论述已见上文。同时，从上诸引文中，我们也领略到郦道元高超的山水描写手法，其语言俏丽峻洁，清新隽永，多用四字句，洗练省净；在描绘山川之美上，显其质美，摄取神韵，富有意境，诚如明人钟惺《水经注钞》所说："郦道元偏具山水笔资，其法则记，其材其趣则诗也。"明人朱之臣《水经注删》也说："郦氏每于景色,只一二字点缀,最工,其笔其韵,未易追也。"①皆是的评。

　　与《水经注》并称北朝文学双璧的还有北魏杨衒之的《洛阳伽蓝记》,依原序"至武定五年,岁在丁卯,余因行役,重览洛阳"云云,该书也应属游记之作,其行文简明清丽,赋物写景之语,亦多可称者。不过,《洛阳伽蓝记》主要记叙洛阳城寺庙的缘起变迁、建制规模、历史沿革及与之相关的名人轶事、奇谈异闻等,其性质更接近于台阁名胜记,而与山水游记不尽相合,故本文不作细论。

　　从以上诗序山水文、书札山水文、山水记、地记山水文四个部分的评析来看,可以说,魏晋南北朝山水游记在山水文学史上具有开创之功,其在山水形象创作、散文语言、审美旨趣等方面都对后代山水游记散文产生了重大影响,为柳宗元等唐以降的山水游记创作开辟了广阔的空间。

---

① 李知文:《尽发山水之美的妙章绮语——论〈水经注〉写景的语言艺术》,载《贵州社会科学》,1984 年第 4 期。

第九章　魏晋南北朝人物传记

在魏晋南北朝诸多文体中,人物传记的数量最少;北魏、北齐基本上找不出一篇像样的文字。但是,就在这少量的文章中,也有精彩绝伦的,如陶渊明的《五柳先生传》以及何劭的《荀粲传》等。本书所以写传记一体,就是由于这几篇精妙的篇什。

这就有一个问题,说到传记文章,正史中有的是,这些篇章的特点又有何分别呢?首先,这些传记写的或是一些流星般一划而过的人物,或是一些隐士。他们的身份、地位、业绩和实际起到的作用,一般是不入正史的。如何劭所写荀粲,在《晋书》中就没他的位置。傅玄的《马(钧)先生传》,也如此。入了正史,如陶渊明入《宋书》,或许就是因为昭明太子萧统(501—531)给他写了一篇很好的传。这就说到第二点,这时期精彩的传记,在写法上,实际都不像正史的做法,他们关注的是人物的性情、神采和奇思妙语,多是名士崇拜世风下的一些东西,这与那些写位高权重的显赫大臣或擒贼拿将的功臣传记,立意上就相差得不可以道里计。有人说名士是天地之逸气,人间之弃才,这些传记,大多就是专门为这些充满逸气的"弃才"立传的。

于是,又说到这些传记所以出现的原因。原因无他,与当时玄学风尚甚盛有关。玄风盛行的时代,就是清谈盛行的时代,就是士人特别重视自己的风操特异的时代,奇人异态就特别显著。而人们又特别欣赏这一切,于是就力图保存他们的特异风神,这样的传记就要奇异绽放了。两晋这方面的传记写得特别有神,应该就是因为这一点。需要补充的是,这也是在实际才能方面出了奇才的时代,如华佗,就生活在这样的时期,而造"木牛流马"的诸葛亮(181—234)也是同时代人。对此,人们也给了一定的欣赏。姜维写蒲元的传,傅玄写魏晋之交马钧的传,都是这样的表现。总之,这是一个能欣赏奇人异事的时期,甚至包括女人。这时期的人绝对不是"女子无才便是德"的信奉者,相反很欣赏那些有超常见识的女性,钟会和夏侯湛的两篇女性人物传,都各有特点。

第一节　三国曹魏人物传

三国时期的人物传记不是很多,较早的当属曹魏钟会的《母夫人张氏传》和西蜀姜维的《蒲元别传》。

钟会(225—264)为母夫人张氏所作的传记,主要从善处家庭矛盾、以"谦恭慎密"之道教子和不凡的见识几方面,塑造了一个智慧型女性形象。

首先是写张氏在一夫多妻、妻妾倾轧的家庭环境中善于自处的心计,文章说:

> 贵妾孙氏,摄嫡专家,心害其贤,数谗毁,无所不至。孙氏辨博有智巧,言足以饰非文过,然竟不能伤也。及妊娠,愈更嫉妒,乃置药食中。夫人中食,觉而吐之,瞑眩者数日。或曰:"何不向公言之?"答曰:"嫡庶相害,破家危国,古今以为鉴诫。假如公信我,众谁能明其事?彼以心度我,谓我必言,固将先我;事由彼发,顾不快邪!"遂称疾不见。孙氏果谓成侯曰:"妾欲其得男,故饮以得男之药,反谓毒之。"成侯曰:"得男药佳事,暗于食中与人,非人情也。"遂讯侍者具服,孙氏由是得罪出。成侯问夫人:"何能不言?"夫人言其故,成侯大惊,益以此贤之。

多妻家庭嫡妾斗争,事不大,却可以惊心动魄。不善处置,死无葬身。张氏斗孙氏,超常处理,像一只静候猎物的猫。心计之工,手法之稳,颇令人惊异。好在传记里她是受害者。钟会这样写自己的母亲而不觉得难堪,与当时社会风尚有关系,也与他所受"张母"的智力开发有关系。

张氏是读过书的女性,不是那种横眉立眼与别人斗狠的人,到小传写母亲教子的行为时,顺便把母亲和孙氏斗法所以取胜的文化原因补充上了:"年四岁授《孝经》,七岁诵《论语》,八岁诵《诗》,十岁诵《尚书》,十一诵《易》,十二诵《春秋左氏传》、《国语》,十三诵《周礼》、《礼记》,十四诵成侯《易记》,十五使入太学。"钟会接受的这些经典熏陶,都是在母亲教导下完成的。不过,传记更要表现的是自己所受到的母亲"谦恭慎密"的教诲。

小传写到张氏辅导作者自己读《易》、《老子》法门,显示出当时士大夫之家的教育门风尊尚道家。受这两本书教育出来的人,性情都容易偏阴。钟会的为人行径,可以从此得到一些理解。

张氏最有光彩的是她的见识。传言:

> 是时大将军曹爽专朝政,日纵酒沉醉,会兄侍中毓宴还,言其事。夫人曰:"乐则乐矣,然难久也。居上不骄,制节谨度,然后乃无危溢之患。今奢僭若此,非长守富贵之道。"嘉平元年,车驾朝高平陵,会为中书郎从行。相国宣文侯始举兵,众人恐惧,而夫人自若。中书令刘放、侍郎卫瓘、夏侯和等家皆怪,问:"夫人一子在危难之中,何能无忧?"答曰:"大将军奢僭无度,吾常疑其不安。太傅义不危国,必为大将军举耳。吾儿在帝侧何忧?闻且出兵,无他重器,其势必不久战。"果如其言,一时称明。

先是对曹爽必败的预言,已经见出她眼光的不一般,更见出其智慧的是钟会身处险境时做母亲的冷静,而冷静来自她的料事如神。总之这篇传记刻画的人物绝非煦煦然慈母形象,而是冷峻的智者,可敬可畏,却未必可爱,印记着那个时代特有俗尚的烙痕。

与钟会时代相近的小传是姜维(202—264)的《蒲元别传》。① 传言:

> 君性多奇思,得之天然,鼻类之事出若神。不尝见锻功,忽于斜谷为诸葛亮铸刀三千口。熔金造器,特异常法。刀成,白言:"汉水钝弱,不任淬用,蜀江爽烈,是谓大金之元精,天分其野。"乃命人于成都取之。有一人前至,君以淬刀,言:"杂涪水,不可用。"取水者犹悍言不杂,君以刀画水,云:"杂八升,何故言不杂?"取水者方叩首伏,云:"实于涪津渡负倒覆水,惧怖,遂以涪水八升益之。"于是咸共惊服,称为神妙。刀成,以竹筒密内铁珠满其中,举刀断之,应手灵落,若薙生

---

① 这篇传记有两个版本,一见于《艺文类聚》,一见于《太平御览》,前者有删节。今依后者为说。

刍,故称绝当世,因曰"神刀"。今之屈耳环者,是其遗范也。

传记的特别处,首先在对蒲元的生平姓字,一概不提,只是就"性多奇思"一点写起,而且只有一件神奇事情。这样的人物故事,与诸葛亮造"木牛流马"联系起来看,体现出那个时代重智的特点。所写故事还与后来《今古奇观》中"王荆公三难苏学士"有渊源关联。实际是小品性的传记,离正史的传记最远。

到曹魏后期,传记文章出现了阮籍(210－263)的《大人先生传》和嵇康(223－262)的《圣贤高士传》。《圣贤高士传》把前代记载或传说中的一些寓言、传说汇聚到一起,文字也不长,不少人物都是子虚乌有。其中也有较为可读的,如《亥唐》篇:

亥唐,晋人也。高恪寡素,晋国惮之,虽蔬食菜羹,平公每为之欣饱。公与亥唐坐,有间,亥唐出,叔向入。平公伸一足曰:"吾向时与亥子坐,腓痛足痹不敢伸。"叔向淳然作色不悦。公曰:"子欲贵乎?吾爵子;子欲富乎?吾禄子。夫亥先生乃无欲也,非正坐无以养之,子何不悦乎?"

做人家的官,拿人家的俸禄,就得受人家的气,即使叔向这样的大贤也不免。这样的立意颇为警策。

阮籍的《大人先生传》,说它是传记,从语言上说是一篇赋也可以。就此传有人物情节对话而言,还是可以作传读的。这篇作品也实在是了解阮籍内心世界——以理想的"太始之前"、"忽漠之初"的乌何有之乡对抗现实——的一个绝好资料。《晋书·阮籍传》说他于苏门山与隐士孙登相遇,归而作传。孙登如何今不可详知,但此赋绝对不是孙登的如实写照,而是阮籍自己超尘绝想理想的抒发。传开头就说"大人"已经"自以为足与造化推移,故默探道德,不与世同之"。"大人"所达之境地,即是阮籍心中之所企,也是阮氏归宗老庄的终极处。"大人"的恢宏,是要与天地宇宙为一。这才是阮籍特有的气度,也是他在文学史上矗立的自我形象,很奇特。这自然会与目光着眼于人间世界是非善恶的礼法之士发生龃龉、冲突。据载同时人何曾就曾当面指责阮籍败坏风俗。所以文中就有"大人"对此的回应,也就是常见称道的对现实世界的"裈裆群虱"之喻。此喻固然尖新、生动而寓意悍劲,但此段回应中笔者以为如下的反诘,更可见阮籍的深度:

> 往者天尝在下,地尝在上,反覆颠倒,未之安固,焉得不失度式而常之?天因地动,山陷川起,云散震坏,六合失理,汝又焉得择地而行,趋步商羽?往者群气争存,万物死虑,支体不从,身为泥土,根拔枝殊,咸失其所,汝又焉得束身修行,磬折抱鼓?李牧功而身死,伯宗忠而世绝,进求利以丧身,营爵赏而家灭,汝又焉得挟金玉万亿,祗奉君上而全妻子乎?

尖锐之语包含的是这样的言外之意:若整个天地混乱,是非不分,你们这些所谓的礼法之士,又何能在这个世界中存在一日? 如此,"裈裆之虱"就不仅是肮脏龌龊,而且是富贵安享,无志气、无器量、不思进取的窝囊龌龊。由此,阮籍以"大人"自期,就可以与他那句著名的"时无英雄,遂使竖子成名"的大言合拍了。大人的理想,是英雄气。苟全性命与这股英雄气概的对峙并存,就是阮籍人格的全部。《大人先生传》中,"大人"不但与礼法之士有矛盾,还与那些"恶彼而好我,自是而非人,忿激以争求,贵志而贱身"、"禽生而兽死,埋形而遗骨"的隐士标格迥远,因为真正的"大人",是"至人无宅,天地为客;至人无主,天地为所;至人无事,天地为故。无是非之别,无善恶之异,故天下被其泽而万物所以炽也"。阮籍心目中的"大人",是世界的创立者,万物的恩泽者——当然是道家意义上的。以此为尺度,"隐士"就太硁硁然小人哉了! 阮籍略可首肯的是"神宫"、"吴泉"之旁的"薪于阜者"。肯定他,是因为"薪者"的混同是非、贵贱,忘却功名、荣辱,可以不失自我。"虽不及大,庶免小矣",与礼法之士的交锋,突出的是"大人"的人生大志向;与隐士、薪者的对峙,是"大人"的具体追求:与天地为一,独与天地之精神往来。以此,阮籍一脚踢翻了儒家、法家所安顿的世界,也踢翻了隐士、薪者之流的小格局。这还显示了阮籍的无政府主义倾向:"明者不以智胜,暗者不以愚败;弱者不以迫畏,强者不以力尽。盖无君而庶物定,无臣而万事理。"还包括他对"有政府"以来的强权对弱小民众的欺诈剥夺的揭露:"竭天地万物之至以奉声色无穷之欲,此非所以养百姓也。于是惧民之知其然,故重赏以喜之,严刑以威之,财匮而赏不供,刑尽而罚不行,乃始有亡国戮君溃散之祸。此非汝君子之为乎?汝君子之礼法,诚天下残贼、乱危、死亡之术耳;而乃目以为美行不易之道,不亦过乎?"这些都是《大人先生传》的闪光点。

  从庄子开始,就以河汉无极之言对抗揭露"沉浊"的人间世,阮籍的《大人先生传》总体规模亦复如此。然而,诚如牟宗三先生所言,阮籍终不同于嵇康那样"偏于哲人之老庄",阮籍是"文人之老庄","以浪漫文人之生命为底子",他的"大人"最终"直驰骛乎太初之中,而休息乎无为之宫",是"以文人生命冲向原始之苍茫"。① 但作为文章,《大人先生传》不愧为魏晋时期难得的瑰丽雄奇之文。有思想的表述,有志向的抗扬;有对话,有叙述;忽而散句加散体赋语式,忽而骚体、五言诗体并出,各有攸宜,文随意动,手法多样而灵活。然而,篇名既然为"传",作者不可能不知道一般传记的语言体式,然而阮籍偏要使用带有强烈赋体色彩的语言,用意就在以此抒发他浩浩荡荡的对"大人"的讴歌之情。就传记体而言,此文也实在属于不守故常的创体。可以称之为诗体的传记。不过,虽然"大人"意象颇为鲜明,但与其说作者写这样的人物是为其形象,不如说是就"大人"之所想、所说,来抒发作家远离尘世的情怀。文章整体规模宏大,出人意表,读之给人以强烈的震撼。

---

① 牟宗三:《才性与玄理》,(台北)学生书局,2002年版,第292、296页。

第二节　两晋人物传

两晋的传记有许多水平高妙的作品。

先看西晋,何劭(？—301)的《荀粲传》和《王弼传》就是给思想家写传记的典范,十分传神。两篇传记同出一人之手,何劭的文采史才均不凡俗,两文堪称联璧。两位传中的主人公都是天才型的人,英年早慧,也早夭折,都是魏晋之际出现的流星一般的人物。《荀粲传》上来就写荀粲震烁一时的言论:

> 粲诸兄并以儒术论议,而粲独好言道,常以为子贡称夫子之言性与天道,不可得闻,然则六籍虽存,固圣人之糠秕。粲兄俣难曰:"《易》亦云圣人立象以尽意,系辞焉以尽言,则微言胡为不可得而闻见哉?"粲答曰:"盖理之微者,非物之象所举也。今称立象以尽意,此非通于意外者也,系辞焉以尽言,此非言乎系表者也;斯则象外之意,系表之言,固蕴而不出矣。"及当时能言者不能屈也。

文字首先表现的是善于从"圣人"典籍中找出打倒圣人之教的道理,"打着红旗反红旗",《论语》载子贡说"夫子之言性与天道,不可得而闻也",既然如此,就可以论定"六籍"都是圣人之道的"糠秕"。这实际是魏晋之际"言不尽意"观点的表达。于是他的兄长就用《易传》"立象以尽意"的教条来反驳,他的回答又是一番新意:真正的形而上的大道,哪是小小的卦象可以象征的呢! 能"尽"的"意",能由卦辞来尽的"言",都是形而下的。这段文字,就是一段玄谈的对答。用注六经的方式来宣明一套新的玄学道理,正是荀粲天才早慧的集中表现。一个聪明绝伦的形象,也随着这一番玄妙的清谈宛然于纸上。接着传又说:

> 又论父或不如从兄攸。或立德高整,轨仪以训物;而攸不治外形,慎密自居而已。粲以此言善攸,诸兄怒而不能回也。

于此可见当时的言无检束,毫无顾忌,就是对自己的老子也如此。无检束到底,做个名士也不易。为了一段高明议论,可以不顾一切甚至杀头,此风上溯可以追到孔融和祢衡,往下就是这位荀粲了。然后传记说到荀粲和傅嘏的清谈交往,说他们俩一个尚玄远,一个重名理,入世出世倾向有别。"裴徽通彼我之怀,为二家骑驿"一段,明显是《世说新语》的文字来源。传还说:

> 常谓嘏、玄曰:"子等在世涂间,功名必胜我,但识劣我耳!"嘏难曰:"能胜功名者,识也。天下孰有本不足而末有余者邪?"粲曰:"功名者,志局所奖也。然则志局自一物耳,固非识之所独济也。我以能使子等为贵,然未必齐子等所为也。"

是把一个人的志向之"志"与见识之"识",分别开来。是说功名源于有无功名之心志,与"识度"无关,表现出仔细分辨概念的玄学趣味。

荀粲是年轻的玄学才子,传记于是又写他对女人的看法。看法很糟糕:"粲常以妇人者,才智不足论,自宜以色为主。"然而,却很专情。传说:

> 骠骑将军曹洪女有美色,粲于是娉焉,容服帷帐甚丽,专房欢宴。历年后,妇病亡,未殡,傅嘏往唁粲;粲不哭而神伤。嘏问曰:"妇人才色并茂为难。子之娶也,遗才而好色,此自易遇。今何哀之甚?"粲曰:"佳人难再得!顾逝者不能有倾国之色,然未可谓之易遇。"痛悼不能已,岁余亦亡,时年二十九。

"顾逝者"云云,是说自己专心于逝者,眼里也就没别人了。这正是真名士的悲哀和人生的脆弱。他们太聪明,想得太透彻,还未真正涉世,就把生活既深刻又浮浅地给看破了。好不容易生活中有点什么——如荀粲眼里女性的美丽——让他们动情,就抓住放不了。老天不帮忙成全,就只有死掉了。

这篇传记活画出一些名士的魂灵。荀粲是难入本朝正史的。赖有何劭此文，也入了史，只是入的《晋书·何劭传》。

何劭《王弼传》则是为另一个名士兼青年哲学家王弼(226－249)写的传记。这篇传记最让人过目难忘的是他和裴徽关于孔子老子谁更高明的清言，简短的谈话解决了一个当时的大难题，具体的论述，请看"说理文"一章。《黑格尔传》的作者古留加说，一个思想家最激动人心的情节在于他的思想。从塑造人物说，王弼与裴徽的这番高谈，实在是王弼短暂生命最光芒的闪耀，王弼因为何劭对他这次清谈的记载，使他可以在古代文学人物画廊里有一席之地。另一次显示他哲学才子身段的地方是他跟何晏(？－249)辩论圣人有情无情的问题：

> 何晏以为圣人无喜怒哀乐，其论甚精，钟会等述之。弼与不同，以为圣人茂于人者神明也，同于人者五情也。神明茂，故能体冲和以通无；五情同，故不能无哀乐以应物，然则圣人之情，应物而无累于物者也。今以其无累，便谓不复应物，失之多矣。

何晏的观点是圣人无情，人无情，就是神了，这不符合中国人关于圣人的看法，王弼反对。他的见解是，圣人不同于常人的地方不在他无情，而在"茂于人者神明也"，就是圣人比一般人"神明"（精神意志等）强。至于"情"，圣人一样也不缺，所不同于常人的是，圣人有情却不为情所牵累。就是下文说的"能以情从理者"，也就是圣人"情"和"理"协调如一。他给荀融写的那封信也是这样的意思：人有情是"自然之性"，就是孔子也有"情"，颜渊死了孔子不也悲伤吗？又顺手举一个例子：你荀融来信说隔了多少天不见，就想念，不也是有"情"之表现吗？王弼"圣人有情"观是"体用"完整如一。如果像何晏那样理解圣人，就只有"体"而无"用"了。从文学的形象上说，那样信手拈来举例说明深奥的玄理，显示的是一个哲学家独有的天分。

这一篇传记，还写了生活中的王弼。他不像荀粲那样高蹈，他有世情、想做官，但又太嫩。天才哲学家，对生活却是外行，官场一切更不是他所能应付的了，所以连曹爽那样浮华之人都看不上他。不过，这也避免了他跟曹爽一起被杀的下场。比荀粲强的是他有一系列著作流传。仿佛天生下他,就是为了这些。这些事做完了,他也就在二十四岁遇疾而亡了。此篇传记整体不如《荀粲传》简洁明快,但也很好地传达出了一个天分极高的青年才俊在玄学上的卓越表现,还是颇成功的。

汉魏之际世风已经浮华,刘劭作《人物志》公然主张选拔人才要谈四方面的"理",还说选大国手不三日谈不可以。重视言辞,特别是巧妙动听的言辞,就是当时士人特别看重的能力。清谈之风由此而大起。傅玄(217—278)作奇人马钧《马先生传》,表达的看法与当时风尚大相径庭。此文在严可均《全晋文》之《傅子》补遗,是从《白孔六帖》中抄出来的。《傅子》补遗中还有一些人物的传记如郭嘉、刘晔等,但都不如这篇《马先生传》别致有味。这篇文字写的是曹魏时期一个善于制作机器的奇人,传记说他"为博士居贫,乃思绫机之变……旧绫机五十综者五十蹑,六十综者六十蹑,先生患其丧功费日,乃皆易以十二蹑"。这是一件,还有一件奇特事是造"指南车":

> 与常侍高堂隆、骁骑将军秦朗争论于朝,言及指南车,二子谓古无指南车,记言之虚也。先生曰:"古有之,未之思耳,夫何远之有!"二子哂之曰:"先生名钧,字德衡,钧者器之模,而衡者所以定物之轻重,轻重无准,而莫不模哉!"先生曰:"虚争空言,不如试之易效也。"于是二子遂以白明帝,诏先生作之,而指南车成。此一异也,又不可以言者也,从是天下服其巧矣。

此外还有他制造翻车,制造会活动的"百戏",以及改进诸葛亮的连发弩等。马先生能做这些精巧的事,却口不善于说。不善于说的结果,就是不能打破人们的经验主义的成见,他的奇特的巧技,也不为人所接受。这一点正是此传写作着意要突出的。传记由此开始转入了另一部分:

> 有裴子者,上国之士也。精通见理,闻而哂之。乃难先生,先生口屈不能对。裴子自以为难得其要,言之不已。傅子谓裴子曰:"子

所长者言也；所短者巧也。马氏所长者巧也；所短者言也。以子所长，击彼所短，则不得不屈；以子所短，难彼所长，则必有所不解者。夫巧者，天下之微事也。有所不解而难之不已，其相击刺，必已远矣。心乖于内，口屈于外，此马氏所以不对也。"

"精通见理"的裴秀能说，就是不能做。相反则是马钧，能做不能说。作者站出来指明了这一点。这番议论，颇有点《老子》知者不言，言者不知的意味；而且初看上去，还有点当时"言意之辩"的味道。不过，傅玄要表达的不是这个意思。他要表达的意思，是对社会不公正的揭示。人们总是一听马钧的巧，就摇头不信，可是，要证明马钧的巧妙不是很容易？让他试一试，不就可以了吗？这就是传记下面与安乡侯曹羲议论的要点。他说：

悬言物理，不可以言尽也，施之于事，言之难尽而试之易知也。今若马氏所欲作者，国之精器，军之要用也。费十寻之木，劳二人之力，不经时而是非定。难试易验之事而轻以言抑人异能，此犹以己智任天下之事，不易其道以御难尽之物，此所以多废也。

传记的意思至此大明：他要控诉的就是这样固执的思想。传记说，让马钧试验一下的道理，他和安乡侯说通了，安乡侯还告诉了武安侯，结果怎么样呢？"武安侯忽之，不果试也。"这就不单是固执了，还有思想和行为的懒惰，以及对技术的忽视。这篇传记无意之间触及了一个大问题，就是那些上流社会中的士人，包括裴秀这样的擅长舆地之学的人士，都对实际技术，即便是关系到"国之精器，军之要用"的实用技术，缺少积极态度。

将叙述和议论融在一起，表达一个奇特的主题，正是这篇人物传记的突出特色。

西晋也有一篇写贵妇人的传记，可以和曹魏时钟会的那一篇遥相映衬，这就是夏侯湛(243—291)的《羊太常辛夫人传》，传主辛夫人为辛毗之女，嫁羊耽为妻，夏侯湛为其外孙。可知此篇传记为"家传"，是当时各种传记的一种。魏晋时期史学发达，传记亦有多种。辛夫人名宪英，见识高过当时的须眉。传记首先写了这样一个片段：

> 文帝（曹丕）得立，抱毗颈而喜曰："辛君知我喜不？"毗以告宪英，宪英叹曰："太子代君主宗庙社稷者也。代君不可以不戚；主国不可以不惧。宜戚而喜，何以能久？魏其不昌乎！"

写她由曹丕的"宜戚而喜"看出了曹丕的器量的局限。由此可知辛夫人熟读历史，也是一位知识女性。传所记的另一件事与司马懿诛曹爽有关。当时宪英的弟弟辛敞为曹爽参军，司马懿关闭城门以拒曹爽，"大将军司马鲁芝将爽府兵，犯门斩关，出城门赴爽，来呼敞俱去"，辛敞拿不定主意，问姐姐怎么办。传载：

> 问宪英曰："天子在外，太傅闭城门，人云将不利国家，于事可得尔乎？"宪英曰："天下事不可知。然以吾度之，太傅殆不得不尔。明皇帝临崩，把太傅臂，以后事付之，此言犹在朝士之耳。且曹爽与太傅俱受寄托之任，而独专权势，行以骄奢，于王室不忠，于人道不直，此举不过以诛曹爽耳。"敞曰："然则事就乎？"宪英曰："得无殆就。爽之才非太傅之偶也。"敞曰："然则敞可以无出乎？"宪英曰："安可以不出！职守，人之大义也。凡人在难，犹或恤之；为人执鞭而弃其事，不祥，不可也。且为人死，为人任，亲昵之职也。从众而已。"敞遂出。宣王果诛爽。事定之后，敞叹曰："吾不谋于姊，几不获于义。"

在这样的生死关头，能拿主意，确实不凡，至于其所拿的主意不苟且，胆识中见义气，人物形象飒飒生风。不过这段文字中有些地方要斟酌，像"爽之才非太傅之偶也"，这话应该是实，至于"太傅殆不得不尔"云云，明显是向着司马氏的言论，辛毗之女，谅不至于此。然文章写在西晋，也就不得不如此了。

传记还写了辛夫人对钟会为镇西将军有"异志"的预言，突出其睿智。她预见到钟会早晚会谋反，恰巧她的儿子辛琇被钟会选为手下，对此她很忧虑。然而,她并未叫儿子退缩,而是嘱咐到钟会那里赴任的儿子说:"行矣,戒之!古之君子,入则致孝于亲,出则致节于国,在职思其所司,在义思其所立,不遗父母忧患而已。军旅之间,可以济者,其惟仁恕乎!汝其慎之!"教导儿子以正道应对危局,颇为动人,很容易让人想到《后汉书》中范滂的母亲。实际上,在我国的典籍中,常有片段的文字,记载那些见识超凡的女性,如僖负羁之妻、羊舌肸之母等,此文发扬了这样的传统。

夏侯湛还有《夏侯称、夏侯荣叙》和《羊秉叙》,前一篇也很精彩。曰:

> 称字叔权。自孺子而好合聚童儿,为之渠帅,戏必为军旅战陈之事,有违者辄严以鞭捶,众莫敢逆。渊阴奇之,使读《项羽传》及兵书,不肯。曰:"能则自为耳。安能学人?"年十六,渊与之田,见奔虎,称驱马逐之,禁之不可,一箭而倒,名闻太祖。太祖把其手喜曰:"我得汝矣。"与文帝为布衣之交,每宴会,气陵一坐,辩士不能屈。世之高明者多从之游。年十八卒。
>
> 弟荣,字幼权,幼聪惠,七岁能属文,诵书日千言,经目辄识之。文帝闻而请焉。宾客百余人,人一奏刺,悉书其乡邑名氏,世所谓爵里刺也,客示之,一寓目,使之遍谈,不谬一人。帝深奇之。汉中之败,荣年十三,左右提之走,不肯,曰:"君亲在难,焉所逃死?"乃奋剑而战,遂没阵。

不足三百字的短文表出两位少年英雄形象,是因为善于捕捉人物性格特征。写夏侯称,表其读《项羽传》,实际是在说他似项羽;表其射杀老虎和宴席之间"气陵一坐",是说他是才、气无双。夏侯荣则是另一幅神采,过目不忘是才华,败亡之际不忘君亲,则是品格。两个人,都是天才,都早夭,文章叙述他们,怜惜之情也自在不言之中了。

西晋时期还有两篇传记文字都与嵇康有关,一是嵇康之兄嵇喜(生卒年不详)的《嵇康传》,一是嵇康之子嵇绍(254—304)为嵇康一位"追星族"写的《叙赵至》。前者写得平平,生平著作简介而已。嵇绍的《叙赵至》,文前有一篇序言性质的短语:"赵景真与从兄茂齐书,时人误谓吕仲悌与先君书,故具列本末。"说明此文之作,是消除误解的。不称"传"而言"叙",应出于此。

叙先写了赵景真是一个孝子,很小的时候听见父亲耕地喝牛之声,就惭愧自己不能使父亲免于劳作,因而泣下,孝悌发乎天性。可就是这样一位孝子,十四岁时在太学一见嵇康就给迷住了,心里就一直放不下:

> 至年十五,阳病,数数狂走五里三里,为家追得,又灸身体十数处。年十六,遂亡命,径至洛阳,求索先君不得;至邺,沛国史仲和,是魏领军史涣孙也,至便依之,遂名翼之,字阳和。先君到邺,至具道太学中事,便逐先君归山阳经年。

锲而不舍,一直追了嵇康三年;为了追名士,连名字都改了。读此传,颇可领略那个时代对名士风度的迷狂,绝不减于我们这个时代对明星的疯傻。不过他最终遂了愿,而且从嵇康那里似乎也学到了东西。叙说他"论议清辩,有纵横才,然亦不以自长也",尚能谦虚自持。不知道是不是因为跟随嵇康的因缘,后来被人"辟为辽东从事,在郡断九狱,见称清当",才智还是不错的。叙最后写他年长后"常自痛弃亲远游,母亡不见,吐血发病,服未竟而亡",终是个深情的人儿!

这篇传记性的文字,用平实的语言写出一个奇特时代的奇特少年。不过其价值绝非仅限于此,各种文献都会说那个时代名士风度迷人,至于迷到了什么程度,读此篇短小的文字,可以获得的深刻印象,是超过一般文献的。西晋还有一篇佚名的《左思别传》,所述之事多不真实,故不赘述。

东晋的传记文字不多。梅陶(生卒年不详)有一篇《自叙》,似乎是残篇,只有一件事:"曾以法鞭皇太子傅",表现自己的骨鲠臣子的风操。

此外,就是陶渊明(365—427)了不起的大作《五柳先生传》和写外舅的《孟府君传》了。前一篇前无古人的创体,后来者模仿又不像,所以至今空前绝后。其文曰:

> 先生不知何许人也,亦不详其姓字,宅边有五柳树,因以为号焉。

闲静少言,不慕荣利。好读书,不求甚解;每有会意,欣然忘食。性嗜酒,家贫不能恒得,亲旧知其如此,或置酒而招之。造饮辄尽,期在必醉;既醉而退,曾不吝情去留。环堵萧然,不蔽风日;短褐穿结,箪瓢屡空,晏如也。常著文章自娱,颇示己志。忘怀得失,以此自终。

赞曰:黔娄有言:"不戚戚于贫贱,不汲汲于富贵。"其言兹若人之俦乎?酬觞赋诗,以乐其志,无怀氏之民欤?葛天氏之民欤?

从传记作者角度来说,这是一篇托言的传记,写自己,好像是别人写的,反过来说,也像是写别人。清人忽略这一点,说其中"不慕荣利"云云,太着痕迹,以此认为不是陶渊明手笔,①就太有点不审文章体要了。这样给自己写一篇传记,还是头一次,所以说它是创体,首先就因为这一点。其在写法上,就更妙了。

首先是人物的籍贯不清楚,姓字不清楚。遵循了史传先写籍贯、姓名的惯例却同时又打破它。一般了解一个人不都习惯性地先从哪里人、叫什么入手吗?可是就不告诉你。文章的味道从一起笔,就不同。故意在遵循与违背中跟读者开个小玩笑。不告诉你是为了突出下面这些:他有个住宅,也仅是有而已,他更愿意跟人说的是他住宅相伴的柳树,而且是五棵,不多不少。试想一下,宅旁若是五棵杨树、或者五棵松树、或者五棵桃树等,好不好?都不好,氛围不对。只有数棵柳树点缀的住宅,茅顶白墙,柳树掩映,才是寻常的家,传主精神的不寻常就在于他安于这样的寻常的家。该就是柳树留住他的吧?柳者,留也。后汉以来士大夫的"乐志"都是仲长统文士梦幻或金谷园式的财主形态,五柳树下的主人则不是,他所安乐的家园,素朴安详,有光景,有阴凉,生机盎然。

至于正面写到传记的主人,更是多从负面提供信息,钱钟书先生说过:"'不'字为一篇眼目。"又说:"'不'之言,若无得而称,而其意,则有为而发;老子所谓'当其无,有有之用',王夫之所谓'言无者,激于言有者而

---

① 熊礼汇:《先唐散文艺术论》,学苑出版社,1999年版,第838页。

破之也'"。① 甚为谛当,却多是从文义上着眼。作为传记,还有一位传主的形象呢!如"好读书,不求甚解","不求甚解"须同下文的"每有会意,欣然忘食"连看,才能得其真趣。读书不是死抠,读书不是去给哪本书做被动的接受者,而是主动的精神放游与交际,所以要"会意",一旦"会意",便可以欣然忘食。这是何等的读书!下文说"性嗜酒",其实他还"性嗜书","会意"则"欣然忘食"可证。"食"可以忘,萧统《陶渊明传》写了一个细节:"道济馈以粱肉,麾而去之。"这便是陶渊明对"食"的态度。试持此以与《陶渊明传》另一记载相较:王弘"命渊明故人庞通之赍酒具,于半道栗里之间邀之……既至,欣然便共饮酌",陶渊明对"食"和"酒"的态度差别立见。这便是陶渊明的脱俗。食可以"箪瓢屡空",酒却不可一日无之。"嗜酒"是天性上的事,"有性焉,君子不谓命也"。率性即须饮酒,更率性的是"亲旧……置酒而招之,造饮辄尽,期在必醉,既醉而退,曾不吝情去留",能如此,方见真情,超脱人情俗套的真情。更重要的是,这显示出由"亲故"构成的人间世界的真纯质朴。在《归去来兮辞》我们说过,对大自然的"爱情",是陶渊明不愿出仕的一个原因;还有另一个原因,就是这里暗自交代出的对"亲旧"真情的难舍。这样的情感,在表达上是用"曾不吝情去留"的表现做了障眼法的。这就是本文的传主,他的确是醉翁之意不在酒。

这就是《五柳先生传》,它的"不"字的"眼目",所传达的是什么?是一个既超越于时俗,又回归于生活的人。他摆落的是俗套,回归的是真纯。陶渊明有一个自己挚爱的世界。《五柳先生传》写的是陶渊明挚爱的世界的一部分,当然也写出传主在这挚爱世界里所获的安然怡然。

陶渊明还有一篇关于外舅的传记,全名叫做《晋故征西大将军长史孟府君传》,是一篇按照规矩写的传。从史料上说,是研究陶渊明的重要材料,因为读这篇传记,可以知道陶渊明好酒的遗传学来历,甚至在文学上的天纵才思,也可以从他母亲一方找到天生的根源。而其中又不乏传神之笔。如写孟嘉见太尉庾亮:

---

① 钱钟书:《管锥编》,中华书局,1979年版,第1228页。

下郡还,亮引见,问风俗得失,对曰:"嘉不知,还传当问从吏。"亮以麈尾掩口而笑。诸从事既去,唤弟翼语之曰:"孟嘉故是盛德人也。"

孟嘉这样回答实在,颇有陈平答文帝的劲头。而一句"麈尾掩口而笑",是何等的传神!

又如写到太傅褚裒初到江州在"正旦大会"上从众人中识出孟嘉的故事,曰:

州府人士率多时彦,君在坐次甚远。裒问亮:"江州有孟嘉,其人何在?"亮云:"在坐,卿但自觅。"裒历观,遂指君谓亮曰:"将无是邪?"亮欣然而笑,喜裒之得君,奇君为裒之所得,乃益器焉。

孟嘉鹤立鸡群的名士形象,在褚裒对他的发现中突出出来了。还有:

温尝问君:"酒有何好,而卿嗜之。"君笑而答曰:"明公但不得酒中趣尔。"又问听妓,丝不如竹,竹不如肉,答曰:"渐近自然。"

"渐近自然"的高妙议论,颇有玄学的神采,完全可以入《世说新语》。

第三节　南朝人物传

总体而言,南朝传记人物传的写作不如两晋,北朝这方面的写作就更不如。主要原因还是在品题人物风气的减退和不盛。

刘宋时写作传记的作家有袁淑、袁粲和江淹。袁淑(408—453)有一篇传记文字《真隐传》,是写鬼谷子的。写他交道苏秦、张仪,讲"河边之树"与"嵩岱华霍"之树因所处地点不同而命运悬殊的道理。即是庄子散木自保、山木自寇的意思。文采也一般。

袁粲(？—477)的《妙德先生传》应该是写他自己的处世意趣的。有取于陶渊明《五柳先生传》,但格调上就相去太大了。不过此传也有其巧思之处,如下面的一段:

> 又尝谓周旋人曰:"昔有一国,国中一水,号曰狂泉。国人饮此水,无不狂,唯国君穿井而汲,独得无恙。国人既并狂,反谓国主之不狂为狂,于是聚谋,共执国主,疗其狂疾,火艾针药,莫不毕具。国主不任其苦,于是到泉所酌水饮之,饮毕便狂。君臣大小,其狂若一,众乃欢然。我既不狂,难以独立,比亦欲试饮此水。"

"狂泉"之说,明显是改用了"贪泉"的典故。其出新之处在于翻出了这样一番道理:若是不与世皆狂,则不能生活。还是别有趣味的。

再说江淹(444—505),虽然严可均(1762—1843)把他的文字编辑在梁朝,可他的文章写作都不在那时。如他的《袁友人传》和《自序传》两篇,都是在宋齐之间写的,文有明证。这两篇传文都写得很平实,平实中自有江淹文章沉稳大方特点的表现。如《袁友人传》写袁炳"常念荫松柏,咏诗书,志气跌荡,不与俗人交;俯眉暂仕,历国常侍、员外郎、府功曹、临湘令,粟之入者,悉散以赡亲,其为节也如此,数百年未有此人焉"。文句顺势而下,气脉畅通。

其《自序传》更是了解江淹至为重要的文献。江淹不是一般的清灵秀才,他做文士,乃人生不得已所致。看这篇传记,就可以看到一个世事洞明而练达的人物。都说"江郎才尽",其实他只不过是把"才"转移到了政治上,其实是"江郎才转"。何以见得?请看《自序传》下面一段:

> 俄皇帝萧道成始有大功于四海,闻而访召之,为尚书驾部郎、骠骑竟陵公参军事。当沈攸之起兵西楚也,人怀危惧,高帝尝顾而问之,曰:"天下纷纷若是,君谓如何?"淹对曰:"昔项强而刘弱,袁众而曹寡,羽号令诸侯,竟受一剑之辱,绍跨蹑四州,终为奔北之虏,此所谓在德不在鼎,公何疑焉。"帝曰:"闻此言者多矣,其试为我言之。"淹曰:"公雄武有奇略,一胜也。宽容而仁恕,二胜也。贤能毕力,三胜也。民望所归,四胜也。奉天子而伐逆叛,五胜也。攸之志锐而器小,一败也。有威而无恩,二败也。士卒解体,三败也。缙绅不怀,四败也。悬兵数千里,而无同恶相济,五败也。故豺狼十万,而终为我获焉。"帝笑曰:"君谈过矣。"是时军书表记,皆为草具,逮东霸城府,犹掌笔翰,相府始置,仍为记室参军事,及让齐王九锡备物,凡诸文表,皆淹为之。

其对当时形势、人物的分析,不正显示出江淹绝非一般腐儒和才子秀士的见地?而能在南齐开国皇帝萧道成创业之际,总管各种公文,也不是一般秀才所能办的。至于传记中谈到自己的好草药长生、信佛教以及不顾"身后之名"的"不著作",倒在其次了。

南朝传记文写得最有可读性的当推萧统(501—531)的《陶渊明传》。这篇传记,拉杂而谈,似乎是在述说一位老友的逸事,已经不像传记,更像一篇怀念的文章,读来津津有味,很亲切。萧统文章也破体!如写他与江州刺史檀道济的交道:

> 江州刺史檀道济往候之,偃卧瘠馁有日矣。道济谓曰:"贤者处世,天下无道则隐,有道则至。今子生文明之世,奈何自苦如此?"对曰:"潜也何敢望贤?志不及也。"道济馈以粱肉,麾而去之。

檀道济以世情相劝,陶渊明也只是一句:"志不及也。"志向不同,多说无益。这就是陶渊明的中道。"瘠馁有日"而对于檀道济不识相的"馈以粱肉","麾而去之",是何等的气概!

儒家说仕不为禄,亲老家贫,有时也为禄,陶渊明因此做了彭泽令。传记交代,有了俸禄之田,在种植什么的事情上,陶氏夫妇也难免起争执:

> 公田悉令吏种秫,曰:"吾常得醉于酒,足矣。"妻子固请种粳,乃使二顷五十亩种秫,五十亩种粳。

最后一半对一半,家庭生活,陶渊明是个折中主义者,甚可爱。接着往下看:

> 岁终,会郡遣督邮至,县吏请曰:"应束带见之。"渊明叹曰:"我岂能为五斗米折腰,向乡里小儿!"即日解绶去职。

那股对江州刺史"麾而去之"的果敢坚决的劲头又上来了!折中主义加上这样的决绝意态,才是陶渊明性格的幅度,既温醇又果决。

《五柳先生传》说自己"曾不吝情去留",看看萧统在这方面的描述:

> 江州刺史王弘欲识之,不能致也。渊明尝往庐山,弘命渊明故人庞通之赍酒具,于半道栗里之间邀之。渊明有脚疾,使一门生二儿舁(一作举)篮舆,既至,欣然便共饮酌。俄顷弘至,亦无迕也。
>
> 先是颜延之为刘抑后军功曹,在浔阳,与渊明情款,后为始安郡,经过浔阳,日造渊明饮焉。每往,必酣饮致醉。弘欲邀延之坐(一作赴坐),弥日不得。延之临去,留二万钱与渊明。渊明悉遣送酒家,稍就取酒。
>
> 尝九月九日,出宅边丛中坐久之,满手把菊。忽值弘送酒至,即便就酌,醉而归。

三小段文字写与两人的交往,不迎不拒,与王弘是有酒即饮,醉而后归;与颜延之(384－456)是给钱就要,"悉送酒家"。这些人,有大官,有文士。迎,固非陶渊明性情;拒,也不是五柳先生的态度;迎,是俗相;拒,也往往是把事情看得过重而"放不下",是黏滞。在陶渊明眼中,官位、名声,淡得很,所以才那样举止自由、松闲。邀他饮酒的人其实跟他的饮酒,根本就不是一回事!而"满手把菊"又是何等光景!

精神自成一体,自有格局,才能雅人深致。看看萧统对陶渊明雅人深致的刻画:

> 渊明不解音律,而蓄无弦琴一张,每酒适,辄抚弄以寄其意。贵贱造之者,有酒辄设。渊明若先醉,便语客:"我醉欲眠,卿可去。"其真率如此。

抚"无弦琴"是陶渊明身上名士气,真正真情的是"我醉欲眠,卿可去"的洒脱。不拘束于客套,渊明用自己的真情,给予每一个人以应有的尊重。所以他的迷人便笼盖一切。还有一点:

> 自宋高祖王业渐隆,不复肯仕。元嘉四年,将复征命,会卒,时年六十三。

过去人总是喜欢把陶渊明视为东晋守节的人。于是解释起《五柳先生传》中的"葛天氏之民"和"无怀氏之民"时,总要说他有意脱开与刘宋的关系。实则这样的解释都是曲解,萧统的传说得清楚,元嘉时期他还有意应征的。实际上,以陶渊明的性情,晋和宋在他眼里又能相去几何?

这篇像是回忆、怀念的文字,在艺术上,用松闲的文字,交代出一代真人的性情,人物的塑造质感强烈,是很成功的。南朝传记体写作,本文可推为第一。

南陈的传体文字留下来的极少。江总(518－590)的《自叙》就是一篇。这篇传记文字不错,就是满纸瞎话。如谓:

  晋太尉陆玩云："以我为三公,知天下无人矣。"轩冕傥来之一物,岂是预要乎? 弱岁归心释教,年二十余,入钟山就灵曜寺,则法师受菩萨戒。暮齿官陈,与摄山布上人游款,深悟苦空,更复练戒,运善于心,行慈于物,颇知自励,而不能蔬菲,尚染尘劳,以此负愧平生耳。

把自己说成"物外高人,富贵逼身",撇清到了无耻的地步。历来也都把这篇文字与后来冯道的自叙一同视为"无廉耻者"!

主要参考文献

陈寿. 三国志. 北京:中华书局,1959.
房玄龄,等. 晋书. 北京:中华书局,1974.
沈约. 宋书. 北京:中华书局,1974.
萧子显. 南齐书. 北京:中华书局,1972.
姚思廉. 梁书. 北京:中华书局,1973.
姚思廉. 陈书. 北京:中华书局,1972.
李延寿. 南史. 北京:中华书局,1975.
李延寿. 北史. 北京:中华书局,1974.
令狐德棻,等. 周书. 北京:中华书局,1971.
魏徵,等. 隋书. 北京:中华书局,1973.
王仲荦. 魏晋南北朝史. 上海:上海人民出版社,1979.
周一良. 魏晋南北朝史论集. 北京:北京大学出版社,1991.
汤用彤. 魏晋玄学论稿. 上海:上海古籍出版社,2001.
牟宗三. 才性与玄理. 台北:学生书局,2002.
余敦康. 魏晋玄学史. 北京:北京大学出版社,2004.
启功. 汉语现象论丛. 北京:中华书局,1997.
张溥. 汉魏六朝百三名家集. 影印本. 南京:江苏古籍出版社,2002.
严可均. 全上古三代秦汉三国六朝文. 影印本. 北京:中华书局,1958.
郦道元. 水经注. 北京:中华书局,1991.
杨衒之. 洛阳伽蓝记. 北京:中华书局,1991.
徐坚. 初学记. 北京:中华书局,2004.

范晔. 后汉书. 北京:中华书局,1965.
黄侃. 文选平点. 北京:中华书局,2006.
金圣叹. 金圣叹全集. 陆林辑校. 南京:凤凰出版社,2008.
欧阳询. 艺文类聚. 上海:上海古籍出版社,1982.
李昉. 太平御览. 北京:中华书局,1960.
赵幼文. 曹植集校注. 北京:人民文学出版社,1984.
俞绍初辑校. 建安七子集. 北京:中华书局.1989.
陈伯君. 阮籍集校注. 北京:中华书局,1987.
袁行霈. 陶渊明集笺注. 北京:中华书局,2003.
顾绍柏. 谢灵运集校注. 郑州:中州古籍出版社,1987.
钱仲联. 鲍参军集注. 上海:上海古籍出版社,1980.
曹融南. 谢宣城集校注. 上海:上海古籍出版社,1991.
颜之推. 颜氏家训. 上海:上海古籍出版社,2006.
倪璠注. 庾子山集注. 许逸民校点. 北京:中华书局,1980.
余嘉锡. 世说新语笺疏. 上海:上海古籍出版社,1993.
刘勰. 文心雕龙. 周振甫注. 北京:人民文学出版社,1981.
萧统. 文选. 李善注. 上海:上海古籍出版社,1986.
许梿. 六朝文絜. 北京:华夏出版社,1999.
李兆洛. 骈体文钞. 影印本. 郑州:中州古籍书画社,1990.
高步瀛. 魏晋文举要. 北京:中华书局,1989.
高步瀛. 南北朝文举要. 北京:中华书局,1989.
刘师培. 中国中古文学史. 北京:人民文学出版社,1959.
刘师培. 中国文学论著三种. 沈阳:辽宁教育出版社,1997.
王瑶. 中古文学史论集. 上海:上海古籍出版社,1982.
钱钟书. 管锥编. 北京:中华书局,1986.
刘永济. 十四朝文学史略. 北京:中华书局,2007.
徐公持. 魏晋文学史. 北京:人民文学出版社,1999.
曹道衡,沈玉成. 南北朝文学史. 北京:人民文学出版社,1991.
罗宗强. 魏晋南北朝文学思想史. 北京:中华书局,1996.

曹道衡,刘跃进.南北朝文学编年史.北京:人民文学出版社,2000.

马积高.赋史.上海:上海古籍出版社,1987.

孙德谦.六朝丽指.四益宧刊本,1923.

姜书阁.骈文史论.北京:人民文学出版社,1986.

郭预衡.中国散文史.上海:上海古籍出版社,2000.

熊礼汇.先唐散文艺术论.北京:学苑出版社,1999.

徐师曾.文体明辨序说.北京:人民文学出版社,1998.

吴承学.中国古代文体形态研究.广州:中山大学出版社,2000.

李士彪.魏晋南北朝文体学.上海:上海古籍出版社,2004.

后 记

书写完了,也知道该怎么写了。每在一本书写完搁笔的时候,总有这样的感觉。此书也不例外。

以"文体"为线索写一个时代散文发展的历程,在笔者是头一次,同仁同类的著述也并不多见。所以,现在就谈论"以文体写散文史"的成败利钝恐怕为时尚早。不过,笔者毕竟有了一番尝试,一两点感想还是有的说的。

先从局限上来说,以文体的角度写一个时期的散文史,首先遇到的是对一些"文体"的古今态度的差异。例如"诏策"之类的公文文章,古代的作家是十分重视的。"学了文武艺,卖与帝王家",古代的士子,视此等官样文章为"大手笔"的表现,是文人在当时地位身份的标志;可是在今人看来,这类文字的"文学性"实在有限。这类文体又为数甚夥,该如何处置,是需要认真考虑的。本书的做法则是依从了"审美"的标准,只选择了一些有特点的来谈。好在这是一个文人可以"调皮捣蛋"的年代,于是"九锡文"中就有了袁淑对猪、驴子之类的俏皮的"锡"文,真称得上是这个时代特有的作品。此外,古人在一些文体上分划较细,在今天则需要归并。文体理解感受上的古今差异还有一些。

然而,局限是次要的。从文体角度写散文史最大的优势是可以更切近地了解古人文章的脉络及其前后变化。以书信体文章言,将其作为一种文体单独看可以更加集中地观察一个时代书信体制的确立及写法的变迁。书信中要加一段景物的描绘,这样的体式如果不是从曹丕开始的，也是从他这里变得显著且成为模范的。此后像索靖、昭明太子都有意在给书信写作立"样子"的文字，其对四时景物描绘的路数，很明显是模拟曹丕的大手笔，同时也表现出魏晋南北朝人心中好书信的大致模样。然而，文学毕竟是天才的事业，在魏晋南北朝书信写作上，鲍照沿着曹丕的路子发扬光大，于是有了《登大雷岸与妹书》那样的鸿篇。此外，天才的写作者还有嵇康，《与山巨源绝交书》为书信写作立了另一种规矩，也为后来一些人所依从。书信之外，还有序文一体，"序"本来是用于篇章或者著述之前的文字，但从西晋石崇的《金谷诗序》开始，则变成了为某一次士子诗酒雅集增添风流的笔墨。看上去好像也是为宴会即兴所赋诗篇作序，实际的内容却不再是对篇章内容进行提示，而是围绕诗篇所附之游宴的风流际会之事发感慨。这尤以后来王羲之《兰亭序》为甚。至南朝，被士大夫高雅习尚"俘虏"已久的皇帝，也开始搞起了君臣雅集，而且也要有序，为序的往往是当时的文人领袖，如颜延之《三月三日曲水诗序》、王融《三月三日曲水诗序》等，此时的此类文章，清雅之气渐消，铺张奢华转盛，到梁朝萧纲《三月三日曲水诗序》忽然变得简短（也许是后人删减的原因），颇让人有此类文体草草收场的感觉，可算是魏晋南北朝雅集序文一个阶段发展的结束。说到以文体观"散文史"发展，不能不说到赋体之作。由体式观察赋体，有一点需要说明，一是在魏晋之际并不存在一个所谓"抒情小赋"的流向，本书称此期赋作为"摔碎了的汉大赋"。真正见出一点作家性灵的赋作，要到晋宋时期的《月赋》、《雪赋》才有。此期赋体写作有一个摆脱汉大赋遗习而逐渐树立时代新气质的过程。总之以文体为文章立史，可以把更多的注意力转到文章自身，投向文章自身骨骼、气味、劲头之类的变迁。

  文体有宽窄，宽泛地说，文体是应该包括"语体"在内的，而且也只有语体才最见作家才情。魏晋南北朝文章在语体上的最大特征是一切文章的骈体化。隶事、对偶和声律三方面的日益讲究，充斥在绝大多数文章的语言形态中。文体种类的创新是局部的,但语体上日益的骈俪化却是总体的和全局的,也是至关重要的。骈体从文章的表现上说,是装饰性的,历史上一切贵族文化特点都是装饰上的繁文缛节,魏晋南北朝又是一个世家贵族的时代,因而这一时期文章鲜明的个性就是装饰大于表现。文章写作本是传达思想的,但是,"传达思想"的中心不在"思想"而在"传达",正是魏晋南北朝文章区别于其他时期的所在。在语词层次,注意典故的使用,语词便成为立体性的"集成电路",满带的是额外的历史文化信息;句法层面,对偶的注重,使得语句的锻造具有了惊奇的效果;语句声调上的抑扬和谐,又使得汉语字词特有的声调变化形成语句的韵律,亦即音乐性的节奏。就后一点而言,哪怕是一个很直白的句子,若讲究一点韵律,读起来不是马上会显得不一般吗?有韵律就可以称为"舞动",当今城市傍晚街角空场上常见的健身操,可以为证。只要舞动,便有美感,即便是中老年。此期文章的讲究韵律,就是注意到给语言一个"嘣嚓嚓"般的节奏。也正是在上述这些"额外"表现上,魏晋南北朝文章达到了一种极致:调动汉语自身的表现潜力,也证明了汉语自身在构造文学之美上的实力。这时期的文章在表现上固然有繁缛的毛病,但文章写作所调动、证实的汉语的能力,却具有重要的文学意义。

本书的引用材料主要来自于严可均的《全上古三代秦汉三国六朝文》,一些地方还参照了《汉魏六朝百三名家集》以及其他后人整理的各种文集。由于版本的差异,引文材料中的个别字、句的差异也在所难免。另外,各种文体材料的汇聚和个别章节的初稿,是由博士研究生刘子立、李辉,硕士研究生罗唯家、刘镁硒、郭鹏等帮助做的。在此还要对出版社的编辑表示感谢,编辑的认真使此书少了许多错误。

最后,敬请读者不吝赐教!

李 山